2019년 8월 14일 초판 1쇄
2023년 1월 9일   2쇄

지은이   신동윤
펴낸곳   HadA
펴낸이   전미정
책임편집   최효준
디자인   고은미 정윤혜 정영춘
출판등록   2011년 5월 17일 제300-2011-91호
주소   서울 중구 퇴계로 182 가락회관 6층
전화   070-7090-1177
팩스   02-2275-5327
이메일   go5326@naver.com
홈페이지   www.hadabooks.com
ISBN   978-89-97170-51-7 03700

값 25,000원
ⓒ 신동윤, 2019

도서출판 하다는 ㈜늘품플러스의 출판 브랜드입니다.
이 책은 저작권법에 따라 보호받는 저작물이므로 무단 전재와 무단 복제를 금지하며,
이 책 내용의 전부 또는 일부를 이용하려면 반드시 저작권자와 ㈜늘품플러스의 동의를 받아야 합니다.

서문

■ 영어! 인도-유럽어족(Indo-European Language) 최후의 챔피언이 되다

▶인도-유럽어족은 처음 〈흑해와 카스피해 사이〉 흰눈 덮인 중앙아시아 〈코카서스(Caucasus/cauc/하얗다) 산맥〉 기슭에 살았으므로, 얼굴이 하얀 〈코카시안(Caucasian/백인)〉이라고 불렸다. 코카시아인들은 기원전 약 5천 년경에 남하해 한 무리는 인도 〈아(亞)대륙〉으로 들어가서, 고대 인도에 〈산스크리트(Sanscrit/san=saint/성스런/scrit=script/글자)어〉를 남겼으므로, 산스크리트어는 현존하는 가장 오래된 인도-유럽어로 기록됐고, 산스크리트어는 인도-유럽어를 연구하는데 필수적인 고전어가 됐다. 코카서스에서 남하한 또 다른 무리는 서쪽으로 진출해 이란고원에 이르러 고대 〈페르시아어(Persian/pers=shah=king/왕국)〉를 남겼다. 계속 서쪽으로 이동한 코카시아인들은 〈에게(Aegean)해〉를 넘어 〈그리스어(Greek)〉를 남기고, 차례로 〈라틴어(Latin)〉, 〈루마니아어(Romanian)〉, 〈이탈리아어(Italian)〉, 〈스페인어(Spanish)〉, 〈포르투갈어(Portuguese)〉, 〈프랑스어(French)〉, 〈독일어(German)〉, 〈영어(English)〉를 낳았다. 이어서 북쪽으로 올라간 인도-유럽어는 〈덴마크어(Danish)〉, 〈스웨덴어(Swedish)〉, 〈노르웨이어(Norwegian)〉를 파생시켰다. 또 발칸반도로 올라간 인도-유럽어는 〈러시아어(Russian)〉를 포함한 〈슬라브어(Slavic)〉들을 남겼다. 최근에 들어 포르투갈어는 브라질로, 스페인어는 브라질을 제외한 남아메리카 전체로, 영어는 북아메리카로 건너갔다. 역사적으로 그리스어와 라틴어와 프랑스어는 차례로 유럽지역의 국지적 공통어(lingua franca)가 됐지만 영어는 전 세계가 쓰는 최후의 국제어로 등장했다.

■ 인도-유럽어족은 자음소리에만 뜻을 부여했다

▶원래 인도-유럽어족은 코카시아를 떠나 유럽에 도착한 후에 페니키아의 알파벳 글자를 받아들였지만, 문자가 없었을 때부터 자음소리에만 의미를 부여했고 〈의미를 가진 자음〉들을 조합해 인도-유럽인들의 세계관을 표현했다. ▷태초의 우주(K)는 무한하고 〈동그랗게(C) 뻗어나간 공간(P)〉이었고, 우주공간의 위쪽에는 〈전지전능한 신(D)〉이 살고 있었다. 우주공간의 아래쪽은 아직 형태도 없는 〈우주의 작은 부스러기(M)〉들이 어지럽게 떠다니고, 〈거대한 물안개(N)〉가 둘러싸고 있어, 칠흑같이 어두운 곳이었다. 이 혼돈의 공간에 〈전지전능한 신(D)〉이 〈강력한 에너지인 빛(B)〉을 내려 보내면서 비로소 세상은 밝아오고, 신이 보낸 빛이 〈우주공간을 떠돌던 작은 부스러기(M)〉들을 한데 **뭉쳐**, 헌재 〈우리가 보는 모든 만물(M)〉을 만들었으므로, 우주 속의 만물은 신이 보낸 〈빛의 의지와 욕망(V) 대로 만들어진 피조물〉이었다.

▶한편 본래 우주를 둘러쌌던 〈물(N)안개도 한데 뭉쳐 바다〉를 이루고, 이 바닷물에서 온갖 생명들이 탄생했다. 이로써 우주공간(P)은 〈신이 사는 깨끗한 위쪽 공간〉과 〈인간과 만물이 사는 더러운 아래 공간〉으로 이분화됐다. 〈인간과 만물이 사는 세상〉은 서로 〈붙거나(S) 떨어지고(S)〉, 서로 〈묶거나(L) 풀어지고(L)〉, 서로 〈갑자기 치거나(H) 튕겨나가는(H)〉 모순의 공간이었으므로, 인간은 살아남기 위해 끝없이 몸부림(P)쳐야 했다. 인간은 당초부터 우주의 부스러기(M)에 불과했으므로, 모두 끝과 한계(T)를 가진 숙명적인 존재였기 때문이다. 그러나 신이 자신을 닮게 만든 인간은 굳굳하게 걸어 〈나가거나(G)〉, 서로 〈손을 잡고(Y)〉 협력하거나, 안전한 〈은신처(R)〉을 만들어, 온갖 우주의 위험으로부터 자신을 보호하는

지혜를 갖게 됐고, 당초부터 우주공간의 〈아래쪽 더러운 곳에 던져진 불쌍한 인간〉은 우주공간의 〈위쪽 깨끗한 신〉에게로 돌아가서 영원한 안식을 찾는 것이 생의 목표가 되었다.

K=무한한 우주 ▷cosmos

C=둥근 우주 ▷circle

N=생명의 물 ▷generate

D=빛을 주는 위대한 신 ▷day

B=빛이 주는 에너지 ▷be

T=가로지른 거리 ▷train

V=빛의 무한한 욕망 ▷Venus

M=우주에서 떨어져 나온 부스러기 ▷man

P=깨끗한 공간과 더러운 공간 ▷pure ▷poor

R=도도히 흘러가는 강력한 힘 ▷rule

Y=이어서 연결하다 ▷young

G=꿋꿋하게 걸어가다 ▷go

L=잇거나 끊어지다 ▷long↔leave

S=붙이거나 분리되다 ▷sole↔separate

H=순식간에 붙거나 떨어지다 ▷adhere↔shoot

■ 고대 인도의 산스크리트어와 고대 이란의 페르시아어는 오래전 헤어진 영어의 먼 조상이었다

▶인도에 주둔했던 언어학자 출신 영국 식민지 관리들은 고대 인도의 산스크리트(**Sanscrit**)어가 현대 유럽어와 똑같은 언어족에 속한다는 사실을 밝혀냈다. ▷인도의 성인으로 추앙받았던 마하트마 간디(**Mahatma Gandhi**)는 〈위대한(**maha**/산스크리트/**mag**/라틴어/**great**/영어) 간디(**Gandhi**)〉라는 뜻이었다. ▷음료수 펀치(**punch**)는 다섯(**punch**/산스크리트어/**penta**/라틴어/**five**/영어) 가지 과일을 갈아서 만든 인도의 대표적인 과일 주스였다. 6.25전쟁에 참전했던 미군은 〈펀치를 따라 마시던 주발(**bowl**) 같은 강원도 양구군의 분지〉에 펀치볼(**punchbowl**)이라는 이름을 붙여줬다. ▷인도의 자이푸르(**Jaipur**)와 〈그리스의 산꼭대기(**acr**) 도시〉 아크로폴리스(**Acropolis**), 영국의 에든버러(**Edinburgh**), 독일의 함부르크(**Hamburg**), 〈로마의 신(**na=new**)도시〉 나폴리(**Naples**), 〈사자(**sing**)의 도시〉 싱가포르(**Singapore**) 같은 도시들의 어미 〈**pur=pol=burg=pl=por**〉는 모두 성곽도시를 의미하는 말이었다. ▷고대 그리스의 성곽도시(**polis**)로부터 정치(**politics**)와 치안(**police**), 정책(**policy**) 같은 도시의 통치언어들이 파생됐다.

▶고대에 인도로 들어간 코카시안들은 자신들은 통치계급이 되고, 원주민은 피지배 계급으로 만든 계급제도(**caste**/깨끗한 피/포르투갈어)를 만들었다. 코카시안들은 종교지도자를 의미하는 브라만(**Brahman**/**bra**/영원히 숨쉬는)과 실질적 통치계급인 전사 크샤트리아(**Kshatriya**/**kshat=cracy**/단단한 통치)가 됐고, 피지배계급인 원주민들은 동네에서 농사짓거나 장사하는 바이샤(**Vaisya**/**vais=villager**)가 되거나 하층계급인 수드라(**Sudra**/**sud=sub**/아래)가 됐다. ▷영원한 우주를 나타내는 브라만(**Brahman**/영생자)은 아랍으로 들어와 히브리(**Hebrew**)의 성서에 아브라함(**Abraham**/영생자)이라는 이름을 남겼다. ▷인도로 진출한 코카시안들은 매우 종교적이었고, 그들의 우주관은 불교와 기독교에 큰 영향을 미쳤으므로, 불교(**Budhism**)는 〈진리(**budh**)를 보여

준다(budh=view))는 뜻이었고, 보살(Bodhisattva)은 〈진리(bodh)의 존재(sat=es=is=essence)를 찾는(va=view) 자/수행자〉라는 뜻이었으므로, 불교에서 〈진리(budh)〉와 〈본다(budh=view)〉는 같은 뜻으로 쓰고 있다.

▶코카시안은 계속 서쪽으로 이동하면서 스스로를 아리안〈Arian/앞장서 가는(r) 지도자〉족이라고 이름을 바꿔 부르며, 중동에 이르러 고대 페르시아를 건설했고, 페르시아의 후손은 현재의 이란(Iran/Arian의 음운도치)을 세웠다. ▷페르시아 왕(shah=cracy/통치)은 나라 이름 체코(Czech=cracy/왕국)와 똑같은 뜻이고, 페르시아의 왕 샤(shah)는 영어에서 체스(chess/왕을 잡는 장기 게임)로 남았다. 체스게임의 외통수 장군!(checkmate)은 원래 페르시아어 〈너의 왕은 죽었다!(shah-mat=king is dead/mat=mor=dead)〉였다. 또 체스게임은 〈적의 말을 막는다(check)〉는 단어를 파생시켰고, 〈영토를 방어한다(check)〉는 안전하게 보관해야 할 〈은행의 잔고(check)〉가 됐고, 은행의 잔고는 수표(check)로 발행할 수 있었다. ▷페르시아의 또 다른 왕 크세르크세스(Xerxes=cracy)도 그냥 왕이라는 뜻이었다.

■ 업적-생김새-직업-성인을 의미하는 사람의 성과 이름

▶마케도니아 왕 알렉산더(Alexander)는 〈인간(andr=man) 수호자(alex/ex=axe/도끼)〉라는 뜻이다. 알렉산더는 너무나 유명해 영어로는 엔드류(Andrew), 프랑스어로는 앙드레(Andre), 스코틀랜드어로는 센디(Sandy), 헝가리어로는 산도르(Sandor)로 변했다. ▷로마 황제 시저(Caesar)는 어머니의 배를 가르고(caes=cid=cut) 태어난 자라는 말이므로, 제왕절개수술(caesarian section)이라는 말을 파생시켰다. 로마의 시저도 너무나 유명해 독일에서는 황제를 카이저(kaizer)라고 부르고, 러시아에서도 황제를 차르(czar)라고 불렀다. ▷조지(George)는 〈땅(ge=gigante)에서 일하는(org=work) 농부〉다. 미국의 국세 조사에서 미국인들이 가장 많이 쓰는 이름으로 밝혀졌다. ▷스미스(Smith)는 〈금속을 때리는(smite) 대장장이〉이고, 밀러(Miller)는 〈곡

식을 빻는(mil) 방앗간 주인)이고, 슈나이더(Schneider/sch=cut)는 〈바느질하는 자〉이고, 테일러(Tailor)는 〈꼬리(tail)를 자른다(tail=cut)〉에서 나온 〈양복 재단사(tailor)〉라는 뜻이었다.

▶〈거울(mirror)에 비친 것처럼 똑같이 생겼다〉는 뜻의 〈진주(margar=mirror)〉에서 〈작은(et=little) 진주같이 예쁜 여인 마가렛(Margarette)〉과 〈진주처럼 귀한 아들 모르건(Morgan)〉이 나왔다. ▷성서에서 따온 이름 베드로(Peter)는 예수의 제1제자로 아버지(father)라는 뜻이다. 베드로는 로마교회의 1대 교황이다. ▷북유럽의 여자 이름 마틸다(Matilda)는 〈전쟁(mar=war)에서 용감하다(til=cal/단단한 나무)〉는 뜻이고, 군힐다(Gunhilda)도 〈전투(gun)에서 용감하다(hil)〉는 뜻이고, 북유럽에서는 석궁(catapult)을 여전사(Gunhilda)라는 별칭으로 불렀다. 석궁의 후신, 총이 들어오자 그것도 군힐다(Gunhilda)라고 부르다가, 군힐다는 세월이 흐르면서 접두사 총(gun)만 남았다. ▷이탈리아의 천문학자 갈릴레오 갈리레이(Galileo Galilei)의 아버지는, 명성이 자자했던 자신의 의사 아버지 이름 갈릴레이(Galilei)를 성으로 삼고 새로운 가문을 만들었다. 그리고 매우 똑똑했던 자신의 아들이 할아버지와 같은 훌륭한 의사가 되기를 바란 나머지, 아들 이름을 할아버지의 이름 갈릴레이(Galileo)를 다시 붙여 주었으므로, 손자는 할아버지 이름이 2번 들어간 갈릴레오 갈릴레이(Galileo Galilei)가 됐다. 그러나 갈릴레이는 아버지의 소원을 거절하고, 돈이 안 되는 천문학의 길로 들어섰지만 갈릴레이라는 이름을 영원히 남겼다. ▷네덜란드인들이 〈미국 북부 허드슨강 연안에 살던 미국인들을 얀케(Janke=Jhon)〉라고 부른데서 비롯된 양키(Yankee)는, 남북전쟁 때 남부인들이 북부인들을 비하하는 말로 쓰기 시작해, 지금은 미국인 모두를 낮춰부르는 말이 됐다.

■ 혼란스러운 영어의 9월부터 12월 이름들

▶로마도 원래는 음력을 쓰고 1년은 10개월이었다. 첫 달은 〈전쟁의 신 마르스(Mars)〉를 따라 1월(March)로 정했다. 둘째 달은 〈만물이 솟아 난다(aperie)〉

는 뜻으로 2월(April)로 했다. 세 번째 달은 〈풍요의 신 마이아(Maia)〉를 본 떠 3월(May)이 됐다. 넷째 달은 〈젊음의 신 주노(Juno)〉를 따라 4월(June)이 됐다. 다섯 째 달부터는 숫자를 그대로 써서 〈5(quint=five)를 뜻하는 5월(Quintillis)〉, 〈6(six)을 뜻하는 6월(Sixtillis)〉, 〈7(sep=seven)을 의미하는 7월(September)〉, 〈8(oct=eight)을 뜻하는 8월(October)〉, 〈9(nov=nine)를 뜻하는 9월(November)〉, 〈10(decem=ten)을 의미하는 10월(December)〉이었다.

▷그러나 로마의 10달 음력은 매년 같은 계절이 다른 달에 해당됐으므로, 이집트를 정복했던 시저는 이집트의 12개월 양력을 도입하면서, 10월 뒤에 추가로 〈야누스(Janus)를 의미하는 11월(January)〉을 두었다. 야누스(Janus)는 〈앞과 뒤를 동시에 바라보는 문의 신〉이므로 〈새로 만든 달〉이라는 뜻이었다. 그리고 일년 중 마지막 달에는 〈몸과 마음을 정화하는(febr=pure) 로마의 풍습〉으로부터, 12월(February)을 놓았다.

▶그러나 로마인들은 시간이 지나면서 새롭게 추가된 〈11월(January)과 12월(February)〉을 달력의 맨 앞에 쓰기 시작했다. 11월(January)이 문의 신이었으므로 〈처음 시작〉을 의미했기 때문이다. 이로써 1월(March) 이후의 달들은 2달씩 뒤로 밀리는 결과를 낳았다. 1월(March)부터 4월(June)까지는 원래부터 순서와 관계없는 이름의 달이어서 문제가 없었지만, 숫자로 달 이름을 정한 5월부터는 달 이름이 차례와 일치하지 않는 혼란이 일어났다. 그러나 ▷7월(Quintillis/원래 5월)은 쥴리어스 시저를 기념하기 위해 7월(July)로 개명하고, 8월(Sixtillis/원래 6월)은 아우구스투스 황제를 기념하기 위해 8월(August)로 개명했으므로, 결국 나머지 〈9월(September/원래 7월)부터 12월(December/원래 10월)까지〉만 차례와 월 이름이 일치하지 않게 됐다. 현재 우리가 쓰는 달력은 로마(그레고리우스)력이므로, 9월부터 12월까지의 달 이름에 들어 있는 숫자는 2달씩 밀린 이름이지만, 우리는 잘 인식하지 못하고 무조건 외웠다.

■ 숫자로부터 기원한 단어들

▶계산은 각각 다섯 개씩 달린 10개의 손가락으로 시작했으므로, 우선 10진법이 생겼다. 10진법의 흔적은 〈열을 세고 하나(e=one)가 남는(lev=leave) 11(eleven)〉과 〈열을 세고도 둘(tw=two)이 남는(lev) 12(twelve)〉에 정확하게 그 흔적이 남아있다. ▷숫자 영(zero)은 아랍어 〈아무 것도 없는 허공(zefiro)〉에서 왔고, 허공(zefiro)은 〈알 수 없는 의문의 공간〉이었으므로, 영어의 암호(cipher)가 됐나. ▷양파(onion)는 〈하나(on=one)의 큰 진주〉를 의미했다. ▷〈구약 신명기(Deuteronomy)〉는 이스라엘 민족을 이끌고 시나이 광야를 횡단한 모세가, 가나안 땅으로 들어가기 직전, 죽음을 눈앞에 두고, 이스라엘 민족에게 〈신과의 언약내용을 2(deu=two) 번째로 반복해서 한 말(nom)〉이었다. 신과의 약속을 꼭 지키라고 당부한 모세는, 여호수아(Joshua)에게 지휘권을 넘기고 곧바로 죽었다. ▷종족(tribe)은 〈로마를 구성한 세(tri) 개의 부족 존재(be)〉를 의미하다가 이제는 그냥 종족을 뜻하게 됐다. ▷검역(quarantine)은 중세 항구에서 신원들 중 병든 자가 있으면, 〈공해상에 40(quar/4+tin=ten/10)일을 기다리게 한데〉서 비롯됐으므로, 검역은 그냥 40이라는 뜻이었다. ▷〈넓게(di) 편 (git=gest=cast) 한 손의 손가락(digit/dig=fiv)〉에서 5(five)가 나왔다. ▷스페인의 낮잠(siesta)은 아침에 눈을 뜨고 여섯 시간 만에 자는 짧은 잠이었다. ▷70인역 성서(Septuagint)는 70(sept/7+gin=ten/10)인의 유대인들이 알렉산드리아로 가서 히브리(Hebrew)어 성서를 그리스어로 번역한 역사적 사실을 말한다. 그리스어로 된 〈70인역 성서〉는 유럽인들의 최초의 성서가 됐다. ▷문어(octopus)는 〈8(oct=eight)개의 다리(pus=foot)를 가진 생선〉이다. ▷〈새롭다(new)〉는 아홉(nine)에서 파생됐다. 엄지를 빼고 나머지 8개의 손가락으로 세면, 아홉은 다시 새로 시작하는 숫자이기 때문이다. ▷〈넓게(di) 편(git=gest=cast) 양손의 손가락(digit)〉에서 라틴어 10(decem=digit)이 나왔고, 영어는 라틴어 10(decem)을 10(ten)이라고 축약했다. ▷〈물(hundr=undr=water)이 넘쳐 흐를 정도로 많다〉

는 뜻이 100(hundred)이 됐고, 〈100(andr=undr)이 부풀어 올라(thous=swell)〉 1000(thousand)이 됐다. ▷그리스어로 〈100배는 헥토(hector=10²)〉라고 했고, 1000배는 〈우유(milk)가 흐르는 길 은하수의 별처럼 많다〉는 뜻으로 킬로/밀로(kil/mil=milk=10³)라고 했고, 10¹⁰⁰은 구글(google)이다.

■ **접두사**나 **접미사**로부터 탄생한 단어들

▶최초의 화폐는 희소성이 가장 큰 금이었지만, 경제규모가 점점 커지면서 더 많은 화폐가 필요해졌으므로, 화폐는 은으로 바뀌었다. 대탐험 이전에 유럽에서 가장 유명한 은광은 보헤미아(현 체코) 지방에 있었던 〈요하킴의 계곡(Joacimsthal/thal=dale/계곡)〉이었으므로, 유럽에서는 은전을 탈러(thaler/계곡의 은)라고 불렀다. 그 후에 아메리카로 건너간 정복자들도 돈을 여전히 탈러(thaler)고 불렀으므로, 신생독립국 미국은 탈러(thaler)를 아예 자신의 공식 화폐이름으로 확정함으로써, 마침내 달러(dollar)가 탄생했다. ▷역사(history)는 〈이미 목격한(hist=id=vid=view) 이야기〉라는 뜻이다. 이 단어의 접두사를 탈락시킨 단어가 이야기(story)가 됐다. ▷감광판을 놓고 작은 구멍을 뚫어 놓았던 작은 암실(camera obscura)이 축약해서 카메라(camera=chamber/암실)가 됐다. ▷1차 대전 때 영국군이 〈물탱크(tank/sink의 변형)〉라는 암호명으로 개발한 무한궤도장갑차는 결국 탱크(tank)로 남았다. ▷스포츠(sports)는 원래 〈장난을 친다(disport)〉에서 접두사가 생략된 말이었다. ▷사슴(deer)은 〈황무지(wilderness)에 사는 짐승〉이었으므로, 황무지(wilderness)에서 중간음(der)만 떼어낸 단어다. ▷테니스(tennis/프랑스어)는 테니스의 서브를 넣는 자가 상대에게 〈공 받아라(tennez/잡다/프랑스어)〉라고 소리치던 데서 유래한 단어다. 테니스는 영국을 지배한 프랑인들이 가져 온 귀족운동이었다.

■ 방향을 나타내는 단어들

▶고대 중동 사람들의 세계는 동쪽으로는 인도, 서쪽으로는 지중해가 전부였다. 그들은 〈동쪽을 오시(Aussi)〉라고 부르고 〈서쪽은 에레브(Ereb)〉라고 불렀다. 후에 그리스인들은 이 말을 그대로 받아들여 그리스식 발음으로 〈동쪽을 아시아(Asia)〉로 〈서쪽을 유럽(Europe)〉으로 불렀다. ▷원래 유럽인들은 〈해가 일어(ri=rise) 나는 곳(o-at)〉을 동쪽(Orient)이라고 하고, 〈해가 떨어지는(cid=fall) 곳(o=at)〉을 서쪽(Occident)이라고 불렀다. ▷오스트리아(Austria)는 〈프랑크 왕국의 동쪽(aust=east) 경계(mark)〉 오스트마르크(Austmark)를 줄인 말이다. 오스트리아의 이동지역은 슬라브족의 땅이었다. ▷프랑크왕국의 북쪽 경계는 〈데인(Dane)인이 사는 경계(mark)〉 덴마크(Denmark)였다. ▷서쪽(west)은 〈해가 완전히(per) 사라지는(w=v) 저녁(vesper)에서 나왔다. ▷남쪽(south)은 〈해(sou=sun=sol=col/둥글다)가 늘 떠 있는 쪽〉을 말한다. ▷호주(Australia)는 남쪽에 있으므로 〈항상 해가 떠 있어 메마른(austr) 땅〉이라는 오해었다. 호주 서쪽에 도착한 영국인들은 호주 전체가 드넓은 사막인 줄 알았다. ▷북쪽(north)은 〈해가 물 아래로(no=beneath) 지나가는 곳〉이라는 뜻이디. 북쪽으로 갈수록 해는 바다쪽으로 낮게 뜬다. ▷한국(Korea)은 아랍인들이 〈고려〉를 서구에 전한 뒤, 초창기에는 라틴식으로 꼬레애(Corea)로 발음했지만, 후에 게르만(영어)식으로 코리아(Korea)로 정착됐다. ▷중국을 통일했던 〈진(Jin) 나라에서 중국(China)〉이 나오고, 중국 북부를 지배했던 〈거란(Katan)에서 중국(Cathay)〉이 나왔다. ▷유라시아 대륙의 최동단 섬나라 일본(Japan)은 〈일출국(日出國)을 중국 복건어로 지판구(ji-pen-gu)라고 발음했던 것〉에서, 끝 글자(gu/국)를 떼고 나머지만 유럽어로 읽은 것이다.

■ 인도-유럽어들은 매우 다양한 방법으로 어휘를 확장했다

▶ **어원 분할** 산스크리트어 〈저 먼 밖의(ud=out) 우주(k)를 둘러쌌던〉 물덩어리(udaka)에서, 그리스인들은 앞 〈글자(ud)〉만 떼어내 〈물(hydra=udra=water)〉을 만들었고, 로마인들은 〈뒷 글자(aka)〉만 떼어서 물(aqua)과 수족관(aquarium)을 만들었다.

▶ **우주관** 〈우주(g=k)를 둘러싼 물(n)〉이 만물에게 생명을 주었고(generate/gen/낳다), 태초부터 낳은 생명들이 쌓여서 자연(genature=nature)을 만들었고, 인간은 〈우주가 낳은 만물을 구별하기 위해〉 각자의 이름(kname=name)을 지었다.

▶ **성서적 기원** ▷〈우주(g=k)를 둘러쌌던 물(n)이 세상을 창조(gen)했다〉는 아리안의 세계관을 성서는 천지창조(Genesis)라고 재해석했고, 〈너무나(so) 성(dom=gom=gen)을 좋아한 나머지 고름이 흐르던(rrah) 도시〉는 소돔과 고모라 〈Sodom and Gomorrah〉가 됐다.

▶ **전통의 계승** 〈고대의 모계사회 전통〉에서 나온 지혜와 용기의 〈여전사 신화〉는 〈여전사의 나라 아마존(Amazone)〉과 〈그리스 지혜와 전쟁의 여신 아테네(Athen)〉와 〈로마식 아테네인 미네르바(Minerva)〉를 낳았고, 아랍의 오랜 통치를 받은 스페인은 〈아랍식 여전사(Califia/Caliph의 여성형)〉를 만들었고, 북유럽은 여전사 〈마틸다(Matilda/mat/전쟁)〉와 〈군힐다(Gunhilda/gun/전투)〉를 만들었고, 프랑스는 〈잔다르크(Jeanne d'arc)〉를 낳았다. ▷1500년대 유럽 탐험가들은 전설의 아마존왕국을 찾겠다는 의지에 불탔으므로, 결국 남미의 〈아마존(Amazone)강〉과 북미의 〈캘리포니아(Califonia)주〉에 〈전설의 여인왕국〉이라는 이름을 영원히 남겼다.

▶ **외래어 음역** 히브리어 메시아(Messiah)는 〈신의 말을 미리 전하는 자(messenger)〉라는 뜻과 〈얼굴에 향유기름을 발라 주어야(massage) 하는 고귀한 자〉라는 2가지 뜻을 동시에 가지고 있었고, 영어는 〈신의 말을 전하는 자(messenger)〉는 예언자(prophet/pro/미리/phet/말)로 번역했고, 〈얼굴에 향

유기름을 바른(massage) 자〉는 크리스트(Christ=grease)로 번역했으므로, 예수(Jesus)는 본명이고 크리스트(Christ)는 예수의 시호(諡號)이고, 예언자는 예수의 신분이었다.

▶ 철학화 그리스인들이 〈죄인을 광장으로(cata=down) 몰고가서(gor) 재판하는 고발(category)〉을, 〈좀 더 낮은(cata=down) 범위로 확장해가는 범주(category/분류)〉개념으로 철학화한 사람은 그리스인 아리스토텔레스였다. ▷그리스인들은 〈2사람 사이(dia)의 대화법(dialectic/lec/말)〉을 변증법(dialectic/논리의 전개)으로 한 단계 높였고, 독일의 헤겔은 〈변증법의 형식을 완성한 철학자〉다.

▶ 개념 확장 〈끈적하게 흐르는 액체〉는 소금(salt)이고, 소금은 〈바다(sea)의 산물〉이고, 〈소금을 월급(salary)으로 받은 자〉는 로마 병사(soldier)들이고, 〈소금에 절인 음식〉은 소스(sauce)와 소시지(sausage)와 샐러드(salad)가 있고, 소금은 건강에 필수이므로 건강하세요(salute/경례)가 됐고, 〈바닷(s)속에 들어가(i=in) 있는 땅(land)〉은 섬(island)이고, 〈콩팥 속(in)에 들어있는 섬(insul)에서 나오는 호르몬〉은 인슐린(insuline)이라고 했다.

▶ 어원이 다른 같은 말 〈그리스어 인간(homo)은 우주로부터 떨어져 나온 부스러기(some)〉라는 말이고, 〈인간(man=andr)은 우주에서 떨어져 나온 숨쉬는(an) 부스러기(m)〉라는 뜻이고, 〈인간(human)은 진흙(humid)으로 만든 불쌍한 존재〉라는 말이었다.

▶ 음운퇴화 〈방(casa/스페인어)〉은 〈방(salon/프랑스어)〉과 〈방(hall/영어)〉으로 음운퇴화했고, 〈지킨다(guard)〉는 〈풍경(view)〉과 〈본다(watch)〉로 음운퇴화했고, 〈물질(physic/그리스어)〉은 〈존재(fiat/라틴어)〉와 〈존재(be/영어)〉로 음운퇴화했다.

▶ 동일어원 반대분할 〈인간적인(humane)과 멸시하다(humiliate)〉/〈처벌(penalty)과 동정(pity)〉/〈금지하다(sanction)와 허락하다(saction)〉는 같은 어

원에서 분화된 정반대 말이고, 사실 하나의 우주 현상도 보는 시각에 따라 상대적이므로, 현대의 상대성이론도 〈우주만물의 물리적 상대성〉을 과학적으로 입증했다.

▶ 복수 어원설   로마의 달력(calendar)은 〈로마 당국이 매달 초승달이 뜨는 날(dar=day)을 선포하던(cal=call) 관습〉으로부터 시작됐다는 어원설도 있고, 〈두루마리(cal=col)에 적은 날짜(dar=day)〉라는 설도 있다. 또 여성(woman)은 〈또 다른(wo=two) 인간을 낳는 사람(man)〉이라는 어원설과, 또 〈자궁(wom=womb)을 가진 사람(man)〉이라는 어원설과 〈젖(wom=fem=milk)을 주는 사람(man)이라는 어원설이 병존하고 있다.

▶ 외래어   인도–유럽어는 특히 아랍어에서 많은 단어를 수입했으므로, 〈중세 레바논 자객들의 독약(hashish)에 의한 십자군 지도자 살해〉는 암살(asessination)로 굳었고, 아랍인들이 〈집 앞에 세운 작은 공작용(senal=work) 창고(ar=dar=house)〉는 영어에서 무기고(arsenal=workshop)〉가 됐고, 대수학(algebra)를 발명한 아랍의 유명한 수학자 알콰리즈미(alkwarizmi)는, 〈문제를 해결하기 위한 컴퓨터 명령어〉 알고리즘(algorithm)에 이름을 남겼다. ▷종이(paper)는 나일강의 파피루스(papyrus)에서 나왔고, 레바논의 비블리오(biblio) 항구에서 수입한 파피루스 종이에 쓴 책은 성서(bible)가 됐다.

참고한 책과 문헌들

다양한 책들과 어원사전들을 참고로 했지만
대표적으로 다음과 같은 책들은 큰 도움이 됐다.

▷『INDO EUROPEAN ORIGINS』(William G Davey)

▷『LETTER PERFECT』(David Sacks)

▷『Origins of English Words』(Joseph T. Shipley)

▷『THE HISTORY of ENGLISH』(Scott Shay)

▷『ETYMOLOGICAL DICTIONARY of THE ENGLISH LANGUAGE』(Water W Skeat)

▷『The Last Lingua Franca』(Nicolas Oster)

▷『a history of thought and invention, from fire to Freud』(Peter Watson)

▷ wikipedia(English edition)

▷『ONLINE ETYMOLOGY DICTIONARY』

▷『THE BIBLE AS HISTORY』(WERER KELLER)

▷『지명으로 보는 역사』(21세기 연구회)

차례

K	무한한 우주공간	021
C	둥근 원	067
N	생명의 물	109
D	빛을 내려준 위대한 신	137
B	넓게 퍼지는 빛의 에너지	167
T	가로질러 간 거리	223
V	끝없이 퍼지는 빛의 욕망	251
M	우주의 부스러기들	281

PRYGLSH

공간 속의 움직임	325
도도하게 흘러가다	375
서로 연결하다	395
제 발로 걸어가다	405
잇거나 끊다	433
붙거나 분리되다	465
순식간에 붙거나 떨어지다	523

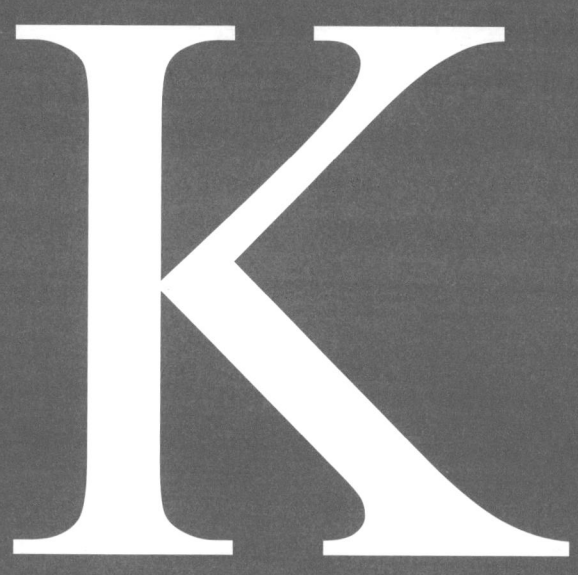

무한한 우주공간

모든 것이 흩날리던 혼돈(chaos)에서 단단하게 결합된 아름다운 우주(cosm)가 탄생했다

- 멋대로 흩어진 혼돈(chaos) ● 혼돈 속의 방랑자(guest)
- 잘 날아가는 기름 휘발유(gasoline) ● 단단하게 결합한 우주(cosmos)
- 얼굴에 질서를 주는 화장(cosmetics)
- 모든 것을 조사하는 국세조사(census)

● 태초에 〈작은 부스러기들이 제 멋대로 흩날리던(s=separate) 우주(ch=k)〉를 〈혼돈(chaos=kaos)이라고 불렀고, 〈혼돈(chaos)의 공간을 무작정 헤매던 우주의 부스러기들〉을 방랑자(guest/gues=kaos)라고 했다. ▷ 정처없이 헤매고 다녔던 〈고대의 인간 방랑자(guest)〉는 〈숲 속의 작은(el=littel) 잠자리(hotel/hot=kaos)〉에서 잠깐 눈을 붙였으므로, 〈고대 방랑자의 잠자리〉는 현대의 호텔(hotel)로 굳었고, 호텔의 주인은 호스트(host)가 됐다. ▷호텔의 주인(host)은 손님(guest)을 친절하게(hospitable) 받을 수도 있었고, 적대적으로(hostile) 몰아낼 수도 있었고, 행패를 부리는 손님을 인질(hostage)로 잡아 놓을 수도 있었다. ▷중세에는 〈늙고 병든 방랑자를 위한 요양소(hospital)〉가 세워졌고, 요양소에는 점차 의사들까지 상주했으므로, 노인의 요양소는 현대의 종합병원(hospital)으로 굳었고, 아주 최근에는 〈죽음을 앞둔 자를 위한

호스피스(hospice)〉도 생겼다. ▷영어의 호텔(hotel)은 프랑스어에서는 일반적인 건물이나 공공건물(hotel)이 됐다.

● 빈 공간을 〈멋대로 돌아다니는 기체〉는 가스(gas)였고, 휘발유(gasoline)는 〈가스처럼 잘 날아가는 기름(ol=oil)〉이라는 뜻이었으므로, 주유소(gas station=gasoline station)는 〈휘발유(gasoline)를 파는 곳〉이지 〈가스(gas)를 파는 곳〉이 아니었다. ▷영국의 지하철은 〈문 틈새를 조심하세요(mind the gap)〉라는 경고 방송을 계속 보내고 있고, 〈빙하의 작은 틈(chasm)〉은 크레바스(crevasse/cre/깨지다)라고 부르기도 하고, 〈생각을 이리저리 돌려보는 것〉은 짐작(guess)이라고 했다. ▷〈작고(gabbe=broken/북유럽어) 하찮은 것〉이 직업(job)이 된 이유는 〈매일 처리하는 사소한 일〉을 생업이라고 봤기 때문이다.

● 〈태초에 방랑하던 우주(c=k)의 부스러기(m)들이 조화롭게 결합한(s=solid) 것〉을 〈현재 우리가 보는 우주(cosmos=kosmos)〉라고 했으므로, 우주(cosmos)는 혼돈(chaos)의 정반대 말이었다. ▷우리가 보는 우주(cosmos)는 〈모든 것(cosmos)을 포함하는 완전한 질서(cosmos)〉를 의미했으므로, 그리스 처녀들의 〈머리를 장식하던 꽃〉도 코스모스(cosmos)라고 불렀고, 〈얼굴의 질서를 만드는 기술(tics=techniques)〉도 화장(cosmetics)이라고 불렀다. ▷〈부족 모두(cosm)가 하나의 도시(polis)에 모여 사는 고대의 부족국가〉를 도시국가(cosmopolis)라고 불렀으므로, 뉴욕이나 파리, 런던 같은 현대의 국제도시(cosmopolis)와 국제인(cosmopolitan)은 고대의 도시국가(cosmopolis)와 도시국가의 시민(cosmopolitan)으로부터 나왔다. ▷그리스인들은 〈커다란(mac=mag=great) 별들이 돌아가는 거대우주(macrocosm)〉와 〈작은 생물들이 모여사는 조그만(micr=mis=little) 미시우주(microcosm)〉가

무한한 우주공간

똑같은 원리로 돌아간다고 봤으므로, 〈거대우주(macrocosm)의 축소판(microcosm)〉이 미시우주(microcosm)라고 생각했다. ▷일주일 만에 세상을 창조했다는 종교적 우주론(cosmology)은 콩보다도 작은 원시우주가 1초 보다도 짧은 순간에 폭발해서(big bang) 우주를 만들었다는 〈과학적 우주론〉으로 발전했다.

● 다민족으로 구성됐던 로마제국은 〈모든 시민들의 출신과 재산, 나이, 종교 등을 전수조사〉하는 국세조사(census/cens=cesn=cosm/전부조사/음운도치)를 역사상 처음으로 실시했고, 현대의 독재자들은 시민의 모든 것을 검열함으로써(censor/전수조사), 가까스로 정권을 유지하고 있다.

우주공간(qu)은 4(quar)개의 방향으로 골고루 퍼져나갔다

- 우주의 4방향 4(four) ●4개로 나눈 하나 1/4(quarter)
- 4변이 같은 정사각형(square) ●40일을 뜻하는 검역(quarantine)
- 4각형 군사대형 소대(squad) ●석궁 전투 분쟁(quarrel)
- 4각 돌을 만드는 채석장(quarry)

● 로마인들은 〈동서남북 4방향으로 뻗어 가는 우주(qu)〉에서 〈4(quadras)〉를 만들었고, 영국인들은 4(four=quadr)라고 바꿔 불렀다. ▷〈4개로 나누어진 조각(ter=tom)〉을 4분의 1(quarter)이라고 했고, 유럽의 도시는 4방향으로 나뉘졌으므로, 도시의 일부를 구역(quarter)이라고 불렀다. ▷중세에 설립된 파리의 대학들은 라틴어로만 강의를 했으므로, 프랑스 파리의 〈센강변에 있는 대학밀집구역〉은 라틴 쿼터(Latin Quarter)라고 불렀다. ▷〈4변이 똑같은(s=same) 정사각형(square)〉은 같은 길이의 2선만 곱하면(X2/제곱) 그 넓이가 나왔으므로, 〈정사각형(square)〉과 〈제곱(square)〉은 같은 뜻이 됐고, 정사각형은 4변이 모두 같으므로 〈공정(square)하거나 동점(square)이거나 서로 마주본다(square)〉는 뜻으로 쓰였다. ▷유럽 도시의 중앙에는 정사각형(square)의 광장(square)을 놓았으므로, 정사각형(square)과 광장

K 무한한 우주공간

(square)은 같은 말로 썼다. ▷중세 유럽의 항구에서는 전염병 감염이 의심되는 선박은 공해상에 〈40(quarantine/quar=four+tin=ten)일〉 동안 격리시키는 규정이 있었으므로, 검역(quarantine)은 〈40일〉을 의미하는 말이었고, 부대의 소대(squad)도 〈정사각형의 군사대형〉이라는 뜻이었다. ▷〈화살 끝에 네모난 돌촉〉이 붙은 석궁 전투는 결정적인 타격을 주지 못했으므로, 지루한 분쟁(quarrel/석궁 전투)이라는 뜻으로 굳어졌고, 채석장(quarry)은 〈돌을 네모로 잘라내는 곳〉이었다.

인간은 무한한 우주공간(c)를 헤매면서(cyber) 길을 찾아 왔다

- 국민을 통치하다(govern) ● 국민을 이끌고 가는 통치기구 정부(government)
- 국민을 이끄는 통치기술(governce) ● 컴퓨터 공간을 헤매는 사이버(cyber)
- 컴퓨터로 통제하는 인공두뇌(cybernetics)

● 고대의 인간들은 험악한 우주공간(k)에서 우왕좌왕하며 〈길을 찾던(kubern) 존재〉였으므로, 미국의 대학 우등생들은 〈지식의 사랑(Philosophia)이 인생의 바른길(Bious Kubernetes)〉이라는 고대 그리스 격언의 첫 글자를 따서 우등생클럽〈(파이 베타 카파(Phi Beta Kappa=PBK)〉를 조직했다. ▷길을 찾던(kubern) 인간들을 인도하는(govern/gover=kuber) 통치조직은 현대의 정부(government)가 됐고, 각 정부는 자기에게 맞는 통치방법(governance)을 개발했다. ▷험한 우주공간에서 길을 찾아왔던 인간은, 컴퓨터 공간에서도 〈길을 찾았으므로(cybern)〉, 마침내 몸을 맘대로 통제할 수 있는 인공두뇌학(cybernetics)이라는 새로운 영역을 개척했다.

인간은 우주공간(wh) 속의
모든 움직임을 궁금해(wh) 해왔다

- 우주공간 속에 존재하는 그 무엇(what)
- 우유에서 나타난 그 무엇 치즈(cheese) ● 고요한 우주의 시간 동안(while)
- 이것 저것 시도하는 한편(meanwhile)
- 사람들이 빨리 찾아가는 유명인사(celebrity)

● 〈누가(who)/무엇(what)을/왜(why)/언제(when)/어디서(where)/어떻게(how)〉는 〈우주의 시공간 속에서 움직이는 모든 방식〉을 나타내고 줄여서 〈5W1H〉라고 불렀고, 〈인간의 모든 궁금증(5W1H)을 해결하는 직업〉은 언론(journalism)이 됐다. ▷액체였던 우유에서 〈홀연히 나타나는 그 무엇〉을 치즈(cheese=what)라고 했으므로, 거물(big cheese)은 〈알 수는 없지만 대단한 인물〉이라는 의미가 됐다. ▷현대 물리학도 공간과 시간이 일치한다고 봤으므로, 시공간(time-space)의 통합개념을 확립했고, 〈사방으로 뻗은 고요한 우주〉의 공간 개념에서 〈조용한 동안(while)이나 일주일(week)〉이라는 시간적 개념이 나왔고, 부사 한편(meanwhile)은 〈여러 방법(mean)을 해보는 동안〉이라는 말이었다. ▷목동들은 양떼를 사방으로 〈더(a=add) 빨리 몰거나(accelerate)〉 〈천천히(de=down) 몰면서(decelerate)〉 속도(celerity)를 조절하고,

밤이 되면 양떼를 잡아(hold) 우리 속에 멈추게(halt) 하고, 자신은 움막에서 쪽잠을 잤다. ▷유명인사(celebrity)에게는 언제나 사람들이 빨리 찾아가 축하하고(celebrate), 〈속도가 더(ex) 빠르면〉 훌륭하다(excellent)고 했다.

인간은 무한한 우주(qu)에 대해
끝없는 질문(ques)을 던졌다

- 무한한 우주에 대한 의문(question) ● 얼마나 많은가 양(quantum)
- 어떤 종류인가 질(quality) ● 문구를 인용하다(quote)
- 우주공간이 조용한(quiet) ● 인간을 영원히 조용하게 하는 살인자(killer)

● 인간은 우주에 대해 끝없는 질문(question)을 던졌으므로, 수사관은 〈사건 속(in)으로 직접 들어가〉 심문했고(inquire), 교회의 종교재판(Inquisition)은 이단을 색출하려고 고문까지 동원했다. ▷안내자는 방문자의 질의(query)에 성실하게 대답해야 하고, 퀴즈(quiz)는 〈무엇인지 알아 맞추기〉였다. ▷법이 〈분명히(re=real) 요구하는(require) 사항〉은 필수조건(requirement)이 됐고, 신하가 왕에게 올렸던 간절한 (re=real) 청원(request)은 〈정중한 요청(request)〉으로 일반화됐다. ▷모든(con) 것을 요구하며 남미를 정복했던(conquest) 스페인 정복자(conquistador)들은 인디언의 모든 것을 빼앗아 갔다. ▷〈모든 것을 완전히(ex=extreme) 갖춘〉 예술작품을 정교하다(exquisite)고 했다.
● 영어 〈얼마나 많이(how many)〉는 라틴어로 양(quantum)이었으므로, 〈가장 작은 물질의 양을 찾는 물리학 이론〉을 양자역학(量子力學=quantum theory)이라고 불렀고, 영어 〈어떤 종류(what kind)〉를 뜻하

는 라틴어는 질(qual**ity**)이라고 했으므로, 〈질을 맞추어야(**fic**=make)〉 자격(qual**ification**)을 얻었고, 〈질을 같게 하면〉 동등해졌다(**e**qual=**iso**)고 말했다. ▷라틴어 〈어떤 장소(**ubi**=where)에서도(**ubi**quitous)〉는 〈어디에서도 통화가 잘 터진다〉는 광고 문안으로 이용했고, 책의 〈페이지 양(**quote**)〉이 〈문구를 인용한다(**quote**)〉로 바뀌었고, 불특정한 〈어떤(**quo**) 상태(**status**)〉가 특정한 〈현 상태(**status quo**)〉로 구체화했다.

● 〈물어볼 것이 없어 완전히(**quite**) 질문을 멈춘(**quit**) 상태〉를 〈조용하다(**quiet**)〉고 했으므로, 법원이 〈혐의에(**a**=about) 대해 완전히(**quite**) 의심을 멈추면(**quit**)〉 〈무죄를 선언한(**acquit**) 것〉이고, 〈의심이 가는 곳에(**a**=at) 입을 다문(**quiet**) 것〉을 〈묵인한다(**acquies**ce)〉고 했다. ▷ 〈죽어서 완전히(**re**=real) 움직이지 않는 자를 위한 음악〉이 진혼곡(**re**qu**iem**)이었고, 〈사람을 영원히 움직이지 못하게(**quiet**) 하는 자〉를 살인자(**killer**)라고 했고, 〈남의 생명을 때려서 없애는(**mur**=mort=minus) 자〉는 살인자(**murderer**)라고 했다.

인간은 험악한 우주(c)에 대한
걱정(cur)이 없는 날이 없었다

- ●불쌍한 자를 돌보다(care) ●미술관을 보살피는 큐레이터(curator)
- ●영국 세무관리에서 나온 미국의 보안관(sheriff)
- ●걱정을 없애는 안전(security) ●장래의 안전을 보장하는 보험(insurance)

●인간은 위험한 우주를 바라보며 매일 걱정했으므로(care), 로마의 행정관(procurator)은 시민의 안전을 〈앞장서서(pro) 보살피고(care) 돌보는(cure) 자〉였고, 현대의 큐레이터(curator)는 〈미술관을 보살피고(care) 돌보는(cure) 자〉이고, 기숙사의 학생감(proctor)은 합숙하는 학생들을 돌보고, 호기심(curiosity)은 걱정스러워(curious) 꼬치꼬치 묻는(curious)는 태도였다. ▷불치의(incurable) 병은 〈아무리 걱정해도 고칠(cure) 수 없는(in=anti) 병〉이었고, 〈정확하다(accurate)〉는 의사가 〈아픈 곳을(a=at) 분명하게 치료했다〉는 뜻이었다. ▷〈몸의 환부를 긁어내는 작은(et) 치료기구〉를 큐레트(curette)라고 불렸고, 〈손(man=hand)톱을 손질하는 메니큐어(manicure)〉는 고대 이집트 궁녀들로부터 시작됐다. ▷〈주민을 돌본다(care)〉는 말이 영국의 행정구역 군(shire=county)이 됐고, 〈군의 세무관리(shire reeve)〉는 미국의 보안관(sheriff)이 됐다.

▷ 걱정(cure)을 없애면(se=separate) 안전한(secure) 상태가 되므로, 국가는 〈국민의 걱정을 없애는 안전(security)〉을 최우선 순위에 둔다. ▷ 〈안전하다(secure)〉가 축약되어 〈걱정하지 말라(sure)〉가 됐고, 〈걱정하지 말라(sure)〉는 〈그렇다(sure)〉로 굳었다. ▷ 〈걱정없이(sure) 만들어(en) 주는 것〉은 〈보장한다(ensure)〉가 됐고, 〈장래에 안전(sure)을 보장해 주겠다(in=into)〉는 약속이 보험(insurance)이었고, 스코틀랜드의 성직자들이 보험의 원리를 처음으로 규정했다.

우주(c)에서 온 빛(can)이 만물에게 각자의 색깔을 입혔다

- 빛을 내는 양초(can**dle**) ● 얇은 노란색 꿀(**hon**ey)
- 흰 눈으로 들어가 자는 동면(**hib**ernation)
- 흰 비둘기 가문 콜럼버스(Co**lumb**us)
- 검은 담즙증 우울증(**melan**choly) ● 햇빛을 반사해 빛나다(**shine**)

● 인간은 해가 지면 양초(can**dle**=kin**dle**)를 태워 〈작은(le=little) 빛〉을 만들었고, 로마인들이 천정에 매달았던 양촛대는 프랑스의 샹들리에(**chan**delier)로 발전했다. ▷로마의 공직 출마자(can**didate**)들은 흰 두루마기(toga)를 입고 다니며, 자신만은 깨끗하다(can**did**)고 주장했지만, 사실 많은 돈을 뿌리고, 기상천외한 정치적 음모도 꾸몄다. ▷로마인들이 신고 다녔던 샌들(san**dal**)은 목질이 하얀 백단향(white **san**dalwood) 나무로 만들었다. ▷청산칼리(**cyan**kali/cyan=can/색깔/kal=dark)는 〈검푸른 색〉이라는 뜻이었고, 청산칼리를 이용한 맹독성 화합물은 사이나이(**cyan**id/id/화합물)라고 불렀다. ▷그리스어 〈얇은 노란색(**ken**ko=pale yellow)〉은 영어 〈노란 꿀(**hon**ey/hon=ken)로 굳었고, 북극곰은 〈흰(**hib**) 눈이 덮인 겨울(**hib**ernus/라틴어)〉이 오면 눈을 파고 동면(**hib**ernation)에 들어갔다. ▷흰 눈이 덮인 중앙아시아 코카서

스(Caucasus)에 살던 인도-유럽어족은 스스로 〈코카시안(Caucasian/백인)〉이라고 자랑스럽게 부르고, 코카시아 지방의 흰 눈을 바라보던 시각적 감각을 〈시원하다(cool)/차다(cold)/춥다(chill)〉는 촉감으로 의미를 확장시켰고, 〈하얀 빙하(glacier)〉로부터 미끄러진다(glide)는 촉감도 만들었다. ▷〈흰 비둘기 家門(Colombus)〉이라는 성을 가진 이탈리아 출신 콜럼버스(Colombus)는 대서양을 건너 아메리카를 발견했고, 남미의 콜롬비아(Colombia)에 그 이름을 남겼다. ▷때를 벗겨내고(se=separate) 세척한(cleanse) 물체는 표면이 빛을 더 잘 반사하므로, 〈깨끗하다(clean)〉고 했다.

● 금(gold)은 영원히 빛나므로, 왕은 자신의 궁전을 금으로 도금함으로써(gild) 왕국이 황금처럼 빛나기를 기원했다. ▷눈동자가 〈녹색(green)으로 변하는 증상(ma)〉은 녹내장(glaucoma)이고, 쓸개즙(gall)은 〈검붉은 색깔〉이고, 〈쓸개에 생긴 돌(stone)〉은 담석(gallstone)이라고 불렀다. ▷의학의 아버지 히포크라테스(Hippocrates)는 〈쓸개의 담즙(chol/색깔)이 너무 검으면(mel)〉 마음이 어두워지는 우울증(melancholy/검은 담즙증)이 온다고 주장했고, 〈검붉은 쓸개즙을 토하는 질병〉을 콜레라(cholera/담즙 구토증)라고 불렀지만 의학적 근거는 없는 말이었다. ▷〈담즙(chol)이 만드는 단단한(ster=stand) 콜레스테롤(cholesterol/단단한 담즙)〉은 각종 혈관 질환을 일으킨다고 알려져 있다. ▷〈나뭇잎(phyl=fol/펴지다)을 녹색으로 보이게 하는 엽록소(chlorophyll/푸른 잎)〉는 〈이산화탄소(carbon)와 물(hydrogen)〉을 혼합하여(ate=ade=add) 탄수화물(carbohydrate)을 생산한다. ▷녹황색의 염소(chlorine)는 강산성이고, 지르코늄(zirconium)의 원석은 〈다양한 색깔로 채굴되는 금속〉이라는 말이었다. ▷바닷속 산호(coral)들은 아

름다운 색깔을 자랑하고, 〈햇빛을 잘 반사하는 것〉을 빛난다(shine)고 했다. ▷계란의 영양성분인 노른자(yolk)는 〈계란의 노란(yellow) 부분〉이다.

우주(c)에서 온 빛은
무엇이라도 태울(cal) 수 있었다

- 양을 통째로 굽는 제사 홀로코스트(holocaust)
- 안료를 지져넣는 납화법 잉크(ink) ● 소리없는 백열처럼 조용하다(calm)
- 불에 타고 남은 뼈 칼슘(calcium) ● 재를 뒤집어 쓴 신데렐라(Cinderella)

● 우주에서 온 〈빛의 열량〉을 측정하려던 인간은 〈1그램의 물을 1도 올릴 수 있는 에너지의 양〉을 칼로리(calorie)라고 정했다. ▷화산이 폭발하고 남긴 칼데라(caldera/스페인어)는 원래 〈물을 끓이는 주전자〉라는 뜻이었고, 프랑스어에서 온 〈개인 고용 운전기사(chauffer)〉는 〈증기 기관차의 화부〉였다. ▷신에게 〈양 한 마리를 통째로(hol=whole) 구워서 바치는 큰 제사(holocaust)〉는 유대인 전체를 태워 죽이러 했던 나치의 홀로코스트(holocaust)로 오용됐고, 로마의 목욕탕은 〈구들장 밑에서(hypo=under) 불을 때는 온돌시설(hypocaust)〉을 갖추고 있었다. ▷벌꿀에 섞은 〈안료를 화폭에(en=in) 인두로 지져넣는 납화법(encaustic)〉이 축약되어 잉크(ink)가 됐고, 〈병든 조직을 태워서 없애는 뜸(cauterization)〉은 서양의학에도 있었다. ▷〈햇볕만 내리쬐는 소리없는 백열〉을 조용하다(calm)고 했고, 〈햇빛을 받고 쓰러지는 병〉은 일사병(calenture)이 됐다. ▷〈총알과 총구〉, 〈발과 구두본

〉은 일치해야 하므로, 총의 구경(caliber)은 〈구두본(caliber/cal/나무+ber=foot/발)〉이라는 뜻이었다. ▷도자기(ceramic)는 〈초벌구이에 유약을 발라 고온으로 구웠다〉는 뜻이었다.

● 〈동식물을 태우고 남은 것〉을 탄소(carbon)라고 했으므로, 동식물의 기본 구성요소는 탄소였고, 화장장(crematory)에서 나오는 유골도 모두 탄소다. ▷죽은 생물체에 남아있는 탄소가 몇 번의 반감기(half life)를 거쳤는지 측정하면, 그 생명체가 언제(date=day)까지 살았는지 알 수 있으므로, 탄소연대측정(carbon date)법이 개발했다. ▷〈불에 탄(cal) 동물의 뼈〉와 똑같은 〈조개 껍데기(calc)〉를 화폐로 썼으므로, 〈조개 껍데기(calc)로 물건값을 계산한다(calculate)〉는 말이 생겼고, 현대화학은 〈불에 탄 뼈(calc)〉의 원소를 칼슘(calcium)이라고 명명했고, 선생님들은 〈조개 껍데기(calc) 가루를 풀로 굳힌 분필(chalk)〉로 칠판에 글씨를 썼다. ▷독일인은 석고(calcium)를 깁스(gips/gip=cal)라고 했으므로, 〈부러진 다리를 고정시키는 깁스(gips)〉는 독일어에서 왔다. ▷합스부르그(Hapsburg)왕가의 지배를 받던 이탈리아의 청년들은 카르보나리(Carbonari/숯쟁이)당을 만들어, 남 알프스 산속에서 독립운동을 벌였다. ▷〈나무(char)를 태우고(coal=cal) 남은 숯(charcoal)〉과 〈나무가 오랜 세월 땅속에서 탄화(cal)된 석탄(coal)〉은 모두 불완전 연소된 탄소였으므로, 불을 붙이면 높은 열을 냈다. ▷불에 탄 〈재를 뒤집어 쓴 채 일만 했던 신데렐라(Cinderella/cin/재)〉는 결국 백마를 탄 왕자를 만났다. ▷화산지대에서 〈불(fur=fire)에 타는(sul=cal) 노란돌〉은 유황(sulfur)이 됐다. ▷〈뜨거운(warm/war=ther=cal) 정도를 측정하는(meter)〉 계측도구는 온도계(thermometer)고, 햇빛이 가져온 〈뜨거운(hot=cal) 열(heat=cal)〉이 모든 생물을 살렸다.

빛과 소리는 우주공간(c)으로 퍼져나가는(cous) 똑같은 에너지였다

- 소리의 연구 음향학(acoustics) ● 공중을 향해 부르다(call)
- 큰 소리로 부르는 여보세요(hello) ● 소리를 듣는 귀(ear)
- 귀를 기울여 듣는 스카우트(scout) ● 관객을 불러 모으는 콩쿠르(concour)

● 인간은 우주의 움직임을 예민하게 느꼈으므로, 〈공간을 느끼는 감각(aesthetic)을 연구하는 학문〉을 미학(aesthetics)라고 했고, 〈공간의 아름다움을 즐기는 자〉는 탐미주의자(aesthete)라고 했고, 〈통증 감각이 없으면(an=ant)〉 무감각(anesthesia)이라고 했다 ▷라틴어 〈공간(cous)〉에서, 〈소리가 공기 중으로(a=at) 퍼지는 방법을 연구하는〉 음향학(acoustics)과 〈순수하게 목소리로만 부르는〉 어쿠스틱(acoustic) 창법이 나왔다. ▷공간(cous)을 통해 〈부른다(call)〉와 듣는다(hear)〉는 같은 어원의 다른 입장이었고, 〈여보세요(hello/hel=cal)〉는 〈부른다(call)의 감탄사〉였고, 〈도와주세요(help)〉는 북유럽어 〈다급하게 부른다(helpan)〉에서 왔다. ↓히브리어 〈안녕(shalom=hello)〉은 헤롯왕의 딸 살로메(salome=shalom)의 이름이 됐고, 살로메는 자신의 애인 〈세례자 요한〉의 목을 쳐달라고 아버지 헤롯왕에게 요구했으므로, 사랑하는 남자를 죽음에 이르게 하는 〈치명적인 여인(femme fatal)〉의 대명사

가 됐다. ▷〈공간(ous=cous)을 통해 소리를 듣는 기관〉를 귀(ear=auris/그리스어)라고 했고, 라틴어 〈귀를 기울인다(auscultare/cul=cl/기울이다)〉가 축약해서, 영어의 탐험한다(scout)가 됐다. ▷〈탐험한다(scout)〉는 〈청소년 수련 단체 스카우트(scout)〉가 됐고, 〈탐험해서 정보를 수집하는 스카우트(scout)〉는 유능한 〈인재를 발굴하는 스카우트(scout)〉로 정착했다. ▷빛과 소리는 모두 공간으로 날아가는 에너지이므로, 〈보여준다(show/sh=c)〉는 말도 〈공간(cous)을 통해 나타낸다〉는 말이었다.

● 공간으로 산산히 〈흩어졌던(cer) 관객들을 모아(con) 음악을 들려주는 것〉을 연주회(concert)라고 했고, 프랑스어로는 콩쿠르(concour)라고 했다. ▷프랑스어 크레용(crayon)은 원래 〈잘 흩날리는 황토(ter)의 분말(creterra)〉을 동물기름으로 굳힌 미술재료였다. ▷도처에 도사리고 있는 위험을 피하려면 사방을 둘러보며 조심스럽게(cautious) 행동해야 하고, 예견되는 위험은 미리(pre) 예방(precaution)해야 했다. ▷하늘(sky)은 우주공간 사방으로 퍼져나가므로, 인간은 무한한 하늘에 대해 몹시 궁금해 했고, 〈하늘을 할퀴며(scrape) 올라간〉 초고층 마천루(skyscraper)는 미국에서 생기기 시작해 지금은 전 세계 도시로 퍼졌다.

우주(c)는 무한하므로 작게 잘라야(cer) 그 속을 알 수 있었다

- 잘라서 잡은 것만 확실하다(certain) ● 완전히 잘라내 결정적인(decisive)
- 잘라서 알아보는 과학(science) ● 컴퓨터를 자르는 해킹(hacking)
- 가면 뒤에서 보는 위선(hypocricy) ● 얼굴을 감추는 마스크(mask)
- 로마 장정의 분류법 계급(class)

● 우주공간은 무한하고, 인간은 관심이 있는 것만 〈잘라내서(dis) 사리를 판단하는(discern) 지혜〉를 길러왔으므로, 〈잘라서 손에 잡히는(tain=tac) 것〉만 확실하다(certain)고 봤다. ▷〈우주에서 잘라낸 일부를 자신과(con) 연결시키는 깃〉을 관심을 기울인다(concern)고 봤으므로, 인간의 관심은 주관적이었다. ▷〈병이 결정적인(cr=decisive) 단계에 이르렀다는 의사의 판단(is)〉이 환자에게는 위기(crisis)가 됐고, 완전하게(de=away) 잘라낸 나무는 되돌릴 수 없으므로, 결정적(decisive)이라고 했다. ▷과학(science/scien=cer)은 〈모든 것을 잘라서 알아보는 분석학〉이었으므로, 〈더 이상 잘라지지(tom) 않는(a) 원자(atom)〉와 〈몸을 더 작게(ana=down) 자르는 해부(anatomy)〉는 과학적 개념에서 나왔다. ▷마음이 〈분명하게(con) 알아보는(sci) 것〉을 의식적(conscious)이라고 했고, 양심(conscience)은 〈인간이 꼭(con) 알고 있어야 할 양식

〉이라는 말이었다. ▷컴퓨터를 〈칼로 난도질한다(hack=cer)는 말〉이 컴퓨터를 고장내는 해킹(hacking)이 됐고, 비평가(critic)는 〈잘라서 평가하는 전문가〉이므로, 매우 까다로운(critical) 성격을 가지고 있다. ▷〈사회에 해를 끼쳤다고 판단된 자〉를 범죄자(criminal)라고 했으므로, 범행(crime)은 사법적으로 잘못했다는 판단의 결과였다.

●〈얼굴 모양으로 잘라(cr=cer) 만든 가면〉과 〈가면 뒤에서(hypo) 바라본다〉가 합해져 위선(hypocrisy/가면 뒤에서 보다)이라는 말이 됐으므로, 위선은 〈몰래 바라보는 음흉한 자세〉였다. ↓그리스 연극에서는 〈눈구멍을 통해(pers=through) 밖을 몰래 바라본다(on=oc=spec=see)〉는 말을 〈가면(persona/눈 구멍으로 본다)〉이라고 했고, 가면은 〈인격을 가진 사람(person)〉으로 변했으므로, 인격(person)은 곧 가면(persona)에 불과했다. ▷결국 그리스인들은 〈사람(person)을 가면(persona)을 쓴 위선(hypocricy)적 존재〉라고 보고, 근대의 심리학도 인간을 〈외적인격(persona)과 내적인격(anima/animus)을 따로 가진 이중적 존재〉로 보고 있다. ▷〈올바른 판단을 만드는(fy=make) 것〉을 증명한다(certify)고 했으므로, 증명서(certificate)는 〈자격을 증명해주는 서류〉였다. ↓인간은 남의 모습을 모방해(imitate) 남을 비꼬는(mock) 습성이 있었으므로, 자신의 얼굴 모습을 완전히 바꾸는 마스크(mask=imitate/탈)를 만들었다.

●로마는 장정들을 민족과 신분별로 분류하여(classify), 최정예 군단을 만들었으므로, 로마 장정의 분류(class)법은 일반적인 계급(class)이 됐다. ▷유럽인들은 〈고대 그리스와 로마의 것으로 분류되는 것〉을 고전적(classic)이라고 부르고, 유럽인들이 따라야 할 표준으로(classical/그리스-로마적인) 삼았고, 〈특별히 분류된 것〉은 극비(classified) 서류가 됐다.

우주(c)의 부스러기들은
무한한 우주공간을 헤매고(cit) 다녔다

●감정을 흩뿌리는 흥분(ex**cit**ement) ●최초의 발단 원인(**cau**se)

●기억을 다시 불러내 낭독하다(re**cit**e) ●움직이는 이야기 영화(**cin**ema)

●나뭇조각에 새긴 암호(**cod**e) ●어머니 배를 자르고 태어난 시저(**Caes**ar)

● 〈마음을 공중으로(ex) 뿌리는 감정〉이 흥분(ex**cit**ement)이었고, 범인을 〈법정으로(a=at) 튀어 나오라〉고 부르면 고발(ac**cus**e)이었고, 〈법정으로 불러내지는 않겠다(ex)〉고 하면 용서(ex**cus**e)였다. ▷〈죄가 없는데도 법정에 불러내는 무고(**cal**umny)〉는 승소의 가망이 전혀 없으므로, 영어로 〈무모한 도전(**chall**enge)〉이 됐다 ▷공산주의자는 〈자기 쪽으로(in) 불러들이는 선전 선동(in**cit**ement)〉에 능숙하다고 알려져 있다. ▷〈행동을 불러일으키는 것〉은 원인(**cau**se)이고, 원인에는 분명히 결과(effect/fec=make)가 따른다. ▷〈왜냐하면(be**cau**se)〉은 〈사태를 만들었던 정확한(be=ambi=all) 원인(**cau**se)을 알려주겠다〉는 원인설명접촉사다. ▷〈중요한 성서구절을 다시(re=repeat) 불러내 낭독하는(re**cit**e)〉 교회의 관습은 문맹 신자들을 위해 시작됐고, 가수가 〈관객을 다시(re) 불러내는 것〉은 연주회(re**cit**al)라고 했다. ▷〈마음의 움직임(**ci**) 아래(sou=sub) 있지 않아(sans=without)〉 〈근심이 없는(sans souci) 궁전〉은 독일 포츠담에 있는 상수시(sans souci)궁이었다. ▷〈움직이는 이야기(ma)〉인 영화(cinema=kinema)는 〈움직이는 그림(motion picture), 동영상(movie), 필름(film/fil=pil/가죽 껍질)〉 같은 다른 이름을 가지고 있다.

● 고대의 율법은 나무조각(code/목편)에 기록됐으므로, 암호(code)는 〈나무에 긁어놓은 알 수 없는 표시〉였고, 말로만 전해지는 〈율법을 나뭇조각에 기록하는(fic=make) 것〉을 성문화(codification)한다고 했고, 군대는 엄격한 복장규정(dress code)을 지킨다. ▷당구채(cue)는 〈잘라낸 나무 토막〉이라는 뜻이고, 당구(billiard/bil=pole)도 〈긴 채(pole)로 치는 경기〉라는 뜻이었다. ↓그러나 연기의 시작 시점을 알리는 큐(Q)는 〈라틴어 언제(quando=when)의 첫 글자〉였다. ▷계피(cinnamon/cin=cut)는 〈껍질을 벗기는 나무〉라는 뜻이었고, 정치적 분열주의(schism)는 역사적으로 정당제도의 출발이었고, 유리에 충격을 주면 단번에 박살났다(shatter). ▷로마의 시저(Caesar)는 어머니의 〈배를 칼로 자르고 태어난 자〉라는 뜻이므로, 시저의 탄생은 역사적으로 기록된 최초의 제왕절개(Caesarian section) 수술이었다. ▷원래 큰 통나무를 파내서 만든 카누를 배(ship=cut)라고 했고, 장기간 항해하는 〈배(quip=ship/p-q 음운 호환)〉에(e=at) 온갖 장비를 싣는 것〉을 〈갖춘다(equip)〉고 했다. ▷〈잘라서 나누어진(shift/shif=cut) 것〉은 서로 맞바꿔(shift) 쓸 수 있었고, 〈잘라낸 나무 토막〉은 건물의 기둥(shaft)으로 쓸 수 있었다.

인간은 무한한 우주공간(c)의 작은 일부만 가리고(cl) 살았다

- 방을 덮는 천장(ceiling) ● 여닫이문이 달린 수납장(closet)
- 모두 닫아버린 결론(conclusion) ● 꽉 다문 조개(clam)
- 닫힌 고리를 뽑는 제비뽑기(lottery)
- 꽃봉오리가 잘 싸인 유칼립투스(eucalyptus)

● 〈하늘을 덮은 지붕〉을 천상(celestial)이라고 불렀고, 〈집을 덮은 지붕의 안쪽〉을 천장(ceiling)이라고 불렀다. ▷천상에서 빛을 비추는 〈그리스 달의 여신〉은 셀렌(Selene)이었고, 로마인들은 셀렌(Selene)을 〈밤에 빛(lux=light)을 주는 루나(Luna)〉라고 불렀다. ▷우주공간 〈위를 완전히(con) 덮으면〉 그 안은 은폐되고(conceal), 〈은폐된 곳에서 남의 물건을 훔치려는 생각(mania)〉을 도벽(kleptomania/klep=close)이라고 했다. ▷수납장(closet)은 〈문을 여닫을 수 있는 작은(et=little) 벽장〉이었고, 물의 흐름을 여닫을 수 있는 〈수도꼭지(water closet)가 있는 곳〉은 수세식 화장실(water closet/WC)이 됐다. ▷수도원(cloister)은 〈담으로 둘러싼 폐쇄된 공간〉이었고, 하나의 문장(clause)이 끝나면 점을 찍었고, 법 조항(clause)은 〈한 가지 규정을 담은 법률 문장〉이었다. ▷채권자가 〈문을 닫고 채무자보다 먼저

(fore=before) 담보물을 확보하는 것〉을 압류(foreclose)라고 했다.

● 〈모든(con) 논란에 종지부를 찍고 문을 닫으면〉 결론(conclusion)에 이르고, 〈안에(in) 넣고 문을 닫은 것〉들은 포함되고(include), 〈밖에(ex) 놔두고 문을 닫은 것〉들은 제외되고(exclude), 〈따로 (se=separate) 떼어 놓고 문을 닫은 것〉들은 격리됐다(seclude). ▷교황은 모든(con) 문을 걸어 잠그고 뽑으므로 극비회의(conclave)라고 부르고, 바티칸 성당의 연통에서 흰 연기가 나오면 새 교황이 선출됐다는 신호였다. ▷〈2개의 껍데기(cl=close) 조각(m)이 꽉 다물고 있는 것〉이 조개(clam)였고, 〈홍합(mussel/sel=close)은 조개(clam)의 음운도치〉였고, 〈담을 쌓고 홀로 사는 혈연집단〉은 부족(clan)이었다. ▷옷(cloth)과 겉옷(coat)과 옷가지(garment/gr=cl)와 가운(gawn/gaw=cl)은 모두 〈몸을 따뜻하게 덮는다〉는 말이었다. ▷제비뽑기(lottery/l=cl의 축약/고리뽑기)는 〈닫힌 고리(close)에 손가락을 걸어 뽑는 게임〉에서 유래됐고, 한국에서는 로또(lotto)라는 이름을 얻었다. ▷그리스 〈의술의 신 아스클레피오스(Asklepios)의 딸〉 휘게이아(hygieia/hyg=cig=cl/덮다)〉는 인간의 몸을 덮어주는 〈건강의 여신〉이었고, 휘게이아로부터 현대 의학의 위생(hygiene)이 나왔고, 여성의 〈질 입구를 막는(hy=cl) 얇은 막(men=mass)〉은 처녀막(hymen)이었다.

● 범법자들은 〈범행을 모의하는 비밀(clandestine) 장소〉를 유지하고, 바닷가 굴 속에서 〈숨어 살았던 요정 칼립소(Calypso)〉는 트로이 전쟁에서 승리하고 귀향하던 오디세이(Odysseus)를 죽도록 사랑해, 굴 속에 가둬두고 떠나지 못하게 했다. ▷호주의 코알라가 먹는 유칼립투스(eucalyptus)는 〈꽃받침이 꽃봉우리를 잘(eu=good) 감싸고 있

는 나무〉라는 학명이 붙었다. ▷모든 물체의 색깔(color)은 〈그 물체를 덮고 있는 껍질의 색깔〉이고, 세포(cell)는 〈세포액을 덮고 있는 껍질〉이었다.

인간은 무한한 우주(c)의 일부를 막은 작은 공간(cub)에서 살았다

- 작은 공간 입방체(cube) ●공간을 막는 차양막(canopy)
- 와인통 제작자 쿠퍼(Cooper) ●하늘을 덮은 천국(heaven) ●넓은 방 홀(hall)
- 등이 굽은 꼽추(hump) ●처들어 올려 공간을 만드는 기둥(column)

● 입방체(cube)는 작은 공간을 가지고 있으므로, 〈자궁과 유사한 인큐베이터(incubator)〉 안에 미숙아를 넣어놓음으로써(in) 영아 생존율이 크게 향상됐고, 〈승객이 앉을 수 있는 공간〉을 객실(cabin)이라고 했고, 〈캐빈의 축소형(et) 캐비닛(cabinet)〉에는 귀중품을 넣었다. ▷〈동물을 가두는 우리(cage)〉와 〈죄수가 갇히는 감방(jail=cage)〉은 비좁고 더러웠다. ▷창고(cum=cub)에는 (a=at) 곡식을 쌓아 놓고(accumulate), 〈한곳에(in) 계속 누워있는 것〉을 〈현직에 있다(incumbent)〉고 했고, 〈옆으로(a=aside) 기울어진(accumbent) 피사의 사탑〉은 기반구조가 건물을 단단히 잡고 있어 아직은 쓰러지지 않고 있다. ▷가로로 자르면 〈둥근(cu=circle)접시 같은 무늬가 나타나는 채소〉를 오이(cucumber/cucum/접시/라틴어)라고 불렀다. ▷〈공중을 날아다니는 곤충〉을 모기(konopion/그리스어)라고 했고, 〈모기를 막는 천〉을 모기장(canopy)이라고 불렀고, 모기장은 마차의 차양 막(canopy)이 됐다. ▷스페인어 카사블랑카

(casa blanca)는 〈하얀(blanc) 집(casa)〉이었고, 〈귀족들이 게임을 하며 놀았던 놀이방(casino)〉은 현대의 도박장 카지노(casino)가 됐고, 이탈리아의 바람둥이 귀족 카사노바(Casanova=Newhouse)는 자신이 사귀었던 여인이 100여 명에 이른다고 고백했다. ▷녹음 테이프를 넣는 〈작은 공간〉을 가진 음향기기를 카세트(casset)라고 했고, 〈속이 빈 와인통(barrel)을 제작하는 자〉는 사람 이름 쿠퍼(Cooper)가 됐다.

● 〈하늘을 덮은 거대한 공간〉은 천국(heaven)이고, 지옥(hell)은 〈죄를 지은 자들이 갈 하늘의 감방〉이고, 교회(church)는 〈인간이 지은 커다란 신의 집〉이었다. ▷〈지붕을 덮은 공간〉이 집(house)이고, 가정(home)은 〈집이 만든 가족 공동체〉였다. ▷〈어떤 생각이 마음을 자신의 집(home)처럼 차지하고 떠나지 않는 것〉을 〈뇌리에 남아 있다(haunt=at home)〉고 했고, 좀처럼 잊히지 않는(haunting) 생각은 사람의 마음을 불안하게 했다. ▷〈큰 공간이 있는 방〉을 영어로는 홀(hall)이라고 했고, 프랑스어로는 살롱(salon=saloon/sal=hall)이라고 했다. ▷엉덩이(hip)는 골반을 둥글게 덮어주고, 꼽추(hump)는 굽은 등을 가졌다. ▷〈위로 둥글게 굽은 것〉을 높다(high)고 했고, 〈높은 곳〉을 언덕(hill)이라고 했다. ▷〈세로로 세워 집의 공간을 만드는 목재〉를 기둥(column)이라고 불렀고, 〈기둥처럼 길게 선 신문 기사단〉을 칼럼(column)이라고 했다. ▷라틴어 〈매우(ex) 높다(cel)의 비교급(or)〉〈더 높다(excelsior)〉는 미국 뉴욕주의 별명 〈최고의 주(Excelsior State)〉가 됐고, 〈뉴욕주에 있는 뉴욕시〉는 사과(Apple)라는 별명을 가지고 있고, 미국인은 애플파이를 즐겨 먹었다.

무한한 우주(c)의 일부를
잘라내고(cit) 건설한 도시와 성

- ●로마시에 사는 시민(cit**izen**) ●편안하게 누운 혼수상태(com**ma**)
- ●숲과 돌을 치우고 건설한 성(**cas**tle) ●깨끗하지 못한 근친상간(in**cest**)
- ●순수한 혈통 카스트(**cas**te) ●마음의 정화 카타르시스(**cath**arsis)

●로마인들은 울창한 〈숲과 암석을 치우고 건설한 안전한 공간〉을 도시(**cit**y)라고 했고, 로마시는 〈세상에서 가장 안전하고 영원한 도시〉라고 봤으므로, 위대한 도시 로마에서 사는 시민(**cit**izen)들은 시민으로(**civ**ic) 예의(**civ**ility)를 지켜야 한다고 생각했다. ▷로마인들은 〈거대한 도시들이 위대한 로마 문명(**civ**ilization)을 만든다〉고 봤으므로, 제국 곳곳에 도시를 건설했다. ▷로마는 정복민에게도 시민권(**cit**izenship/ship=shape=cut/잘라진 모양=자격)을 줬으므로, 루마니아(Romania/로마인의 나라)처럼 자발적으로 로마에 복속하는 민족도 많았고, 〈로마의 시민(**cit**izen)〉은 후에 근세 〈유럽의 자유시민(bourgeoise)〉의 개념을 낳았다. ▷현재의 프랑스인 갈리아지역 총사령관이었던 시저는 〈같은 로마 시민 폼페이우스〉와 싸우기 위해 루비콘강을 건너 로마로 향했으므로, 〈같은 시민끼리의 전쟁〉은 내전(**civ**il war)이 됐다. ▷로마인들은 공동묘지(**cem**etery)도 〈땅을 파고 뚜껑을 덮은 죽은 자의 안식

처〉라고 보았고, 혼수상태(coma)도 〈편안하게 누워있는 병(ma)〉이라고 생각했다.

● 유럽의 고대 왕들은 숲을 잘라내고(castrate) 난공불락의 성(castle)을 건설함으로써, 영원히 번영하기를 기대했으므로, 영국인은 성(castle), 프랑스인은 성(chateau), 스페인인은 성(alcazar)을 각각 만들었다. ▷ 성주의 부인(chatelaine)은 큰 저택의 안방마님(chatelaine)으로 일반화됐고, 작가 로렌스(Lawrence)는 성(性)을 통한 인간성 회복을 외치며 소설 〈채털리 부인의 사랑(lady Chatterley's love)〉을 썼지만, 당시에는 매우 소란스런 음란성 시비에 휘말렸다.

● 〈성을 짓기 위해 땅을 고르는 것〉은 〈깨끗하게 치운다〉는 개념이 됐으므로, 근친상간(incest)은 〈가장 깨끗하지 않은(in=ant) 죄〉로 혹독한 처벌을 받았다. ▷ 인도를 정복한 아리안족은 자신들은 〈깨끗한 피를 가진 브라만(Brahman)〉이고, 선주민은 〈더러운 피를 가진 자〉들로 봤으므로, 포르투갈인들은 인도의 계급제도에 카스트(caste/혈통)라는 이름을 붙였다. ▷ 중세 유럽의 여인들도 결혼 전까지는 순결(chastity)을 지켜야 했으므로, 여자 이름을 캐너린(Cathorine)이라고 붙였다. ▷ 그리스인들은 신과 영웅에게는 신성한 양(trago)을 바쳤으므로, 비극(tragedy)은 〈신성한 희생양(trago=goat)을 영웅에게 바치는 노래(dy)〉였고, 영웅들의 파란만장한 비극을 본 관객들은 자신의 생에도 돌아보는 계기가 됐으므로, 그리스 철학자 아리스토텔레스(Aristotle)는 〈비극(tragedy)은 인간의 마음을 정화(catharsis)한다〉는 이론을 제시했다.

인간은 무한한 우주(c)의 일부만
잘라서(cal) 자신의 것으로 삼았다

- 반절로 자른 권리증 쿠폰(coup**on**) ● 맞기로 결정된 유죄(**guilt**y)
- 상급법원의 파기환송(**cas**sation) ● 머리를 맞은 뇌진탕(con**cus**sion)
- 동굴 같은 카바레(**cav**aret) ● 사제처럼 글을 쓸 줄 알았던 서기(**cler**k)

● 인간은 알맞게 잘라서 사용하는 습성을 길렀으므로, 〈절반으로 잘라서 보관한 권리증〉을 쿠폰(coup**on**)이라고 했고, 〈국가(etat=state)에 무력을 가해서 권력을 탈취하는 군사정변〉은 쿠데타(coup d'etat/프랑스어)〉로 굳었고, 〈4개의 의자를 가진 승용차〉를 반절로 잘라 〈2개의 의자를 가진 쿠페(coup**e**)를 만들었다. ▷〈한 대 맞을지 조사를 앞둔 자〉는 용의자(**culp**rit)이고, 〈한 대 맞기로 결정되면〉 유죄(**guilt**y/guil=cul)였다.

● 〈산산이(cata=down) 흩어진 것〉을 파멸(cata**clasm**)이라고 했고, 〈모든 것이 부서진 것〉을 재앙(**calam**ity)이라고 했고, 동로마 정교회(Orthodox church)는 〈우상(icon)을 파괴하는 운동(icono**clasm**)〉을 벌여 서로마 교회(Roman Catholic)와 결별했다. ▷상급법원은 하급법원의 결정을 파기(**cas**sation)환송할 수 있고, 머리를 세게(**con**) 맞으면 뇌진탕(con**cus**sion)이 왔다. ▷〈상대방의 주장을 뒤(**dis**)흔드는 것〉이 토

론(dis**cus**sion)의 목표이고, 손으로 〈두드려 관통하는(**per**) 소리를 듣고 진찰하는 것〉은 의사의 타진(**per**cus**sion**)이고, 〈범인으로부터 인질을 완전하게(**re**=**real**) 떼어내는 것〉을 구출(**rescue**)〉이라고 했다. ▷인류는 당초 깊게 파인 동굴(**cav**e)에서 살았음이 밝혀졌고, 중동의 유적들을 발굴(**ex**cav**ation**)한 결과, 많은 고대 신화가 사실이었음이 밝혀졌고(**ex**), 프랑스어 카바레(**cav**aret)는 〈소규모 공연과 술을 파는 동굴 같은 음식점〉이었다. ▷주술사들은 나뭇조각(**clergy**)을 공중으로 던져 떨어지는 모습을 보고 점을 쳐 사제(**clergy**)가 됐고, 중세에 유일하게 글을 쓸 줄 알았던 사제는 현대에 〈장부를 관리하는〉 서기(**clerk**)가 됐다.

인간은 무한한 우주(c) 에너지의
일부를 잘라서(car) 먹고 살았다

- 고기를 끊자고 선언하는 카니발(carnival)
- 고기의 피를 닮은 카네이션(carnation) ● 고기의 조각 살점(flesh)
- 칼로 베인 피해(harm) ● 잎이 칼 같은 마늘(garlic) ● 천조각으로 만든 치마(skirt)

● 사순절 직전까지 고기를 칼로 잘라(car) 실컷 먹던 유럽인들이 〈고기여 안녕(val=leave/음운도치)〉하고, 사순절 단식에 들어 가던 풍속이 사육제(carnival)로 와전됐다. ▷인간이 고기를 즐기는(carnal) 습관은 〈이성의 육체를 탐하는 육욕적(carnal) 욕망〉이 됐다. ▷동물은 〈고기만 먹는(vor=devour) 육식성(carnivorous)〉과 〈풀(herb)만 먹는 초식성(herbivorous)〉과 〈고기와 풀 모두(omni=all)를 먹는 잡식성(omnivorous)〉으로 나뉘고, 인간은 대표적인 잡식성 동물(omnivorous animal)이 됐다. ▷추상적인 것이 〈살이 있는 육체로(in) 바뀌는 것〉을 구체화(incarnation)됐다고 했으므로, 성서는 눈에 보이지 않던 신이 예수로 현신(incarnation)했다고 기록했다. ▷〈고기의 붉은 피를 닮아〉 카네이션(carnation)이라고 했고, 〈베어낸(car) 고기조각(f=break)〉을 살코기(flesh/shel=car/음운 도치)라고 했다. ▷땅을 갈아 경작하는(cultivate) 직업이 농업(culture)이고, 〈종교적 가치를 가꾸는 집단〉

을 광신도(cult)라고 했다. ▷〈칼을 휘두르는 것〉을 괴롭힌다(harass/har=car)고 했고, 〈칼에 베인 부위(m=matter)〉는 피해(harm)가 됐다. ▷〈가죽을 잘라 만든 마구(馬具)〉를 장비(harness)라고 했고, 〈가래(harrow/har=car)로 땅을 여러 번(re) 갈아 엎는 것〉을 〈공연의 연습(rehearsal)〉이라고 했다.

● 로마의 검투사(gladiator)들은 노예신분에서 벗어나기 위해 목숨을 걸고 싸웠고, 〈잎은 칼 같고, 뿌리는 단단하게 맺힌(lic=lock) 채소〉가 마늘(garlic)이고, 〈스코틀랜드 전사들의 장검〉은 클레이모어(claymore)라고 불렀다. ▷〈줄기에서 잘라져 나온 똑같은 가지(clone)〉를 〈생물의 복제(clone)〉라고 했고, 인간복제의 날도 멀지 않았다는 전망이 나오고 있다. ▷〈나무를 잘라 만든 고급 등받이 의자(chair)〉에는 의장(chairman)만 앉을 수 있었다.

● 고대인들이 〈20을 셀 때 마다 나무에 표시했던 칼집〉은 일반적 점수(score)가 됐고, 고대 전사들의 얼굴에는 칼에 베인 상처(scar)가 있었고, 〈칼로 잘려나가 없어진 것〉을 드물다(scarce)고 했다. ▷칼은 날카롭고(sharp), 〈날카로운 이를 가진 바다의 동물〉은 상어(shark)가 됐고, 〈풀을 잘라(in) 먹는 이빨〉은 앞 이빨(incisor)이었다. ▷〈여자의 스커트(skirt)〉와 〈남자의 셔츠(shirt)〉는 〈천을 짧게(short) 자른 자투리 옷〉이었고, 잘라낸 부분을 서로 나누어 가지던 〈긱자의 몫(share)〉이 됐다.

인간은 무한한 우주(c)의 한 구석에 숨어서(hid) 안전을 확보했다

- 꼬리가 꺾인 전갈(scorpion)
- 나무를 파낸 투구(helmet)를 쓴 전사 윌리엄(William)
- 육지와 바다가 잘린 해안(shore) ● 뇌의 바깥 껍질 대뇌피질(cortex)
- 발을 덮는 양말(sock) ● 가림막 뒤로 숨다(hide)

● 〈잘라내는(car) 것과 덮는(car) 것〉은 같은 어원을 가진 반대말이므로, 카펫(carpet)은 〈양털을 깎아 그 털실로 짠 깔개〉이고, 전갈(scorpion)은 〈꼬리가 꺾인 곤충〉이라는 말이었고, 건초(hay/ha=car)는 〈베어서 말린 풀〉이었다. ▷〈문장의 일부를 잘라내는(ex) 것〉을 발췌(excerpt)라고 했고, 원시인들이 바위에 긁은 그림은 현대의 낙서(graffito)가 됐다. ▷땅을 〈잘라서 패인(hollow) 구멍(hole)〉 속에 사는 여우를 잡기 위해, 구멍의 크기에 맞게 육종된 영국산 개의 이름에는 〈땅개(terria)〉라는 접미사가 붙었다. ▷나무를 판 투구(helmet)를 쓴 고대 전사에게는 윌리엄(William)이라는 이름이 붙었고, 변호사의 경칭 〈~님(esquire)〉은 원래 〈나무를 깎아서 만든 방패(esquire)〉를 들고 다니던 귀족의 호위무사(esquire)였다. ▷해안(shore)은 〈육지와 바다가 잘린 곳〉이고, 〈상대를 칼로 자르고 싶은 마음〉이 〈증오하는(hate) 태

도〉가 됐다. ▷전체 지역에서 〈잘려나온 일부〉는 현장(scene)이라고 봤고, 〈가리개(scene)가 다 떨어져(ob=off) 나가면〉 모두 볼 수 있으므로, 외설적(obscene)〉이라고 했다. ▷〈오래된 껍질을 완전히(re=real) 벗겨서〉 최신(recent/cen=car)〉이 됐으므로, 〈새로운 생물(zo=vio)들이 살던 시대〉는 신생대(Cenozoic)가 됐고, 비눗물까지 완전히(rin=re=real) 행궈내야(rinse/se=car) 빨래가 완전히 끝났다.

●부모를 잃은 〈어린이를 보호하는 후견(custody)제도〉는 현재 〈어린이의 양육권(custody)〉이나 재판 전 〈신체의 구류(custody)〉로 법률용어가 됐고, 가장 늦게 진화한 〈인간 뇌의 가장 바깥조직(tex=textile)〉을 대뇌피질(cortex)이라고 불렀다. ▷〈발을 보호하는 긴 양말(hose)〉이나 〈물을 흘려 보내는 호스관(hose)〉은 같은 말을 쓰고, 실내에서도 신발(shoes)을 신는 유럽인들의 실내용 〈가벼운 신발(light shoe)〉을 양말(sock)이라고 했다. ▷가림막 뒤에 〈숨은(hide) 사람을 찾는(seek) 놀이〉는 숨바꼭질(hide and seek)이 됐고, 〈완전히(be=amb=all) 가렸다(hind)〉는 말은 전치사 〈뒤에(behind)〉가 됐다. ▷수치(shame)도 〈감춰야 할 부끄러운(shy) 부분〉이라는 뜻이었다.

인간은 우주(c)의 어디엔가 자신이 살았던 흔적(cal)을 남기려고 했다

- 나무를 깎아 만든 우상(icon) ● 모든 장정 이름을 기록하는 징집(conscription)
- 잡목이 무성한 홀란드(Holland) ● 나무처럼 단단한 여전사 마틸다(Matilda)
- 독립된 역할을 법으로 인정한 법인(corporation)

● 신을 볼 수 없었던 고대인들은 〈나무를 깎아 낸(i=ex) 우상(icon)〉을 모시는(lat=tel/들어 올리다) 우상숭배(iconolatry)의 관습을 가지고 있었다. ▷나무에 글을 파 넣었던 필경사(scribe)는 후에 종이에 직접 글을 썼으므로, 필경사가 〈잉크로 써 내려(de=down) 가는 글씨〉는 묘사(description)라고 불렀고, 작가가 〈직접 손(man=hand)으로 쓴 최초의 단 하나의 글〉은 원고(manuscript)〉라고 했다. ▷〈돌에(in) 세긴 비문(inscription)〉은 오랫동안 변하지 않으므로, 이집트에서 발굴된 로제타스톤(the Rosetta stone)은 수천 년 전 중동지역의 과세내용을 기록하고 있다. ▷국가는 항상 유사시를 대비해 〈모든(con) 장정들의 이름을 기록하는 징집(conscription)〉의 권한을 행사하고, 의사가 〈환자에게 줄 약을 미리(pre) 써서(prescribe) 주는 것〉을 처방(prescription)이라고 했다.

● 나무는 잘라서 썼으므로, 〈나무(cal)〉와 〈자른다(cal)〉는 같은 어

원이었고, 〈잡목이 무성했던 홀란드(Holland/hol=cal)〉는 국토의 대부분이 해수면 아래(nether=under)에 있으므로, 영어로는 네덜란드(Netherland)라고 불렀다. ▷〈나무(til=car)처럼 단단한(ma=mag) 북유럽의 여전사〉는 마틸다(Matilda)가 됐고, 〈나무(hil=car)처럼 용감한(gun) 여전사〉는 군힐다(Gunhilda)가 됐다. ▷〈돌을 멀리(cata) 던지는 (pul) 석궁(catapult)〉을 군힐다(gunhilda)라는 별명으로 부르던 스웨덴인들은, 후에 〈석궁의 후신인 화약총〉이 들어오자 이것도 군힐다(Gunhilda)라는 별명으로 불렀고, 〈화약총 군힐다(gunhilda)〉는 후에 축약되어 현대의 총(gun/전투)으로 남았다.

● 서로 독립된(corporal/cor=cut) 인간의 몸을 신체(corp)라고 했으므로, 단체(corps)는 〈여러 인간의 몸체가 모인 집단〉이라는 말이었고, 군대의 〈몸통과 같은 계급〉은 상등병(corporal)이라고 불렀다. ▷〈죽은 몸체〉는 시신(corpse)이 됐고, 〈사람처럼 독립된 역할을 법으로 인정해 준 조직〉을 법인(corporation)이라고 했다. ↓〈조금 전까지 개별적(private)으로 살다 입대한 졸병〉은 이등병(private)이고, 하사관(sergeant)은 군대의 살림(ser-serve)을 도맡아 일했다(erg=work). ↓〈현지(leu=location)의 지휘권을 장악하는(ten=hold) 장교〉는 위관(lieutenant)이고, 〈위관 가운데 가장 높은 대위〉는 캡틴(captain)이라고 불렀다. ↓〈대대 규모의 대형(column/기둥 모양)을 지휘하는 장교〉는 영관(colonel/대대장)이고, 장군(general)은 〈계속 태어나서(gen=generate) 형성된 종족 가운데 가장 힘이 센 자〉를 의미했다.

인간은 무한한 우주공간(c)을 향해 소원(can)을 말해 왔다

- 공중으로 퍼져나가는 소리(sound) ●이탈리아의 칸초네(canzone)
- 노래하는 새 백조(swan) ●무당의 마법 매력(charm)
- 초승달이 뜨는 날을 선포한 달력(calendar) ●불러내서 조언하는 컨설트(consult)

● 주술사가 하늘을 향해 부르던 〈주문의 소리(sound)〉가 노래였으므로, 영국인은 노래(song), 프랑스인들은 샹송(chanson), 이탈리아인들은 칸초네(canzone)를 불렀다. ▷칸타빌레(cantabile)는 〈노래하듯이〉라는 음악 지시어였고, 칸타타(cantata)는 〈신을 찬양하는 교회 성악곡〉이었고, 소나타(sonata=sound)는 칸타타와 대응하는 기악곡의 한 형식이었다. ▷오페라 카르멘(Carmen)은 〈노래하는 여인〉이라는 뜻이었고, 〈아이다(Aida)와 라보엠(La Boem), 카르멘(Carmen)〉은 오페라의 ABC라고 불렀다. ▷〈노래의 높낮이(accent)〉는 말의 강세(accent)가 됐고, 〈노래를 불러 남을 끌어들이는(in) 것〉은 동기(incentive)가 됐다. ▷암탉(hen/hen=call)은 〈병아리들을 노래로 모은다〉는 뜻이었고, 백조(swan=song)는 〈마지막 죽을 때 가장 아름다운 노래(song)를 부르는 새〉로 알려졌으므로, 백조의 노래(swan song)은 〈최후의 걸작〉이라는 말이 됐다. ▷〈노래로 신을 불러 들이는(en) 것〉을 〈마법을 건

다(en**chan**t)〉고 했고, 〈신을 불러들이는 무당의 신비한 힘〉은 매력
(**char**m)이라고 했으므로, 현대의 매력 있는(**char**ming) 여인은 노래로
〈신이 아닌 남자를 끌어들이는 여인〉이 됐다.

● 〈신의 목소리(**cal**l)〉에는 분명히 복종해야 했으므로, 인간의 부름(**cal**l)도 〈확실한 승낙〉을 뜻하는 말로 굳었고, 〈큰 소리의 주장(**cl**aim)〉은 상업적으로 〈배상을 청구한다(**cl**aim)〉는 말이 됐다. ▷〈정부가 선포하는(pro**cl**aim) 각종 정책〉은 모든(**pro**) 국민이 알아들었다고 전제하므로, 몰라서 실천하지 않은 자도 처벌을 받고, 공항을 들어갈 때는 자신이 가지고 있는 물건을 정확하게(de) 신고해야(de**cl**are) 한다. ▷〈매달 초승달이 뜨는 날(dar=day)을 선포했던 로마의 풍습〉에서 달력(**cal**endar)이 생겨났다. ↓음력을 사용했던 초기 로마 시민들은 〈초승달이 뜨는 매월 첫날〉을 제각각 정했으므로 날짜도 사람마다 하루 이틀씩 달랐다. ▷인간과 동물은 큰 소리로 울어(**cry/cr=cl**)
위기에 처했음을 알려왔고, 견딜 수 없는 고통에서는 〈찢어지는 괴성
(**scr**eam/scr=call)〉을 질렀고, 〈잘못하는 자를 꾸짖는(**scol**d/scol=call) 태도〉는 신으로부터 배웠다.

● 로마의 최고 집정관(**con**sul)은 〈원로원을 소집할(**con**) 권한을 갖는 지〉였고, 현재는 〈자국민을 부를 수 있는 영사(**con**sul)〉로 정착했다. ▷〈대표들이 모여(**coun=con**) 구성하는 로마의 위원회(**coun**cil)〉는 현재 〈대표들이 모여 관심사를 논의하는 협의회(**coun**cil)〉로 굳어졌다. ▷변호사나 의사는 〈의뢰인이나 환자를 불러내(**con**) 조언하거나 진찰하는(**con**sult) 자〉였고, 전문적 지식을 가진 현대의 컨설턴트(**con**sultant)는 〈회사에 자문을 해주는 신종직업〉이 됐고, 카운슬러(**coun**selor)도 정신적 고민이 있는 사람을 불러 조언하는 자다.

● 솔로몬(Solomon)이 썼다고 알려진 전도서(Ecclesiastes)는 〈모든 사람을 향해(ec=ex) 큰 소리로 전해주고 싶은 말〉이라는 뜻이었다.

↓ 방탕한 생활로 일관했던 솔로몬은 노후에 크게 반성하고, 〈Vanity of vanities-all is vanity(헛되고 헛되니 모든 것이 헛되도다)〉라는 명문을 남겼다. ▷헤라클레스(Hercules/cul=cal)는 제우스가 바람 피워 낳은 자식이었지만, 본부인 헤라(Hera)의 이름을 따서 〈헤라의 영광(신이 부르는 소리)〉이라는 이름을 얻었다. ▷〈큰 소리(loud/doul=cal/음운도치)〉와 〈귀를 기울여 듣는다(listen/lis=sil=cal/음운도치)〉와 〈가만히 있어도 들린다(hear/hr=cr=cal)〉는 모두 같은 어원에서 나온 말이므로, 〈부르고 듣는 소리〉는 공간을 매개로 이루어지는 연관어였다.

인간이 살고 있는 세상(c)의 변두리에는 늑대(hun)가 살았다

- 분할된 땅 스위스의 칸톤(canton) ● 영국 동남쪽 변두리 켄트(Kent)
- 변두리를 어슬렁거리는 사냥꾼(hunter)
- 오소리 사냥개 닥스훈트(dachshund)
- 개처럼 냉소적인(cynical) ● 욕이 되버린 암캐(bitch)

● 스위스의 주(Canton)는 〈분할된 땅〉이라는 뜻이므로, 스위스는 작지만 연방국가이고, 국경으로 갈라진 변방에는 국경수비대가 주둔하고(canton), 수비대가 이용하는 간이매점/식당/수통은 모두 캔틴(canteen/변경 시설)이라고 부른다. ▷영국의 켄트(Kent)지방도 〈잉글랜드 동남쪽 변방〉이고, 중국의 광동은 〈중국의 서남쪽 가장자리〉에 해당됐으므로, 영국인들은 광동(Canton)이라고 불렀다.

● 개과의(canine) 동물은 원래 인간 주거지의 변방에 살았던 늑대의 후예였고, 송곳니(canine tooth)는 〈고기를 뜯어 먹던 늑대의 송곳니〉였고, 애견산업의 본고장인 영국 애견협회(Kennel club)은 아주 잘 조직되어 있다. ▷〈짐승을 잡는 사람이나 개〉는 모두 사냥꾼(hunter)이고, 견종 하운드(hound)는 사냥개라는 뜻이고, 독일산 닥스훈트(Dachshund)는 〈오소리(dachs=duck)를 사냥하기 위해〉 육종됐다. ↓ 원래 〈사냥터

였던 런던 변두리에서 사냥개를 부르던 소리(so-ho!)〉는 〈현대 런던의 소규모 자영업자 거리 소호(soho)〉가 됐고, 뉴욕이나 홍콩과 같은 대도시에도 소호거리가 생겼다.

● 들개처럼 살아서 유명해진 그리스 철학자 디오게네스(Diogenes)는 개처럼 냉소적(cynical)으로 세상을 바라봤으므로, 견유학(cynicism)파라고 불렸고, 편도선 농양(quinsy)에 걸리면 개가 짖는 소리를 낸다. ▷스페인과 아프리카 사이에 있는 스페인령 카나리아 섬(Canary Island)은 〈들개가 많은 섬〉이고, 당초 〈젖(bi=fem)을 주는 암캐(bitch/tch=can)〉가 〈쉽게 몸을 허락하는 여성〉이라는 욕으로 전락했다.

무한한 우주공간

둥근 원

사방(c)으로 균등하게 뻗어나갔으므로
우주는 둥글었다(cyc)

- 둥근 원(cycle/circle/round) ● 굽힌 다리를 둥글게 펴서 차다(kick)
- 낮에만 피는 꽃 데이지(daisy) ● 둥글게 추는 원무 캐럴(carole)
- 동그랗게 만든 담배(cigar) ● 동그란 알갱이 설탕(cigar)

● 그리스인은 〈둥근 우주〉를 원(cycle)이라고 했고, 로마인은 원(circle)이라고 했고, 영국인은 라틴어 원(circle)에서 원(round)을 만들었다. ▷이미 사용한 폐품을 다시(re) 원상태로 돌려 쓰면 재사용(recycle)이고, 〈2(bi=two)개의 둥근 바퀴를 가진 이륜차〉는 자전거(bicycle)였다. ▷바퀴(wheel)는 〈둥글다(kweklo=circle/산스크리트어)〉는 뜻이었고, 〈무릎을 둥글게 굽힌 뒤 갑자기 펴면〉 발로 찬다(kick=cyc/북유럽어)〉고 했다. ▷어린이(ped)가 알아야 할 지식을 〈A부터 Z까지 한 바퀴(en=in) 돌려(encycle)〉 모두 기록한 책을 백과사전(encyclopedia)이라고 했다. ▷인도양에서 〈둥글게 휘몰아 치는 열대성 폭풍〉은 사이클론(cyclone)이고, 그리스 신화에서 〈외눈(op=oc)박이 거인 키클롭스(Cyclops)〉는 둥글고 큰 눈을 얼굴 한 가운데에 가지고 있었다. ▷밤에는 눈을 감고, 〈낮(dai=day)에만 눈을 뜨는 꽃〉을 데이지(daisy/sy=cyc=eye)라고 불렀다.

● 둥근 원(circle/라틴어) 안에 갇힌 사람들은 한 단체(circle)가 됐고, 로마의 원형경기장(circus)은 공평하게 구경할 수 있게 설계된 원형 공간이었으므로, 현대의 각종 경기장도 로마의 원형경기장 모델을 따르고 있다. ▷원을 계속 따라(fer=por=carry) 가면 원둘레(circumference)의 길이가 나오고, 중심으로부터 약간 떨어진 원 둘레는 수학적으로 〈대략(circa)〉이라는 말로 굳었고, 죽은 동물의 사체(carcass/carc=circ)도 〈의식이 없는 둥근 몸통〉이라는 말이었다. ▷둥근 왕관(crown/crow=circle)을 씌워 주는 의식은 대관식(coronation)이었고, 전공을 세운 〈병사들에게 씌워주던 로마의 꽃 왕관(corona)〉은 〈태양의 불꽃 코로라(corona)〉로 전용됐다. ▷〈둥근 원무〉가 〈예수의 탄생을 축하하는 크리스마스 캐럴(carole=circle/프랑스어)〉이 됐고, 〈둥글게 말은 시가(cigar=circle)의 축소형〉이 궐련담배(cigarette)가 됐다. ▷〈둥글게 굽은 쇠꼬챙이〉는 갈고리(hook=circ)가 됐고, 팔을 둥글게 말아서 반가운 사람을 안아주며(hug=circ) 환영했다.

● 둥글게 휘어진 곡선(curve)을 계속 돌리면 결국 원을 만들고, 같은 결과를 가져오는지 알아보는 〈반복된(re=repeat) 실험〉을 연구(research/serch=circle)라고 했다. ▷〈알갱이가 둥근 입자〉를 설탕(sugar/sugr=circ/산스트리트어)이라고 했고, 〈설탕 맛을 내는 화학물질(ine=ingredient)〉을 사카린(saccharine/sacchr=circ)이리고 불렀고, 〈등에 둥근 딱지가 붙은 무서운(dile=dire) 벌레〉를 악어(crocodile)라고 했다. ▷〈개의 둥근 목줄(collar)〉이 사람 〈옷의 둥근 목깃(collar)〉이 됐고, 〈전기가 계속 흐르도록(it=go) 둥글게 연결한 선〉을 회로(circuit)라고 불렀다.

둥근(c) 바퀴(car)의 발명은
불의 발견과 함께 인류의 2대 발명품이었다

- 로마 전차가 달리는 길(course) ● 로마 전차 경주 코스 커리큘럼(curriculum)
- 마차를 만들던 목수(carpenter) ● 차에 짐을 싣다(charge)
- 모두가 지나가는 대합실(concourse) ● 끝없이 흘러가는 통화(currency)

● 인간은 둥근 〈바퀴를 계속 돌려 달리는 차(car)〉를 만들었으므로, 더 많은 짐을 싣고(carry) 더 빠르게 나를(carry) 수 있게 됐다. ▷당초 〈로마병사의 1인승 전차(chariot/ot=little)〉가 달릴 수 있는 길을 전차로(course)라고 했고, 로마는 군사용 전차노선(course)을 만들면서 제국을 점점 넓혀갔으므로, 로마의 전차노선(course)은 북으로는 게르만(German), 동쪽으로는 달마시아(Dalmatia)를 지나 발칸(Balkan) 반도를 거쳐 아랍으로, 서쪽으로는 스페인(Espana)까지 이어졌다. ▷로마의 전차 경주마들이 달리던 〈엄격하게 규정된 전차 경주 코스(curriculum)〉는 〈학생들이 꼭 지켜야 할 교과 과정(curriculum)〉이 됐고, 시간이 갈수록 실력이 늘어 갔던 전차병(career)은 〈해가 갈수록 노련해지는 직업(career)〉이 됐고, 〈마차가 길 위(o=at)를 달리기 시작하는 것〉을 〈사태가 처음 발생했다(occur)〉고 추상화했다. ▷목수(carpenter)는 〈마차(car)를 만드는 사람〉이었다가, 후에 집을 짓는 사

람으로 진화했다. ▷원래 〈차에 짐을 싣는다(char**ge**)〉는 말이 〈요금을 매기거나(char**ge**)〉, 〈화력으로 적을 공격하거나(char**ge**)〉, 〈전기를 부하하거나(char**ge**)〉, 범죄자에게 〈형량을 선고하는(char**ge**)〉 데 모두 쓰였다. ▷급사(cour**ier**)는 〈지체 없이 달려가야 하고〉, 화물(car**go**)은 〈차에 실어야 하는 짐〉으로 포르투갈어에서 왔다. ↓헝가리의 〈코스크(**Kosc**)지방에서 다니던 큰 마차〉가 영어의 대형버스(**coach**)로 굳었고, 〈마차를 목적지까지 잘 몰고 가는 마부〉는 운동선수의 코치(**coach**)로 정착했다. ↓〈프랑스 여자들의 고급 두건 리무쟁(**limousin**)〉이 리무진(**limousine**)이 됐고, 지붕을 열고 닫는(**ver**/돌리다) 차는 컨버터블(**convertible**)이 됐다.

● 대합실(con**cour**se)은 〈모든(**con**) 승객들이 거쳐가는 길〉이었고, 여러 개의 〈방을 이어 주는 통과로〉를 복도(cor**ridor**)라고 했고, 내륙 국가였던 〈폴란드와 북쪽 발트해를 연결하는 폴란드 회랑(**Polish** cor**ridor**)〉은 반대로 구 독일제국을 동서로 갈라 놓았다. ▷유행(cur**rent**)은 사람 사이를 흘러 다니고, 〈바로 지금 흘러 가는 시간〉은 현재의(cur**rent**) 시간이 됐다. ▷돈은 끝없이 흘러가므로 통화(cur**rency**)라고 했고, 〈양쪽(**inter**)을 왕복하는 것〉을 교섭(**inter**cou**rse**)이라고 했다. ▷〈신문에 실린 세상을 비웃는 기사나 만화〉를 풍자(car**icature**)라고 했고, 인생에 대해 〈서로에게(**dis**=**down**) 주고받는 담론(dis**cour**se)〉은 시대에 따라 그 주제가 바뀌었다.

동그란(c) 머리(cap)는 신체의 꼭대기에 붙어서 몸 전체를 통제했다

- 성 마틴의 망토모자를 보관한 성소(chapel)
- 큰 머리 돈을 투자하는 자본주의(capitalism) ● 머릿수로 세던 가축(cattle)
- 식당의 우두머리 주방장(chef) ● 맨 꼭대기에 닿아 성취하다(achieve)

● 라틴어 〈둥근 머리(cap)〉에서 사제들이 입는 〈둥근 모자가 달린 두루마기〉 망토(cape)〉가 나왔고, 성자 마틴이 거지에게 찢어 주었던 망토의 모자가 보관된 〈망토 보관소(chapel)〉는 성소(chapel)가 됐고, 채플(chapel)은 큰 건물 안에 있는 〈작은 교회 시설〉이나 〈예배〉 자체로 굳었다. ▷〈성당(chapel)으로부터(a=from) 유래된 아카펠라(acapella) 창법〉은 미성(美聲)을 가진 남자가 악기 없이 부르는 교회음악이었다. ▷커피에 뿌린 우유거품이 〈수도사의 하얀 모자(capuccin)〉와 닮았으므로, 카푸치노(cappuccino) 커피가 탄생했다. ▷모든 나라는 머리에 해당하는 수도(capital city)를 지정했고, 사업 초기에 들어가는 〈액수가 큰 머리 돈〉을 자본(capital)이라고 했으므로, 자본주의(capitalism)는 〈큰 돈으로 큰 사업을 벌이는 경제체제〉였다. ▷왕은 〈머리를 자를 만한 중죄인〉에게 중형(capital punishment)을 선고하고, 〈중죄인의 머리를 쳐내는(de=off) 참수(decapitation)〉과정을 모든 시민들에게

공개했다. ▷〈배의 우두머리〉는 선장(**cap**tain)이고, 귀족의 젊은 자제(**cad**et=**cap**=head)는 골프장의 캐디(**cad**die)가 됐다. ▷목동들이 〈머릿수로 세었던 짐승〉을 가축(**cat**tle)이라고 했고, 〈위험으로부터(**es**=ex) 머리를 빼내는 것〉을 〈위험을 피한다(**es**ca**p**e)〉고 했고, 〈긴 천(**muf**fler)으로 머리를 가리는 것〉을 변장(**ca**mouflage/**ca**=cap)이라고 했다.

● 책은 여러 개의 〈작은 머리 장(**chap**ter)〉들로 구성되어 있고, 유럽인들이 〈머리(**chief**)에 둘러썼던(ker=cel=cover) 두건(ker**chief**)〉에 접두사 손(hand)를 붙여 〈손수건(handker**chief**)〉이 됐다. ▷씨족의 우두머리는 추장(**chief**)이었고 〈식당의 우두머리〉는 주방장(**chef**)이었고, 영어의 〈성취하다(a**chie**ve)〉는 프랑스어 〈머리에 이르다(venir a **chef**=go to head)〉의 뒷부분(a **chef**=a**chie**ve)이었다. ▷맨 꼭대기에 있는 머리(**cap**)를 손으로 잡으면 곧 몸 전체를 소유할 수 있으므로, 〈라틴어 머리를 잡다(**cap**)〉는 〈영어 소유하다(ha**v**e)〉가 됐고, 〈소유하는(ha**v**e) 것은 인간의 핵심능력〉이었으므로, 〈할 수 있다(a**b**le=ha**b**ere/라틴어)〉는 능력 형용사가 됐고, 중심지(**hub**)는 원래 〈둥근 원구(**cap**) 속 한가운데〉를 의미했다.

페르시아의 왕(cap)이
서양장기 체스(chess)가 됐다

● 체스의 적을 방어하다(check) ● 체스에서 장군! 체크메이트(checkmate)

● 왕의 국고 출납관 영국의 재무부(exchequer) ● 왕의 나라 체코(Czech)

● 미국의 아마존 왕국 캘리포니아(California)

● 아리안의 일파였던 페르시아인들은 우두머리(cap)를 왕(shah)이라고 불렀고, 페르시아의 왕은 영어에서 〈적의 왕을 잡는 체스(chess=shah)〉로 발전했다. ▷체스에서 〈적군을 막는 것〉을 체크(check)라고 했고, 적진으로 쳐들어 가서 〈너의 왕은 죽었다(shah mat/mat=mor=murder)〉라고 승리를 선언하는 것을 영어로는 체크메이트(checkmate/king is dead/장군!)라고 했다. ▷체스의 체크(check)는 〈은행이 보관하고 있는 잔고(check)〉나 〈잔고를 근거로 발행하는 수표(check)〉가 됐다. ▷중요 시설에 들어가려면 검문소(check point)를 거쳐야 하고, 공항을 드나드는 승객은 철저한 출입통제(check-out/check-in)를 받는다. ▷영토를 의미하던 〈체스판의 체크무늬(checker)〉는 권위를 상징했으므로, 〈체크무늬 양털 천으로 덮은 책상〉에서 왕의 국고출납(ex)을 통제하던 영국 궁정관리가 현대 영국의 재무부(exchequer)가 됐고, 〈체크(check) 무늬 옷〉은 스코틀랜드 사람들의 전

통적인 의상이 됐다. ↓〈양털 천(**bur**=**fur**)을 덮은 책상에서 공무를 보던 중세 관료〉에서 관료주의(**bureaucracy**)가 나왔다.

● 〈페르시아의 왕 크세르크세스(**Xerxes**)〉와 〈나라 이름 체코(**Czech**)〉, 〈인도의 무사계급 크샤트리아(**Kshatriya**)〉도 모두 페르시아 왕(**shah**)과 같은 지도자라는 뜻이었다. ▷오랫동안 아랍인들의 지배를 받았던 스페인은 〈아랍어 지배자(**Caliph**=**shah**=**cap**)〉에서 〈남성 지배자(**Calif**)〉와 〈여성 지배자(**Califia**)〉라는 단어를 만들었고, 미국 서남부에 도착한 스페인 정복자들은 그곳에 캘리포니아(**California**/여인왕국)라는 이름을 붙였다. ▷〈긴 만으로 둘러싸인 캘리포니아(**California**)〉가 고대 〈흑해 연안에 있었던 여인왕국 아마존(**Amazon**)〉과 비슷하다고 여겼기 때문이다.

눈(eye)이 둥근 것은
수정체가 둥글기(c) 때문이다

- 둥근 눈을 치료하는 안과의사(**oc**ulist/**ophth**almologist)
- 빛을 연구하는 광학자(**opt**icist) ● 회전체의 축(**pol**e) ● 바람의 눈 창문(wind**ow**)
- 눈이 둥근 올빼미(**owl**) ● 한 눈으로 보는 파노라마(pan**or**ama)

● 볼록렌즈를 가진 눈 알은 동그랗기 때문에, 영어의 눈(eye)은 〈둥근 원(**cyc**le)의 축약〉이었고, 〈둥글다(**cyc**l)〉는 〈둥글다(**oc**)〉나 〈둥글다(**opt**)〉, 〈둥글다(**ophth**)〉, 〈둥글다(**pol**)〉, 〈둥글다(**tel**)〉, 〈둥글다(**owl**)〉, 〈둥글다(**or**)〉로 다양하게 분화했으므로, 〈눈의(**oc**ular) 기능과 질병을 다루는 의사〉를 라틴식으로는 안과의사(**oc**ulist), 그리스식으로는 안과의사(**ophth**almologist/**ophth**=**oc**)라고 불렀다. ▷〈렌즈가 하나인(**mon**) 외알(**mon**ocle) 안경〉은 〈2(**bi**=**two**)개의 렌즈를 쓰는 쌍안경(bin**oc**ulas)〉으로 발전했고, 병원균과 싸울 〈항원의 씨눈을 몸에(**in**) 주사하는 것〉을 접종(**in**oculation)이라고 했다.

● 〈안경을 제작하는 안경사(**opt**ician/**opt**=**oc**)〉와 〈시력만 측정해주는(metr=measure) 검안사(**opt**ometrist)〉는 의료인이지만, 빛의 〈광학적(**opt**ical) 성질을 연구하는 광학자(**opt**icist)〉는 자연 과학자다. ↓ 몸의 〈물리적 질병을 치료하는 사람〉은 의사(**physic**ian)지만, 사물의 〈물리

적 성질을 연구하는 사람〉은 물리학자(**physicist**)다.

● 둥근 회전체의 한가운데에는 축(**pol**e/**pol**=**col**=**oc**)이 있고, 〈축의 양 끝〉을 양극단(**pol**arity)이라고 불렀다. ▷공간과 시간의 거리는 같으므로 〈돌(**lith**=**stone**)을 쓰던 오래된 시대〉는 구석기(**Pal**eolithic) 시대가 됐다. ▷양극단과 같이 〈먼 거리에서 보내온 그림을 보여주는(**vis**=**view**) 기계〉는 텔레비전(**tel**evision/**tel**=**pol**=**col**=**oc**)이 됐고, 아리스토텔레스〈**Aristotle**(**s**)〉는 〈먼 옛날부터 귀족(**arist**)〉이라는 뜻이었다. ▷북유럽어 창문(**wind**ow/**ow**=**oc**)은 〈바람(**wind**)의 눈〉이었고, 올빼미(**owl**)는 둥글고 큰 눈을 가지고 있다. ▷〈단 한번에 모두(**pan**=**all**) 보이는(**or**=**oc**=**eye**) 전경(**ma**=**matter**)〉을 파노라마(**pan**or**ama**)라고 했다.

인간은 손가락을 둥글게(c) 구부려서(cip) 문명을 만들었다

- 손가락을 구부려 잡다(**cat**ch) ● 정성껏 모시는 접대(**rec**e**p**tion)
- 작은 용기 캡슐(**cap**sule) ● 가르침을 받는 제자(**dis**c**ip**le)
- 지시를 받아 요리하는 조리법(**rec**i**p**e) ● 끝까지 잡고 가는 천직(oc**cup**ation)

● 손가락을 둥글게(**cap**) 구부려 잡으면(**cat**ch) 무엇이든 가질(**get**) 수 있으므로, 인간은 잡아서 소유하는 것을 본질적으로 능력이 있는(**cap**able) 것으로 보고, 무엇이든 잡아 끌어 모으려는 본능을 길러왔다. ▷손가락을 〈구부려 잡는(**cat**ch) 것〉과 〈계속 잡고 있는(**hol**d/h=c) 것〉과 〈낚아채어 잡는(**get**/g=c) 것〉과 〈계속 손을 대고 유지하는(**keep**) 것〉은 모두 같은 어원 〈잡다(**cap**)〉에서 나왔다. ▷〈끝까지(**pur**=per) 쫓아가서 잡는 것〉을 〈상품의 구매(**pur**cha**se**)〉라고 했고, 〈마음에 드는 것을 잡는 것〉을 선택한다(**choose**)고 했고, 〈정성껏(**re**=real) 잡아서 모시는 것〉은 접대(**rec**e**p**tion)라고 했다. ▷〈누가 왜 체포하는지〉를 간단하게 적었던 로마시대의 체포영장(**cap**tion)은 현대 신문 잡지의 〈간단한 사진 설명문(**cap**tion)〉으로 자리를 잡았다. ▷〈작은(**le**=little) 용기〉는 캡슐(**cap**sule)이므로, 쓴 약은 캡슐에 넣어서 먹었고, 상자(**ca**se)도 〈물건을 잡아 넣는 박스(**box**=bag)〉였다. ↓경우(**ca**se)는 물체가 〈우연히

땅에 떨어지는(cas=cid=sit=fall) 다양한 결과〉였다. ▷차량의 〈부속을 붙잡는 거치대〉는 차대(chassis)이고, 옛날 〈동전을 넣고 다니던 상자(cash=case)〉가 그대로 현금(cash)이 됐다.

● 예수의 〈가르침을 잡아, 마음속 깊이(dis=down) 새긴 사람〉들은 예수의 12제자(disciple)가 됐고, 〈기술을 몸속 깊이(dis) 세기는 방법〉은 훈련(discipline)이고, 훈련은 엄격한 규율(discipline)을 기초로 했다. ▷〈맨 먼저(prin=pre) 왕좌를 차지할 수 있는 권리를 가진 자(princeps/라틴어)〉의 축약이 왕자(prince)였지만, 왕자가 여럿이면 왕자의 난이 일어났다. ▷〈큐피드(Cupid)의 화살〉을 맞으면 누구나 사랑의 마음에 사로 잡히는 운명을 맞았다. ↓큐피드의 화살을 맞은 아폴로(Apollo)는 도망가는 요정 다프네(Daphne)를 끝까지 쫓아 갔지만, 다프네는 잡히려는 순간 월계수(laural)로 변했으므로, 아폴로는 다프네를 〈신을 이긴 자〉라고 부르고, 월계수를 승리의 나무로 삼았다. 이로써 올림픽의 우승자에게는 월계수를 머리에 씌웠고, 현대 미국과 프랑스의 대학 예비고사 바칼로레아(baccalaureate)는 〈월계수 열매(bacca=berry) 가지를 씌워준다〉는 말이었다. ↓꿈속에서 야콥(Jacob)과 싸움을 벌였다 패배한 신이 야콥에게 〈신을 이긴(isra) 자(el=the)〉 이스라엘(Israel)이라는 새로운 이름을 지어 주었고, 현대의 이스라엘은 야콥의 후손이다. 고대에 자식 가운데 가장 힘센 자를 후세자로 심던 전통으로부터 〈신을 이긴 자〉라는 개념이 생겼다.

● 〈시민(mun/경계 안에 있는 자)들이 스스로 권리를 갖고 다스리는 자치도시(municipal)는 〈도시는 자유로운 공기를 마시고 산다〉고 주장했다. ▷〈받는다(receive)의 라틴어 명령형(recipe/받아라)〉은 〈의사가 약사에게 내려주는 처방전(recipe)〉과 〈주방장이 요리사에게 내

리는 조리법(recipe)〉으로 굳었고, 〈받는다(receive)의 라틴어 과거분사(receipt/받았다)〉는 〈분명히(re) 돈을 받았다(have received)〉는 영수증(receipt)으로 굳었다. ▷〈맨 먼저(prin=pre) 잡아야 할 것〉이 원칙(principle)이고, 학교를 〈앞장 서 잡고 끌고 가는 선생님〉은 교장(principal)이었다. ▷〈사태의 진실을 잡지 못하도록(de) 방해하는 것〉이 사기(deception)이므로, 사기 당하는 사람은 속은 사실을 뒤늦게 알게 됐다. ▷〈장소나 물건에(o=at) 먼저 손을 대서 차지하면(occupy)〉 배타적인 소유권을 갖고, 신분사회였던 고대사회에서 직업(occupation)은 〈죽을 때까지 잡고 가는 천직〉이었다.

손으로 잡은(cap) 것은 소유(hav)이고 소유가 없으면 빚을 졌다

- ●든 물건이 무거운(heavy) ●건네준 선물(gift) ●움켜쥐고 날아가는 매(hawk)
- ●몸이 가진 습관(habit) ●구멍에 끼우는 열쇠(key)
- ●부속을 조립하는 도구(gadget) ●집을 둘러싼 울타리(hedage)

●〈손을 구부려서(cap) 잡는 것〉을 〈가졌다(have/hav=cap)〉고 하고, 〈손으로 가진(have) 물건이 무거운(heavy) 이유〉는 모든 물체에는 똑같은 크기의 지구중력이 작용하기 때문이다. ▷〈소유하는(have) 것〉과 〈주는(give/giv=hav) 것〉은 원래 같은 어원이 서로 반대 입장으로 분화한 결과이고, 신물(gift=givc)은 〈아무 대가 없이 준다(donate)〉는 라틴어의 게르만식 표기였고, 태어날 때부터 〈신이 준 선물〉을 재능(gift)이라고 했다. ▷사냥한 쥐를 발톱으로 〈움켜쥐고 하늘로 날아가는 새〉를 매(hawk/haw=hav)라고 했다.

●손으로 〈잡아서 소유한(own/ow=hav/음운퇴화) 것〉은 〈자신의(own) 소유물〉이 됐고, 〈빚진(owe) 것〉은 〈소유하지 못한 상태〉였고, 진 빚은 〈분명히 갚아야 할(ought/ou=owe) 의무〉가 있었으므로, 〈소유(own)〉와 〈빚(owe)〉과 〈의무(ought)〉는 모두 〈갖는다(cap=have)〉는 어원에서 정반대로 분화한 결과였다.

● 〈오랫동안 가지고 있어 몸에 밴 것〉을 습관(habit)이라고 했고, 태도(behavior)는 〈몸에 완전히(be=ambi=all) 배어 버리기 어려운 몸가짐〉이었다. ▷〈오랫동안 차지하고 살아가는 장소〉를 서식지(habitat)라고 했으므로, 거주자(habitant)는 배타적인 거주(habitation)권을 행사했고, 〈거주한다(dwell/dw=hab)〉는 말도 〈거주지(habitat)를 차지하고 있다〉는 뜻이었다. ▷금지(prohibition/hib=have)는 〈앞을(pro) 가로막아 가질 기회를 박탈하는 행위〉였다.

● 빚(debt/b=hav/음운축약)은 〈재산을 소유하지 못했다(de)〉는 뜻이고, 〈빚(debt)을 갚아야 한다(debutus)〉는 라틴어가 축약해서 영어의 〈의무적이다(due)〉가 됐고, 〈노력한다(endeavor/av=hav)〉는 말은 〈빚(deav=debt)을 갚기 위해 온 힘을 다 한다(en=in)〉는 뜻이었다.

● 부두(quay)는 〈선박을 잡아 매어 두는 곳〉이고, 〈구멍에 박힌 작은 조각〉을 〈쐐기(key)〉라고 했으므로, 자물통에 끼우는 쐐기는 〈열쇠(key)〉였고, 피아노에 끼워 놓은 쐐기는 건반(key)〉이 됐다. ▷〈조립해서 하나로 묶인 조합〉을 조립세트(kit)라고 불렀고, 〈가스가 새지 못하게 막는 고무마개〉는 가스켓(gasket)이었고, 〈부속들을 조립하는 도구〉는 조립도구(gadget/가젯)라고 불렀다. ▷〈집을 둘러싸는 담을 울타리(hedge)〉라고 했고, 초거액의 돈을 한 울타리 안에 끌어모아(fund), 고위험성의 상품에 투자하고, 〈초고소득을 노리는 금융상품〉을 헤지펀드(hedge fund)라고 불렀다.

둥글고(c) 높은 아취(arch)형 건물구조는 로마인들이 발명했다

- 구부러진 각(angle) ●마음이 구부러진 걱정(anxiety) ●위로 솟은 아치(arch)
- 한쪽으로 뾰족한 계란(egg)
- 콩팥 옆에 붙은 부신에서 나오는 아드레날린(adrenaline)
- 송곳으로 조각한 동전(coin)

● 영국(England/eg=ec/n 음운첨가)은 독일과 덴마크를 잇는 구부러진 〈앵굴(Angul)지역에서 건너 온 게르만〉들이 세운 나라였다. ▷둥글게 굽어있는 배의 닻(anchor)은 〈현장에 나간 기자들을 잡아 주는 방송의 앵커(anchor)〉로 자리를 잡았다. ▷〈구부러진 정도〉를 각도(angle)라고 했고, 발목(ankle)과 독수리(eagle)의 발톱은 둥글게 굽어 있다. ▷걱정(anxiety)은 〈마음이 구부러진 상태〉였고, 크리켓(cricket)경기는 〈굽은 채로 공을 친다〉는 말이었고, 귀뚜라미(cricket)도 구부린 다리로 날개를 긁어 소리를 냈다.

● 아치(arch)나 기하의 호(arc)는 〈둥글게 구부러진 곡선〉이었고, 〈길고(ade=add) 둥근 천정을 가진 상가〉는 아케이드(arcade)였고, 〈노아의 방주(Noah's Ark)〉도 〈길게 구부러진 배〉였다. ▷〈위로 솟은(arch) 것〉은 최고(arch)를 의미했으므로, 건축(architecture)은 〈남자가 배워야 할

최고의 기술(tec)〉이었다.

● 〈계란(egg/eg=ec)〉과 〈모서리(edge)〉, 〈구석(corner)〉, 〈귀(ear=cr)〉, 〈옥수수 자루(corn)〉는 모두 한쪽으로 뾰족하다는 말이었다. ▷〈그리스어 둥근 도토리(gland/glan=corn)〉는 〈도토리 모양 같은 호르몬 샘(gland)〉이 됐으므로, 갑상선(thyroid gland)과 전립선(prostate gland)은 모두 도토리 같은 호르몬 샘이었다. ▷〈라틴어 도토리(ren=acorn)〉는 〈도토리 같은 콩팥(ren)〉이 됐으므로, 〈콩팥(ren) 옆에(ad) 붙어 있는 부신(adrenal)〉에서 나오는 호르몬(ine)은 아드레날린(adrenaline)이 됐고, 도토리(acorn)는 참나무(oak) 열매였다. ▷영어의 콩팥(kidney)은 〈작은(kid=little) 한 쌍의 알(ey=egg)〉이라는 말이었다. ▷〈칼 같은 예리한 동작〉은 결정적(edgy)이고, 〈창으로 힘차게 미는 자세〉를 열정적(eager)이라고 했다. ▷〈뾰족한 것으로 찍히는 두려움(awe=agi/북유럽어)〉은 〈마음이 오싹할 정도로(some) 좋다(awesome)〉는 뜻이 됐다. ▷고대의 동전(coin)은 〈쐐기(corner) 같은 정〉으로 하나 하나 그림을 새겨 넣었으므로, 옛날 동전 표면의 그림은 모두 제각각이었다

만물은 둥글고(c) 단단해지는(sir) 방법으로 안전을 확보해 왔다

- 난쟁이 금속 코발트(cobalt) ● 바싹 말린 멸치(anchovy)
- 좁은 목구멍(throat) ● 목구멍으로 삼키다(swallow)
- 창자가 졸아들어 배고픈(hungry) ● 꼼짝하지 않고 생각만 하는 학자(scholar)

● 손에 잡히면(seize/s=c) 둥글고 작아지므로, 아름다운 노래로 홀려 〈뱃사람들을 잡아가던 그리스의 요정〉이 사이렌(siren)이었고, 프랑스의 물리학자가 발명한 음향경보장치에는 사이렌(siren)이라는 요정 이름이 붙었고, 용을 무찌르고 〈자유(fr=free)를 잡아 왔다〉는 지그프리드(Siegfried)는 북유럽 신화의 영웅이었다. ▷〈좁은 땅굴 속에 사는 북유럽 난쟁이 신화〉로부터, 〈단단하고 작은 석영(quartz)〉의 결정체를 통과하는 진동을 표준시각으로 삼는 시계를 석영시계(quartz)라고 불렀다. ▷처음 구리(copper)인 줄 알고 채굴했지만 결국 〈구리가 아닌(ni) 난쟁이(ckel) 금속(copper nickel)〉으로 밝혀진 광석을 축약해서 니켈(nickel)이라고 불렀다. ▷다른 금속에 붙어 푸른 빛을 띠게 하고, 제련을 까다롭게 만드는 〈작은(lt=little) 난쟁이 장난꾼(cob) 금속〉을 코발트(cobalt)라고 불렀으므로, 짙은 푸른색은 코발트 블루(cobalt blue)가 됐다.

● 과일을 쥐어짜면(squeeze) 과일즙이 나오고, 오징어(squid)는 〈먹통을 짜서 먹물을 쏘는 생선〉이었다. ▷〈횟수가 점점(fre=pro) 많아져 조밀해지는 것〉을 빈번하다(frequent/quent=crowd)고 했다. ▷〈작고 초라한 집〉은 초가집(cottage)이었고, 〈배가 튀어 나온 생선〉은 대구(codfish)였다. ▷비둘기(pigeon)는 〈조그만(pi=petit/프랑스어) 목 주머니(geon)에서 소리를 내는 새〉였고, 멸치(anchovy/남 유럽어)는 〈바싹 말린 생선〉이었다. ▷〈숫탉(cock)은 의성어〉였고, 〈숫탉보다 작은 닭〉을 그냥 닭(chicken)이라고 했다. ▷아구(jaw)와 턱(chin), 뺨(cheek)의 근육들이 씹은(chew) 음식을 좁은 목구멍(throat/thr=cr)으로 밀어 넣는 것을 삼킨다(swallow/swal=thr)고 했다. ▷좁은 목구멍을 막으면(choke) 곧 죽게 되므로, 〈동물의 목을 내려(suf=sub=down) 누르는 것〉을 질식시킨다(suffocate)고 했다. ▷어린이(child)는 〈작은 아이〉였고, 어릿광대(clown)는 〈웃기게 생긴 둥근 덩어리〉라는 말이었고, 〈지불할 액수가 작은 것〉을 싸다(cheap)고 했다. ▷〈창자가 좁아 든 것〉을 배고프다(hungry/hung=sieze/n 음운첨가)고 했고, 〈물이 말라 목구멍이 좁아진 것〉을 갈증(thirst)이라고 불렀다.

● 〈일하지 않고 가만히 앉아 명상하는 자〉를 학자(scholar)라고 했고, 〈학자들이 산책하며 명상하는 드넓은 정원〉을 학교(school)라고 했으므로, 현대의 학교도 터무니없이 넓은 캠퍼스(campus/평지)를 가지고 있다. ▷〈등을 움츠린(shrink) 생선〉을 새우(shrimp)라고 했고, 〈시간을 한데(epo=upon) 묶은 것〉을 시대(epoch)라고 했다. ▷〈왕의 침대(eune=bed)를 잡고 운용하는 왕의 최측근〉은 환관(eunuch)이었고, 스케치(sketch)는 움직이는 〈물체의 순간동작을 잡은 그림〉이었다.

가장 중요한 것은 원(c)의 한가운데(car)에 꽁꽁 숨겨놨다

- ●안 풀려서 어려운(hard) ●딱딱한 골판지(card) ●창자를 말린 현(cord)
- ●사방으로 퍼지는 중심 십자가(cross) ●닭볏이 변한 머리카락(hair)
- ●마음이 아파 미안한(sorry) ●단단하게 굳는 암(cancer)

●권력은 〈사회를 단단하게 뭉치는(cr) 기술〉이므로, 민주주의(democracy)는 〈민중(dem)이 통치하는 정치체제〉였고, 딱딱해서 잘 풀리지 않으면 어려운(hard) 문제였다. ▷〈몸의 중심(core)에 있는 핵심 장기〉인 심장(heart)에서 용기(courage)가 나왔고, 〈가톨릭의 핵심 직위〉는 추기경(cardinal)이었다 ▷〈기본 수〉는 기수(基數/cardinal number)였고, 〈차례(order) 수〉는 서수(序數/ordinal number)였다. ▷카드(card)는 〈딱딱한 골판지〉라는 말이었고, 현수막(placard)은 〈넓은(pla=plane) 골판지〉였다. ▷〈내용을 종이에 단단히 (re) 붙이는 것〉이 기록(record)이었고, 〈서로(con) 잘 합해진 것〉을 화합(concord)이라고 했다. ▷〈독일어 화음(akkord)〉에서 악기 이름 아코디언(accordion)이 나왔고, 〈동물의 창자를 말린 줄(cord)〉이 현악기의 현(cord)이 됐다. ▷십자가(cross/+)는 〈사방으로 퍼지는 우주의 중심〉이었으므로, 고대 산스크리트어에서는 〈우주의 진리(swastika)〉를 상

징하는 표시(+)로 썼고, 불교에서는 만(卍) 자로 표현됐다. ▷〈십자가에 못박힌(crucify) 예수〉는 진리의 상징이 됐고, 〈십자가 같다(crucial)〉는 말은 〈중대하다(crucial)〉는 뜻이 됐다. ▷〈닭의 머리 위에 솟아오른 닭벗(crest)〉은 사람의 〈머리카락(hair=crest)〉이 됐다.

● 온몸을 〈딱딱한 뼈가 덮고 있는 갑각류〉를 게(crab)라고 했고, 텔레비전 하단에 〈굴러 나오는 문자〉는 하단 스크롤(scroll)이라고 했다. ▷〈아기의 요람(cradle)〉은 벽에 걸도록 양 끝에 갈고리가 붙어 있고, 〈다리를 구부려서 걷는 것〉을 장애(cripple)라고 했다. ▷〈슬픔(sorrow/sor=cr)은 〈마음을 쥐어짠다〉는 말이었으므로, 미안한(sorry) 마음은 〈마음을 쥐어짜는 슬픈 감정이 생겼다〉는 뜻이었고, 〈싫어한다(hate=sor=cr)〉는 말도 〈마음을 접고 피하고 싶다〉는 말이었다. ▷〈견과류(nut)처럼 딱딱한 머리〉는 〈멍청하다〉고 했고, 〈딱딱한 머리가 깨진(crazy) 것〉을 〈제정신이 아니라〉고 했고, 〈딱딱한 물건이 땅에 부딪혀 깨지는 것〉을 충돌한다(clash)고 했다. ▷딱딱한 〈암(cancer)을 만드는 (gen=generate) 물질〉을 발암물질(carcinogen)이라고 불렀다. ▷〈사자(leon=lion)처럼 단단한 자〉는 레오나르도(Leonard/ar=cra), 〈곰(ber=bear)처럼 용감한 자〉는 버나드(Bernard), 〈칼(ger=gladiate)을 잘 쓰는 자〉는 제라드(Gerard), 〈전쟁(gun=war)에서 용감한 자〉는 군터(Gunther)라고 불렀다.

가장 작은 구형(c)으로 단단하게(kn) 굳은 것을 핵이라고 했다

- 딱딱한 주먹으로 때리다(kn**ock**) ● 건장한 건달 기사(kn**ight**)
- 털실로 짠 털옷(kn**it**) ● 껍질이 단단한 손톱(**nail**)
- 단단한 핵을 이용한 핵(**nuc**lea**r**)무기
- 마로니에나무 열매를 닮은 밤(ches**tnut**)

● 〈손가락의 딱딱한 관절(kn**uckle**/kn=cr)〉로 때리는(kn**ock**) 싸움은 권투(**boxing**)가 됐고, 주먹으로 때려 〈더 이상 싸울 수 없게(**out**) 만드는 것〉을 KO(kn**ock out**)라고 했다. ↓복싱(**boxing**)은 〈주먹을 쥔다(**box**=**bag**)〉었다. ▷〈무릎(kn**ee**) 관절〉을 구부려서 무릎을 꿇을(kn**eel**) 수 있었고, 한 쪽 무릎만 구부려서(**flect**) 〈여성에게 청혼하는(**gen**u**flect**) 방법〉은 중세 기사들의 인사법이었다. ▷미국 국방성 건물은 〈5(**pent**=**five**)각으로 구부러졌으므로〉, 펜타곤(**pent**a**gon**)이라고 불리고, 귀감(**para**g**on**)은 〈하늘을 향해(**para**=a**gain**st) 높이 솟았다〉는 말이었다. ▷전치사 〈~에 대항하여(a**gain**st)〉는 〈~을 향해(**a**=**at**) 뾰족하게(**gain**=**gon**) 서 있다(**st**)〉는 뜻이었다.

● 중세의 기사(kn**ight**)는 〈몸이 건장한 건달(kn**ave**)의 변형〉이었고, 언제나 말을 타고 다녔으므로 기사(**cavalier**/**cav**=**horse**)라고도 불렸고, 총

이 나오기 전까지 칼(knife)은 가장 강력한 개인 무기였다. ▷〈손가락으로 움켜잡는 곳〉은 손잡이(knob)가 됐고, 알렉산더는 아무도 풀지 못한 〈고르디아스의(Gordian) 매듭(knot)〉을 단칼에 잘라 버렸고, 선원들은 밧줄을 묶은 매듭(knot)으로 길이를 쟀으므로, 배의 속도도 노트(knot=1850m/h)〉가 됐다. ▷여러 번 치대어 〈조직이 조밀해진 반죽(knead)〉은 잘 부풀어 오른 빵이 됐고, 〈촘촘하게 짠(knit) 털옷〉은 겨울 추위를 막아줬고, 손톱과 못(nail/n=kn)은 〈그 표면이 딱딱하다〉는 뜻이었다.

● 만물은 딱딱한 핵(nucleus/nuc=cun/음운도치)으로 구성되어 있다고 믿어왔던 그리스인들은 〈더 이상 쪼개지지(tom) 않는(a=ant) 핵〉을 원자(atom)라고 했지만, 현대 물리학은 원자핵 조차 쪼개거나 융합해 거대한 에너지를 얻었으므로, 인류를 멸망시킬지도 모르는 〈핵(nuclear) 무기〉 시대를 열었다. ▷〈견과루(nut)의 대표인 밤(chestnut)〉은 엉뚱하게 〈마로니에(horse chestnut)나무의 열매〉라는 뜻이었다. ▷〈말의 가슴(chest=box)앓이에 특효가 있다〉고 알려져 있는 〈마로니에(horse chestnut)〉의 열매가 밤과 똑같았기 때문이다.

인간은 울퉁불퉁하게(c) 기울어진(cl) 험난한 땅을 밟고 살아왔다

- 기울어진 사다리(**l**adder) ● 환자를 직접 치료하면서 배우는 임상(**cl**inic)
- 서비스에 기대는 고객(**cl**ient)
- 손바닥을 아래로 기울이며 거절하다(de**cl**ine)
- 위로 올려주는 에스컬레이터(es**cal**ator)

● 기후(**cl**imate)는 〈햇빛이 울퉁불퉁한(**cl**) 땅을 비추는 기울기(**cl**)〉였으므로, 인간은 〈햇빛의 기울기에 따른 기후(a=at)〉에 적응하면서(ac**cl**imate) 살아 왔고, 누구나 〈자신에게(in) 기울어지는 경향(in**cl**ination)〉이 있다. ▷지학에서 〈중력과 반대로(anti) 위로 굽은 지층〉을 배사층(anti**cl**ine)이라고 했고, 2개의 배사층 사이에는 움푹 파인 지형이 만들어지므로 석유가 고여 있는 경우가 많았고, 반대로 〈중력과 같은(syn=same) 방향으로 굽은 지층〉은 향사층(syn**cl**ine)이라고 불렀다. ▷인간은 〈기울어진(lean/l=cl), 사다리(ladder/l=cl)〉만 타고 올라갈 수 있었으므로, 〈기울어진 사다리의 맨 위(max=most)〉를 정점(**cl**imax)이라고 했고, 그 〈정점에서 갑자기 떨어지는 것〉을 용두사미(anti**cl**imax)라고 했다. ▷여자 어린이에게는 〈고개를 숙여 겸손한(**cl**ement) 태도〉를 보이라고 클레멘타인(**Cl**ementine)이라는 이름을 지

어줬다

● 수련의사(resident)가 〈몸을 구부리고(cline) 누워 있는 환자〉를 직접 보면서, 〈현장의 의술(ic=tecnique)을 익히는 것〉을 〈임상(clinic) 실습〉이라고 했고, 임상치료는 〈규모가 작은 개인병원(clinic)〉이나 〈특별한 병을 치료하는 전문병원(clinic)〉으로 의미가 확장됐다. ▷〈귀족에게 기대어 지원을 받던 중세 예술가였던 고객(client)〉은 현대에 〈변호사나 의사에게 기대는 의뢰인이나 환자 고객(client)〉이 됐다. ▷일반적으로 고객(client)은 〈서비스를 공급받는 자〉였고, 〈구체적인 물건 서비스를 받는 자〉는 고객(customer)〉이었다. ▷여성의 클리토리스(clitoris)는 〈위로 굽어 있다〉는 뜻이었고, 〈등받이가 자동으로 눕고 일어나는(re=repeat) 의자〉는 등받이 의자(recliner)였고, 〈손바닥을 아래로(de=down) 기울이면〉 거절한다(decline)는 제스처였다.

● 〈굴곡진(scend/sced=cl/n 음운첨가) 땅을 밟고 살아갈 운명을 타고난 인간〉은 〈경사의 위쪽으로(a=at) 올라가거나(ascend)〉, 〈경사의 아래로(de=down) 내려가면서(descend)〉 고달픈 인생을 살아왔다. ▷부끄러운 추문(scandal)은 〈온 동네를 비틀거리며 돌아다닌다〉는 말이었고, 〈전자가 온몸을 돌아다니며 몸 상태를 영상으로 보여주는 의료장비〉는 스캐너(scanner)라고 했다. ▷신은 아무리 〈높은 경사도 뛰어넘고(trans) 초월하는(transcend) 존재〉였으므로, 죽었던 예수는 벌떡 일어나 하느님이 사는 하늘로 승천(ascension)했다. ▷〈사람을 위로(e=ex) 올려주는 계단식 장치〉는 에스컬레이터(escalator)가 됐다.

둥글게(c) 굽이치는 벌판(cam)에서 싸우던 병사들이 조국을 지켜왔다

- 울퉁불퉁한 들판(camp) ● 터무니없이 넓은 캠퍼스(campus)
- 황무지를 개간한 식민지(colony) ● 둥근 어깨(shoulder)
- 날개를 돌리는 헬리콥터(helicopter) ● 작고 어두운 암실 카메라(camera)

● 〈둥근(c) 모양의 땅 조각(m)〉들이 연결되어 울퉁불퉁한 들판(camp)을 만들었고, 병사들이 〈허허벌판에서 주둔하는 것〉이 야영(camping)이었다. ▷〈야영하던 병사들이 적과 벌이는 싸움〉은 전투(campaign)라고 했으므로, 〈사회적인 목적을 실현하기 위한 캠페인(campaign)〉도 〈전투처럼 힘차게 밀고 나가자〉는 말이었다 ▷〈들판에서 싸우는 전사(cambio/라틴어)〉는 영어에서 우승자(champion)가 됐다. ▷〈구불구불한 평야〉라는 뜻의 프랑스〈샹파뉴(Champagne)지방에서 나는 고급 백포도주〉는 샴페인(champagne)이라고 불렸다. ▷조용한 정원에 앉아 명상하던 그리스 학자들을 위하여, 고대의 대학은 신전 옆 넓은 공터에 세워졌으므로, 현대 대학교정(campus)도 터무니 없이 넓다. ↓그리스 전쟁영웅〈아카데모스(Academos) 신전 옆에 플라톤이 세운 대학〉은 아카데미(Academy)였고, 〈늑대(luc=wolf)를 때려잡는 아폴로(Lucian Apollo)의 조각이 안치된 신전〉 옆에 아리스토텔레스가 세운

대학은 레시움(**Lecyum**/늑대의 집)이었다.

● 〈울퉁불퉁한 황무지를 개간해서 만든 곳〉을 식민지(**colony**)라고 했지만, 독일의 쾰른(**Cologne**)은 이미 게르만이 살고 있었던 라인강변에 로마인들이 세운 도시였고, 유럽의 백인들은 인디언이 살고 있던 곳에 아메리카 식민지(**colony**)를 건설했으면서 아무도 살지 않았다고 우겼다. ▷ 〈2개의 둥근 문장 점(:)〉을 콜론(**colon**)이라고 했고, 〈구불구불한 큰 창자〉는 결장(**colon**)이라고 불렀다. ▷ 달력(**calendar**)은 〈날짜(**dar=day**)를 적은 두루마리 종이〉였고, 어깨(**shoulder**)는 〈둥근 실린더(**cylinder**) 구조〉를 가지고 있으므로, 팔을 자유롭게 회전시킬 수 있었다. ▷ 헬리콥터(**helicopter**)는 〈날개를 둥글게 돌려 날아가는(**pt**/치다) 비행체〉였다. ▷ 그리스어의 둥근 해(**hel**)는 라틴어로 해(**sol**)가 됐고 영어로는 해(**sun**)가 됐다.

● 굽이치는 들판은 그 풍경이 〈변화무쌍하게 바뀌고(**change**)〉, 〈물건을 서로(**ex**) 활발하게 바꾸는 교환(**exchange**)〉은 근대의 중상주의를 낳았다. ↓ 상업(**trade**)은 〈서로(**trans**) 물자를 교환한다〉는 말이었다. ▷ 〈천장이 둥근 방(**chamber**)〉처럼, 〈작은 암실(**camera obscura**)을 가진 촬영 창치〉를 축약해 카메라(**camera**)라고 불렀고, 굴뚝(**chimney**)도 〈둥근 천장으로 난 연기통〉이었다. ▷ 라틴어 〈방을 같이 쓰는 자(**camaraderie**)〉가 축약되어 동무(**comrade**)가 됐고, 공산주의자들은 사상적 동지를 동무(**comrade**)라고 불렀다. ▷ 〈산스크리트어 낙타(**karabh**)는 영어에서 〈등에 혹이 붙은 낙타(**camel**)〉와 〈사막의 대상(**caravan**)〉으로 굳었다.

만물은 둥글게(c) 자라면서(cr) 점점 자신의 크기를 키워왔다

- 점점 자라 보름달이 될 초승달(crescent) ● 모양을 만들어 창조하다(create)
- 회사에 힘을 보태는 직원(crew) ● 인류를 키워 온 곡식(cereal)
- 다 배운 졸업(graduation) ● 점점 자라는 풀(grass)

● 초승달(crescent)은 〈점점(scent/scen=cl/기울어진 곳을 올라가다) 자라서 결국 둥근 보름달이 될 달〉이라는 뜻이었고, 〈프랑스의 반달빵〉에는 크루아상(croissant)이라는 이름이 붙었다. ▷〈이란 고원(Iran plateau)과 메소포타미아(Mesopotamia), 팔레스타인(Palestine)을 연결하는 중동의 비옥한 초승달 지역〉은 인류가 아프리카를 벗어나 최초로 정착한 문명의 고향으로, 중동지역 국가의 국기에는 지금도 초승달과 둥근 반월도가 그려져 있다. ▷신은 세상을 최초로 창조했으므로(create/키우다) 만물은 모두 신의 피조물(creature)이었고, 신이 세상을 창조한 뒤 일곱 째 되는 날 쉬었으므로, 인간의 휴식(recreation)도 〈다음(re) 창조 활동을 위해 에너지를 축적하는 행위〉로 봤다.

● 〈조직에 힘을 보충하는 사람〉이 직원(crew)이었으므로, 회사는 〈정기적으로(re) 신입사원을 모집해(recruit)〉 조직의 힘을 보강했다. ▷〈꾸준히 한(sin=same) 방향으로만 성장하는 나무의 형태〉를 〈성실하다

(sincere)〉고 봤고, 고대로부터 영양분을 제공해 〈인류를 키워 온 주요 곡식(cereal)〉은 〈아시아의 쌀〉과 〈유럽의 밀〉, 〈아메리카의 옥수수〉였다. ▷〈스페인과 프랑스인들이 흑인 노예들과 낳은 혼혈인들의 비문법적인 언어나 문화〉를 크레올(Creole)이라고 부르는 이유는, 그 언어와 문화가 스스로 자라났기 때문이다. ↓남부 중국인들도 스스로 만든 엉터리 영어 피진(pidgin)어를 쓴다. 〈피진은 영어 비즈니스(business)를 중국인들이 잘못 발음한 것〉이었다. ▷모든 것은 커지거나(increase) 작아지는(decrease) 〈가(in)역(de) 작용〉을 하고, 〈튼튼하다(concrete)〉는 말은 〈완전히(con) 다 자라났다〉는 의미였고, 건축의 콘크리트(concrete)는 〈시멘트(cement)가 서서히 굳어서 생긴 것〉이다. ▷생물은 점점 자라난(grow) 뒤 늙어 죽고, 지식을 늘려 일정한 단계(grade)에 이른 학생은 학교를 졸업(graduation)하므로, 졸업은 〈다 자랐다〉는 뜻이고, 작은 싹도 〈점점 자라 풀(grass)이 되고〉, 씨앗을 남긴다.

인간은 등이 둥글게(qu)
굽은 말(equ)을 타고 다녔다

- 등이 굽은 말(hippo/equus/horse) ● 말을 사랑하는 필립(Phillip)
- 말을 탄 승마자(equestrian) ● 말 탄 기사(cavalier)
- 기병이 발전한 기갑부대(cavalry) ● 짐을 지는 당나귀 이젤(esel)

● 〈등이 아래로 굽어 있어(hip=equ=hor=cav=curve) 올라 탈 수 있는 짐승〉을 그리스인들은 말(hippo)이라고 했고, 로마인들은 말(equus/eq=hip/p-q 음운호환)이라고 했고, 영국인들은 말(horse/hors=curv)이라고 했다. ▷고대에 말을 다루는 자는 왕의 최측근이었으므로, 〈말을 사랑하는(phil=love) 사람〉은 필립(Phillip)이라는 이름으로 남았다. ▷그리스시대의 경마장(hippodrome)은 현대의 공연장(hippodrom)으로 남았고, 〈강(potam=pont=river)에서 사는 말〉을 하마(hippopotamus)라고 부르고, 축약해서 히포(hippo)라고 했다. ▷소크라테스의 악처로 알려져 있는 크산티페(Xantippe)는 〈노란(xan) 말〉이라는 뜻이고, 노란색은 신경질적인 색깔이었다. ▷해마(hippocampus=seahorse)는 〈애벌레(campus=catapillar)같이 생긴 바다의 말〉이라는 뜻이었고, 뇌의 해마조직은 기억을 담당하므로, 해마조직에 이상이 오면 학습에 문제가 생겼다. ▷〈말을 탄 승마(equestrian)병사〉는 기병이 됐고, 〈발(ped=foot)

로 걷는 보행(pedestrian)병사〉는 보병이 됐다. ▷중세의 기사(cavalier/cav=curve/말)는 〈말을 타고 다니는 무사〉라는 뜻이었고, 〈말을 타고 다니던 과거의 기병(cavalry)〉은 〈탱크를 타고 다니는 현대의 기갑부대(cavalry)〉가 됐다. ▷당나귀(ass/as=cars=curv)는 둥근 등을 가지고 있고, 사람은 둥근 엉덩이(ass)로 좌식 생활을 했고, 당나귀(ass)를 북유럽인들은 〈짐을 싣는 당나귀(esel=ass)〉라고 했으므로, 〈화판을 올려놓는 이젤(esel)〉은 당나귀였다.

파피루스의 둥근(c) 대궁을 편 종이에 율법(can)을 기록했다

- 나일강의 갈대로 만든 종이에 쓴 율법(can**on**)
- 율법에 기초한 정통(**can**onical)
- 갈대 섬유 천 캔버스(**can**vas) ● 물이 흘러가는 통로 운하(**can**al)
- 정보의 통로 채널(**chan**nel) ● 길고 둥근 깡통(**can**)

● 유럽인들은 나일강가의 〈속이 둥글게 비어있는 갈대(can**on**)〉로 만든 종이에 히브리인들의 종교 이야기가 기록된다는 사실을 알고 있었으므로, 〈갈대 종이에 쓴 글(can**on**)〉을 〈율법이나 교회법(can**on**)〉이라고 불렀다. ▷중세 〈통속법이 위에 있는 기본법(can**on**)〉이 교회법(can**on**)이었으므로, 교회법을 〈정통(**can**onical)이라〉고 했고, 교회법을 통과한 자에게만 〈성인의 자격이 주어졌다(**can**onize)〉. ↓나일강의 〈갈대(**pap**yrus)를 펴서 만드는 것〉이 종이(**pap**er)였고, 〈나일강의 종이를 수출하던 항구〉가 현재 레바논인 〈페니키아의 비블리오(**Biblio**)항〉이었고, 비블리오항에서 수입한 종이에 히브리(**Hebrew**)의 성서가 쓰였으므로, 〈갈대(**pap**yrus)〉와 〈종이(**pap**er)〉와 〈비블리오(**Biblio**)항구〉와 〈성서(**bible**)〉는 모두 아랍어에서 온 외래어였다. ▷갈대의 대궁에서 나온 질긴 갈대 섬유천(**can**vas)은 〈권투 경기장의 매트(**can**vas)〉와 〈그림

의 화포(can**vas**)〉와 〈천막(can**vas**)〉 등 다양한 재료로 쓰였다. ▷공직후보자들의 유세(can**vass**)나 여론조사(can**vass**)는 〈갈대의 천처럼 넓은 지역을 대상으로 삼는다〉는 말이었다.

●나일강가의 〈속이 둥글게 빈 갈대(can**on**)〉는 〈물이 흘러가는 운하(can**al**)〉로 의미가 확장됐고, 홍해에 운하(can**al**)를 건설하려던 고대 이집트인들의 꿈은, 2000여 년이 지난 후 프랑스인 레셉스(**Lesseps**)에 의해서 수에즈 운하(**Suez Can**al)로 완성됐다. ▷운하를 의미하는 프랑스어 채널(chan**nel**)은 〈정보가 왕복하는 통로〉가 됐고, 〈대포(can**non**)의 포신〉도 갈대처럼 속이 빈 원통형이다. ▷공기를 완전히 빼고 음식을 밀봉한 〈납 진공통(tin can**ister**)〉은 축약해서 캔(**can**/깡통)으로 굳어졌다.

급격하게 굽으면 뾰족하고(ac)
완만하게 굽으면 원(cen)이었다

- 굽힌 각도가 급격해져 날카로운(acute) ● 혀를 찌르는 산성(acid/sour)
- 가시 달린 선인장(cactus) ● 발 뒤꿈치를 찍힌 아킬레스(Achilles)
- 가장 앞에 놓인 도덕율 격언(maxim) ● 원의 중심점(center)

● 굽힌 선의 각도가 작을수록 끝은 날카로워지고(acute), 날카로운 칼로 〈군더더기를 없앤 것〉을 〈귀엽다(cute)〉고 했으므로, 귀여운 사람은 〈말끔하게 생겼다〉는 뜻이었다. ▷〈혀를 찌르는 맛〉의 라틴어 산(acid)을 영국인들은 〈시큼하다(sour=cid)〉로 바꿨고, 〈와인(vin=wine)을 발효해서 만든 산〉은 식초(vinegar)〉라고 했다. ▷〈뾰족한 가시가 달린 나무(akakia/그리스어)〉를 아카시아(acacia)라고 했고, 〈잎에 가시가 난 식물〉은 선인장(cactus)이 됐다. ▷발 뒤꿈치(Achilles heel)를 찍히면(ach=ache/찔러서 아픈) 죽을 운명이었던 아길레스(Achilles)는 결국 발 뒤꿈치에 화살을 맞고 죽었다. ▷〈맨(m=most) 앞에(axim) 놓아야 (proposition) 하는 도덕〉의 축약이 격언(maxim)이었으므로, 〈살인하지 말라〉/〈거짓말하지 말라〉 같은 종교적 규율은 논리적으로 따질 필요가 없는 대표적인 격언(maxim)이 됐다. ▷원 운동하는 물체는 〈뾰족한 축(axis)〉을 중심으로 돌아가고, 도끼(axe)도 〈쐐기모양의 날을 가

C 둥근 원

진 쇠 연장〉이고, 〈원을 그릴 때 침을 고정하는 지점〉이 중심점(cen**ter**/
cen=ac)이었다.

뾰족한(c) 바위섬 사이프러스의 까불이(cap)염소들

- ●뾰족한 바위섬 키프로스(Cyprus) ●키프로스섬에서 출토된 구리(copper)
- ●염소가 끄는 마차 택시(cab) ●뾰족하게 높은(high)
- ●사제들의 계급 서열(hierarchy) ●둥근 돼지 뒷다리살 햄(ham)

●그리스의 바위섬 사이프러스(Cyprus)는 뾰족한 바위를 뛰어 다니는 〈염소(caper)〉와 그 섬에서 채굴된 〈구리(copper)〉를 낳았다. ↓놋쇠(brass)와 청동(bronze)은 모두 〈구리를 불로(br=fire) 녹인 합금〉이었다. ▷〈염소가 끄는 작은(et) 마차(cabriolet)〉가 축약되어 〈영국의 택시(cab)〉가 됐고, 런던의 택시는 검정색이므로 블랙캡(black cab)이라고 불렀다. ↓택시(taxi)는 〈승객과 운전사가 갈 거리를 서로 짜고 (tax=text) 가는 교통체계〉를 총칭하므로, 택시(cab)와 택시(taxi)는 어원은 다르지만 똑같은 뜻이 됐다.

●염소처럼 〈변덕(caprice)스럽고, 경쾌한(capricious) 노래 형식〉을 카프리치오(capriccio/이탈리아어)라고 불렀고, 〈V자형 군대 계급장(chevron)/졸병〉은 〈염소가 뛰어 노는 바위산〉을 의미했다. ↓장군의 계급장은 〈하늘 높은 곳에 있는 별/★〉이고, 영관의 계급장은 〈땅 위에서 피는 꽃/♣〉을 상징하고, 위관의 계급장은 한국에서는 〈땅속의 단단

한 다이아몬드/◆〉를 상징하고, 미군 위관의 계급장은 땅속에서 캐낸 〈금괴/■〉를 상징했다.

● 〈뾰족한 결정체 수정(crystal)〉도 당초 액체가 고체화(crystallization)한 것이었고, 잔인하고(cruel) 거친(crude) 감각은 〈뾰족한 것으로 찌르는 느낌〉이었다. ▷〈뾰족해서 높은(high/h=c) 곳〉은 최상급을 뜻했으므로, 〈가장(high) 끝(end)까지 꼼꼼하게 마무리했다〉는 뜻은 〈최고급(highend) 상품〉이라는 말로 굳었다. ▷가장 높은 곳에 있는 신은 신성하므로(hier=high), 〈신을 모시는 성직자들의 조직(archy=rule)〉을 성직 체제(hierarchy)라고 했고, 성직 체제는 〈사회의 서열(hierarchy)〉로 일반화됐다. ▷고대인들은 〈청동보다 강하고 신기한 금속〉을 발견하고, 〈신성한 금속(hiron)〉이라는 이름을 붙였으므로, 현대의 철(iron/h 탈락)이 탄생했고, 현대는 철기시대 후반기에 해당된다. ▷등산용품 아이젠(eisen/독일어)은 〈암벽을 기어오르기(steig) 위한 쇠꼬챙이(steigeisen)〉라는 말이었고, 북유럽어 〈높은 이자(hurja)〉가 영어에서 〈기계나 사람을 큰돈을 주고 채용한다(hire)〉가 됐다. ▷〈둥그스름하게 생긴 돼지 뒷다리살〉을 햄(ham)이라고 불렀고, 〈양념한(spiced) 돼지 뒷다리살 통조림〉은 〈스팸(spam=spiced ham)〉이라고 불렀고, 텔레비전에 넘쳐난 스팸 통조림 광고는 〈스팸(spam/쓸데없는 정보)〉으로 굳었다. ▷야외에서 도토리를 먹고 자라는 스페인의 〈돼지 뒷다리(jam/스페인어)를 소금에 오랫동안 절여 숙성시킨 음식〉이 하몽(jamon)이었다.

염소의 머리에는 뾰족한(c) 뿔(hor)이 솟아났고 뿔에 받힌 자국을 상처라고 했다

- 바위산에 지은 아크로폴리스(acropolis) ● 뾰족한 뿔(horn)
- 뿔로 만든 책 입문서(hornbook) ● 뿔에 받힌 상처(hurt)
- 코에 뿔난 코뿔소(rhinoceros) ● 뿔이 나는 머릿속에 들어있는 대뇌(cerebrum)

● 〈뾰족한 곳을 걸어가는(bat=base=ballet=dance) 기술〉은 위험천만한 곡예(acrobat)였고, 그리스 아테네의 아크로폴리스(acropolis)는 적이 침입하기 어려운 〈높은 곳에 지은 도시(polis)〉였고, 〈중간 정도(med)의 높이 밖에 안 되면〉 평범하다(mediocre)고 봤다. ▷복도(aisle)는 〈각 방으로 갈리지는 가지 길〉이었고, 팔(arm)도 〈몸통에서 갈라져 솟아나온 부분〉이라는 말이었다. ▷〈큰 뿔(horn/hor=cor)이 달린 사슴(hreindeer)〉이 축약되어 순록(reindeer)이 됐다. ▷소의 뿔(horn)로 나팔(horn)을 만들었으므로, 〈자동차의 경적(horn)〉과 〈아기 호른(horn)〉은 모두 소의 뿔에서 나왔고, 알프스의 마터호른(Matterhorn)봉은 〈힘센(mat) 소의 뿔처럼 솟아오른 봉우리〉라는 말이었고, 상처(hurt)도 〈소의 뿔에 받혀서 생긴 부상〉이었다. ▷옛날 영국 어린이들은 주기도문과 알파벳을 적은 〈소의 뿔을 펴서 만든 뿔 책(hornbook)〉을 목에 걸고 다녔고, 현재 뿔 책은 특정 지식의 입문서(hornbook)라는 뜻으로 쓰이

고 있다.

● 당근(carrot)도 〈뿔 모양〉이고, 뾰족한 〈다이아몬드의 크기를 측정하는 단위〉도 뿔을 뜻하는 캐럿(carat)이 됐다. ▷〈뿔이 하나(un)〉뿐인 유니콘(unicorn)은 전설의 동물이었고, 〈아래로 흘러내리는(rh=run) 코 위에 뿔이 돋아난 동물〉에게 코뿔소(rhinoceros)라는 이름이 붙었다. ▷대뇌(cerebrum)는 원래 〈뿔이 돋아나는 머릿속에 들어 있는 조직(um)〉이라는 뜻이었고, 〈대뇌보다 작은(el=little) 뇌〉는 소뇌(cerebellum)라고 명명됐다. ▷소뇌는 자율운동신경을 통제하는 기능을 가지고 있고, 대뇌는 〈생각하고(cerebrate) 분석하는 능력〉을 가지고 있고, 〈소뇌는 살아 있지만 대뇌가 죽어 의식이 없는 상태〉를 뇌사(cerebral death/대뇌사망)라고 한다. ▷〈뇌가 서서히 죽어가는(卒) 중(中=accident)〉이라는 뇌졸중(cerebral accident/뇌사망중)에 걸리면 반신불수가 될 수도 있다. ▷기분이 좋은(cheerful) 상태는 〈뇌 속에 즐거움이 가득 찼다(ful)〉는 뜻이었다.

둥근(c) 선은 아름답고(cal)
찌그러진(cac) 선은 흉했다

- 아름다운 글씨 서예(**cal**ligraphy)
- 아름다운 색을 보여주는 거울 만화경(**kal**eiodoscope)
- 아름다운 여인이었던 창녀(**whor**e) ● 마구 써 놓은 악필(**cac**ography)
- 지저분한 글 외설문학(**copr**ology)

● 〈둥글게 그은 고운(**cal**) 선〉으로부터, 〈보기 좋은 글씨(**graph**=crave) 서예(**cal**ligraphy)〉가 나왔고, 〈긴 통 속에 삼각형 거울을 넣은 만화경(**kal**eiodoscope)〉 안을 들여다보면, 갖가지 아름다운(**kal**=**cal**) 색체 무늬를 봄(**scop**=**spec**=see) 수 있었다. ▷ 욕으로 쓰는 창녀(**whor**e/**whor**=**cal**)는 〈당초 남자들이 좋아하는 예쁜 여인〉이라는 좋은 말이었다.

● 〈지저분하게(**cac**) 그은 선〉으로부터 〈마구 써 댄 악필(**cac**ography)〉과 〈듣기에 거북한 소음(**cac**ophony)〉과 〈발음이 부정확한 말더듬(**cac**ology)〉과 〈나쁜 기질의 유전을 연구하는 열생학(**cac**ogenics)〉이 파생됐다. ▷ 〈아무렇게나 싸 놓은(**copr**=**cac**) 똥〉은 더러우므로, 바닷가에 새들이 싼 〈똥이 굳은 암석(**lite**=stone)〉은 초석(**copr**olite)이 됐고, 쇠똥구리는 소의 〈배설물을 먹고(**copr**ophagous)〉, 외설문학(**copr**ology)

속에는 포르노(pornography)가 포함된다. ↓ 포르노(porngraphy)는 〈벗은 여인을 책에 실었다(por=per=bear)〉는 뜻이다.

생명의 물

태초에 우주는 하나(one)의
물(n) 덩어리가 둘러싼 암흑이었다

- 태초에 지구를 둘러쌌던 하나의 물 덩어리 하나(one)
- 손가락 한 마디 인치(inch) ● 하나로 뭉친 노동조합(union)
- 하나밖에 없는 그 무엇 독특한(unique) ● 주사위 숫자 1 에이스(ace)
- 하나의 단위(unit)

● 태초에 〈우주를 둘러쌌던 하나(one)의 물(n)안개 덩어리〉로부터 〈1개의 개념〉이 생겼고, 인도-유럽어족은 기본적으로 모든 명사에는 하나(a=an) 혹은 여러 개(s=several)를 나타내는 숫자를 붙였다. ▷결코 〈반복되지 않는 기회(ce=chance)〉는 단 한 번(once)에 일어난 사건이므로 되돌릴 수 없었다. ▷〈홀로(lone)〉는 〈완전히(al=all) 하나(one)만 있다〉에서 나왔으므로, 〈홀어머니(lone mother)〉는 〈아버지가 죽고 혼자 남은 어머니〉였고, 오직 〈하나만 있는(only) 아들〉은 외아들(only son)이었다. ▷〈1파운드를 12로 나눈 가운데 하나〉를 온스(ounce)라고 했고, 〈손가락 한 마디(2.54cm)〉를 인치(inch)라고 했고, 양파(onion)는 〈하나의 큰 진주〉라는 뜻이었다. ▷하나로 단단하게 뭉친 단결〈union/하나로 계속 가다(ion=going)〉이 노동조합(union)이 됐으므로, 사업주는 언제나 단결한 노동조합을 싫어했고, 독특하다

(un**ique**)는 말은 〈단 하나밖에 없는 그 무엇(**que**=what)〉이라는 뜻이었다. ▷〈주사위의 숫자 1〉은 에이스(**ac**e)라고 하고, 에이스는 〈최고〉라는 뜻으로 썼지만, 2개의 주사위를 던져 모두(**ambs**=all) 1이 나오면 따라지(**ambs**a**ce**)라고 했다. ▷전체 중에 하나를 단위〈un**it**/하나로 가다(**ite**)〉라고 했으므로, 부대(un**it**)는 〈군대의 기본단위〉가 됐다.

물(n)속으로 들어간 빛은 완전히 힘을 잃었다(no)

- ●물속으로 빠져 도움이 필요한(need) ●영으로 돌아갈 열반(Nirvana)
- ●둘 중 어느 것도 아닌 중립(neuter) ●현재의 반대 고대(ancient)
- ●마주보는 앞으로도 계속 그리고(and) ●앞의 끝(end)

● 〈물(n)속에서는 빛(t=d)도 볼 수 없다〉는 뜻이 부정사 〈아니다(not=no)〉가 됐다. ▷물(n)속으로 들어가 〈곧 죽게 생긴 빛(d)의 처지〉는 〈도움이 필요한(need/영어) 위기상황〉이라고 했고, 〈물(mer=water) 속에 빠졌다가 갑자기 밖으로(e=ex) 튀어나오는(ge=go) 상황〉을 위기(emergency/라틴어)라고 했으므로, 〈필요하다(need)〉와 〈위기(emergency)〉는 똑같은 개념이었다. ▷영(naught)도 〈물속으로 들어가(gh=go) 없어진 빛(t)〉을 뜻하므로, 〈아무 쓸모가 없는(naughty) 아이(boy)〉를 말썽꾸러기(naughty boy)라고 했고, 〈착해서 쓸만한 아이(good boy)〉의 대응어로 썼다. ▷불교의 열반(Nirvana/니르바나)은 〈인간은 결국 아무것도 아닌(nir=not) 것으로 사라진다〉는 불교의 교리였다. ▷부정사〈(not)〉는 다양하게 접두사(ni=in=ne=neg=ana=a)로 썼으므로, 〈아는(c/science의 축약) 것이 없어(ni=no) 걱정할 것이 없다〉를 〈좋다(nice=nesceus/라틴어)〉고 보았고, 〈중간(med) 지대

가 없으면〉〈곧바로(im**mediate**)〉가 됐고, 〈둘(**ut**=two) 가운데 어느 것도 아닌 것〉은 중립(**ne**uter)이었다. ▷로마인들의 정치와 거래는 〈쉴(**ot**=os=sit) 새 없이 타협하며 협상하는(**neg**otiate)〉 전형적인 공화정 방식이었고, 영국인들은 〈모두 깨져서(**break**) 부산한 상황〉을 〈바쁘다(**busy**=break)〉고 봤고, 〈바쁜 사람의 직업〉을 사업(**business**)이라고 불렀다. ▷통치(**arch**)가 없으면 〈무정부(**an**archy) 상태〉의 혼란이 오고, 생물체를 〈더 작은(**ana**=down) 단위로 자르는(**tom**) 것〉이 해부(**ana**tomy)였다. ▷불가지론(**agnostic/a**=ant)은 〈신이 있다고 믿지만 알(**gn**=know) 수는 없다〉는 뜻이었고, 〈신(**th**=Z=Zeus)의 존재 자체를 부정하는 것〉은 무신론(**a**theism)이었다.

● 고대(**anc**ient)는 현재의 반대(**anc**=against)이므로, 〈옛사람들이 썼던 골동품(**ant**ique)〉은 희귀하고 값도 비싸다. ▷라틴어 〈보다(**ab**) 앞섰다(**ab**ante)〉를 프랑스인들은 전진한다(**adv**ance)고 했고, 〈한발 앞선 것〉을 이점(**adv**antage)이라고 했다. ▷〈하루의 중간(**merid**)에서 앞부분〉을 오전(**ant**emeridian/a.m.)이라고 했고, 오후(**postmeridian/p.m.**)의 반대말이었다. ▷현재와 〈마주보는 앞으로도 계속〉은 접속사 〈그리고(**and**)〉가 됐고, 〈마주보는 앞으로 가서 도착하는 마지막〉이 끝(**end**)이 됐고, 〈앞으로 올 특정한 시간적 구간(**til**=through)〉은 〈~까지(**until**)〉가 됐다.

해가 바닷(n)속으로 들어가면
칠흑 같은 밤(night)이 왔다

- ●해가 수평선 아래로 가라 앉은 밤(night) ●밤에 우는 새 나이팅게일(night**ingale**)
- ●밤이 길어지는 추분(winter equi**nox**) ●편안하게 내려앉는 둥지(nest)
- ●둥지에 사는 어린 것(nest**ling**)

● 〈빛(t=d)이 수평선 너머 물(n)속으로 들어가(gh=go) 깜깜해지면〉 밤(night)이 됐고, 〈밤이 오면 노래(gale=gala=garrulous)를 불러 암컷을 유혹하는 새〉를 뻐꾸기(night**ingale**)라고 했고, 악몽(night**mare**)은 〈자고 있는 자의 목을 졸라 죽이는(mar=mor=murder) 악귀〉였다. ▷밤이 낮의 길이와 같은(equi=equal) 날은 1년에 2번 있으므로, 〈춘분(summer equi**nox**)〉부터는 낮이 더 길어지고, 〈추분(winter equi**nox**)〉부터는 밤이 더 길어진다. ↓〈해(sol=sun)가 하늘에 가장 오래 머무는(st=stand) 날〉은 하지(summer solstice)이고, 〈해가 가장 짧게 머무는 날〉은 동지(winter solstice)였다. ▷밤에 잘 보지(op=oc/둥근 눈) 못하는 라틴어 야맹증(nyct**alopia**)은 영어로는 야맹증(night blindness)이라고 했다. ↓북유럽어 〈낮이 길어지는 춘분(lencten=long day)〉은 〈예수가 40일간 광야에서 기도했던 사실〉을 기념하는 교회의 사순절(Lent=long/40일)이 됐고, 〈예수가 죽음에서 다시 살아난 부활절(Easter)〉도 〈햇빛

이 다시 일어서는(**east**=aust=rise) 춘분〉을 가리키는 말이었으므로, 사순절과 부활절은 춘분으로부터 기원된 것이었다. ↓ 고대에는 40이라는 숫자를 중시했으므로, 성서에는 〈40일 동안의 홍수(**Deluge**)〉와 〈이스라엘 민족의 40년간 유랑〉이 있었고, 중세 〈전염병에 감염된 선박을 40(**quarantine**/quar=40/tin=10)일 동안 먼 바다에 정박케 한 제도〉는 검역(**quarantine**)으로 굳었다.

● 〈아래로 포근하게 내려 앉은 새 둥지(**nest**)〉는 〈물속에 조용히 가라앉았다〉는 뜻이었고, 〈둥지를 떠나지 못한 작은 새(**ling**/족속)〉를 〈어린 것(**nestling**/둥지 새)〉이라고 불렀고, 〈포근하게 안아준다(**nestle**)〉는 말은 〈아늑한 둥지에 들어갔다〉는 뜻이었다. ▷ 등불을 놓기 위해 〈벽에 파 놓은 구멍〉을 벽감(**niche**)이라고 했으므로, 아무도 생각지 못한 〈의외의 시장〉을 틈새시장(**niche** market)이라고 불렀다. ▷ 〈빛(**d**)이 물(**n**) 아래로 들어간 것〉이 전치사 〈~밑에(**under**)〉가 됐고, 〈물(**n**)속(**i**)〉은 전치사 〈~안에(**in**)〉가 됐고, 야구에서는 한 팀이 〈공격진으로 들어가(**in**) 수비진까지 마치는 것〉을 1회(**inning**/이닝)라고 했다. ▷ 서구의 근대화를 부러워하던 18세기 러시아의 지식인들은 인생이 〈가는 실(**hil**=fil=file)만도 못하다〉는 〈허무주의(**nihilism**)〉에 빠졌으므로, 러시아는 공산주의의 온상이 됐다.

헤어진 물(n)들은 모두 모여(nec) 결국 큰 바다에서 만났다

- 물이 들어가 새로운(new) 생명이 탄생했다 ● 새 물을 넣는 혁신(innovation)
- 예수가 태어난 날 노엘(Noel) ● 몸과 머리를 연결하는 목(neck)
- 천을 잇는 바늘(needle) ● 줄을 연결해서 얽은 망(net)

● 〈물(n)이 들어가(w=ver/퍼지다) 생명 활동이 시작된 것〉을 〈새롭다(new)〉고 했으므로, 인간은 모든 〈새로운 것들(news)〉에 대해 큰 호기심을 키워왔고, 〈새로운 뉴스(news)를 매일 전하는 일〉은 현대 생활의 핵심적 제도가 됐다. ▷혁신(innovation)은 〈완전히 새로운 물을 넣어(in) 혁명적으로 바꾼다〉는 말이었고, 쇄신(renovation)은 〈오래된 물을 갈아(re) 넣었다〉는 뜻이었다. ▷방금 태어난 아기를 신생아(neonate/neo=new/nat=generate)라고 부르고, 프랑스인들은 〈아기 예수가 태어난(no=nate) 날〉을 노엘(Noel/탄생일)이라고 했다. ↓크리스마스(Christmas)는 〈예수 탄생일에 올리는 큰 미사(mas=misa)〉라는 뜻이었고, 그리스어 알파벳 〈X〉를 〈크리스〉라고 읽으므로, 〈X-mas〉라고도 했다. ▷양 손에서 엄지를 빼고 8개의 손가락으로 세면 아홉(nine/새로운)은 〈새로(new) 시작하는 수〉라는 뜻이었으므로, 8진법의 흔적이었다. ▷로마 가톨릭에서 정오(noon)는 〈아침 6시로부터 3시간 마다 올리

는 3번째 기도〉인 〈9(nine)시간 후 기도〉를 가리키는 말이었으므로 실제로는 오후 3시였지만, 정오(noon)는 〈하루 중 가장 뜨거운 시간〉으로 와전되면서 낮 12시로 변하는 곡절을 겪었다.

● 〈시냇물(n)이 합류하는(x=s=solid) 것〉을 〈연쇄(nexus)〉라고 했으므로, 〈몸통과 머리를 연결하는 핵심 경부(頸部/juglar)〉는 목(neck)이 됐고, 다음(next)은 〈앞 물에 이어서 흘러내리는 뒷 물〉을 의미했다. ▷인체의 각종 〈신체 정보를 전기적으로 연결하는 세포〉를 신경세포(neuron)라고 하고, 〈신경세포가 이어진 것〉을 신경(nerve)이라고 하고, 신경 정보가 과부하하면 〈예민하다(nervous)〉고 했다. ▷〈근육을 뼈와 강하게(si=solid) 연결하는 줄〉은 힘줄(sinew)이라고 했고, 〈뼈와 뼈를 연결하는 줄〉은 인대(ligament/lig/연결)라고 했다. ▷바늘(needle)은 〈천을 연결하기 위한 작은(le) 바느질 도구〉였고, 그물(net)은 〈실을 사방으로 연결했다〉는 말이었다. ▷〈물이 곧 합류하는 곳〉을 〈가깝다(near)〉고 봤으므로, 이웃(neighbor)은 당초 〈옆에 사는 농부(bor=be+er)〉라는 뜻이었다. ▷〈물이 완전히(e=ge=com) 목적지에 가까워졌다(nough=neigh)〉가 〈충분하다(enough)〉가 됐다.

태초에 우주를 둘러쌌던 물(n)이
모든 생명을 낳았다(gen)

- 생명을 낳았던 바다(ocean) ●후손에 남기는 유전자(gene)
- 태어난 순서 세대(generation) ●타고난 천재(genius)
- 항체를 낳는 항원(antigen) ●생식기에 고름이 흐르는 임질(gonorrhea)

● 태초에 〈우주(g=k)를 둘러쌌던 물(n)〉이 모든 생명들을 창조했다(generate/gen/낳다)고 보았으므로, 성서도 〈신이 최초로 세상을 만든 것〉을 천지창조(Genesis)라고 불렀다. ▷그리스 신화에서는 〈하늘의 신(Uranus)〉과 〈땅의 신(Gaia)〉이 결혼해서 낳은 〈물의 신(Okeanos=Ocean)〉으로부터 모든 생명이 나왔으므로, 바다(ocean)는 〈생명을 낳은(cean=gen) 곳(o=at)〉이라는 뜻이었다. ▷모든 생명들도 후손을 낳을 수 있는 능력을 타고났으므로, 〈조상으로부터 얼마 후에 태어났는지〉를 세대(generation)라고 불렀다. ▷태초의 우주는 생명들을 암수의 성별(gender)로 나눴으므로, 현재의 생명들은 암수의 생식기(genital)를 접촉시켜 유전자(gene)를 결합시키는 방법으로 후손을 낳을 수 있었다. ▷결합된 유전자는 얼마 동안 암컷의 배 속에서 자라야 하므로, 〈새끼가 태어나기 이전(pre) 상태〉는 임신(pregnancy)이라고 했고, 〈아기를 임신하는 원리(log)를 연구〉하는 부인과(gynecology)

가 생겼다. ▷현대 과학은 생물의 유전자까지 연구(tics=techniques) 대상으로 삼았으므로 유전학(genetics)이 탄생했고, 생물에게 유익한(eu=good) 유전자만 골라 육성하는 우생학(eugenics)도 생겼다. ▷태어날 때부터 〈남과 다른 재주를 가진 자〉를 천재(genius)라고 부르고, 〈무엇을 잘 만들(in=into) 수 있는 사람〉을 독창적인(ingenious) 사람이라고 불렀다. ▷영국의 의사 제너(Jenner)는 〈천연두에 걸린 소의 고름을 인간에게 주사하면〉 인간 천연두의 항체(antibody)가 생긴다는 사실을 알았으므로, 소의 고름을 〈천연두의 항체(antibody)를 만드는(gen) 항원(antigen)〉이라고 했고, 〈소(vac=bovine)의 고름에서 나온 물질(vaccine/백신)〉은 일반적인 예방주사(vaccination)약으로 굳었다.

● 〈땅이 낳은 보물〉은 보석(gem=gen)이었고, 〈순식간에 번식하는 미생물체〉는 세균(germ=gen)이었고, 〈세균을 죽이는(cid=cut) 약〉은 살균제(germicide)가 됐다. ▷인간의 생식기가 결합하면서 생기는 가장 고전적인 질병은 〈생식(gon)기에 고름이 흐르는(rrh=run) 증상(ea)〉 임질(gonorrhea)이었다. ▷〈낳는다(gon)〉는 (dom)과 (gom)으로도 변형되어 성서에노 〈극도로(so=sevcro) 은란한 성(gom/dom)으로 고름이 흐르는(rrah) 도시〉를 〈소돔과 고모라(Sodom and Gomorrah)〉라고 불렀고, 〈남성 간의 동성애〉를 비하해서 소도미(sodomy)라고 했다.

계속 낳은(gen) 생명체의 후손들이 쌓여 자연과 나라(nat)를 만들었다

- 같은 모양으로 태어난 종류(kind) ●종족을 이끌었던 왕(king)
- 종족 전체를 죽이는 대량학살(genocide) ●물을 낳는 수소(hydrogen)
- 움직임을 낳는 엔진(engine) ●한 핏줄 혈연 민족국가(nation)

●계속 후손을 낳아 씨족(kin=gen)이 됐으므로 씨족은 동질성이 강한 혈연집단이었고, 씨족을 계승할 어린이(kinder=kid)들은 안전한 울타리(garten=garden) 안에 보호했으므로, 현대 유치원(kindergarten)의 기원이 됐다. ▷〈어린아이가 행한 어처구니 없는 행동〉을 〈웃기는(kid) 일〉이라고 했고, 〈계속 낳아 형성된 역사적 인간 집단〉을 인류(mankind)라고 했다. ▷〈진짜(genuine)라는 말〉도 같은 피로 태어난 〈순수혈통〉이라는 뜻이었고, 〈일반적(general)〉이라는 말도 〈같은 혈통으로 같은 모습이라〉는 의미였다. ▷씨족 간에 서로 적대적이었던 고대 사회에서는 〈같은 종류(kind)의 씨족〉에게만 온정적이었으므로 〈친절하고(kind)/부드럽고(gentle)/아량 있는(generous)〉태도는 자신의 혈족을 대하는 자세였다. ▷거대 씨족에서 분할된 부족 간에는 반목이 깊어졌으므로, 왕(king/부족장)은 〈부족(kin)을 앞에서 이끌고 가는(g=go) 전사〉라는 의미였고, 왕의 아내인 왕비(queen)도 왕과 동등한 대우를 받았으므로 왕

과 비슷하게 발음됐고, 왕이 점차 문민화되면서 〈씨족 중 가장 힘센 자〉가 장군(general)이 되어 전쟁을 이끌었다. ▷고대 전쟁에서 〈패배한 종족 모두를 칼로 베어(cid=cut) 죽이는 종족살해(genocide)〉는 현대의 대량학살(genocide)로 남았고, 히틀러의 유대인 학살은 전형적인 종족살해이자 대량학살(genocide)이었다. ↓동물이 아닌 〈인간(homo)을 죽이는 행위(homicide)〉는 살인(homicide)이었고, 무슨 〈특별한 이유가 있는 살인〉을 정당살인(justifiable homicide)이라고 했다.

● 좋은 결과를 낳는 〈양성(benign 종양〉과 나쁜 결과를 낳는 〈악성(malign) 종양〉은 치료방법부터 완전히 다르다. ▷불어에서 온 장르(genre)는 〈처음부터 다르게 태어났다〉는 뜻으로, 지금은 〈예술의 종류〉로 굳었다. ▷〈물(hydr=water)을 낳는 원소〉를 수소(hydrogen)라고 불렀고, 산소(oxygen)는 〈소뿔(ox=acute)처럼 날카로운 신맛을 낳는 원소〉이고, 〈소금(hal=sal)을 낳는 비금속 원소〉들은 할로겐(halogen) 원소라고 불렀다. ▷〈기계에 움직임을 낳아 주는(en=in) 장치〉를 엔진(engine)이라고 부르고, 〈엔진을 다루는 전문가〉를 엔지니어(engineer)라고 불렀지만, 현대의 엔지니어는 기계 자체를 다루는 모든 공학 전문가를 말한다.

● 부족국가들이 점차 큰 규모를 갖추면서 국가(nation/n=gn/g 음운탈락/종족집단)가 됐으므로, 현대의 국가들은 본질적으로 〈한 핏줄을 이어받은 민족국가(nation)〉들이다. ↓한 민족국가가 다른 민족국가들을 〈무력으로 정복해(pir=per=through) 편입시킨(em=in) 다민족국가〉를 제국(empire/모두 끌어안다)이라고 불렀으므로, 역사상 최대−최장 제국은 로마였다. ▷동식물은 수억 년 동안 후손을 낳았으므로, 오늘날 우리가 보는 자연(nature/n=gn/g 음운탈락)은 〈계속 태어난 생명들의

축적체〉라는 뜻이었다. ▷라틴어 〈태어난(nativus/n=gn/g 음운탈락)〉
은, 영어에서는 〈토박이(native)〉가 됐고, 프랑스어에서는 〈순진하다
(naïve)〉가 됐다.

인간은 우주가 낳은(gen) 만물을
조금씩 알아왔다(kn)

- 우주의 물이 생명을 낳다(generate) ● 우주가 낳은 것을 아는 지식(knowledge)
- 모든 것을 알아보는 진단(diagnosis) ● 잊은 것을 알려주는 노트(note)
- 좋게 알려져 고귀한(noble) ● 몰래 알아보는 커닝(cunning)

● 인간은 우주가 〈낳은(generate)〉 것만 〈알(know/kn=gen)〉 수 있었으므로, 결국 〈우주가 낳는 것〉과 〈인간이 아는 것〉은 같은 뜻으로 썼고, 성서도 〈아담(Adam)은 이브(Eve)를 알고 곧 후손을 낳았다〉고 기록함으로써 〈아는 것〉을 〈낳는 것〉으로 같이 쓰고 있다. ▷ 지식(knowledge)도 우주가 낳아 〈이미 존재하고 있는 것〉을 우리가 〈알게 됐다〉는 뜻이었고, 분명히 우주가 낳았는데도 알지 못하면(i=ex) 〈무식(ignorance)하다〉고 했다. ▷ 〈그리스도의 존재를 정확히 알아보자〉는 기독교의 한 분파인 영지주의(Gnosticism)는 심시숙고 끝에 〈예수는 신성하지만 신은 아니고 인간〉이라는 결론을 내렸으나, 〈예수는 신〉이라고 보는 로마 가톨릭은 영지주의를 이단으로 몰아 영원히 퇴출시켰다. ▷ 〈모든(dia=through) 것을 알아보는 방법(sis=system)〉은 의사가 〈병의 원인을 알아내는 진단(diagnosis)〉이 됐다.

● 〈잊은 기억을 다시 알려주는 방법〉을 노트(note/n=kn)라고 했으므로,

모든 학생들은 필사적으로 노트했고, 모르는 것을 알려주는 것을 통지(notice)라고 했으므로, 〈학교에서 보낸 통지(notice)표〉를 본 학부모는 자식이 공부를 안 했다는 사실을 뒤늦게 알게 됐다. ▷〈빠짐없이 모두 알려주는 것〉을 〈서술한다(narrate)〉고 했고, 〈모든 것을 신에게서 배웠던 중세 유럽인〉은, 〈고대 그리스의 이성을 다시(re=repeat) 알자〉는 고전 문예운동(Renaissance)을 일으켜, 근대의 문을 열었다. ▷〈좋게 알려진 자〉는 고귀한(noble) 자이고, 〈좋지 않게 알려진 자〉는 악명 높은(notorious) 자였다.

● 〈서로 알아보는(acquaint/cquain=kn) 사이〉는 지인(acquaintance)이고, 〈낳거나 알 수 있는 능력은 가장 중요한 인간의 능력〉이었으므로 능력 조동사 〈할 수 있다(can=cn=kn)〉가 됐다. ▷〈몰래 알아보는 태도〉를 교활하다(cunning/cun=kn)고 했으므로, 시험의 커닝은 교활한 방법으로 답을 알아내는 수법이었다.

인간은 우주가 낳은(gen) 만물에 각자의 이름(nom)을 붙여줬다

● 치수에 맞아 정상적인(normal) ● 마을이 살아가는 원리 경제(economy)

● 이름이 알려지지 않은 익명의(anonymous) ● 계속 불려지는 이름 명성(renown)

● 같은 이름을 가진 것들을 세는 숫자(number)

● 인간은 우주가 낳은 무한 개의 〈만물(m=matter)들을 구분해서 알아(n=kn)보기 위해〉 각각의 만물에게 가장 알맞은 이름(name/n=kn/ k 음운탈락)을 붙였다. ▷로마에서 건축가에게 〈정확한 치수를 알려주던 (ㄱ)자형 잣대〉를 표준자〈norm(a)〉라고 불렀으므로, 로마의 건축가들은 〈치수에 맞으면〉 정상적(normal)이라고 했고, 〈치수에 어긋나면 (ab=off)〉 비정상적(abnormal)이라고 했고, 〈치수를 넘으면(e=ex)〉 거대하다(enormous)고 했다. ▷〈자신의 이름이 붙은 목초지를 가진 고대의 목동(nomad)〉은 눈 덮인 겨울을 제외하고 1년 내내 목초지에서 노숙했으므로 방랑자(nomad)로 의미가 확장됐다. ▷사람들이 모여 사는 〈마을(ec=vec=village)집단이 살아가는 원리(nom=name)〉는 현대의 경제학(economy)이 됐고, 〈별(astr=star)자리를 연구하던(log) 점성술(astrology)〉은 별의 원리를 연구하는 과학적 천문학(astronomy)으로 발전했다. ▷〈생각이 한쪽으로만(para=aside) 치우친 병적 증상(ia)〉

을 피해망상(paranoia)이라고 부르고, 피해망상은 정신병의 전형적인 시작이었다. ▷독일의 철학자 칸트는 〈외부로 보이는(phe=photo) 현상(phenomenon)〉은 〈내부에 존재하는 본질(noumenon/noum/원리원칙)〉로부터 나온다고 규정했다. ▷별명(nickname)은 〈하나의(a) 다른(eke=other) 이름(an eke name)〉을 〈하나의 다른 이름(a nekename)〉으로 잘못 붙여 읽어서 나온 말이었다.

▷3종족이 결합해 건국된 로마에서는 이름과 성 사이에 자신이 소속됐었던 종족 이름(nomen)을 끼워 넣었으므로, 시저의 풀네임은 〈가이우스 줄리어스 시저(Gaius Julius Caesar)〉였고, 로마인들은 시저를 공식적으로는 〈씨족 이름〉인 줄리어스라고 부르고, 집에서는 그냥 가이우스라고 불렀다. ↓중북부 유럽인들은 씨족이름을 쓰지 않았으므로, 공식적으로는 〈가문의 이름 시저〉라고 불렀고, 시저는 너무나 유명해져서 황제라는 보통명사가 됐으므로, 독일에서는 황제를 카이져(Kaiser=Caesar), 러시아에서는 차르(czar=Caesar)라고 불렀다. ▷로마 시대에 〈출세한다〉는 말은 〈씨족을 세상에 알린다(nominate)〉는 말이었으므로, 오늘날도 〈공직에 지명됐다(nominate)〉는 말은 〈씨족의 명예를 높였다〉는 말이었다. ▷현대 영어에서는 〈이름(Christian Name)과 가문(family name=surname)〉만 쓰므로, 조지 부시(George Bush) 전 미국 대통령은 대외적으로는 부시 대통령이지만, 집에서는 조지라고 부른다. ▷집에서 부르는 이름을 크리스쳔 네임(Christian name)이라고 하는 이유는 세례를 받아 종교적으로 다시 태어난 아기가 새 이름을 얻었기 때문이다. ▷진실을 말하다 죽임을 당하던 과거에는 〈진짜 이름을 알리지 않는(an=anti)〉 익명의(anonymous) 작가도 많았다. ▷왕실의 비사를 목격한 듯이 썼던 셰익스피어(Shakespeare)도 가명

(allo**nym**/**al**=other)이었고, 실제 셰익스피어는 몰락한 왕자였을 것이라는 주장도 있다. ▷〈뜻이 같은(**syn**=same) 말〉은 동의어(**syno**nym)이고, 〈뜻이 반대(**ant**)인 말〉은 반의어(**anto**nym)고, 〈발음은 같지만(**homo**=same) 뜻이 다른 말〉은 동음이의어(**homo**nym)다. ▷사물의 이름은 명사(**noun**)고, 모든 사람들이 〈되풀이(**re**=repeat)해서 거론하는 이름〉은 명성(**re**nown)이다. ▷숫자(**num**ber)는 〈같은 이름(**name**)을 가진 사물의 개수를 센다〉는 뜻이므로, 소 열마리는 숫자로 셀 수 있지만, 소 5마리와 염소 5마리를 그냥 열 마리라고 하지 않았다.

물(n)에서 태어나 숨쉬는(an) 인간(andr)은 마침내 지구를 점령했다

- 인간의 방패 알렉산더(Alexander) ● 인간을 생각하며 안드로메다(Andromeda)
- 인간을 닮은 안드로이드(android)
- 역사적 인류를 연구하는 인류학(anthropology)
- 숨을 못 쉬는 병 천식(asthma)

● 태초에 〈물(n)에서 태어나고 숨(an)을 쉬기 시작한 존재〉를 그리스인들은 인간(andr)〉이라고 했으므로, 고대 그리스 마케도니아(Macedonia)의 정복왕 알렉산더(Alexander)는 〈도끼(alex)를 들고 인간을 지킨 인간(andr) 수호자〉〉라는 영광스런 별명을 얻었다. ▷알렉산더는 코카시아인(백인) 최초의 영웅이었으므로, 영국의 앤드류(Andrew), 프랑스의 앙드레(Andre), 아일랜드의 샌디(Sandy), 슬라브의 산도르(Sandor)는 모두 알렉산더에서 따온 이름이다. ▷역사상 유럽의 모든 왕들은 〈마케도니아의 알렉산더(Alexander)〉와 〈로마의 시저(caesar)〉를 본받는 것을 최고의 목표로 삼았다.

● 인도네시아에서 발견된 유인원에게는 〈원숭이 인간〉을 뜻하는 피테칸투로프스(Pithecanthropus/pithekos/원숭이)라는 이름이 붙여졌고, 안드로메다(Andromeda)는 〈인간을 생각하며(med=meditation)〉라는

철학적 이름이 붙은 별자리였다. ▷〈인간의 모양(oid=vid=view)을 닮았다〉는 안드로이드(Android)는 휴대전화의 운영체제로 이용당했고, 〈인류의 진화적 본질을 연구하는 학문(log)〉은 인류학(anthropology)이다. ▷〈사람을 만나기 싫어하는(phog=flee) 병적 증상(ia)〉은 대인공포증(anthrophbia)이고, 〈여성이 남성을 무서워하는 병적 증상〉은 남성공포증(androphobia)로 구분됐다.

● 동물은 숨을 〈들이(in)마셔서(inhale)〉 산소를 얻고, 숨을 〈밖으로(ex) 내뱉어서(exhale)〉 이산화탄소를 방출했고, 〈숨을 잘 쉬지 못하는 (a=ant) 증상(ma)〉을 천식(asthma/m은 이중의미)이라고 불렀다.

인간은 은밀하게 물(n)에 위험한 독약(nox)을 탔다

- 젖을 제공하던 간호사(nurse) ● 남에게 독약을 주지 않은 무죄(innocent)
- 영양을 받던 배꼽(navel) ● 앞장서 가는 물결 나이키(Nike)
- 그늘을 만드는 양산(umbrella) ● 물에 빠져 죽은 나르시소스(narcissus)

● 간호사(nurse)는 원래 〈영양분(nutrition)이 풍부한 모유를 주는 유모〉라는 뜻이었고, 귀족 아기들은 유모를 〈젖(nan)을 주는 작은(y=little) 엄마〉 내니(nanny)라고 불렀으므로, 학자들은 내니(nanny)로부터 〈10억분의 1〉의 극소(nano-/나노) 개념을 만들었다. ▷독성물질이 든 물은 해롭고(noxious), 〈독이 들어 있지 않은(in) 물〉은 해가 없었으므로(innocent), 형법상 무죄(innocence)는 〈남에게 독약을 주어 해를 끼친 적이 없었다〉는 법률적 판단이었고, 독이 들어 있어 〈마시면 토할(ob=against) 것 같은 물〉을 역겹다(obnoxious)고 했다. ▷골칫거리(nuisance)는 〈독이 들어 있는 물을 마셔 머리가 아프다〉는 뜻이었고, 〈끔찍한(nasty) 것〉은 본래 〈독을 마셔 죽을 뻔 봤다〉는 말이었다. ▷신들이 마시면 〈죽음도 뛰어 넘는(tar=trans) 감미로운 음료수〉를 넥타(nectar)라고 했으므로, 어떤 음료회사는 과일즙을 넥타라고 속여서 팔아 먹었다.

● 어미의 〈영양분을 받아 들이던 배꼽(navel)〉은 〈그리스어로는 배꼽(omphalos/mp=nav)〉, 〈라틴어로는 배꼽(umbilicus/mb=nav)〉으로 분화됐고, 배꼽은 〈태아와 엄마를 잇던 탯줄(umbilical cord)〉이 있었던 흔적이었다. ▷그리스인은 긴 여행에서 〈고향(nostos)으로 돌아가려는 병적(algos=sick) 증상(ia)〉을 향수병(nostalgia/그리스어)이라고 했으므로, 향수병은 원래 생명이 태어났던 〈물(n)로 돌아가려는(s) 인간의 회귀본능〉이었고, 영국인들은 향수병(homesickness)이라고 불렀다. ▷승리의 여신 나이키(Nike)는 〈앞장 서는 물결〉이라는 뜻이었으므로, 스포츠회사의 이름으로 이용했고, 사람 이름 니콜(Nicole)은 〈앞서가는 승리자〉였다.

● 〈물(m=n)속에 들어가(s) 죽은 빛(b)〉을 어두운 그림자(somber)라고 했고, 〈그림자(umb)를 만드는 작은(lla=little) 천〉은 양산(umbrella)이 됐고, 〈터무니 없이 넓은 차양을 가진 멕시코의 모자〉는 〈솜브레로(sombrero/그늘모자)〉라고 불렀다. ↓실루엣(silhouette)〉은 재정난을 극복하려는 고육지책으로 〈초상화를 흑백으로만 그리라는 법령을 내렸던 옛날 프랑스 재무장관 실루엣(silhouette)〉으로부터 비롯됐다. ▷그리스 신화의 나르시스(Narcissus)는 수면에 비친 자신의 미모에 심취해, 겁 없이 물에 들어가 죽었으므로, 자기도취(narcissism)는 〈죽는지도 모르고 물에 들어가는 무모한 짓〉이었고, 마약(narcotic)은 〈물에 들어간 것처럼 정신을 잃게 하는 마취약〉의 준말이다. ▷라틴어 잠(somn/mn=n)은 〈물속(so=sub=under)에 들어가 의식을 잃었다〉는 뜻이었으므로, 〈잠이 오지 않는(in=ant) 것〉은 불면증(insomnia)이 됐고, 〈물이 깊다(sound)〉말도 〈빛(d)이 물속(sou=sub)으로 들어갔다〉는 말이었고, 〈꾸벅꾸벅 존다(nod)〉는 말은 흐르는 물처럼 〈머리를

아래로 자꾸 떨어뜨린다〉는 말이었다.

남자들은 옷을 벗고(nud) 물(n)속에 들어간 님프를 몰래 훔쳐봤다

- 발가벗고 들어가던 체육관(gym**nas**ium) ● 벗고 운동한 체조선수(gym**nas**t)
- 씨방이 노출된 겉씨식물(gym**nos**perm) ● 발가벗고 목욕하던 님프(**nym**ph)
- 안갯속에 아른거리는 뉘앙스(**nuan**ce)

● 나체(nude)는 〈옷을 벗고 물(n)을 만난다(d=s)〉는 뜻이었고, 고대 그리스의 체육관(gym**nas**ium)은 〈옷을 벗고(nas) 들어가는(gy=go) 곳(um=place)〉으로, 실제로 그리스 남자들은 완전히 발가벗고 운동했으므로, 고대 그리스 체육관에는 여성은 출입금지였다. ▷〈발가벗고 운동하던 그리스 운동선수(gym**nas**t)〉는 후에 세분화된 운동종목에서는 체조선수(gym**nas**t)가 됐다. ▷꽃가루(sperm=spread)를 받아들이는 〈씨방이 밖으로 노출된 고대의 겉씨식물(gym**nos**perm)〉은 〈화분이 구부러진(ang=angle) 관을 타고 내려가야 씨방을 만나는 속씨식물(angiosperm/관으로 꽃가루를 받는)〉로 진화했다. ▷숲속의 물가에서 옷을 벗고 목욕하는 〈정령 님프(**nym**ph)를 보고 과도한(mania) 성적 욕망을 느끼는 것〉을 〈성욕항진증(**nym**phomania)〉이라고 했다. ▷우거진 숲속 우물가에 아른거리는 님프의 흐릿한 모습은 〈의미나 소리, 색깔의 미묘한 차이(**nuan**ce/아른거리는 님프)〉로 전환됐다.

오래전에 물(n)을 떠났던 인간은
다시 항해(nav)하는 방법을 배워야 했다

- 바다에서 길을 찾고 항해하다(navigate)
- 물 위에서 싸우는 해군(navy) ●뱃멀미로부터 나온 소음(noise)
- 우주를 항해하는 우주비행사(astronaut/cosmonaut)
- 강우량이 많은 나라 인도(Indo)

● 인간은 땅을 떠나 바닷물(n) 위를 항해하기(navigate) 시작했고, 바다에서도 싸웠으므로 해군(navy)을 만들었고, 바다에서의 거리는 육지와 다르게 〈해리(nautical mile)〉라고 부르고 1해리는 1852미터다. ▷배가 바닷물에 흔들리면 느끼는 〈멀미(nauseous) 증상〉은 〈소음(noise)〉으로 변했고, 〈남을 귀찮게 구는(annoy) 것〉은 〈물(noy)속(an=in)에 밀어 넣어 숨을 못 쉬게 한다〉는 말이었고, 〈배 모양(navicular)을 닮은 발의 뼈〉를 주상골(舟像骨=navicular)이라고 했다. ▷땅을 떠나 바다를 항해할(navigate) 수 있게 된 인간은, 차례로 하늘과 우주로도 항해할 수 있게 됐으므로, 〈물속(aqua)에서 항해하는 자〉는 잠수부(aquanaut)가 됐고, 열기구를 타고 〈하늘(aer=air)을 항해하는 자〉는 경기구조종사(aeronaut)가 됐고, 〈우주를 항해하는 자〉는 우주비

행사(**astro**n**aut**=**cosmo**n**aut**)가 됐다. ▷인더스(**Ind**us)는 〈물이 흐르는 강〉이라는 뜻이고, 〈인더스강이 흐르는 나라〉는 인도(**Ind**o)가 됐다. ●〈인도에서 수입된 염료〉는 쪽빛(**ind**i**go**)이 됐고, 〈바다(**nes**) 위에 떠있는 인도〉는 인도네시아(**Ind**o**nes**ia)가 됐다. ▷동물의 몸 〈안쪽에(**intes**=**intus**=**inter**) 있는 기관(**tin**=**tom**/분분)〉은 내장(**intestine**)기관이 됐다.

빛을 내려준 위대한 신

신(d=z=j=th)은 하늘을 떠나지 않고 빛(d=b)만 지상에 내려 보냈다

- 빛을 주는 제우스(**Ze**u**s**) • 세상을 불태우는 심판의 날(**d**oom**s**day)
- 포도주를 익힌 신 디오니소스(**Di**o**nis**us) • 빛을 주어 신성한(**di**vine)
- 하루에 먹는 양 다이어트(**di**et) • 신을 연구하던 이론(**th**eory)

● 신(d=z=j=th)은 움직이지 않고 빛(b)만 지상에 내려보냈으므로, 〈신(d)과 빛(b)〉은 같은 뜻으로 쓰였고, 그리스 신화의 주신 제우스(**Ze**u**s**)는 지상에 〈빛(z)을 내려보낸 신들의 아버지〉라는 뜻이었으므로, 로마인들은 아예 〈신(j)들의 아버지(piter=father) 제우스(**Ze**u**s**)〉 자체를 축약해 〈주피터(**Ju**piter)〉라는 새로운 이름을 만들었다. ▷시저의 이름 줄리어스(**Ju**lius)와 7월(**Ju**ly)은 모두 주피터(**Ju**piter)에서 따왔다. ▷야누스(**Ja**nus)는 〈앞과 뒤를 동시에 보는 빛의 신〉이었으므로 지난해와 새해를 잇는 1월(**Ja**nuary)은 〈야누스의 달〉이었다. ▷세상을 만든 신(**deu**)은 세상을 불로 태워버리기도 했으므로, 인간은 빛의 심판을 받을 운명에 처해있고(**doom**), 〈신이 세상을 불태우는 날〉은 최후 심판의 날(**d**oom**s**day)이 됐다. ▷여행(**jour**ney)은 당초 〈하루(**jour**=day/프랑스어)〉 동안 걸어 간 거리〉를 의미했으므로, 긴 여정(long **jour**ney)은 〈간 거리가 길었다〉는 표현이었다. ▷언론(**jour**nalism)은 프랑스 궁정의 귀

족 부인들이 매일 일어나는 〈궁정 사건을 적은 메모〉를 서로 돌려보던 데서 유래했다.

●〈그리스의 포도주 신〉 디오니소스(Dionysus)도 〈빛으로 포도를 익히는 신〉이었고, 로마인들은 그리스의 디오니소스(Dionysus)를 〈과일(berry=bright)을 익히는 신〉 바커스(Bacchus)라고 바꿔서 불렀다. ↓ 바람난 태양 신 아폴로(Apollo)에게 쫓기던 요정 다프네(Daphne)는 잡히려는 순간 월계수(laurel)로 변했으므로, 아폴로는 〈자신을 따돌리고 승리한 다프네〉를 기념하기 위해 월계수를 〈승리의 나무〉로 삼았다. 이후 고대 그리스 올림픽 우승자의 머리에는 〈열매(bacca=berry)가 달린 월계관(baccalaureate/월계수열매관)〉을 머리에 씌워주는 전통이 생겼으므로, 미국과 프랑스의 대학입학자격시험(baccalaureate)도 〈학문의 승리〉를 상징하는 월계관이라는 말이었다. ▷달의 여신 다이아나(Diana)는 부드러운 〈달빛을 내려주는 여신〉이었고, 신격(deity/광체)을 가진 신은 신성한(divine) 빛을 내려 보냈지만, 〈인간 마음(psych)속의 거짓된 빛〉은 환각(psychedelic)〉이라고 불렀다. ▷디바(diva/신)는 〈신의 경지에 오른 오페라의 유명 여기자〉라는 뜻이고, 프랑스어 아듀(adieu)는 〈신에게(a) 너를 맡겼으니 걱정 말라〉는 뜻이었다.

●하루를 기준으로 돌아가는 시계문자판을 다이얼(dial)이라고 했다. ↓시계(clock)는 옛날 스코틀랜드에서 〈시각을 알리던 자명종 소리(cl=call)〉를 의미했고, 뱃사람들이 해의 고도를 바라보고(watch) 시간을 측정하던 데서 시계(watch)가 나왔다. ▷〈하루에 먹어야 하는 식사의 양〉은 다이어트(diet)라고 하고, 〈하루에 한 일을 기록하는 것〉을 일기(diary)라고 하고, 〈만나자고 정한 날〉을 데이트(date)라고 하고, 일본과 스웨덴의 국회(Diet)는 〈의원들이 만나자고 약속한 날〉이라는 뜻이

었다.

● 〈신(th=d)을 연구하는(log) 난해한 신학(theology)〉은 난해한 이론(theory)이 됐고, 〈신의 세계에(en) 빠지는 것〉을 열광(enthusiasm)이라고 했다. ▷그리스의 연극에서 극장(theatre/thea=dea=view/빛을 보는 곳)은 원래 〈관객(audience)이 연극을 바라보는 객석〉을 뜻했고, 연극의 내용은 줄거리(drama)였고, 연극을 이끌고 가는 자는 배우(actor)였으므로, 연극의 3요소는 〈관객(audience)과 희곡(drama)과 배우(actor)〉가 됐다. ▷고대에 〈비밀스런 진리를 추구하는 밀교(therapeutae/아랍어)〉가 〈신비한 방법으로 병을 고치는 것〉을 치료(therapy)라고 했으므로, 치료(therapy)는 〈일반적인 치료(cure/treatment)〉보다는 신비적이고, 종교적이었다.

신(t)이 내려 보낸 빛(4)은
아주 먼(out) 곳에서 지상으로 내려왔다

- 빛이 오는 저 먼 밖(out) ● 범위 밖의 잡종(hyb**rid**)
- 영역 밖에 존재하는 이방인(**alien**) ● 태초의 물안개에서 나온 물(**hydr/aqua**)
- 물처럼 풍부한 백(**hund**red) ● 생명의 물 위스키/보드카(whisky/vod**ka**)

● 고대로부터 〈저 먼 우주 밖(out)〉은 원래 신이 〈빛(t=d)〉을 보냈던 머나먼 빛의 고향〉이라는 개념이 있었으므로, 그리스인들은 여성의 자궁(hyst**era**)을 〈모체와 독립된(hyst=out) 기관〉이고, 그 독립된 기관에서 태아(**embryo**)가 생겨난다고 생각했고, 〈자궁 이상으로 생긴 병〉을 신경질(hys**teria**)이라고 생각했다. ▷잡종(hyb**rid**)도 〈순종의 범위 밖(hyd=out)에 있는 혼혈종〉이라는 뜻이고, 로마인들은 그리스의 자궁(hyst**era**)을 자궁(ut**erus**/ut=out)이라고 바꿔서 불렀다.

● 〈입을 떠나(ut=out) 단호하게(**utter**) 진술한(**utter**) 말〉은 다시 주워 담을 수가 없고, 상식에서 〈가장(**most**) 멀리 벗어난 말〉은 극단적인(ut**most**) 말이 됐고, 아직 나의 영역에 들어오지 않고 〈약간 떨어진(ab=off) 바깥〉은 전치사 〈~에 관하여(**about**)〉가 됐다. ▷〈나의 영역에 들어오지 않은 밖(out)〉은 다양하게 변화했으므로, 범위 밖에 있으면 〈~외에(**extra**=out)〉라고 하고, 가장(**most**) 멀리 있으면 〈극단적인

(extreme)〉이라고 하고, 경계선을 넘으면 〈초월했다(ultra=out)〉고 말했다. ▷나와 다르게 보이면 〈이국적(exotic=outside)〉이라고 하고, 같은 종류가 아닌 것을 〈다른(other=out) 것〉이라고 했다. ▷〈이밖에 다른 것들〉은 〈등등(et cetera/et=and/ceter=other=out)〉이라고 하고, 한계를 넘어 있으면 〈그 밖의(else=out) 것〉이 됐다. ▷영역 밖에서 온 존재는 〈외계인(alien/al=out)〉이고, 다수가 아닌 〈소수(olig=other)〉가 집권하는 체제〉는 과두제(oligarchy) 정치였다. ▷〈설탕보다 열양이 작은 당〉은 〈올리고당(oligosaccharide/작은 당)〉이고, 〈잘 발견되지 않는 희소 원소〉는 〈제논(zenon/zen=extr=out)〉이라고 했다. ▷땅에 붙어 있는 〈발의 방향과 반대(zen) 쪽 꼭대기〉를 〈정점(zenith)〉이라고 불렀다. ▷〈범위 밖에 있는 사람〉은 낯선(strange/str=extr=out) 사람이고, 〈범위 밖으로 나가는 것〉은 〈남겨놓고 떠나겠다(estrange)〉는 것이었다.

● 태초에 〈저 밖(ud=out)의 먼 우주(k)〉는 커다란 〈물안개(udaka/산스크리트어)〉가 둘러싸고 있었다고 봤으므로, 그리스인들은 산스크리트어 우주 밖의 〈물안개(udaka)〉에서 〈접두사(ud)〉만 꺼내 그리스식 물(hydra/hyd=ud=out)〉을 만들었다. ▷그리스식 물(hydra=ud)에서 나온 〈거대한 물뱀(hydra)〉은 현대 생물학에서는 〈강장동물(hydra)〉이 됐다. ▷수소(hydrogen)는 〈산소(oxygen)를 만나서 물(hydr=water)을 만드는(gen=generate) 원소〉라는 뜻이고, 그리스의 물(hydr)은 게르만어에서 물(water)로 진화했다. ▷〈비와 하늘의 신〉 우라누스(Uranus/ur=hydr=water)는 우주 곳곳에 자신의 정자를 뿌려 수많은 자식을 두었고, 오줌(urine)도 대부분 물 성분(in=ingredient)이다. ▷백(hundred/hundr=undr=water)은 〈물처럼 많다〉는 뜻이었고, 천(thousand)은 〈백(and=und=hundred)이 크게 부풀어(thous=swell) 올랐다〉는 말이었다.

● 로마는 산스크리트어 〈물안개(udaka)〉에서 접미사 〈물(aka)〉을 꺼내 물(aqua)을 만들었으므로, 〈인공적으로 물을 넣고 고기를 기르는 곳(um=place)〉을 수족관(aquarium)이라고 했다. ▷유럽의 연금술사들은 영원한 〈생명의 물(aqua vitae/라틴어)=(eau de vie/프랑스어)=(usque baugh/스코틀랜드어)=(voda boa/슬라브어)=(water of life/영어)〉를 찾아왔다. ▷이 가운데 스코틀랜드어 〈usque(aqua=물)+baugh(vitality=생명)〉에서 앞글자 물(usque)은 영어의 위스키(whisky)가 됐고, 슬라브어 〈voda(water)+boa(vital)〉의 앞글자 물(voda)은 보드카(vodka)가 됐다.

신(d)이 던져 준 빛(t)은
처음 2(dou)갈래로 뻗어 나갔다

- 2줄을 꼬다(twist) ● 2개의 천칭 저울 접시가 이루는 균형(balance)
- 2번 구운 비스킷(biscuit) ● 쫙 펴지는 손가락에서 나온 10과 5(ten/five)
- 팔 길이 만한 피그미(pigmy) ● 염소의 노래 비극(tragedy)

● 〈신이 던져 준(tw=dic) 빛(t=d)〉은 처음 2(two)갈래로 갈라졌으므로, 2개의 줄을 돌려 꼬면(twist) 더 강한 줄이 나왔고, 큰 나무 줄기에서는 작은 나뭇가지(twig)가 갈라져 나왔다. ▷접어서(pl) 완전히 일치하는 2장의 문서는 원래의 문서를 복사한(duplicate) 결과이고, 2배(double)는 〈접어서(bl=pl) 2개가 됐다〉는 뜻이고, 〈드라마에 소리를 덧붙여 입히는 것〉을 더빙(dubbing/dub=double)이라고 했다. ▷졸업장(diploma)은 〈2겹으로 접은(pl) 증서(ma)〉였고, 〈2겹으로 접은 문서〉를 가지고 주재국으로 떠난 왕의 사절을 외교관(diplomat)이라고 했다. ▷균형(balance)은 〈2(ba=two)개의 저울 접시(lance=leave/저울 접시가 오르내리다)가 평형을 이룬 상태〉를 의미했고, 비스킷(biscuit/스위스어)은 〈2번 구웠다(scuit=cook)〉는 뜻이므로 비스킷의 껍질은 바삭하다.

● 본래 〈빛(d)이 넓게 퍼져 나간다(git=gest/던지다)〉는 뜻으로부터, 〈넓게(di=down) 펴지는(git=gest) 손가락(digit)〉이 나왔고, 손가락(digit)에

서 숫자(digit)가 나왔으므로, 컴퓨터의 기본 단위인 비트(bit)는 〈2진법(binary digit)〉의 축약이었다. ▷라틴어 10(decem/dec=dig)은 〈양 손의 손가락(digit)〉 10개를 의미했고, 라틴어 10(decem)은 영어에서 10(ten)으로 굳었다. ▷손가락(digit)은 영어에서 〈손가락(finger/fing=dig/n 음운첨가)〉으로 변했으므로, 〈한 손의 손가락(finger)〉에서 5(five)가 나왔다. ▷손가락(finger)을 움켜쥐면 주먹(fist)이 됐고, 주먹으로 때리면 싸움(fight)이 됐고, 〈어깨에서 주먹까지의 길이(pigmy/pig=fist)〉는 〈지구상에서 가장 작은(my) 인종〉 피그미(pigmy)가 됐다. ▷〈빛처럼 넓게 펴지는 손가락(digit)〉에서 〈손가락(finger)〉과 〈숫자(digit)〉와 〈10(decem=ten)〉과 〈5(five)〉가 모두 나왔다.

●인간의 목소리도 빛처럼 퍼져(dy) 공중으로 날아가므로, 인간은 〈달콤한(mel) 멜로디(melody)〉의 노래를 하늘을 향해 불렀다. ▷그리스인들은 〈신성한 양(trago=goat)〉을 구워서 신에게 바쳤으므로, 신의 이야기를 다뤘던 비극(tragedy)〉을 〈염소의 노래〉라고 불렀다. ▷비극과는 반대로 〈시골에서(com=counter=country/도시의 반대편) 부르는 흥겨운 노래〉는 코미디(comedy)라고 불렀다. ▷그리스의 비극은 거의 대부분 노래로 구성됐으므로 〈노래의 중간에(epi=upon) 다음 스토리를 안내하는 짧은 이야기(episode)〉를 끼워 넣었다.

D 빛을 내려준 위대한 신

신(d)은 우주에 모든 것을 내려 주었다(dat)

- 신이 내려준 모든 것 데이터(**dat**a) ● 완전히 벌을 주었으므로 용서했다(**par**don)
- 신이 준 선물 도로시(**Dor**othy)와 도로시의 축약 인형(**doll**)
- 논리 전개의 마지막 종합(syn**thes**is) ● 숨겨 놓은 보물(**treas**ure)

● 데이터(**dat**a)는 〈신이 인간에게 내려준 모든 것(**dat**um)〉의 복수형이고, 전통(tra**dit**ion)은 〈세대를 건너(tra=trans) 후손에게 전해주는 정신적 가치〉였다. ▷ 〈숫자를 덧붙여(ad=add) 주는 것은 덧셈(ad**dit**ion)〉이고, 〈숫자를 아래로(sub) 빼내는(tract) 것〉은 뺄셈(subtraction)이었다. ▷ 출판업자가 〈독자에게 내놓은(e=ex) 책의 모양〉을 판본(e**dit**ion)〉이라고 했고, 몸에 〈한 번 던져주는 약의 양〉을 복용량(**dot**e)이라고 했고, 〈밖으로(ec=ex) 잘 공개되지 않는(an=ant) 이야기〉를 일화(anec**dot**e)라고 했다. ▷ 용서한다(con**don**e=pardon)는 〈완전히(con=complete/par=per=through) 벌을 주었다〉는 뜻이었으므로 〈더 이상의 처벌은 없다〉는 라틴어였고, 영국인들은 〈더 이상 벌을 주지(give) 않겠다(fore=before=not)〉는 〈용서한다(forgive)〉를 만들었다. ▷ 〈받은 돈과 같은 가치(ven=value)의 물건을 넘겨주는 자〉를 판매자(ven**dor**)라고 했고, 패자는 승자의 〈발 아래(surren=down)로 자신의 몸을 던져 항복하는(surren**der**) 굴욕〉을 맛 보았고, 사용료를 받는 대신(ren=re) 땅을 빌

려주는(render) 제도가 모든 임차(rent)제도의 출발이었다. ▷사람 이름 디어도어(Theodore)는 〈신(the)이 내려주신 선물〉이었고, 유럽 여자 아이들은 〈가지고 놀던 여자 인형〉을 도로시(Dorothy/여자 이름)라고 불렀고, 도로시는 축약해서 인형(doll/dol=dor)이 됐다. ▷판사(judge/dg=dic)는 〈정의(ju=justice)를 던져주는 자〉라는 뜻이었다.

●〈책상 위에 던져 놓은 토론의 주제〉를 논제(theme=thema/the=de=dic)라고 했고, 아직 논리가 부족해 〈책상 밑(hypo=under)에 놔 둔 논제〉는 가설(hypothesis)이라고 했다. ▷철학적으로 〈맨 먼저 내 놓은 명제(thesis/thes=dic)〉는 곧바로 반명제(antithesis)에 의해서 정반대(ant)의 검증을 받고, 마침내 〈종합적인(syn) 합명제(synthesis/묶어 놓다)〉에 이르게 된다는 변증법(dialectic)을 완성한 사람은 독일의 철학자 헤겔(Hegel)이다. ▷성당(cathedral/hed=dic)은 〈주교(bishop)의 붉은 의자를 아래로(cata=down) 던져 놓은 곳〉이라는 뜻이었으므로 성당의 정식 명칭은 주교좌(主敎座)였다. ▷그리스인들이 〈집 앞에(apo=upon) 지어 놓은 작은 농업용 창고(apotheke/thek=dic)〉가 축약되어 현대의 부티크(boutique/특선점)기 됐다. ▷〈황금(aur)을 남몰래 모아 놓는 곳〉을 보물섬(thesaurus/thes=dic/은닉처)이라고 했고, 보물섬이 그냥 〈보물(treasure)〉이 됐고, 보물에서 정부의 〈재무부(treasury)〉가 나왔다.

빛(d)은 직진하고 인간은 손가락으로 갈 방향을 가리켰다(dic)

- 법정으로 내던져 기소하다(in**dict**) ● 모두 던져서 형성된 상황(con**dit**ion)
- 나란히 던져 나타난 전체 패러다임(para**dig**m) ● 위로 던진 주사위(**dice**)
- 한가운데 견과류를 박았던 반죽 도넛(**donut**)

● 검사들은 〈용의자를 법정으로(in) 내던져 기소하는(in**dict**) 권한〉을 가졌고, 죄를 저질렀다고 〈완전히(con) 증명된(vic=verify) 자〉는 죄수(convict/범죄자)가 됐다. ▷〈성급하게(pre) 옳다고(ju=justice) 던진(**dic**) 말〉을 편견(preju**dic**e)이라고 보았고, 〈모든(con) 것을 다 던져서 형성된 모양〉은 상황(con**dit**ion)이었고, 상황을 만드는 불가결의 요소는 조건(con**dit**ion)이 됐다. ▷〈생산품을 공동으로(syn=con) 던져 판매하는 신디케이트(syn**dic**ate)〉는 공급자 독점의 강매이므로, 미국에서는 폭력 조직과 같은 말로 쓰이고, 〈자신의 손가락으로 지시하는 자〉를 독재자(**dic**tator)라고 했다. ▷〈입 밖으로 던지는 말(**dic**)〉들을 모두 모아 놓은 책을 사전(**dic**tionary)이라고 불렀고, 〈남이 던지는 말을 빨리 받아 적는(**dic**tate) 기술〉을 〈손(hand)을 적게(short) 쓰는 속기(shorthand)〉라고 불렀고, 〈손을 많이(long) 쓰는 글쓰기〉는 손글씨(longhand)였다. ▷〈당한 만큼(ven=velue) 상대에게(a) 되돌려(re) 주는 것〉을 복수하거

나(aven**ge**/**ge**=**dic**) 보복한다(reven**ge**) 했고, 배지(ba**dge**/**dg**=**dic**)와 토큰(tok**en**/**tak**=**dic**)과 휘장(in**sig**nia/**sig**=**dic**)과 사인(**sig**n)은 모두 〈그 표식 안에 특별한 뜻을 던져 넣었다〉는 말이었다.

● 모든 요소를 〈옆으로(**para**=side) 나란히 던져 놓아 나타나는 전체 모양〉을 패러다임(**para**dig**m**)이라고 했다. ▷방향을 가리키는 손가락(**dig**it)은 수를 셀 수도 있으므로, 수적(**dig**ital) 개념으로 확장됐고, 디지털(**dig**ital) 개념은 오직 추상적 숫자로만 인식하는 방식이었으므로, 〈직접(**ana**=along) 손을 대서 인식하는 아날로그(**ana**log/직접 연결하는)방식〉과 대응했다. ▷〈방향(**in**)을 가리키는 2번째 손가락〉은 인지(**in**dex finger)이므로, 둘째 손가락으로 가리키는 방향으로(**in**) 따라가면 찾아보기(**in**dex)가 있고, 지수(**in**dex)는 전체 수를 만드는 기본 배율이었다. ▷그리스 조각에는 〈원반(**disc**=**dis**k) 던지는 사람〉이 있고, 〈정육면체의 주사위(**dic**e)〉는 〈위로 던진다〉는 말이었고, 〈아랍어의 주사위(**haz**=**dic**e)〉는 영어에서 〈위험(**haz**ard)〉으로 정착했다. ▷〈진흙을 옆으로(**para**=side) 길게 던져 쌓았던 페르시아의 정원〉이 영어에서 낙원(**para**dise/길게 던지다)이 됐고, 진흙을 파서(**dig**/흙을 던지다) 밖으로 내던지면 개울(**ditch**)이 생겼다. ▷〈밀가루 반죽(**dough**/던지다)으로 만든 덩어리(**loaf**)로 빵을 만드는 사람〉이 여인(la**dy**)이 됐고, 둥근 반죽(**dough**)의 가운데는 잘 익지 않았기 때문에, 둥근 반죽(**dough**)의 한 가운데에 견과류(**nut**)를 박아 넣고 튀겼으므로, 〈견과류를 박은 빵〉은 도넛(**do**nut)이 됐다.

신(d)으로부터 각각의 운명을 분배받았던(di) 숙명적인 인간들

- 신으로부터 운명을 분배받은 그리스 민중(**dem**o)
- 각각 독립된 인간들 로마의 사람들(**peopl**e)
- 복수의 여러 인간들 게르만의 대중(**folk**)   • 악마가 준 불행 피해(**dam**age)
- 각자의 몫을 서로 나누는 타협(**deal**)

● 그리스인들은 〈신(d)이 인간에게 운명을 나누어(**dai**=div**ide**)준다〉고 믿었으므로, 〈인간에게 운명(m**on**=m**ania**/생각)을 나누어(**dai**)주는 신〉을 다이몬(**Dai**m**on**)〉이라고 부르고, 다이몬으로부터 운명을 받은 존재들을 〈집단적으로 숙명적인 민중들(**dem**)〉이라고 했으므로, 고대 그리스의 민주주의(**dem**ocracy)는 〈신이 운명을 정해준 평범한 민중〉들이 다스리는 민중정치체제였다. ▷ 민주주의를 도입한 그리스 민중들은 신처럼 행동하는 폭군(**tyrant**)에게는 시위(**dem**onstration)를 벌였고, 종국에는 폭군을 국외로 내쫓았다. ▷ 그리스 민주주의 시대에도 〈민중을 이끄는(**agog**=lead) 지도자(**dem**agogue)〉와 선동가(**dem**agogue)는 구별하기 어려웠으므로, 그리스의 정치는 혼란 속의 민주주의였다. ▷ 〈사람들 사이에(**epi**=upon) 퍼져가는 병〉을 전염병(**epi**dem**ic disease**)이라고 했고, 〈구성하고 있는 민중 전체 모습을 그리는(**graph**) 학문〉은 인구

학(demography)〉이라고 했다. ▷〈그리스의 민중(demo)〉을 〈각각 독립된(de=divide) 복수의(m=multiple) 사람들〉이라는 복수개념으로 해석한 로마인들은 〈각자 독립된(pe=de=divide) 인간들(pl=plural)〉이라는 뜻의 〈평민들(people)〉이라는 말을 만들어 냈고, 〈평민들이 진정으로(re=real) 국가의 주인〉이라는 공화정(republic)을 창조했으므로, 〈로마의 공화정(republic)〉은 정확하게 〈그리스의 민주정(democratic)〉을 모방한 것이었다. ▷현대의 거의 모든 국가들은 민주공화국(democratic republic)을 표방하므로, 정치적으로 우리는 그리스와 로마의 후예들이다. ▷게르만도 민중을 〈여러(fol=pl=plural) 사람들(k=s=several)〉이라는 복수 개념으로 평민(folk/민속)이라고 불렀으므로, 독일의 대중 차는 폭스바겐(wolkswagen=folk vehicle)이 됐다. ▷타협(deal)은 〈서로 나누어(devide) 가질 몫(l=share)〉을 정했다〉는 뜻이었으므로, 미국인들은 협상을 끝낸 뒤에는 항상 〈딜(deal/정확히 나눴다)〉이라고 외치면서 악수로 끝을 맺었다.

● 그리스인들은 인간에게 〈나쁜 운명을 나누어준 다이몬(Daimon)〉은 따로 악마(demon)라고 불렀다. ▷악마로부터 받은 불행을 피해(damage/악마가 준)라고 불렀으므로, 인간들은 언제나 악마를 저주했고(damn), 어떤 인간은 악마로부터 저주하는 악행을 배웠으므로, 〈서로(con) 비난(condemnation)하는 습관〉을 갖게 됐고, 욕(goddamn)은 〈신(god)이 너를 저주할 꺼야〉라는 악담이었다.

● 하루(day)는 〈신(d)이 빛(d)을 비추는 기간〉이었고, 한 달(month)은 〈같은 모양의 달(moon)이 되돌아 오는 기간(th=set/시간을 놓다)〉이었다. ▷성서는 일주일을 7일로 결정했고, 일주일의 이름들은 북유럽의 신화로부터 나왔으므로, 화요일(Tuesday)은 〈전쟁(tue=terror=war)

의 날〉이었고, 수요일(wednsday)은 오딘신(wedn=Oden=Zeus/북유럽의 제우스)의 날이었고, 목요일(Thursday)은 〈천둥신(thor)의 날〉이었고, 금요일(Friday)은 천둥신의 어머니 프리그(frigg)의 날〉이었다.

빛(f)을 보내준 신(fes)을 찬양하던 제사가 축제가 됐다

- 신에게 감사하는 축제(**fes**tival) ●신을 믿지 않는 무신론자(**ath**eist)
- 신을 보았다는 티파니(**Tiffany**) ●하지 말라는 신의 금지(**ban**)
- 신이 금하는 노상강도(**band**it) ●신의 금지에 따라 포기하다(a**ban**don)

● 〈세상에 빛을 보내준 신(**fes**=the)〉에게 올리던 큰 제사는 큰 잔치(**feas**t)와 축제(**fes**tival)가 됐고, 박람회(**fair**)와 장날(**fair**), 전시회(**fair**)도 모두 〈고대의 축제가 다양하게 변한 것〉들이다. ▷〈신을 극성스럽게 모시던 광신자(**fan**)〉들은 오늘날 연예인에게 열광하고, 〈신의 존재를 믿으면〉 유신론(**th**eism)이고, 〈신의 존재를 부정하는(a=ant) 자〉는 무신론자(**ath**eist)이고, 〈모든(pan=all) 신을 모시는 만신전(pan**th**eon)〉은 그리스 다신교의 전통이었다. ▷〈신의 모습(phan=photo)이 나타나는 신의 현현(**th**eophany)〉을 경험한 자는 신성했으므로, 〈사람의 성 티파니(**Tiffany**)〉가 됐고, 미국인 티파니(**Tiffany**)는 보석회사 티파니를 창립했다.

▷신(b=d)은 인간의 말을 잘 들어주지 않았으므로, 인간은 〈염주알(**bead**/신에게 빌다)을 하염없이 세어가며〉 신의 말씀(**bid**)을 기다려야(a**bid**e) 했다. ↓ 성스런 자의 머리에 씌워주던 〈장미(**rose**)화관〉이 가톨

릭의 묵주(rosary/로자리)로 정착했다. ▷인간에게 내리는 〈신의 말씀(bid)〉이 〈경매의 호가(bid)〉나 〈도박에 거는 내기(bid)〉로 변환된 이유는, 한번 부르면 번복할 수 없었기 때문이고, 신의 말씀에 부정 접두어(for=not)를 붙여서 〈하지 말라는 금지(forbid)〉를 만들었다. ▷신은 인간에게 〈절대 하지 말라는 금지(ban/bid의 반대말) 명령〉도 내렸으므로, 중세의 노상강도(bandit)는 〈교회가 가장 엄격히 금하는 범죄〉였다. ▷유럽 노상강도의 전통은 미국 서부 개척시대의 〈무자비한 무장강도(bandit)〉로 변했고, 밀수품(contraband)은 〈교회의 금지행동을 거스른(counter) 물품〉이라는 뜻이었다. ▷현대의 〈핵실험 금지(nuclear test ban)〉는 〈금지의 주체〉가 교회에서 국가로 바뀌었다. ▷신이 〈하지 말라고 인간에게(a=at) 내린(don=donate) 경고(ban)〉는 인간의 입장으로는 〈하던 것도 포기해야(abandon/신의 금지명령에 따르다) 하는 의무〉가 됐고, 〈공동체에서 나가라(ish=ite=go out)는 신의 경고〉는 추방(banish)이 됐으므로, 추방(banish)은 〈공동체(commune)에서 쫓아내는 (ex) 종교적 파문(excommunication)〉과 같은 말이었다.

인간은 신(d)이 보낸 빛(d)을 가두어(dom) 보관했다

- 빛을 보관하는 지붕(dome)
- 모자 같은 가면(domino)과 정육면체 도미노(domino)
- 성의 지하 감옥(dungeon) ● 긴 제방 위에 건설한 런던(London)
- 나의 집 영역(domain) ● 정복민을 길들이다(domesticate)

● 인간은 신이 준 빛을 간직하기 위해 둥근 지붕(dome)을 만들었으므로, 〈신을 모시는 성당〉과 〈신의 후손을 자처하는 왕이 사는 궁전〉은 더 큰 지붕을 가지고 있었다. ▷사제들은 〈지붕처럼 생긴 모자가 달린 망토(domino)〉를 입었고, 〈가장 무도회에서 쓰는 탈도 망토의 모자와 같다〉고 생각했으므로 가면(domino)이라고 불렀고, 〈망토 모자와 같은 육면체〉로는 도미노(domino) 게임을 만들었다. ▷하인들은 주인의 이름을 직접 부르지 못하고, 〈큰 집(don=dom)에 사는 주인님〉이라고 불러야 했으므로, 스페인 소설 주인공 돈키호테(Don Quixote)는 〈키호테님(Don)〉이라는 뜻이었고, 여자 주인을 부르던 〈나의(ma) 주인마님(Madonna)〉은 〈성모 마리아(Mary)를 높여 부르는 말〉이 됐다. ▷귀족의 여주인은 〈나의(ma) 주인마님(madam)〉이 됐고, 하인은

〈주인마님의 작은(le) 딸(mademoiselle/프랑스어)〉도 함부로 이름을 부를 수 없었으므로 〈작은 주인마님(mademoiselle)〉으로 불렀다. ▷〈여러(con) 개의 집을 하나의 건물에 모아 놓은 형태〉를 미국에서는 콘도미니엄(condominium=condo)이라고 하고, 각 집은 분양해 소유권을 넘겨줬으므로, 우리나라의 아파트(apartment/나눈 집)에 해당된다. ▷옛날 〈성의 지하 감옥(dungeon)〉에 갇힌 죄수의 풍전등화 같은 운명으로부터 위험(danger)이라는 말이 파생됐다. ▷〈지붕(dom)처럼 둥근 언덕(dune)〉으로부터 〈언덕 아래로(down)〉가 파생됐고, 런던(London)은 〈긴(long) 제방(dune) 위에 건설된 도시〉였다.

● 넓은 집은 영역(domain)으로 의미가 확장됐으므로, 〈압도(pre)하는(predominate)〉 힘을 가진 고대의 종족들은 더 넓은 지역을 차지하려고(dominate) 끊임없이 전쟁을 벌였고, 남의 영역을 차지한 종족은 온갖 횡포를 다 부리며(domineer), 정복한 종족을 길들이고(domesticate), 강제로 순치시켰다(tame). ▷〈절대로 다스려지지(dam) 않아서(a=ant)〉 〈고집이 세다(adamant/라틴어)〉에, 〈사방으로(dia=through) 빛을 발산한다〉를 붙인 말이 〈다이아몬드(diamond)〉가 됐으므로, 다이아몬드는 〈단단하고 빛을 사방으로 발산하는 보석〉이라는 합성어였다.

빛(d)의 에너지를 잘라(den) 먹는 것이 이빨이었다

- 이빨을 고치는 치과의사(den**t**ist) ● 잎이 사자 이빨 같은 민들레(dan**del**ion)
- 절취선이 있는 계약서(in**den**ture) ● 너무 많이 먹는 비만(ob**es**ity)
- 먹고산 1년이 다시 돌아온 기념일(an**niv**ersary)

● 신이 보낸 빛(t=d)은 모든 음식 속에 들어 갔고, 빛의 에너지가 만든 〈음식을 분쇄하는(den/라틴어) 이빨(dent)〉은 단단한 백악질 구조를 가졌다. ▷〈이빨의(dent**al**) 병을 고치는 사람〉은 치과의사(dent**ist**)이고, 〈치열을 반듯하게(orth=order) 해주는 의사〉는 치과교정의(orth**odont**ist)가 됐고, 이빨이 모두 빠진 사람은 의치(dent**ure**)를 끼워야 했다. ▷계약 쌍방은 톱니 같은 〈절취선이 있는 계약서(in**dent**ure)〉를 반절로 찢어 각각 보관했고, 민들레(dan**del**ion)는 〈잎이 사자(lion)의 이빨 같다〉는 뜻이었다. ▷부젓가락(ton**gs**)은 〈뜨거운 불덩어리를 물어서 들어올리는 쇠이빨〉이고, 아연(zinc/z=d)은 열을 받으면 표면에 〈이빨 같은 톱니모양〉이 나타났다.

● 라틴어 이빨(dent)은 영어 이빨(tooth/t=th=d/음운반복)이 됐으므로, 〈이빨(tooth)로 씹는 것〉을 〈씹어서 먹는다(eat=eeth)〉고 했다. ↓〈음식(sitos/잘게 씹다/그리스어)을 먹는 방법을 연구하는 학문〉은 식품영

양학(sitology)이고, 〈옆에서(para=side) 먹을 것을 가로채 먹는 곤충〉을 기생충(parasite)이라고 했다. ▷인간은 〈먹을 수 있는(edible) 음식〉의 범위를 끊임없이 넓혀왔으므로, 〈너무 과도하게(ob) 먹는 현대인〉들은 비만(obesity/es=eat)과 싸움을 벌이고 있고, 〈먹기(eat)에 좋은(sw=eu=good) 것〉이 입에 달므로(sweet), 다디단 사탕은 모든 아이들이 좋아하게 됐다.

●〈계속 먹으며 살아 온 기간을 한 해(annual/an=ad=eat)〉라고 보았으므로, 〈1년에 한 번 돌아오는(ver=venir=come) 날〉을 기념일(anniversary/먹고 살아온 1년)이라고 했고, 〈계속해서(per) 먹고사는 식물은 다년(perennial)생 식물〉이라고 했다. ▷국가에서 〈1년 동안 일어난 사건들을 기록한 것〉이 연보(annals)라고 했고, 동양에서는 사초(史草)라고 불렀다. ▷2(bi=two)년에 한 번 돌아오는 기념일은 프랑스어로 비엔날레(biennale/먹고 살아온 2년), 영어로 격년제(biennial)라고 불렀다.

인간은 빛(d)에서 받은 에너지로 온갖 일(do)을 벌였다

- 대중이 받아들이는 교리(**dog**ma) ● 받아보도록 쓴 기록물(**doc**umentary)
- 존경스럽게 받아들여지는 존엄(**dig**nity) ● 역동적으로 건설한 왕조(**dyn**asty)
- 강력한 폭발 다이너마이트(**dyn**amite)

● 인간은 신으로부터 빛의 에너지를 받았고(**dog**=take), 교리(**dog**ma)는 〈대중이 스스로 받아들이도록 만든 종교적 신조(ma=mon=생각)〉였지만, 나중에는 대중이 외면했으므로, 강요된 독단(**dog**ma)으로 추락하고 말았다. ▷역설(para**dox**)은 상식과는 〈반대로(para=against) 받아들이라는 말〉이었으므로, 〈급할수록 천천히 가라〉는 말은 상식의 역설(para**dox**)이었다. ▷기록물(**doc**umentary)은 〈다른 시간과 장소에 있는 사람이 받아보도록 적어 놓은 사실〉이고, 기록(**doc**umentation)의 방법은 전통적인 문자에서 현대의 녹음/녹화로 발전해 왔다. ▷〈누구나 바르다(orth=right)고 받아들이는 것〉을 정통(ortho**dox**)이라고 했고, 얼굴을 치장하는(**dec**orate) 이유는 보는 사람이 좋게 받아들이게 하기 위해서였다. ▷〈존경스럽게 받아들여지는 인격〉을 존엄(**dig**nity)이라고 하므로, 〈존엄을 잃은 자〉는 모욕(in**dig**nity)을 받았다고 보고, 박사(**doc**tor)와 의사(**doc**tor)는 〈많은 지식을 받아들인 자〉들이었다.

D 빛을 내려준 위대한 신

● 인간은 빛에서 얻은 에너지로 온갖 일을 해왔고(do), 〈왕(king)이 열심히 일해서 이룩한 나라〉를 왕국(kingdom)이라고 했다. ▷〈빛에서 받은 에너지의 활력〉을 역동적(dynamic)이라고 했고, 인간이 〈가장 역동적인 힘으로 만든 단단한 정치조직〉을 왕조(dynasty)라고 했다. ▷강력한 폭발력을 가졌지만 불안정했던 니트로글리세린(nitroglycerin)을 〈안전하면서 폭발력이 강한 다이너마이트(dynamite/ite/화학적)〉로 만드는데 성공한 사람은 스웨덴의 노벨(Nobel)이었다.

빛(d)의 에너지는 만물을 밀거나 끌어서(dr) 장소를 이동시켰다

- 뒤에서 밀고(dr**ive**) 앞에서 끌다(**dr**aw)
- 밖으로 밀고 나타난 모든 증상(**syndr**ome) ● 눈이 툭 튀어나온 용(**dr**agon)
- 목구멍이 물을 끌어들여 마시다(**dr**ink) ● 땅속으로 물을 끌어가 말라 버리다(**dr**y)

● 〈뒤에서 미는(**dr**ive) 힘〉과 〈앞에서 끄는(**dr**aw) 힘〉은 모두 〈물체를 이동시키는 결과〉를 가져왔으므로 같은 어원이었고, 〈인간이 벌였던(**dr**ive) 일의 파란만장한 이야기(ma)〉를 드라마(**dr**ama)라고 했고, 드라마는 언제나 극적이었으므로(**dr**amatic) 모든 사람의 관심을 끌었다. ▷원인은 알 수 없지만 〈밖으로 밀고(dr=**dr**ive) 나타난 모든(syn) 증상의 집합〉을 증후군(**syndr**ome)이라고 했다. ▷유럽에서 용(**dr**agon)은 〈앞으로 튀어나온 눈으로 불길하게 쳐다보는 사악한 존재〉였으므로, 사소한 범죄에도 중벌을 내리는 법을 만들었던 고대 그리스의 정치가는 드라콘〈**Dr**aco(n)〉이라는 이름을 얻었다. ▷무인 조종 비행기(**dr**one)는 벌이 〈날개를 빠르게 왕복시켜 앞으로 날아가는 소리〉를 모방한 것이었다.

● 작가는 〈붓을 종이에 대고 끌어서(**dr**aw)〉 글씨나 그림을 그렸고(**dr**aw), 〈작가가 붓으로 처음 쓴 글〉을 초고나 원고(**dr**aft)라고 했다.

▷〈목구멍이 물을 힘차게 끌어(draw)들이는 것〉을 마신다(drink)고 했고, 가뭄(drought)은 땅속으로 〈물을 끌어가(drain) 땅이 완전히 말라버린(dry) 결과〉였고, 물속으로 끌려들어간 사람은 결국 익사하고(drown) 말았다. ▷〈물을 완전히(ex) 빨아간(haust=drain) 상태〉는 기진맥진한(exhaust) 상태고, 〈수분을 완전히 증발시켜 바싹 말린(dry) 풀〉을 약초(drug)라고 했다. ▷〈지구중력에 의해 공간(p)의 아래로 돌진하는 현상〉을 아래로 떨어진다(drop)고 했으므로, 다이빙 선수들은 〈물속 깊이(deep) 돌진하고(dive=drop)〉, 〈물이 고여 있는 작은 웅덩이〉는 〈얼굴에 패인 보조개(dimple)〉가 됐다. ▷오리(duck=dive)는 〈물을 향해 뛰어드는 새〉라는 뜻이었고, 비둘기(dove)도 〈창공에서 활공하는 새〉라는 말이었다.

신(f)은 타락한 인간을 뜨거운 빛으로 끝장냈다(fin)

- 거래를 정산하는 금융(finance) ● 땅속의 불구덩이 지하(infra)
- 회색 깃을 가진 비둘기(dove) ● 신에게 도전하는 감히 ~을 하다(dare)
- 눈에 농이 낀 트라코마(trachoma) ● 향이 백 리까지 가는 타임(thyme)

● 신은 실수하는 인간에게 〈징벌의 빛(f=d)〉을 내리고 인간세상을 끝장냈으므로(finish), 금융(finance)도 〈거래를 끝내고 정산한다〉는 뜻이었다. ▷ 모든 일이 완료되면(finalize) 〈다 좋다(fine)〉고 말했고, 영화의 마지막에는 〈끝(fin)〉이라는 자막이 뜬다. ▷ 〈4방향이 모두(con) 잘린(fin) 공간〉을 〈한정된(confine) 공간〉이라고 했고, 〈논란의 여지를 모두 잘라내는(de) 것〉을 규정한다(define)고 했다. ▷ 원유에서 〈찌꺼기를 완전히(re=real) 정제하는(refine) 공장〉이 정유소(refinery)였다.

● 빛의 열기(fire)는 모든 것을 태우면서 연기(fume)를 내고, 〈모든 것이 불 속에(in) 들어가는 것〉을 대화재(inferno)라고 했고, 〈땅속(in)에 있는 불구덩이〉는 지옥불(infernal)이라고 불렀다. ▷ 라틴어는 〈불타는 땅속(infer)〉을 〈아래(infra)〉라고 했으므로, 〈땅속에 있는 구조(structure)물〉을 기반시설(infrastructure)이라고 했고, 〈땅속(infer)의 비교급(ior)〉은 〈열등하다(inferior)〉가 됐다. ▷ 라틴어 〈아래(infra)〉를 영어는 〈빛(d)이 물(n)

속에 들어갔다〉는 뜻으로 〈아래(under)〉라고 했으므로, 〈은밀한(cover) 곳에서 몰래하는 활동〉은 첩보활동(undercover)이었고, 〈다른 사람이 한 말 아래로 들어가면〉 그 말을 〈이해한다(understand) 〉는 뜻이 됐다.
● 당나귀(donkey)와 비둘기(dove)는 모두 〈연기 같은 회색 털을 가졌다〉는 뜻이었고, 〈새의 회색 깃털(down)〉은 보온성이 강하므로 겨울옷의 보온재로 쓰인다. ▷연기처럼 둔한(dull) 사람은 재빠르지 못하고, 벙어리(dumb)는 말을 흐리게 하고, 귀머거리(deaf)는 잘 알아듣지 못한다. ▷〈검고(dark) 더러운(dirty) 진흙투성이의 강가에 세워진 도시〉가 아일랜드의 수도 더블린(Dublin)이었고, 본래 〈짙은(dark) 색깔의 염료액에 천을 담그는 것〉을 염색한다(dye)고 했다. ▷라틴어로 〈정신이 멍한(dorm) 상태〉가 잠(dorm)이 됐으므로, 〈학생들이 잠을 자는 곳(ory=place)〉은 기숙사(dormitory)가 됐고, 〈잠(dorm)의 신이 나은 자식〉은 〈꿈(dream)의 신〉이었고, 〈의식이 완전히 없어진 상태〉는 죽었다(die)고 했다.

● 〈장차 아이에게 젖을 줄 안쓰러운 여자 아이〉를 측은한 딸(daughter)이라고 했고, 아들(son)은 〈낳았다(sunu/산스크리트어)〉는 뜻이므로, 〈나의 아들(my son)〉은 〈내가 낳았다〉는 자랑스런 말이었다. ▷〈피나는 노력가〉라는 뜻을 가진 장인 다이달로스(Daedalus)는 결국 〈아무도 빠져나올 수 없는 크레타섬의 미궁(labyrinth)〉을 만들었다. ▷신이 보내는 응징의 빛에 도전하는 행동은, 동사 〈감히 무엇을 한다(dare)〉를 낳았다. ▷나일강의 악어(crocodile)는 〈등에 둥근(croc=circle) 딱지가 붙은 무서운(dile=dire) 파충류〉라는 뜻이고, 공룡(dinosaur)도 〈무시무시한(din=dire) 파충류(saur/땅을 기다)〉라는 말이었다. ↓〈땅에 배를 붙이고(s) 기어가는(r) 동물〉은 파충류(saur)이고,

〈땅 위를 기어다니는(rep=creep) 동물〉도 파충류(reptile)이고, 〈물(n)위를 기어가는(s) 물뱀(snake)〉도 파충류였다.

● 〈눈에 농이 끼어 보이지 않는 증상(ma)〉을 트라코마(trachoma)라고 했고, 장티푸스(typhoid)와 발진티푸스(typhus)는 머리를 한 대 맞은(type) 것처럼, 〈고열로 정신이 흐려지는 모양(oid)이나 증상(us)〉이라는 뜻이었다. ▷타임(thyme)은 그 향기가 백 리까지 가므로, 백리향이라고 불렸고, 〈편안하게(eu=good) 안개처럼 저 세상으로 사라지는 것〉을 안락사(euthanasia)라고 했다.

넓게 퍼지는 빛의 에너지

빛의 에너지(b)가 만물의
존재(be)를 만들었다

- ●존재가 가득 차서 아름다운(beautiful) ●좋은 일하는 독지가(benefactor)
- ●농민들이 사는 시골 보헤미아(Bohemia)
- ●집에 존재하는 남자 남편(husband) ●존재를 내놓고 증명하다(prove)

● 〈빛의 에너지(b)〉가 만물 속으로 들어가 퍼지면서(be=break), 우리가 보고 있는 만물이 모양을 갖췄으므로, 〈만물의 존재(be)〉는 모두 빛의 자식이었다. ▷신은 빈 공간에 존재(be)를 가득 채우고(ful) 난 뒤 〈아름답다(beautiful)〉고 했으므로, 성서는 〈존재 자체를 아름답다〉고 봤다. ▷존재(be)에 비교급 어미(er)를 붙여 〈더 좋은(better)〉을 만들었고, 최고급 어미(est)를 붙여 〈가장 좋은(best)〉을 만들었다. ↓〈나쁘다(bad)의 비교급(worse)〉은 〈온갖 나쁜 일이 일어나는 전쟁(war)〉에서 따왔고, 〈간다(go)의 과거(went)〉는 〈광야를 헤맨다(wander)〉에서 따왔다. ▷성서는 〈존재(be) 자체를 좋다(ben=bon)〉고 봤으므로, 〈좋은(ben=good) 일을 만드는(fac=make) 자〉는 독지가(benefactor)였고, 단테의 〈아름다운 애인 베아트리체(Beatrice)〉는 단테의 지적 작업에 큰 영감을 줬다. ▷〈옆에(by) 딱 붙어 있는 존재〉가 가장 많은 영향을 주게 되어 있고, 존재가 〈둘(dou=two)〉이어서 어느 것을 믿을지 의심스럽다

(dou**b**t)〉는 말은 프랑스어에서 왔고, 분명히(**pro**) 존재할 것 같으면 〈그럴듯한(**pro**ba**ble**) 것〉이다.

● 〈빈터에 지은(bu**ild**) 공간〉은 집(**hus**=house)이었고, 〈집에 존재하는 가장〉은 남편(**hus**ba**nd**)이었다. ▷〈존재가 사는 공간〉을 범위(**bou**nd)라고 했고, 〈존재가 사는 작은(**th**=little) 공간〉은 부스(**boo**th)였다. ▷〈농촌에 존재하는(**be**) 자(**er**)〉가 〈농민(**boo**r)이었으므로, 〈농민(**boo**r)들만 사는 유럽의 변경 촌락(**hem**=home)〉은 현재의 체코 지방인 보헤미아(**Bo**hemia)가 됐고, 이웃(neigh**bo**r)은 당초 〈가까이(**neigh**=near)에 사는 농민〉을 의미했다. ▷영국은 〈남아프리카에 먼저 와 있던 네덜란드계 농민 보어(**Bo**er)족〉과 남아프리카의 지배권을 놓고 식민지 전쟁을 벌여 승리했으므로, 보어족은 현재 남아프리카 공화국 내의 소수파(**Afrikan**er)로 자신들의 언어(**Afrikaans**)만 쓴다. ▷〈존재를 분명하게 앞으로(**pro**) 내놓는 것〉을 〈증명한다(**pro**ve/**ve**=be)〉고 했고, 이미 〈드러난 존재와(**a**) 일치하면〉 시인할(ap**prove**) 수밖에 없었고, 〈물속에서도 증명된 시계〉가 방수(water**proof**) 시계였다.

인간은 빛(ph)이 만든 존재(phy)에 대해 매우 궁금해했다

- 존재를 연구하는 물리학(physics) ● 인체의 존재를 치료하는 의사(physician)
- 생물학적 원리의 연구 생리학(physiology)
- 앞으로 오게 될 시간의 존재 미래(future) ● 실질가치가 없는 명목화폐(fiat money)

● 영어의 〈존재(be)〉를 그리스인들은 〈존재(phy)〉라고 했으므로, 〈존재 자체를 연구하는 물리학(physics)〉은 그리스어에서 왔고, 〈눈에 보이는 존재만을 연구하는 물리학자(physicist)〉는 〈눈에 보이지 않는 정신적(mental) 문제를 다루는 철학자나 종교인〉과 대응했다. ▷의사(physician)는 〈인체의 물리적 존재〉만을 다루는 자연과학자였다가, 세분화된 의학분과로는 내과의사(physician)로 변했고, 생리학(physiology)은 〈생물학적 기능과 원리〉를 연구하는(log) 학문이었다. ▷계통발생(phylogeny)은 〈대대로 후손의 존재를 낳는(gen=generate) 것〉이고, 개체발생(ontology/ont=ot=is=be/n 음운첨가)은 〈계통발생을 이어주는 개별적 존재의 발생〉이므로, 영국의 진화생물학자 다윈(Darwin)은 〈개체발생은 계통발생을 반복한다〉는 유명한 과학적 명언을 남겼다. ▷그리스어의 〈존재(phy)〉를 라틴어는 〈존재(fi)〉라고 했으므로, 성서는 태초에 신이 〈빛이 있으라(fiat lux=there be light)〉라고 함

으로써 우주가 존재하기 시작했다고 말했다. ▷인간은 모든 존재(fiat/fi=be)에게 이름을 붙였으므로, 〈이름(fiat)만 있고 실질적 가치는 없는 화폐〉를 명목화폐(fiat money)라고 했고, 미래(future/fu=fi)도 〈앞으로 존재하게 될 시간〉이었다.

인간의 정신은 우주공간을 헤매는 작은 빛(ch)의 조각(ch)이었다

- 고통 속에 살다간 프시케(psyche) ● 정신을 연구하는 심리학(psychology)
- 정신에 병이 든 정신병(psychopathy)
- 생각이 몸으로 나타나는 정신신체적(psychosomatic)
- 과거 생각의 분석 정신분석(psychoanalysis)

● 〈인간의 정신(psych)〉은 눈에 보이지 않고 〈공중을 헤매는 미세한 (ps=little/그리스 알파벳 ψ) 존재(ch=ph=be)〉라는 뜻이었으므로, 인간의 정신은 〈우주를 떠도는 빛의 조각〉이었다. ▷〈우주를 떠도는 미세한 존재〉 정신(psych)은 〈형태가 없어 우주공간(p=space)을 헤매는 (s=separate) 정신(spirit)〉과 〈공중에 흩어진(s=separate) 티끌(l=little) 같은 영혼(soul)〉과 똑같은 개념을 가지고 있었다. ▷그리스 신화의 푸시케(Psyche)는 애인 에로스를 죽이고 평생 정신적 고통 속에 방황하며 살아야 했다. ▷심리학(psychology)은 〈불쌍한 인간의 정신〉을 다루는 학문(log)이라는 말이었고, 〈정신에 병(path=disease)이 든 것〉을 〈정신병(psychopath/사이코패스)〉이라고 했다. ▷꾀병은 스스로 〈아프다고 생각함으로써 멀쩡한 몸(som=homo=body)에 생긴 병〉이므로 정신신체적(psychosomatic)이고, 정신질환자의 〈과거 생각을 분석하고(analysis) 추적하는 방법〉을 정신분석(psychoanalysis)이라고 했다.

빛(phot)과 소리(phon)는 모두 우주에서 온 에너지(ph)의 파동이다

- 빛으로 그린 사진(**phot**ograph) ● 마음으로 보는 판타지(**fant**asy)

- 바다에 띄운 표식 부표(**bu**oy) ● 멀리서 오는 소리를 듣는 전화기(tele**phon**e)

- 말로 칭송하는 명성(**fam**e) ● 악마의 소리 비난하다(**blam**e)

● 카메라(camera)가 〈빛(**phot**o)으로 그린(graph) 그림〉을 사진(**phot**ograph)이라고 했고, 미인대회에서 〈사진이 만들어(gen=generate) 주는 미인〉을 사진미인(**phot**ogenic)이라고 했다. ▷〈빛으로만 보이는 허상〉을 도깨비(**phant**om/n 음운첨가)라고 했고, 얇은 〈세포(cell)막 같은 반투명 인공물질〉은 셀로판(cello**phan**e)이라고 했고, 〈동작의 한순간 모습〉을 단계(**phas**e)라고 했다. ▷무화과 열매(syc=fig)를 뇌물로 썼던 그리스인들은 〈무화과 열매를 보여주는 자〉를 아첨꾼(syco**phan**t)라고 했다. ▷마음으로만 보이는 기상천외한(**fant**astic/fan=photo) 판타지(**fant**asy) 영화들은 실제로는 존재하지 않는 이야기를 다루고, 〈상상(**fan**cy) 속의 이야기 주인공〉을 모델로 만든 작고 귀여운 팬시(**fan**cy) 상품은 어린이들의 사랑을 받았다. ▷〈손(man=hand)으로 직접 들어서 보여주는 명백한(**manif**est) 말〉을 선언(**manif**esto)이라고 했고, 역사적으로 가장 유명한 정치적 선언은 〈마르크스와 엥겔스의 공산당선언

(Communist Manifesto)〉이었다. ▷깃발(banner/ban=photo)은 원래 부대의 단위를 보여주기 위해 만들어진 로마의 군기였고, 산꼭대기에서 〈연기를 피워 급한 소식을 알리는 원시적 정보체계〉를 봉화(beacon)라고 불렀고, 물속에 〈그물을 쳤다는 작은(y) 표식〉은 부표(buoy)였다.

● 소리도 빛과 같은 에너지의 파장이고, 〈멀리서(tel) 들려오는 소리(phone)를 듣는 전화기(telephone)〉는 이제 전깃줄도 필요없어졌으므로, 영국인은 〈움직이는 전화기(mobile phone)〉라고 부르고, 〈무선 통신의 기본 서비스 영역을 하나의 방(cell=cellular)〉이라고 했으므로, 미국인들은 휴대폰(cellphone)이라고 부른다. ▷〈모든(sym) 음을 조화롭게 모아 놓은 음악 형식〉을 교향곡(symphony)이라고 했고, 성당에서 한 그룹이 부른 노래에 대해 〈다른(ant) 그룹이 되받아 부르는 노래〉를 답송(antiphon)이라고 했고, 축약해서 송가(anthem)가 됐으므로, 〈한 나라를 찬양하는 노래〉는 애국가(national anthem)가 됐다. ▷〈아직 말을 잘 못하는(in) 사람〉을 아기(infant)라고 했고, 군대의 보병(infantry)은 〈아기처럼 아장아장 걷는 병사〉라는 뜻이었다. ▷중세 아일랜드인들이 만든 가공의 〈요정(fairy) 이야기(tale)〉는 모든 어린이들이 좋아하는 〈동화(fairy tale)가 됐다. ↓동화의 전통은 그리스 〈이솝(Aesop)의 개미와 베짱이〉와 이탈리아 〈콜로디(Colodi)의 피노키오(Pinocchio)〉와 독일 〈그림(Grimm)형제의 백설공주와 일곱 난쟁이〉로 이어졌다. ▷〈신이 인간에게 들려주는 숙명적인 귓속말〉은 운명(fate)이었고, 라틴어 〈악마(blas)가 말한다/blaspheme)〉가 축약되어 영어의 〈비난하다(blame)〉가 됐다. ▷많은 사람들이 〈말로 칭송하는 것〉이 명성(fame)이었으므로 〈칭찬받지 못하면(in)〉 수치스럽다(infamous)고 여겼다. ▷모든 신자는 사제에게 자신의 잘못을 모두(con) 고백해야

(**con**fe**s**s) 하고, 〈자신이 무슨 일을 하는지 공개적으로(**pro**) 밝힌 것〉을 직업(**pro**fe**s**sion)이라고 했고, 학생들에게 〈지식을 전문적으로(**pro**) 말하는 자〉를 교수(**pro**fe**s**sor)라고 했다.

빛(b)의 욕망은 우주공간
모든 곳(amb)으로 뻗어 나갔다

- 그리스 암포라(amphora)의 축소형 앰플(ample)
- 어디라도 가야 하는 구급차(ambulance) ● 한 표의 호소 야망(ambition)
- 외국 어디라도 가는 대사(ambassador) ● 완전히 손안에 넣기 위해 샀다(buy)

● 우주의 모든 곳으로 퍼져나간(b=break) 〈빛(b)의 움직임〉으로부터 〈모두(amph=omni=amb=be=all)의 개념〉이 나왔고, 그리스어 〈모든(amph) 것〉은 라틴어 〈모든(amb=omni=be) 것〉으로 변했고, 영어로는 〈모든(all) 것〉으로 단순화됐다. ▷〈물과 육지에서 동시에 사는 생물〉을 양서류(amphibian/bi=bio)라고 불렀고, 〈양쪽에 손잡이(phor=fer=bear)가 달린 고대 그리스 항아리(amphora)〉가 축약되어, 〈약을 넣는 작은 병〉 앰플(ample)이 됐다. ▷구급차(ambulance)는 위급한 〈환자가 있는 곳이면 어디라도 가야 하는(ul=ite=go) 이동형 병원(hospital ambulance)〉의 축약이었다. ▷로마의 공직 출마자들이 〈표를 얻기 위해 사방을 돌아 다니며(ite=walk) 표를 호소하던 것〉이 〈야망(ambition)〉이 됐다. ▷〈왕이 명하면 어디라도 가야 하는(sa=ci=go) 신하〉는 대사(ambassador)가 됐고, 대사가 사는 대사관(embassy)은 일찍부터 주재국의 법이 적용되지 않는 치외법권 구역으로 상호

존중됐다. ▷원하면 〈누구나 탈 수 있는 공용차(omnibus)〉는 〈모두(omni)를 위하여(bus=for)〉라는 뜻이었으므로, 버스(bus)는 그냥 〈위하여(bus)〉라는 뜻이었다. ▷〈완전히 앞(fore)에 있다〉는 말이 전치사 〈앞에(before/be=ambi=all)〉가 됐고, 〈완전히 내게로 온(come) 것〉은 나의 소유가 됐다(become). ▷영어의 〈둘 다(both)〉는 라틴어 〈양쪽(ambi)〉의 변형이었고, 둘로 〈쪼개진 반절(half)에게 완전히(be) 기울어진 것〉을 〈~을 위하여(behalf)〉라고 했다. ▷〈완전히(by=ambi=all) 내 손(cgan=som=hand)안에 넣었다〉가 북유럽어 〈샀다(bycgan/북유럽어)〉가 됐고, 영어로는 〈샀다(buy)〉로 굳었다. ↓라틴어로 〈상품을 완전히(pur=per) 손으로 잡았다(chas=cap=catch)〉는 구매(purchase)가 됐다.

빛(b)은 우주 곳곳에 강력한 에너지를 던졌다(bol)

- 포물선을 뒤집은 쌍곡선(hyper**bol**a)
- 서로 에너지 준위를 바꾸는 대사작용(meta**bol**ism)
- 던져진 까다로운 문제(**prob**lem) ● 부신을 던지는 심벌(sym**bol**)
- 격렬한 말을 던지는 영국 의회(par**l**iament)

● 빛(b)은 우주에 에너지를 던져(bol=break) 만물을 만들었고, 인간이 〈하늘을 향해 비스듬히(para=oblique) 던진 모든 물체〉는 중력에 의해 포물선(para**bol**a)을 그리며 땅으로 떨어졌다. ▷포물선을 뒤집어(para=against) 위로 던진 모양과 같은 접시 안테나(para**bol**a antenna)는 공중으로 떠다니는 전파를 잡을 수 있다. ↓〈앞(ant=before)을 더듬어 탐색하는 곤충의 더듬이〉가 안테나(antenna)가 됐다. ▷아래로 엎어진 〈포물선을 뒤집어 위로(hyper) 던진 도형〉을 그 〈포물선과 대칭을 이루는 쌍곡선(hyper**bol**a)〉이라고 했고, 쌍곡선은 위로 들떠있으므로 〈문장의 과장법(hyper**bol**e)〉으로 확장됐다. ▷식물이 〈햇빛으로 에너지 준위를 높이는(ana=up) 것〉을 동화작용(ana**bol**ism)〉이라고 부르고, 반대로 동물이 〈소화해서 에너지 준위를 아래로(cata=down) 낮추는 것〉을 이화작용(cata**bol**ism)〉라고 부르고, 동화작용(ana**bol**ism)과

이화작용(catabolism)을 합해서 〈서로(meta=with) 에너지 준위를 바꿔 주는 대사작용(metabolism)〉이라고 했다.

▷문장(紋章=emblem) 안에는(em=in) 표현하고 싶은 뜻이 던져져 있으므로, 미국 국기의 50개 별은 50개 주를 상징하고, 그리스에서 〈당사자들 앞에(pro) 던져진 까다로운 주제〉를 문제(problem)라고 했다. ▷옛날에는 둘로 쪼개서 〈하나씩 나눠 가진 부신(符信=표시/symbol)〉을 던져 일치시키는(sym) 신원 확인 방법을 썼으므로, 〈쪼개서 나눠가진 부신을 서로 맞춰 보는 것〉은 〈신원을 확인하는 상징(symbol)〉이 됐다. ▷영국 의회(parliament/parl=bol)는 〈여야가 서로에게 격렬한 말을 던지는 곳〉이었고, 〈수녀들이 합법적으로 외부인과 말을 주고받는 곳〉을 응접실(parlor)이라고 했다. ▷악마(devil)는 〈삐뚤어진(de) 운명을 던져 인간을 불행하게 만드는 존재〉라는 뜻이었다.

만물에 부딪혀 반사한(bal) 빛(b)이 만물의 색깔이 됐다

- 밝게 빛나는 대머리(bald) ●아무 색깔도 없이 비어 있는(blank)
- 아무 염색도 안 된 양털담요(blanket) ●붉게 빛나는 피(blood)
- 불길처럼 타올라 대담한(flamboyant) ●털이 붉은 플라밍고(flamingo)

● 벗겨진 대머리(bald)에 부딪힌 빛은 그대로 반사하므로, 대머리는 그냥 〈밝게 빛난다〉는 말이었고, 대머리(bald)는 대머리(Carl/사람 이름)라고도 했으므로, 히브리어 〈대머리 언덕 골고다(Golgotha)〉는 갈보리(Calvary)라고 음역됐다. ▷프랑크 왕국의 샤를마뉴 대왕(Charlemagne)은 〈위대한(magne=mag=great) 대머리(charle=carl) 왕〉이라는 뜻이었고, 실제로 대머리였다. ▷〈아무 색깔도 없다〉는 뜻이 〈비어 있다(blank)〉는 말이 됐고, 양털담요(blanket)는 아직 〈아무 색깔도 물들이지 않은 작은(et) 양털 천〉이었다. ▷맹인(blind)은 빛을 잘 보지 못하고, 〈한 종류의 엿기름(malt)으로 만든 위스키〉는 몰트 위스키(malt whisky)라고 했고, 〈여러 색깔의 위스키를 섞은(blend) 위스키〉를 혼합주(blend)라고 했다. ▷검은 머리와 검은 피부는 빛이 없다고 보고, 〈금발과 흰 피부(blond)는 화려하게 빛난다〉는 뜻이었으므로, 블론드(blond)는 백인 우월주의 표현이었다. ▷피(blood)도 〈붉게 빛나는 액

체〉였고, 검은색(black)과 푸른색(blue), 갈색(brown)은 서로 다른 색깔이지만, 모두 〈빛난다〉는 같은 어원에서 왔다.

● 큰 화톳불(flambeau)은 사람들의 마음을 흥분시키므로 축제나 폭동에 반드시 동원됐고, 플랭클린(Franklin) 같은 지식인들이 〈불같이 대담한(flamboyant) 격문〉을 올리자, 아메리카의 독립운동은 아주 큰 불로 타올랐다. ▷플라밍고(flamingo)의 털이 붉은 이유는, 철분을 함유한 물에서 고기를 잡아 먹었기 때문이다.

빛(f)의 에너지가 우주 속에 존재하는 모든 만물을 만들었다(fac)

- 분명하게 만들어진 사실(fact) ● 결과적 수치(figure)
- 거짓으로 만들어진 가짜(fake) ● 다양한 모양으로 만든 치즈(formage)
- 남을 만큼 만들어 충분한(enough) ● 원래대로 만들어 고치다(fix)

● 〈빛(f=b)의 에너지가 분명하게 만든 것〉을 사실(fact)이라고 했고, 〈사실을 만드는 기본 입자〉를 인자(factor)라고 불렀고, 일(affair)은 〈특정한 장소와 시간(a=at)에서 발생한(take place) 사건〉이라는 말이었다. ▷그리스인들은 〈답을 잘 만들 수 없는(di=away) 어려운(difficult) 난제〉를 놓고 끝없이 토론하기를 즐겼다. ▷조물주는 사람의 얼굴(face)을 모두 다르게 만들었고, 인간은 계절에 따라 다른 모양(fashion)의 옷을 만들어, 새로운 유행(fashion)을 퍼뜨렸다. ▷물건을 만드는 공장(factory)은 산업혁명의 산물이었고, 사무실(office)은 〈무엇인가 만드는 곳(o=at)〉이었고, 장교(officer)와 공무원(official)은 사무실에서 〈공무를 수행하는(officiate) 자〉들이었다. ▷〈똑같은(similar) 모양이나 글씨를 만들어 보내는 전송 장치〉가 팩시밀리(facsimile)였다.

● 〈만들어져 눈으로 인식할 수 있는 형태〉를 모양(figure)이라고 했고, 〈연속된 계산을 통해 마지막으로 만들어진 수의 형태〉를 〈결과적

수치(數值/figure)〉라고 불렀고, 〈눈에 띄도록 만든 신문기사〉는 특집(feature)이라고 했다. ▷빛은 만물의 모양(form)을 만들었고, 남의 〈마음속에(in) 생각의 모양(form)을 만들어 주는 것〉을 〈자세히 알려준다(inform)〉고 했고, 현대는 〈역사상 가장 발전된 정보(information) 사회〉가 됐다. ▷〈효모(ferment/ferm=form)의 가스〉는 빵을 부푼 모양(form)으로 만들었고, 유럽의 치즈는 다양한 모양으로 발효시켰으므로 그냥 〈치즈(formage/모양/프랑스어)〉라고 불렀다.

● 〈가짜로 만든 행동〉은 가장된(feint) 모습이었고, 〈진짜처럼 위조해서(forge) 만든 물건〉은 가짜(fake)였고, 〈진짜와 정반대(counter)로 만든 것〉이 모조품(counterfeit)이 됐다. ▷〈남에게(a) 좋은 감정을 만들어 주면〉 애착(affection)이었고, 〈체내에(in) 병균을 만들어 주면〉 감염(infection)이었다. ▷〈투자한 돈보다 더 많이(pro) 만들어진 돈〉을 이익(profit)이라고 했고, 〈끝까지(per) 만든 것〉을 〈완벽하다(perfect)〉고 봤다. ▷라틴어는 〈남을 만큼(suf=sur=over) 많이 만들어(fic)〉 충분하다(sufficient)고 했고, 영어는 〈남을 만큼(e=ex) 많이 만들어(nough/ficien의 음운도치)〉 〈충분하다(enough)〉고 했다. ▷〈목표와 똑같이 만드는(fit) 것을 맞춘다(fit)〉고 했으므로, 현대의 운동(fitness)은 〈목표를 정해 놓고, 몸을 맞추는 일〉이 됐고, 〈적이 어떤 일도 못하게(de) 만드는 것〉을 〈적을 패배시켰다(defeat)〉고 했다. ▷부서진 것을 〈원상태로 만드는 작업〉을 고친다(fix)고 했고, 〈처음부터 전체의 일부로 붙여서 만든 가구〉를 붙박이(fixture)장이라고 했다. ▷〈2개가 쌍을 이루도록 만든 것〉은 짝(pair)이므로, 〈없어진 한쪽을 다시(re) 만드는 것〉은 수선한다(repair)고 했다.

빛(b)이 스스로 살아가는 생명(bi)을 만들었고 생명은 움직이는 동물(zo)이 됐다

●같이 살아가는 공생(sym**bi**osis) ●생명에 필수적인 비타민(**vit**amin)

●죽음에서 소생시키다(re**vive**) ●삶을 이어가는 인생(**life**)

●정력제 비아그라(**via**gra) ●각종 동물 이름을 붙인 천궁(**Zo**diac)

● ⟨스스로 살아가는 생물(**bio**)⟩은 생물(**vio**)이라고도 했고, 생물에서 움직이는 동물(**zo**)이 나왔다. ▷생물학(**bio**logy)은 ⟨살아 있는 생물의 본질을 연구하는(log) 학문⟩이고, ⟨생명현상의 화학적(chemical) 작용을 연구하는 학문⟩은 생화학(**bio**chemical)이다. ▷⟨생애를 직접(auto) 자기 손으로 쓴(graph=scribe) 책⟩은 자서전(auto**bio**graphy)이었고, ⟨산소를 마셔 심혈관계를 활성화시키는 새로운 운동법(ic=technique)⟩은 에어로빅(aero**bic**)이었고, 두 생물체가 서로(sym=same) ⟨도움을 주면서 살아가는 현상(sis=system)⟩을 공생(sym**bio**sis) 관계라고 했다. ▷⟨매우 작은(micr) 생물⟩을 미생물(micro**be**)라고 불렀고, ⟨미생물(**bio**)에서 추출되어 병균을 죽이거나 억제하는(ant) 물질⟩은 항생제(ant**ibio**tics)라고 불렀다

● ⟨동물이 생명을 유지하는데 필수적인(**vit**al) 물질(amino)⟩은 비타민(**vit**amin)이 됐고, ⟨죽어가는 사람을 다시(re) 살려 소생시키는(re**vive**)⟩

의학은 응급 의학이고, 〈최악의 상황을 벗어나(sur) 살아남는(survive)〉 방법은 생존 기술이 됐다. ↓사막의 〈모래(m)에 낙타가 싼 오줌에서 나온 암모니아(ammonia)〉는 유기체에 필수적인 질소를 함유하고 있으므로, 아민(amin)은 〈필수적인 물질(amin)〉이라는 뜻이 됐다. ▷〈삶(vio)을 길게(l=long) 이어가는 것〉을 인생(life/fe=vio)이라고 했으므로, 인간은 누구나 장수(long life)를 꿈꿨고, 당초 〈혈압약으로 개발됐던 비아그라(viagra/gr/걷다)〉는 성 능력 촉진제로 전용됐다.

● 〈산 동물을 모아 놓는 정원(park)〉을 동물원(zoological park)이라고 부르고 축약해서 동물원(zoo)이라고 했고, 〈동물의 생태와 성격을 연구하는(log) 학문〉은 동물학(zoology)이 됐다. ▷12천궁(Zodiac)은 〈11종류의 동물(zo)〉과 〈천칭〉 모양으로 표현한 태양(di=day)의 천구 일주기간〉이었다.

여성은 빛(f)이 준 에너지
젖(fem)을 주는 고마운 존재였다

- 빛의 에너지 젖을 주는 여성(female) ● 젖을 주는 여자(woman)
- 태아에 영양을 주는 자궁(womb) ● 젖을 먹는 아기를 죽이는 임신중절(feticide)
- 젖을 먹은 자식의 고마움 효도(filial piety)

● 빛(f=d)에서 〈아기를 위한 에너지 젖(fem)〉이 나왔고, 여성(female)은 〈아기에게 젖(fem)을 주는 존재〉였으므로, 〈여성스럽다(feminine)는 말〉은 〈아기에게 젖을 줄 수 있는 따뜻한(effeminate) 인간〉이라는 말이었다. ▷여자(woman)는 〈아기에게 젖(wom=fom=fem)을 주는 사람(man)〉이었고, 자궁(womb)도 〈태아에게 영양분을 주는 기관〉이었고, 아내(wife/wif=fif=fem)도 〈젖을 주어 자식을 기르는 존재〉였다. ▷엄마의 영양을 공급받고 있는 〈태아의(fetal) 생명을 의도적으로 자르는(cid=cut) 수술〉은 임신중절(feticide)이고, 저항할 수 없는 〈어린이를 죽이는 행동〉도 영아살해(feticide)였다. ▷젖을 먹고 자란 〈자식의(filial) 엄마에 대한 고마움(piety/경건)〉을 동양에서는 효도(filial piety)라고 했다. ↓공자(Confucius)는 부모와 자식이 만드는 가족 관계를 사회 관계로 확대한 유교(Confucianism)를 만들고, 효를 중요한 가치로 내세웠다.

빛(v)처럼 원하는(leav) 대로 살아가게 해주겠다는 것이 사랑(lov)이었다

- 너를 즐겁게 해주겠다는 사랑(love) ●형제애의 도시 필라델피아(Philadelphia)
- 누구나 좋아했던 연애시 팸플릿(pamphlet)
- 돼지를 사랑하다 걸린 매독(syphilis) ●완전히 사랑하므로 믿었다(believe)

● 〈빛(ph=v=b)처럼 자유롭게 떠나는(l=leave) 것〉을 〈자유롭게 살아간다(live)〉고 했고, 〈너를 자유롭게 살도록(live) 특별히 배려 해주겠다는 것〉이 그리스어 사랑(phil)이 됐고, 그리스어 사랑(phil)의 음운이 정반대로 뒤집혀서 영어의 사랑(love=phil)이 됐으므로, 사랑(love)은 결국 〈너를 즐겁게 해주겠다〉는 말이었다. ▷〈지혜(sophy)를 사랑해서 즐거움을 얻는 것〉은 그리스의 철학(philosophy)이 됐고, 박사(ph. D)는 그리스어 〈철학(philosophiae)을 배운 자(doctor)〉의 축약이고, 독일 대학들이 학문을 완성한 자에게 최초로 주었던 학위 증서였고, 교향악단(philharmonic)은 〈음의 조화(harmon=join)를 사랑하는 사람들이 모인 집단〉이었다. ▷〈같은(a=same) 자궁(delph=girdle/아기집)에서 나온 형제(adelph)를 사랑한다〉는 뜻이 미국의 필라델피아(Philadelphia/형제애)가 됐고, 사람 이름 필립(Phillip)은 〈말(p=hippo=horse)을 사랑하는 사람〉이었다. ▷프랑스가 유럽의 강자였을 때, 유럽 전역에 〈프랑스 문

화를 애호하는 자(Franco-phile)〉들이 많이 생겼다. ▷중세의 대학생들이라면 〈모두(pam=pan=all) 좋아하는(phl=phil) 짧은(et=little) 연애시〉를 적은 팸플릿(pamphlet)을 하나씩 들고 다녔고, 〈돼지(sy=swine)를 사랑하다 걸린 병(is)〉이 매독(syphilis)이라고 오해됐다. ▷한 일본 제약사는 강력한 마취제(methamphetamine)를 개발한 다음, 〈효능이 뛰어나다〉는 뜻으로, 필로폰(philopon/op=operation/일하기 좋아한다)이라는 상표를 붙였다. ↓〈모르핀(morphine)보다 약효가 좋은 마취약〉은 여신(heroine/hero의 여성형)이라는 이름이 붙었다.

● 믿음(faith=phil)과 신뢰(fidelity)도 〈상대방의 생각을 사랑하는 것〉으로 봤고, 라틴어 〈믿는다(confident/con=all)〉를 영어는 〈믿는다(believe/be=amb=all/완전한 사랑)〉로 바꿨고, 라틴어 고사성어 〈좋은(bona) 믿음(fide)〉은 법률용어 〈신의 성실(bona fide)〉로 남게 됐다. ▷독일은 1800년대 후반에 와서야 〈믿음으로 모여 연합(federation) 왕국〉을 세웠고, 각각의 〈주(state)들이 믿음으로 만든 나라〉가 미국(united states)이므로, 미국은 연방국가(federal states)가 됐다. ▷프랑스어 약혼자(fiancé)는 〈믿음으로 결혼을 약속한 여자〉라는 뜻이었다.

신은 죄를 지은 인간을
불(b)로 태워서(br) 응징했다

- 완전히 부서져 죽었다(die) ●찌그러진 진주 바로크(baroque)
- 강의 흐름을 꺾는 제방(bank) ●포도주통 마개를 따던 브로커(broker)
- 머리통을 깨면 드러나는 뇌(brain) ●빵조각을 구걸하는 거지(beggar)

● 따뜻한 빛은 만물을 만들었지만 뜨거운 빛은 만물을 파괴했으므로(break), 신은 홍수를 일으켜 세상을 파괴했고(break), 인간도 전쟁을 일으켜 도시를 파괴했다(break). ▷라틴어는 〈점점 작아져서(mal=minus) 마침내 죽었다(mort)〉고 했고, 영어는 〈산산이 부서져(break) 아무것도 남지 않고 죽었다(die/b-d 음운호환)〉로 바꾸었고, 〈몸이 깨져 없어질 것 같은 것〉을 두렵다(dread)고 했다. ▷〈돌이 깨진 모래〉는 쉽게 마르고(dry=break), 〈모래만 있는 곳〉은 해변(beach=break)이 됐다. ▷〈발에 아무것도 신지 않으면(bare=break/깨져서 없는)〉 맨발(barefoot)이 됐고, 〈머리카락을 모두 잘라내면〉 대머리(bald=Carl=break/d-c 음운호환)가 됐다. ▷검객은 〈날카로운 칼날(blade=break)〉을 휘둘러 적의 목을 베어 버렸고, 마녀는 〈싸리나무(broom=break)를 잘라 만든 빗자루〉를 타고 날아다녔다. ▷〈찌그러진 진주〉라는 뜻을 가진 바로크(baroque=break/포르투갈어)시대의 예술

은 전통적인 균형미를 깨고 불안하고 동적인 아름다움을 추구했다.

● 긴 제방(bank=break/n 음운첨가)은 강물의 흐름을 꺾었고, 〈긴 제방(bank)〉에서 〈긴 의자 벤치(bench=bank=break)〉가 나왔고, 긴 벤치(bench)에서 〈돈을 모아 놓는 은행(bank)〉이 나왔다. ↓실제로 중세 이탈리아 베니스에서는 공원 벤치를 차지한 환전상들이 각종 동전을 환전해 주었다. ▷〈은행의 계좌가 찢어지는(rup) 것〉을 파산(bankrupt)이라고 했고, 〈돈통까지 깨서 마지막 돈을 쓰고 나면〉 무일푼(broke)이 됐다. ▷귀족의 큰 잔치에서 식사가 끝나면 긴 벤치가 있는 홀로 옮겨 여흥을 즐겼으므로, 잔치는 즐거운 연회(banquet=bench)가 됐다. ▷〈땅을 파내고 만든 벙커(bunker)〉에는 군사시설이 숨겨져 있고, 〈골프장의 모래 웅덩이〉도 벙커(bunker)라고 했다. ▷〈포도주통을 막은 마개(broker)〉를 따고, 포도주를 팔던 〈포도주 소매상(broker)〉이 〈일반적인 중개상(broker)〉으로 굳었고, 〈자동차의 속도를 꺾는 장치〉가 브레이크(brake)였다.

● 〈머리껍질을 벗기고(sk=cut) 남은 것〉이 해골(skull)이 됐고, 〈깨진(break) 해골 속에 들어있는 것〉이 뇌(brain=break)가 됐고, 〈잘 부러지는 것〉을 뼈(bone=break)라고 했다. ▷〈벼의 껍질을 벗긴다(ric=bric=break/산스크리트 어)〉는 말이 쌀(rice)이 됐고, 리소토(risotto)는 〈쌀로 만든 이탈리아 요리〉였다. ▷뇌물(bribe=break)은 자신이 가진 재산의 〈일부를 잘라서 몰래 주는 검은 돈〉이었고, 〈빵 한 조각을 구걸하던(beg=break) 중세의 탁발승(begaht)〉으로부터 거지(beggar)가 나왔다. ▷잘게 부서진 〈가루(dust)가 붙어 더러워지는 것〉을 때(dirt)라고 했고, 길에서 넘어지면 〈피부가 벗겨지는 타박상(bruise)〉을 입을 수 있었다. ▷〈깨져서(break) 흩어진 것들이 한꺼번에 몰려오는 것〉을 달려든다(dash=break/

d-b음운치환) 했고, 〈정보 조각들이 한꺼번에 모여드는(dash=break) 계기판〉을 〈대시보드(dash board)〉라고 했다.

● 깨진 유리병은 〈작은 유리 조각(fragment)〉을 남기고, 뼈가 부러지면 골절상(fracture)을 입는다. ▷큰 물체를 때리면 〈작은 조각(piece/piec=break=fragment)들〉이 떨어져 나오고, 〈작고 예쁜 것〉은 귀엽다(pretty/pret=break)고 했다. ▷〈숫자를 같은(vulgar=common) 크기로 나누는 분수(vulgar fraction)〉는 분자(numerator)를 분모(denominator)로 나누는 수학적 형식이다. ▷〈10(dec=decem)을 한 단위로 쪼개는 수학적 방법〉을 소수점(decimal fraction)이라고 불렀다.

빛(f)의 자유(fr)를 부러워했던 인간은 남의 자유는 빼앗고(fr) 일(wor)만 시켰다

- 빛으로부터 온 자유(freedom) ● 특정지역 자유영업 독점판매권(franchise)
- 과도한 자유가 만드는 두려움(fright) ● 자유를 빼앗긴 노동(work)
- 스스로 일하는 기관(organ) ● 함께 일하는 상승효과(synergy)

● 인간은 자신의 힘을 〈빛(f=b)처럼 자유롭게(free) 써야 할 권리〉를 가졌다고 믿었으므로, 빼앗긴 자유(freedom)를 찾기 위한 인간의 노력이 역사 그 자체였다. ▷ 친구(friend)도 자신의 〈힘을 맘대로 쓰도록 서로 허락한 특별한 인간 관계〉였으므로, 친구의 웬만한 잘못은 눈감아 줬다. ▷ 원래 프랑스에서 〈세금을 면제(franc=frank=free)해주던 제도〉가 〈자기 맘대로 하는 권리〉가 됐으므로, 〈서비스나 상품을 자신의 의지대로 팔도록 허락한 제도〉를 독점판매권(franchise)이라고 했다. ▷ 솔직하다(frank)는 말도 자신의 〈마음을 구속하지 않고 자유롭게 말하는 것〉이었다.

● 〈과도한 자유를 부리는 자〉는 소란(affray)을 피우고, 소란은 상대방에게는(a=at) 겁(fright)을 주고, 〈겁을 먹은 자〉는 소란을 피운 자를(a) 두려워(afraid) 했으므로, 나의 과도한 자유(freedom)는 모든 사람을 두렵게(afraid) 만들었다 ▷ 해적(pirate/pir=free)은 바다에서 멋대로 행동

하고, 필리버스터(filibuster/fil=free)는 의사당에서 제멋대로 떠들었다.
● 〈자유(free)를 빼앗기는(rub/fr의 음운도치) 것〉이 라틴어로 일(operation/per/rub의 음운도치)이 됐으므로, 오페라(opera)는 〈영웅들의 이야기(drama)를 무대 위에 음악적으로 재생했다(produce/일하다)〉는 뜻이었다. ▷영어의 일(work/wor/rub의 음운도치)도 〈자유(freedom/rub의 음운도치)를 빼앗기고 노동만 한다〉는 말이었고, 독일어로는 일(arbeit/rb=rub)이 됐고, 체코어로는 일(robot/rob=rub)이 됐다. ▷노동(labor/lab=rub)도 〈자유를 빼앗기고 일만 하는 상태〉였고, 〈완전하게(s=severe) 자유를 빼앗긴 자〉는 노예(slave/lav=rub)가 됐고, 〈부모를 빼앗기고 혼자인 사람〉은 고아(orphan/rph=rub)가 됐다
● 〈물리학에서 일한 양〉은 에르그(erg)가 됐고, 〈일을 해내는(en=enact) 근본적 에너지〉를 힘(energy)이라고 했다. ▷〈스스로의 조직과 원리와 힘에 의해서 자체적으로 일을 하는 것〉이 기관(organ)이었으므로, 〈건반만 눌러 주면, 스스로 소리를 내는 악기〉는 오르간(organ)이라고 불렀다 ▷파종한 뒤 〈스스로 성장한 농산물〉은 유기(organic) 농산물이고, 〈각각 다른 일을 수행하지만, 하나의 목표를 지향하는 집단〉을 조직(organization)이라고 했다. ▷원소 탄소(carbon)는 서로 잘 연결하는 성질이 있고, 〈탄소가 계속 결합해서 만든 유기물(organic matter)〉은 스스로 살아가는 능력이 있으므로, 유기물로 구성된 유기체(organism)는 〈스스로 생존하는 모든 생명체〉를 의미하게 됐다. ↓〈탄소로 이루어진 유기물에 질소를 첨가한 것〉이 아미노산(amino acid)이고, 아미노산은 유기물을 활성화시키는 필수물질이 됐다. ▷〈여러 사람이 같이(syn=same) 일하면〉 상승효과(synergy)가 나타나고, 호르몬이 하라는 일은 하지 않고 〈다른(al=other) 일을 해서 몸에 이상반응이 나

타내면〉 알레르기(**all**ergy)였다. ▷〈성적 유기 조직이 최고조의 일을 하면〉 성적 오르가슴(**org**asm)이 오고, 〈망(**net**)상으로 만든 것〉을 정보망(**net**work)이라고 했다.

빛(b)은 쏜살처럼 빠르고(bol) 칼처럼 강력하다(fen)고 생각했다

- 눈으로 보는 빛 번개(bolt) ●서로 때리는 갈등(conflict)
- 소를 채찍질으로 때리는 기능(function)
- 밀어서 공격하다(offend) ●전투에서 찌르는 무기(weapon)
- 땅을 둘러싼 싸움 봉건주의(feudalism)

● 인간은 〈빛의 에너지인 번개(bolt)〉가 번쩍하는 모양을 실제로 봤으므로, 〈빠른 화살(bolt)〉과 〈대문을 잠그는 빗장(bolt)〉, 〈조이는 나사(bolt)〉, 〈길다란 직물 한 필(bolt)〉을 번개 모양이라고 생각했고, 〈전선의 전압(volt)〉을 〈말이 갑자기 튀어 나가는(volt) 동작〉이라고 봤다. ▷〈서로(con) 채찍을 내리치는 것〉을 갈등(conflict)이라고 했고, 싱가포르는 아직도 고대의 형벌인 태형(flagellation)을 범죄의 처벌 수단으로 삼고 있고, 기능(function/n 음운첨가)은 원래 〈채찍으로 때린 소가 움직이기 시작했다〉는 말이었다.

● 심장 박동이 그대로 전해지는 횡경막(phren=fren=break/박동 치다)에 〈심장의 마음〉이 머물고 있다고 믿었으므로, 〈횡경막이 찢어지는(sciz=cut) 증상(ia)〉을 정신분열증(schizophrenia)이라고 했고, 횡경막이 극도로 떨리면 광란(frenzy)에 빠지고, 인사불성의(frenetic) 행동을

보인다고 생각했다. ▷〈이유 없이 남에게(a) 공격을 가하면(of**fen**d)〉 무례하다(of**fen**sive)고 했고, 〈이유 없는 공격을 막는(de) 것〉을 방어한다(de**fen**d)고 했다. ▷차의 앞부분을 보호하기 위해 차의 흙받기(**fen**der)가 붙어 있고, 〈전투(wea=wae=war)에서 찌르는(pon=pen=fen) 기구〉를 무기(wea**pon**)라고 불렀다. ▷〈울타리로 막은 거대한 토지〉를 영지(**fen**dum/라틴어)라고 했고, 〈영지를 둘러싼 영주 사이의 갈등(**feud**al)〉은 봉건주의(**feud**alism)를 낳았다.

신은 불(b)로 응징했고 인간은 화력(b)으로 때리는(bat) 전쟁을 벌였다

- 빛의 열기로 때리다(beat) ● 불로 때리는 전투(battle)
- 덤불 속에 숨는 잠복(ambush) ● 잘라낸 토막 단추(button)
- 변두리에 사는 박쥐(bat) ● 매달린 곳에서 떨어지는 실패(fail)

● 칼로 싸우던 인간은 〈화력으로 적을 때리는(beat=break) 포격전〉을 발전시켰으므로, 각국은 국경에 난공불락의 포대(battery/ry=place)를 설치했다. ▷〈망치로 때려 뽑은 철사줄〉로 만든 〈상자형 닭장(battery)〉과 꼭 닮은 최초의 축전상자를 배터리(battery)라고 부르기 시작했다. ▷〈서로(com) 치고받는 고대의 격투(combat)〉는 현대 병사들의 전투(combat)가 됐고, 〈작은(le=little) 전투(battle)들이 모여서〉 큰 전쟁(war)이 됐다. ▷잘라서 화목으로 쓰는 〈관목 덤불(bush) 속(am=in)에 숨는 것〉을 잠복(ambush)이라고 했고, 〈덤불(bush) 숲을 때리며(busk=beat) 토끼를 사냥하던 관습〉이 현대의 길거리공연(busking)으로 정착했다. ▷공중전력이 우세했던 미국은 월맹군에게 엄청난 폭탄(bomb=break/m 음운첨가)으로 맹폭했고(bombard), 상대에게 〈말의 주먹을 날리는(de) 싸움〉이 격렬한 토론(debate)이 됐다.

● 〈나무를 칼로 쳐내고(beat)〉 나온 나무 토막(butt)에서 엉덩이

(buttock)와 단추(button)가 나왔고, 〈스승으로부터(de) 떨어져 혼자 공연에 나서는 것〉을 데뷔(debut/프랑스어)라고 했다. ▷〈들어온 돈에서 떼어낸 일부 돈을 되(re)돌려 보내는 리베이트(rebate)〉는 〈미리 더 주고 돌려받는 뇌물〉로도 쓰였다. ▷풍뎅이(beetle)와 벌(bee)은 옆으로 달린 입으로 〈물어 뜯는(bite) 작은(le) 곤충〉이라는 뜻이었고, 실제로 〈컴퓨터 부속으로 들어간 나방벌레(bug=bite)〉가 컴퓨터 시스템을 망가트린 사실로부터 버그(bug)는 컴퓨터 바이러스로 굳었다. ▷〈막대기를 닮은 균〉을 박테리아(bacteria)라고 했고, 〈작은(et) 막대기 같은 프랑스 빵〉은 바게트(baguette)라고 불렀다. ▷배(boat)는 원래 〈통나무를 파낸(beat) 카누〉였고, 〈땅이 잘라진 변방(bat)〉에는 박쥐(bat)가 살았고, 〈인간 거주지의 가장자리(mark)〉에는 생쥐(mouse)가 살고 있었다.

● 나무에 매달린 감이 익어 아래로 떨어지면서(fall) 〈쿵〉 하고 땅에 충돌하는 계절이 가을(fall)이었고, 계속 매달려 있지 못하고 뚝 떨어지면 실패했다(fail)고 봤다. ▷국가가 〈채무약속으로부터(de=from) 미끄러져 빚을 못 갚겠다〉고 선언하면 채무불이행(default)이라고 했고, 〈더 이상 움직이지 않고 굳은(mor) 것〉을 연기했다(delay)고 봤으므로, 지불유예(moratorium)는 〈당분간 빚을 갚지 않고(mor) 연기한다(delay)〉는 말이었다.

빛(b)은 밀을 익히고(br) 인간은 밀로 만든 빵을 구워서(br) 먹었다

- 밀가루로 구운 빵(bread) ● 빵과 술을 익히던 신부(bride)
- 소의 낙인 상표(brand) ● 붉게 빛나는 과일(fruit)
- 사각 뿔케이크 피라미드(pyramid) ● 열을 내뿜는 불(fire)
- 불에 탈지 모른다는 두려움(fear)

● 〈빛의 에너지(b)가 퍼져서(r)〉 밀을 익혔고(br), 인간은 〈빛이 익힌 밀을 한 번 더 구워서 빵(bread)〉을 만들었다. ▷ 닭은 따뜻한 날개로 알을 품어(incubate) 부화시켰고(breed), 인간은 가축을 번식시켜(breed) 더 많은 우유와 고기를 얻었다. ▷ 〈산소로 영양분을 태우는 것〉은 호흡(breath)이라고 했고, 양조(brew)는 〈술을 익힌다〉는 말이었다. ▷ 〈술을 다시 익혀 농도를 높인 것〉이 프랑스의 브랜디(brandy)와 버번(Bourbon)이 됐고, 〈프랑스의 부르봉(Bourbon) 왕조〉는 〈불같이 강력한 왕조〉라는 말이었다. ↓ 〈숯 가루(alkuhl/al=the/아랍어)〉는 정제하는 기능이 있으므로, 유럽인들은 〈정제된 술〉을 알코올(alcohol)이라고 불렀다. ▷ 동네 개 이름의 스펠링을 차례로 맞추는 놀이에서, 〈스펠링을 잘못 말한 자〉에게 벌주(brandy)를 주면서 빙고(bingo)라고 골려주었고, 현대의 빙고(bingo)는 〈바라던 결과가 나왔다!〉는 뜻으로 굳었

다. ▷〈빵(bread)을 굽고 술을 빚는(brew) 여자〉를 신부(bride)라고 했고, 〈땅(gr=geo)에서 태어난 인간(groom)〉을 남자라고 했고, 〈신부(bride)를 맞이한 남자(groom)〉는 신랑(bridegroom)이라고 불렀다. ▷인간은 불을 피워(burn) 음식을 익혀 먹었고, 죄인의 얼굴이나 소의 엉덩이에 인두로 지지는 낙인(brand)이 〈상품에 찍히는 상표(brand)〉가 됐다.

● 〈북극에서 하얗게 빛나는 동물〉을 북극곰(bear=bright)이라고 했고, 베를린(Berlin)은 〈곰의 도시〉였다. ▷과일(berry)은 〈붉게 빛나는(bright) 열매〉를 뜻했으므로, 열매가 〈황새(crane)의 부리를 닮은 과일〉은 크랜베리(cranberry), 〈보릿대(straw) 같은 줄기를 뻗어 번식하는 과일〉은 딸기(strawberry)가 됐다. ▷고대에는 〈붉게 빛나는(bright) 열매〉를 모두 〈과일(fruit/fr=bright)〉이라고 했고, 〈사과(apple/pl=fruit)〉도 그냥 〈과일(fruit)〉이라는 뜻이었지만, 성서 삽화가들이 금단의 열매를 맘대로 사과로 그려 넣었으므로, 성서의 과일(apple)은 사과(apple)로 굳었다. ▷〈빛으로 익은 보리(barley)〉를 쌓아두는 곳이 헛간(barn)이고, 〈헛간에서 임신한 사생아(bastard)〉는 욕이 됐다. ▷그리스인들은 〈이집트의 피라미드(pyramid=pyramis/사각뿔)〉를 〈밀(pyr=barley)가루로 만든 끝이 뾰족한 사각 뿔케이크(cake)〉라고 불렀다.

● 빛 에너지는 〈무엇이라도 태우는 불(fire)〉이 됐고, 총을 쏘면(fire) 불이 나왔다. ▷쓸모가 없는 〈직원을 불로 태워 없애는 것〉을 해고(fire)라고 했고, 〈불(fire)을 만드는 원료〉는 연료(fuel)라고 했다. ▷신은 인간을 불로 응징했으므로, 인간은 〈언제나 불에 탈지 모른다〉는 두려움(fear)에 떨었고, 순식간에 나타나 〈분탕질하고 불을 지르는 산적〉은 일반적인 적(foe)으로 정착됐다. ▷라틴어 전쟁(dellum)으로부터, 〈두 사람 사이의 목숨 건 싸움인 결투(dual)〉가 나왔고, 〈기존 체제를 엎으려는(re)

반역자(rebel)〉들은 〈불을 질러 반란(rebellion)이나 봉기(revolt)를 일으키고〉 성공하면 권력을 장악했다.

빛(f)의 에너지는 모든 식물의
꽃을 활짝 피웠다(fl)

- 빛의 에너지가 피운 꽃(flower)
- 서류를 접어 넣었던 가방 포트폴리오(portfolio) ●바보처럼 좋아하다(fond)
- 펴서 봐야 하는 청구서(bill) ●큰 들통 양동이(bucket)
- 부푼 공간을 가진 박스(box)

● 〈빛(f=b)이 피운(fl) 아름다운 꽃(flower)〉은 식물의 가장 왕성한 번식의 표현이 됐고, 스페인 정복자들이 미국 동남부에 도착했을 때, 마침 〈꽃이 만발한 부활절(flowery Easter)〉이었으므로, 플로리다(Florida/스페인어)라는 이름을 붙였다. ▷로마는 기원후 100년경 최고 〈번영의 꽃을 피운(flourish) 뒤〉에도 1300년 넘게 존속했으므로, 〈로마는 하루 아침에 이루어지지 않았고, 로마는 멸망한 것이 아니라 자살했다〉고 말한 역사가도 있다. ▷꽃가루(pollen)는 가능한 넓게 퍼져 암술에 도달하고, 밀가루(flour)를 물로 반죽하면 다양한 모양의 음식을 만들 수 있었다. ▷옛날 관리들이 들고(por=carry) 다니면서, 〈폈던 서류를 접어 넣었던 가방〉 포트폴리오(portfolio)는 이제 증권투자나 미술작품의 목록(portfolio)으로 굳었고, 알루미늄은 얇게 펴서 호일(foil)을 만들었다. ▷바보(fool)는 〈크기만 컸지 아무것도 들어있지 않았다〉는 말이었

고, 〈아무것도 모르는 바보 같다〉는 말이 〈재미있다(fun=fool)〉가 됐고, 재미있다가 〈좋아한다(fond)〉로 확장됐으므로, 인간은 단순하고 재미있는 것을 좋아했다. ▷〈지방(fat/부풀다)이 많은 사람〉은 보통 뚱뚱한(fat) 사람이었다.

● 황소(bull)는 〈생식기가 부풀어 오른 거친 짐승〉이라는 뜻이었고, 교황의 칙서(bull)는 〈부푼 주머니(bag)〉에 넣어서 사제들에게 전달됐고, 요금 청구서(bill)도 〈넓게 펴서 보는 종이쪽지〉였다. ▷〈돼지 오줌통에 바람을 넣은 것〉이 볼(ball)의 시작이었고, 〈볼보다 더 크게 부풀어 오른 것〉이 풍선(balloon)이었고, 〈공보다 작은(et=little) 것〉은 총알(bullet)이 됐다. ▷고대 그리스에서는 〈작은(ps=little) 조약돌(phol=ball)〉을 함 속에 던져 투표를 했으므로, 현대의 선거학(psephology)과 투표(poll)는 〈그리스의 조약돌 투표〉에서 왔다. ▷그리스를 모방한 로마도 〈작은(ot=little) 공 같은 조약돌(ballotte)〉을 함 속에 던져 투표했으므로, 현대의 투표(ballot)는 〈로마의 조약돌 투표〉에서 왔다. ↓고대 그리스와 로마는 모두 조약돌을 함 속에 던져(vot=bol=cast) 투표했으므로, 현대의 〈유권자들이 던지는 투표(vote)나 반대표(vcto)〉는 모두 그리스와 로마의 투표전통을 따르고 있다. ▷해안에 나무 기둥(pillar/통통한)을 박은 뒤 그 위에 세운 넓은 공간을 부두(pier=pillar)라고 했다.

● 밥주발(bowl)은 둥글게 옆으로 펴졌고, 혁대(buckle)는 〈부풀어 오른 배를 죄는 작은(le) 허리띠〉였다. ▷양동이(bucket)는 〈용량이 큰 들통〉이었고, 천장에 목을 매는 자는 〈발을 디뎠던 양동이를 발로 차고(kick the bucket)〉 죽음에 이르렀으므로, 자살하려는 사람이 〈죽기 전에 꼭 해야 할 소원 목록(list)〉은 버킷 리스트(bucket list)라고 불렀다. ▷〈공기로 부풀어 오른 물의 막〉은 거품(bubble)이 됐고, 고대인은 신성한 양

의 피(blood/부풀어 흐르다)를 바치면서 신에게 축복(bless=blood)을 빌었다. ▷짐(baggage)은 〈정성껏 싼 수하물〉이었으므로, 비행기에서 내린 승객들은 즉시 맡겨 놓은 짐을 찾으러(baggage claim) 달려갔다. ▷〈몸의 뒤(back)쪽에 있는 등(back)〉은 쉽게 구부려서 부풀게 할 수 있는 신체부위고, 박스(box)는 〈안에 공간을 가진 부푼 상자〉였다. ▷예산(budget)은 원래 〈돈을 넣던 가죽 가방(bougette/북유럽어)〉이라는 뜻이었다.

불(b)로 따뜻하게 데운(bath) 물로 목욕했지만 열탕에는 화상(path)을 입었다

- 따뜻한 물에 들어가는 목욕(bath) ● 바닥도 없는 열탕 심연(abyss)
- 고통에서 온 비애(pathos) ● 같이 아파하는 연민(sympathy)
- 고통을 주는 질병 연구 병리학(pathology) ● 병을 낳는 병원체(pathogen)

● 빛의 온기로 살아 온 인간은 따뜻한 목욕(bath)을 즐기는 습관을 길러 왔으므로, 로마인들은 독일의 바덴(Baden)과 영국의 바스(Bath)에 거대한 온천장을 건설했다. ▷ 인간은 뜨거운 〈불에 구운(bake) 고기〉가 더 잘 소화되는 것도 알았으므로, 돼지고기를 숙성시킨 뒤 살짝 익힌 베이컨(bacon)을 빵과 함께 먹었다.

● 끓는 물은 인간을 죽일 수도 있으므로, 〈바닥도 없이(a=ant) 부글부글 끓는 심연(abyss)에 빠진 상태〉를 고통(path=bath)이라고 했다. ▷ 〈심연에 빠진 인간의 고통〉을 비애(pathos)라고 했고, 〈인간의 숙명적 비애(pathos)를 재현시키는 자〉를 작가라고 했고, 작품을 읽은 〈독자가 작가와 똑같은(sym) 비애를 느끼는 것〉을 연민(sympathy)이라고 했다. ▷ 〈다른 사람의 아픔 속으로(em=in) 들어가 같이 느끼는 고통〉은 공감(empathy)이었고, 〈남의 아픔과 정반대(ant)의 감정〉은 반감(antipathy)이었고, 〈남의 슬픔에 아랑곳하지 않는(a=apart) 감정〉은 냉

정(a**path**y)이 됐다. ▷〈고통의 원인인 질병의 병적 성격을 연구하는 과학〉은 병리학(**path**ology)이었고, 〈신체에 병을 낳는(gen) 주체〉는 병원체(**path**ogen)였다.

우주의 부스러기(br) 만물들은
자신의 크기(bl)만큼 공간을 차지했다

- 장방형 대들보(**beam**) ●나무토막으로 만든 발코니(**balc**ony)
- 통나무로 만든 병영(**bar**rack) ●막대기로 가로막은 봉쇄(em**bar**go)
- 체구를 가진 인간의 몸(**bod**y) ●긴 수염을 기른 롬바르드(**Lombar**d)

●우주의 부스러기(**break**)들은 각자의 부피(**bl**)를 가졌으므로, 〈장방형의 대들보(**beam**)〉와 〈위로 세운 기둥(**column/col**/솟다)〉으로 지은 그리스 건축 양식은 이후 모든 유럽 건물들의 모델이 됐고, 여러 줄기의 빛들을 묶으면 〈대들보 같은 두꺼운 빛 줄기(**beam**)〉가 생겼다. ▷집은 상방형 벽돌(**block**)로 쌓았으므로, 벽돌은 〈집을 짓는 기본 구성단위(**building block**)〉가 됐고, 〈도시의 기본단위〉도 벽돌처럼 장방형이므로 블럭(**block**)이라고 불렀다. ▷〈한 번의 폭격으로 도시의 한 구역(**block**)을 날려버리는(**bust**=**break**) 영국군의 대형 폭탄〉은 현대의 〈초대형 영화(**blockbust**er/블록버스터)〉로 정착했다. ▷〈나무 토막을 창문 밖에 덧대어 만든 노대(露臺)〉를 발코니(**balc**ony)라고 불렀고, 판자(**board**)도 〈두께와 넓이를 가진 나무 토막〉이었으므로, 〈컵(**cup**)을 올려 놓는 판자〉는 찬장(**cupboard**)이 됐고, ▷〈프랑스식 찬장(**buffet**=**board**/뷔페)〉은 〈모든 음식을 진열해 놓고 먹는 식당〉이 됐다. ▷〈마차의 바닥

(boar**d**)〉도 원래는 나무 판자로 만들었으므로, 〈차의 판자 바닥에 올라서는 것〉을 〈차에 탄다(on **board**)〉고 했고, 침대(**bed**)도 원래 〈넓은 나무 판자(**board**)〉로 만들었다. ▷〈넓은(**broad**) 판자의 가장자리 밖(**a**=off)〉은 〈국경 넘어 해외(**abroad**)〉로 의미가 확장됐고, 〈배의 갑판(**board**) 가장자리〉가 〈국가의 가장자리 국경(**bor**der)〉이 됐다. ▷고대 유럽에서 〈글씨를 새겨 넣었던 넓은 나무껍질(**bark**)〉로부터 책(**book**)이 나왔고, 〈화물을 실어 나르는 넓은 무동력선〉은 바지선(**bar**ge)이라고 불렸다.

● 〈통나무(**bar**)로 만든 불룩한 통(**bar**rel)〉은 〈액체의 양을 나타내는 단위 배럴(**bar**rel)〉이 됐고, 〈통나무를 단단히 엮어서(**rack**) 만든 집〉은 〈병사들의 병영(**bar**rack)〉이 됐다. ▷ 술집(**bar**) 앞에는 말을 매어 놓도록 긴 나무토막(**bar**)을 가로로 걸쳐 놓았었고, 〈판사의 법대 앞에 분리대(**bar**)를 세운 곳〉이 법정(**bar**)이 됐고, 커피점의 〈바(**bar**) 안에서 커피를 만드는 사람〉은 이탈리아어 바리스타(**bar**ista)가 됐다. ▷〈긴 막대기(**bar**)를 가로로 걸어서(**em**=im=ant) 통행을 금지시키는 것〉을 봉쇄(**embar**go)라고 불렀고, 당분간 〈보도를 금지해달라는 요청〉은 엠바고(**embar**go)라고 불렀다. ▷ 긴 〈막대기들을 이어서(**ade**=add) 막은 장애물〉은 바리케이드(**bar**ricade)가 됐고, 〈막대기를 마음에 넣고(**em**) 휘젓는 것〉을 당황시킨다(**embar**rass)고 했다.

▷고대 그리스 군대의 전투대형은 〈장방형의 밀집대형(**phal**anx)〉이었고, 인간은 〈손가락 마디뼈 지골(肢骨=**phal**ange)〉을 굽혀서 온갖 도구를 만들었다. ▷〈장방형 받침대(**ful**crum)〉가 없다면 지렛대(**lever**)는 아무 쓸모가 없어지므로, 그리스의 아르키메데스(**Archimedes**)는 〈충분히 긴 지렛대와 충분히 큰 받침대가 있다면 지구도 들 수 있다〉고 말했

다. ▷병(bot**tle**)은 액체를 넣도록 안이 비어있고, 몸(bod**y**)도 〈부피를 가진 동물의 체구〉를 의미했다. ▷이탈리아 북부에서 살았고, 〈긴(**long**) 수염(**bar**=**bear**d/부풀다)을 길렀던 사람들(**longobar**dus)〉이라는 뜻의 롬바르드(Lom**bar**d)인들은 이재(理財)에 밝아 〈교황의 상인〉이 된 뒤, 영국 런던으로 건너가 금융업을 시작했으므로, 런던의 금융가는 롬바르드가(Lom**bar**d Street)라는 이름을 얻었다. ↓네덜란드인들이 〈영국인들의 침입을 막기 위해 쌓았던 벽(**wall**)〉은 뉴욕의 금융가 월스트리트(**Wall** Street)를 낳았다. ↓뉴암스테르담(New Amsterdam)을 세우고 살았던 네덜란드 인들은 결국 영국인들에게 패해 쫓겨나고, 영국인들은 그곳에 뉴욕(New York)을 건설했다.

고체가 에너지(f)를 얻어
차례로 액체(fl)와 기체(fl)로 변했다

- 돈이 너무 많이 흐르는 인플레이션(inflation)
- 새의 깃털(feather)로 만든 펜(pen) ● 생각을 흘려 넣어 영향을 주다(influence)
- 생각이 부풀어 올라 대담한(bold) ● 돈 주머니 회계의(fiscal)

● 〈구름의 흐름(flux)〉을 보면 날씨를 알 수 있고, 〈돈이 시장에 너무 많이 흘러 들어오면(in)〉 통화팽창(inflation)이고, 시장에서 〈돈이 너무 많이 빠져나가면(de)〉 통화수축(deflation)이라고 한다. ▷〈새가 날아가는(fly) 것〉은 사실은 흐르는 기체 위에서 미끄러지는 것이었고, 흐르는 공기나 물은 자신보다 비중이 낮은 것은 〈위로 떠올리는(float) 성질〉이 있다. ▷〈가벼운 새의 깃털(feather)〉은 공기 위로 새를 띄워 올리고, 새의 〈깃털 끝을 뾰족하게 갈아 글씨를 쓰는 펜(pen)〉을 만들었으므로, 펜의 꼭대기에는 새의 깃털이 그대로 붙어 있었다. ▷〈깃털이 자란(fledge) 새끼 새〉는 공중으로 날아 오를 준비가 다 끝난 새이고, 벼룩(flee)은 강력한 뒷다리를 이용해 자신의 몸길이의 수십 배를 튀어 오를 수 있고, 벼룩시장(flea market)은 벼룩이 사는 벽장에 처박아 놓은 오래된 물건을 파는 작은 시장이다. ▷꽃의 향기(flavor)는 공기를 타고 코로 들어오고, 플루트(flute)는 〈바람을 불어서 연주한다〉는 단순한 이름을 가졌다.

▷다른 사람의 〈마음 안으로(in) 생각을 흘려 넣어주면〉 분명히 영향을 줄(influence) 수 있고, 〈악마가 콧구멍에(in) 나쁜 공기를 불어 넣어 생긴 병〉이 독감(influenza)이라고 오해했고, 줄여서 플루(flu)라고 했다.

● 〈꽃눈이 부풀어 꽃(bloom)〉이 됐고, 〈과일이 열리는 꽃〉을 특별히 과수꽃(blossom)이라고 했다. ▷풍선을 불면(blow) 부풀어서 커지고(big), 피(blood)도 〈흘러가는 액체〉라는 뜻이었다. ▷〈작은 것을 부풀려 과시하는 것〉을 자랑한다(boast)고 했고, 〈용기를 넣어(en) 과감해진(embolden) 나폴레옹〉은 모스크바를 치는 대담한(bold) 결정을 내렸지만, 결국 패배하고 한겨울에 후퇴했다. ▷물건을 넣는 〈자루(pouch)의 작은(et=little) 형태〉를 주머니(pocket)라고 했고, 동전을 넣었던 〈가죽 주머니에서 돈을 계산하는 회계의(fiscal/fisc=pouch) 개념〉이 나왔고, 〈돈 주머니까지(con) 빼앗아 가는 것〉은 물건을 〈강제로 압수한다(confiscate)〉는 행정용어가 됐다.

사자와 호랑이가 없던 유럽에서는
황소가 가장 힘센(bul) 동물이었다

- 유럽에서 가장 힘셌던 동물 황소(bull) ● 들소의 젖을 부풀린 버터(butter)
- 짐승을 죽이는 도축업자(butcher) ● 가족을 지켰던 용감한 남자 형제(brother)
- 거칠게 부풀어 오른 수염(beard)

● 사자를 보지 못한 고대 유럽인들은 황소(bull)를 〈가장 사나운 짐승〉의 표본으로 삼았으므로, 황소는 〈주식시장의 적극적 투자자(bull)〉가 됐고, 〈소극적 투자자〉는 느림보 곰(bear)이 됐다. ▷ 버터(butter)는 원래 〈들소의 젖을 효모로 부풀렸다(ter=tel/들어 올리다)〉는 뜻이었고, 〈버터처럼 미끌거리는 물고기〉는 미꾸라지(butterfish)였고, 〈버터 같은 색이 나는 곤충〉은 나비(butterfly)가 됐다. ▷ 당초 고대의 〈식물이 썩은 석유의 부산물〉 부탄(butane)은 〈우유가 썩은 버터(butter)의 산(acid)〉과 똑같은 냄새가 났으므로, 부탄은 〈썩은 우유〉라는 이름을 얻었고, 일반인들이 소고기(beef)를 매일 먹을 수 있게 된 것은 유럽에서도 그리 오래 되지 않았다. ▷ 〈소처럼 거친 짐승을 잡는 사람〉은 도축업자(butcher)가 됐고, 서부 개척시대 〈거친 숫사슴(buck)의 가죽〉은 현금처럼 쓰였으므로, 미국인들은 지금도 〈달러를 벅스(bucks)라고〉 부르고, 날카로운 부리와 발톱으로 〈고기를 뜯어 먹는 맹금류(vulture)〉는

힘세고 거친 소에서 확장된 단어였다.

● 아기(baby)는 〈세상 물정을 모르므로 용감한(brave=break) 꼬마〉라는 뜻이었고, 프랑스어 브라보(bravo)도 아기처럼 〈물불 가리지 말고 치고 나가라〉는 말이었고, 형제(brother)는 〈함께 힘을 합해 가족을 돌보는 남자들〉이라는 뜻이었다. ▷턱수염(beard)은 〈머리털보다 거칠게 부풀어 오른 털〉이라는 뜻이었고, 옛날 이발사(barber)는 남성다움을 상징하는 〈수염(beard)을 정성스럽게 손질하는 사람〉이었다. ↓〈입(mouth) 위 코밑에 나는 털〉은 콧수염(moustache)이었다. ▷프랑스인들은 스페인 북부에 사는 〈바스크인들의 수염(bizarre/바스크어)〉을 보고 기이하다고 생각했으므로, 바스크인의 수염은 영어로도 기이하다(bizarre)가 됐다.

빛(f)이 길러낸 질긴(fil) 식물 섬유와 동물의 털로 옷을 만들어 입었다

- 실로 묶은 서류다발(file) ● 얼굴 측면을 이은 선 프로필(profile)
- 짐승의 껍질 필름(film) ● 털이 많은 고양이 같은 애벌레 무한궤도차(caterpillar)
- 나뭇가지 다발처럼 강력한 파시즘(fascism)

● 빛의 에너지(f=b)로 자란 동식물의 질긴 〈털이나 섬유〉를 꼬면 실(fiber)이 나오고, 〈실로 묶은 서류 다발〉을 서류철(file)라고 했다. ▷〈가로줄(rank)과 세로줄(file)〉로 이루어진 네모난 군대의 정렬을 군대의 대형(rank and file)이라고 했고, 현대 병사의 철모(helmet)는 〈강화 합성 섬유(fiber)〉로 만들므로, 파이버(fiber)라고 불렀다. ▷〈사람의 옆얼굴(profile)의 윤곽〉을 실선으로 이으면(pro) 사람마다 완전히 다르므로, 개인 프로필(profile)이 됐고, 개인 프로필은 〈개인의 과거 활동〉으로도 확장되어 약력(profile)이 됐고, 범죄 용의자의 심리와 범행현장, 전과 등 〈모든 정보를 연결해 범인을 잡아내는 사람〉을 범죄심리분석가(profiler)라고 했다. ▷원래 〈넓게 펴지는(fil=pol) 동물의 가죽〉을 의미했던 필름(film)은, 〈감광 물질을 입힌 화학필름(film)〉이 됐고, 〈화학필름에 찍은 사진〉은 영화(film)가 됐다.

● 질긴 〈털이 뭉쳐(com) 엉킨 것〉을 범죄의 공모(complot)라고 봤

고, 공모(**comp**l**ot**)가 축약되어 음모(**pl**ot)가 됐고, 〈털을 뭉쳐 만든 작은 공〉은 알약(**pill**)이 됐다. ▷〈양털을 잡아 뜯어서(**pl**uck)〉 실을 만들었던 고대인들은 〈남의 물건도 빼앗는 약탈(**pill**age)〉을 일삼았고, 〈털이 많은 고양이(**cat**)처럼 생긴 애벌레(**cat**er**pill**ar)〉가 기어가는 모습에서 무한 궤도차(**cat**er**pill**ar)가 나왔다. ▷옛날 관료들이 〈책상 위에 양털(**bur**=fur) 천을 깔고〉 권위(**cracy**)를 나타내던 관습에서, 관료주의(**bur**eau**cracy**)가 나왔다.

▷〈긴 말뚝(**pil**e)〉을 박아 울타리를 만들고, 로마의 지방 대행정관(**magistrate**)은 〈가운데에 도끼를 세운 나뭇가지 다발(**fasc**es)〉을 앞세우며 힘과 권위를 과시했다. ▷이탈리아의 우익 독재자 무솔리니(**Mussolini**)도 로마 대행정관의 〈나뭇가지 다발(**fasc**es)〉을 파시스트당의 상징으로 사용했으므로, 무솔리니의 〈민족적 우익정치〉를 파시즘(**fasc**ism)이라고 부르고, 우익독재자를 파시스트(**fasc**ist)라고 불렀다. ▷나무 묶음처럼 딱딱하게 부풀어 오른 남근은 여성을 매료시켰고(**fasc**inate), 돌담으로 〈견고하게 쌓아 올린 프랑스 바스티유(**Bas**tille)성〉 지하에 있었던 감옥을 습격하면서 프랑스 혁명은 큰불로 타 올랐다.

유럽의 왕들은 모두 단단하고(b) 높은 성(bour)을 쌓아 올렸다

- 빛으로부터 얻은 힘(force) ● 성 안에서 살던 유산자(bourgeois)
- 성 안의 소규모 상거래 흥정(bargain) ● 도시의 밤 도둑(burglar)
- 해안 참호 항구(harbor) ● 도시를 통치하는 기술 정치(politics)

● 인간은 〈빛(f=b)이 준 에너지〉로부터 힘(force)을 얻었고, 결코 〈굴복하지 않는 불굴의 의지(fortitude)〉를 길러왔다. ▷문서에만 쓰인 〈규정에(en=in) 실질적인 힘을 불어넣는 것〉을 규정을 시행한다(enforce)〉고 했고, 〈계속(re) 에너지를 불어넣는 것〉을 힘을 강화한다(reinforce)고 했다. ▷숨겨진 〈힘을 밖으로(e=ex) 내놓는 것〉을 노력(effort)이라고 했고, 모든 힘을 다 갖추면 〈편안한(comfort) 상태〉가 됐다. ▷한 이탈리아 악기 제조가는 〈약한(piano=plain) 음〉과 〈강한(forte) 음〉을 동시에 내는 악기를 만들고 〈약하고 강하게(piano forte)〉라고 불렀고, 축약해서 피아노(piano)가 됐다. ▷〈얼음이 단단하게(berg=fort) 굳은 것〉을 빙산(iceberg)이라고 했다.

● 근대 사회주의자들은 〈성(bour=berg) 안에서 사는 사람들(bour-geois)〉을 유산자(bourgeois)라고 부르고, 로마시대에 〈의도적으로(pro) 양성한(ol=adult/키우다) 노역자〉를 무산자(proletariat)라고 부

르고, 무산자가 유산자를 뒤엎는 사회주의 혁명을 꿈꿨다. ▷베니스의 〈작은(et) 유대인 밀집지역(borghette)〉이 축약되어 빈민촌 게토(ghetto)가 됐고, 도둑(burglar)은 원래 〈도시에서 밤에 물건을 훔치는 좀도둑〉이었다. ▷성 안에 살던 시민들은 필요한 물건들을 서로 빌리거나(borrow) 직접 거래했으므로(bargain), 〈시민들의 소규모 거래〉는 현대의 흥정(bargain)으로 굳었다. ▷항구(harbor)는 원래 〈해안을 방어하는(har=war) 참호〉를 의미했으므로, 해안 진지를 구축하기 위해 〈미리 파견했던 선발대(harbinger)〉가 나타나면, 주민들은 전쟁이 터질 조짐(harbinger)이 보인다고 했다.

● 영국의 에든버러(Edinburgh)와 동남아의 싱가포르(Singapore/sing/사자), 이탈리아의 나폴리(Naples/na=new/신도시), 러시아의 레닌그라드(Leningrad)의 어미(burg=bur=por=pl=grad)는 모두 성곽도시라는 뜻이었고, 고대의 성(burg)들은 〈현대 도시의(urban/urb=burg의 음운도치) 기초〉가 됐다. ▷고대 〈그리스의 성곽도시 폴리스(polis)〉로부터, 〈정치(politics)〉와 〈경찰(police)〉, 〈정책(policy)〉같은 정치 언어들이 만들어졌다. ▷독일의 항구 도시 함부르크(Hamburg) 사람들이 먹던 〈빵 사이에 고기를 넣은 간편식〉은 현대의 대표적 패스트푸드(fast food) 햄버거(hamburger)가 됐다. ↓도박에 미친 영국의 샌드위치(Sandwich) 백작도 하녀가 날라다 준 〈빵 사이에 고기를 넣은 간편식〉을 먹으며 도박에 몰두했다.

만물은 빛(f)의 에너지로 점점 견고해졌다(far)

- 간단한 설명 브리핑(briefing) ● 강을 묶어주는 다리(bridge)
- 영생하는 자 브라만(Brahman)과 아브라함(Abraham)
- 곡식이 다 말라 죽는 기근(famine) ● 견고한 회사(firm)
- 피로 뭉친 혈연 가족(family)

● 힘을 가하면 부피가 줄고 간단해지므로(brief), 브리핑(briefing)은 〈출격 직전 파일럿이 듣는 간단한 기상 상황설명〉이었다. ▷〈간결성(brevity)〉은 시의 기본 형식이고, 다리(bridge)는 강의 양쪽 연안을 가로로 묶어주었다. ▷〈여성의 가슴을 죄어 주는 브래지어(brassiere)〉는 프랑스어에서 왔고, 〈팔을 몸 안쪽으로(em=in) 조여 안아주면(embrace)〉 그 사람을 사랑한다는 뜻이었다. ▷단단히 뭉친 형제(brother) 사이에는 태생적인 경쟁도 존재했으므로, 인류 최초의 살인(cid=cut) 사건은 형제살해(fratricide/fratr=brother)였다고 성서는 기록했다. ↓〈아버지(patr=father)살해(patricide)〉와 〈어머니(matr=mother)살해(matricide)〉와 영아살해(feticide/fet=baby)는 극단적인 인간의 잔인성을 보여 준다. ▷〈미국 대학의 남학생 동아리(fraternity)〉는 남자들의 결속력을 과시했고, 여학생 동아리(sorority)는 자매애를 만들었고, 수도사

(friar)들도 남자들끼리만 수도원에 갇혀 산다. ▷산스크리트어 브라만(Brahman)은 무한한 에너지를 가진 〈우주의 본질〉로, 인도 카스트제도의 최고 계급이 됐고, 유대 전통에서는 아브라함(Abraham)으로 이름을 바꿨다.

● 농민(farmer)은 울타리를 〈단단하게(firm) 둘러 친 농장(farm)〉을 생명처럼 보호했고, 회사(firm)도 〈어떤 역경에도 무너지지 않는 조직〉이라는 말이었고, 왕좌(throne/thr=fir)는 〈무너지지 않는 지위〉라는 뜻이었다. ▷사파이어(sapphire)는 〈단단한 홍옥〉이었고, 기근(famine)은 〈곡식이 다 말라 죽었다〉는 말이었다. ▷전체주의는 〈피로 뭉친 혈연 집단 가족(family)〉을 해체하려고 시도했지만 성공한 적은 없었고, 물을 매우(re) 낮은 온도로 단단하게 얼리는 냉장고(refrigerator)가 발명되기 전에는, 겨울철 석빙고에 저장한 얼음을 여름에 꺼내서 먹었다.

인간은 같은 것을 단단하게(b) 묶어(bin) 구별하려는 본능을 길렀다

- 묶여서 생긴 유대(bond)와 굴종(bond) ● 반듯한 줄로 만든 리본(ribbon)
- 포도주통 쓰레기통(bin) ● 경계를 그은 영역(boundary)
- 가장 무겁게 누르는 밑바닥(bottom) ● 물을 모아 놓은 풀(pool)

● 〈단단하게 묶은(bind) 악단(band)〉은 조화로운 음을 낼 수 있었고, 상처를 감싸는 〈붕대(bandage)에 접착제를 첨가한(aid=add)〉 반창고(Band-Aid)의 발명은 외과 수술에 큰 도움을 줬다. ▷얼마 전까지도 여행자들은 〈줄을 구부려(bend) 묶은 커다란 짐 꾸러미(bundle)〉를 들고 다녔지만, 현대의 여행자들은 바퀴 달린 가방을 밀고 다닌다. ▷친구와 묶이면 유대(bond) 관계가 깊어지지만, 주인에게 묶인 노예는 굴종(bond)을 강요당했다. ▷리본(ribbon)은 〈구부려서(bon) 묶을 수 있는 반듯한(ri=straight) 줄〉이라는 뜻이었으므로, 구부리면 머리띠(ribbon)가 됐고, 직선 그대로는 긴 줄자(ribbon)가 됐고, 쓰레기통(bin)은 원래 〈쇠줄로 묶어 만든 포도주 저장통〉이었다. ▷〈묶여 있는(bound/bind의 과거분사) 사람〉은 무엇인가 〈할 의무가 생긴(bound to~)〉 사람이었다. ▷〈경계가 그어진(bound) 곳〉을 영역(boundary)이라고 했고, 여행사는 〈자국 안으로 들어오는(inbound) 여행객〉과 〈자국 밖으로 나가는

(out**bound**) 여행객을 모두 고객으로 삼는다.

● 그릇의 가장 아래 부분(**bot**tom)은 〈가장 무겁게 눌리는 부분(**tom**)〉이라는 뜻이었으므로, 〈기초(**found**ation)는 단단해야 한다〉고 생각했고, 〈계속 밑으로 향하면(**pro**)〉 가장 깊은(**pro**found) 밑바닥에 이른다. ▷재원(**fund**)은 〈안 쓰고 밑 바닥에 남겨 놓은 돈〉이었고, 환불(**re**fund)은 〈쌓아 놓은 돈을 되돌려(**re**)주는 것〉이었다. ▷본질적인(**fund**amental) 것은 〈바닥을 이루는 성질〉이고, 〈이것 저것 모두(**con**) 부어 놓으면〉 혼란스럽기만(**con**fuse) 했다. ▷물은 깊은 〈웅덩이(**pond**=pool)〉로 모여 들게 마련이고, 〈땅 밑에서 물이 솟아 오르는 곳〉을 샘(**foun**tain)이라고 했다. ▷〈절구통을 빻으면(**pound**)〉 곡식의 가루가 생기고, 땅에 떨어진 공은 밑바닥을 치고 튀어 오르게(**bound**/**bounc**e) 되어 있다.

가로질러 간 거리

인류는 험난한 곳에 길을 뚫고(tr) 지구 곳곳(t)을 차지했다

- 정한 구간만 다니는 기차(train) ● 길을 만들고 가는 교통(tra**ffic**)
- 3개의 줄을 가진 기타(gui**tar**) ● 잘 다루거나(treat) 속이다(trick)
- 이끌어 낸 조약(treaty) ● 적진으로 가는 반역(treason)

● 〈길(t)을 따라서(r) 걸어간 거리(tr)〉를 〈구간(trans)〉이라고 했으므로, 짐을 〈일정한 구간(trans)을 따라 옮기는(por=bear) 것〉을 수송(transportation)이라고 했고, 〈일정한 레일 구간(trans)만 달리는 수송수단〉을 기차(train)〉라고 했다. ▷ 〈정해진 구간만 왕복하는 기차(train)〉는 〈정해진 과정을 반복하는 훈련(train)〉이 됐고, 〈양 끝을 관통하는 송곳(drill/dr=through)〉은 〈과정 전부를 반복하는 훈련(drill)〉이 됐다. ▷ 〈집의 안과 밖을 관통하는(through) 통로〉가 〈드나드는 문(door=duru=through/게르만어)이 됐고, 〈산을 관통하는(through) 터널(tunnel)〉을 뚫었으므로, 이웃 마을 사이의 거리는 획기적으로 줄었다.

● 〈동물이 지나갔다는 흔적〉을 자국(trace)이라고 했고, 〈자국이 남겨진 구간〉을 궤도(track)라고 불렀다. ▷ 합법적인 교통(tra**ffic**)은 〈길을 만들고(fic=make) 다닌다〉는 뜻이었지만, 비규정적인 교통은 알파벳 시(c)를 케이(k)로 바꿔 쓰는 영어의 경향이 있었으므로, 〈잘 알려지지

않은 길을 따라 가는 것〉은 트레킹(trekking)이라고 했고, 〈불법거래상(trafficker)〉은 〈불법적인 길을 만들고(fick=fac=make) 몰래 다니는 자〉였다.

● 〈일정한 구간〉을 만들려면 잘라내야(terminate) 하고, 〈잘라진 구간의 양 끝〉은 종점(terminal)이라고 했다. ▷ 용어(term)는 〈표현하고 싶은 내용에 맞게 잘라낸 말〉이고, 〈일정한 시간을 잘라낸 것〉은 기간(term)이라고 했다. ▷ 고대 페르시아의 〈3(gui=se=three)개의 줄(tar)을 가진 현악기〉는 현대의 기타(guitar/three-string)로 정착됐다. ▷ 〈사람과 사람 사이를 이어주는(net) 현대의 전자통신체계〉는 인터넷(internet)이라고 불렸고, 인터넷(internet)의 약자는 〈이〉라고 발음되는 알파벳 〈e〉라고 했으므로, 〈인터넷으로 주고받는 편지〉는 이메일(e-mail)이 됐다.

● 〈올바른 길로 잘 이끄는 것〉을 다룬다(treat)고 했고, 〈잘못된 길로 이끄는 것〉을 속임수(trick)라고 했고, 〈3개의 모자(hat)로 부리는 마술〉은 〈감쪽 같은 기술(trick)〉이었으므로, 한 경기에서 3번 득점하면 해트트릭(hat trick)이라고 불렀다. ▷ 만성절(Halloween)은 〈모든 성인(hal=holy=saint)들을 기억하는 밤(een=eve)〉이었으므로, 죽은 성인들의 모습으로 분장한 어린이들이 이웃집을 불쑥 찾아가서 〈사탕을 줄래 아니면 귀신에게 홀려볼래(treat or trick)〉 하고 장난스럽게 협박하는 놀이를 했다. ▷ 〈국가가 이끌어낸 합의〉는 조약(treaty)이었고, 〈개인들이 함께(con) 이끌어 낸 합의〉는 계약(contract)이 됐다. ▷ 적진으로 완전히(be=ambi=all) 넘어가 〈자기 편을 배반한(betray) 반역(treason)〉은 후손 대대로 두고두고 비난을 샀다. ▷ 〈자신이 원하는 길로(a=at) 끌고 가는 것〉이 유인하는(attract) 것이므로, 〈남을 잘 유인하는 사람〉은 매

력적(at**tract**ive)이라고 했다.

● 소는 마차를 끌고(drag) 가고, 교육(e**duc**ation)은 〈학생의 재능을 밖으로(e=ex) 끌어낸다〉는 말이었다. ▷각자는 자신의 몸을 잘(con) 이끌어 처신해야(con**duct**) 하고, 기차의 차장(con**duct**or)은 차가 안정되게 운행하도록 이끌어야 한다. ▷작위의 하나인 공작(**duk**e)은 〈백성을 이끌고 가는 지도자〉라는 뜻으로 보통 왕이 되지 못한 왕자였다. ▷부두(dock)는 〈배를 끌어다(tug) 매어 놓는 곳〉이고, 주차를 위반한 차는 견인(tow)됐다. ▷〈발에서 튀어나온 가지〉를 발가락(toe)이라고 했고, 식당에서 밥 먹고 낸 〈돈의 자투리〉는 팁(tip)으로 놓고 나왔다. ▷〈큰 나무에 기생하는 겨우살이(mistle**toe**/mistle=mini/작은 가지)〉 아래에서는 젊은 남녀가 키스를 해도 좋다는 유럽의 풍습이 있었다.

인간의 손과 물건의 거리(t)를 좁히는 접촉(tax)이 결국 기술이 됐다

- 남자의 최고 기술 건축(architecture) ● 보자기 천 조각 화장실(toilet)
- 국가가 손을 대는 세금(tax) ● 왕이 부과한 과업(task)
- 부딪쳐 생기는 우발적 사태(contingency) ● 무기를 다루는 전술(tactics)

● 인간은 원하는 물건에(con) 팔을 뻗어 손을 댔으므로(contact), 〈손을 대서(touch) 잡고(take) 만지는 방법(niqu=nic)〉이 마침내 기술(technique)로 발전했고, 건축(architecture)은 〈남자가 익혀야 할 최고의(arch) 기술〉이 됐다. ▷여자는 섬세한 손을 대서 천(textile)을 짰고, 〈날줄 밑으로(sub) 왕복하는 씨줄이 잘 보이지 않는 것〉을 미묘하다(subtle/tl=tec)고 했다. ▷〈잘 짜인 천(text)〉은 누구나 표본으로 삼는 교과서(text)가 됐고, 〈완전히(con) 다 짠 천의 모습〉은 문장의 문맥(context)이 됐고, 〈전화 문자 메시지(text message)〉는 미리 약속한 축약 문자를 쓰므로, 〈너(you)는 너(u)〉라고 짧게 대체했다. ▷변소(lavatory)는 직접적 표현이므로, 〈그리스의 연극 대기실에 있었던 보자기 조각(et=little)〉을 뜻하는 화장실(toilet)로 대체했고, 종이나 세포조직(tissue)도 모두 〈나무의 섬유질로 짠 것〉이었다. ▷〈피부(hist=tissue)에 염증을 발생시키는 체내 물질(histamine)을 없애는(ant) 약〉은 〈항히

스타민(antihistamine)제〉라고 했다. ▷〈프랑스 님(Nime)지방에서 생산된 질긴 능직천〉 님천(toile de Nime=textile of Nime)의 뒷부분(de nime)이 〈질긴 데님천(denim)〉으로 굳었고, 데님천은 온갖 종류의 질긴 청바지를 만들었다. ▷택시(taxi)는 승객과 운전자가 〈가는 곳을 서로 짜고 운행하는 교통수단〉이었고, 세금(tax)은 〈국가가 모든 국민에게 손을 대서 거두어들이는 돈〉이었으므로, 〈누구도 세금과 죽음은 피할 수 없다〉는 격언이 생겼고, 왕이 영주에게 내리는 〈피할 수 없는 부과 의무〉는 과업(task)이 됐다.

● 〈병균이 인체와(con=syn=same) 접촉해서 생기는 병〉은 전염(contagious)병이고, 수학에서 〈접촉하는 각도 값〉은 탄젠트(tangent)라고 했고, 〈혀에 닿아서 느끼는 감각〉을 맛(taste)이라고 했다. ▷긴 의자(couch/co+touch/카우치)는 〈온몸을 딱 붙여(co=함께) 기댈(touch) 수 있는 편한 의자〉를 뜻했으므로, 〈카우치에 기대어 감자칩만 먹으며 종일 텔레비전을 보는 사람〉은 〈게으름뱅이(couch potato)〉의 대표가 됐다. ▷〈남녀가 얽혀서(tangle) 추는 남미의 춤〉은 탱고(tango)였고, 〈두 힘이 접촉해(con) 갑자기 부딪치면〉 우발적 사태(contingency)가 터질 수 있다.

● 〈병사가 무기를 잡고 다루는 방법(tics=tecniques)〉이 현대군의 전술(tactics)이 됐고, 〈앞으로(pro) 손을 내밀어 적을 막는 것〉이 방어(protection)가 됐고, 〈숨어 있는 범인을 잡아(detect) 내는(de) 자〉는 탐정(detective)이 됐다. ▷〈마음이 단단히(in) 붙어 흩어짐이 없는 상태〉를 성실성(integrity)으로 봤고, 선생님(teacher)은 〈학생의 손을 잡고(take) 이끄는 지도자〉였고, 날아가던 〈화살이 마지막에 닿는(targ=teg) 지점(et=at)〉이 과녁(target)이 됐다.

인간은 모든 것을 손으로 잡아서(ten) 처리하려고 했다

- 손으로 잡고 계속하다(con**tinue**) ● 천을 잡아 늘인 텐트(**tent**)
- 공 잡아라! 테니스(**ten**nis) ● 시간을 늘이거나 줄인 시제(**ten**se)
- 잡아 늘여서 얇아진(**thin**) ● 꼬리를 자르는 재단사(**tail**or)

● 손으로 〈계속(re=repeat) 잡고 있으면〉 오랫동안 보유할(re**tain**) 수 있고, 〈손으로 꽉(con) 잡는 것〉을 계속한다(con**tinue**)고 했고, 〈손으로(main=hand) 잡고 고정시키는 것〉을 본래의 상태를 유지한다(main**tain**)고 봤다. ▷ 〈가죽을 아래로(sus=sub) 계속 당겨 긴장(**ten**sion)을 유지시키는(sus**tain**) 노천 가옥〉을 텐트(**tent**)라고 했다. ▷ 〈회의장 의자를(a=at) 잡고 있는 사람〉은 그 회의에 참석하고(at**tend**) 있는 사람이었고, 주목(at**ten**tion)을 받는 사람은 〈남의 시선에(a) 잡혀 있는 사람〉이었다.

● 〈자기 쪽으로(in) 잡아 당기는 것〉이 의도하는(in**tend**) 것이고, 서로 〈자기 쪽으로(con)만 잡아 당기면〉 결국 다투게(con**tend**) 되고, 상대방에게 서로 부드러운(**ten**der) 손길을 주는 사람들은 연인들이다. ▷ 〈술집(bar)에서 술을 친절하게 따라주는 종업원〉을 바텐더(bar**tend**er)라고 불렀고, 〈무엇이든 다(con) 잡아 넣을 수 있는 그릇〉은 용기(con**tain**er)라고 했다. ▷ 오염(con**tam**ination)은 〈위험한 물질에(con) 접촉되어 더러워

졌다〉는 뜻이었고, 프랑스어 데탕트(dé**ten**te)는 〈줄을 풀어(de=down) 긴장을 완화한다〉는 뜻이었다. ▷서브를 넣는 자가 프랑스어로 〈공을 잡아라(**ten**nez)〉라고 소리지른 데서 영어의 테니스(**ten**nis)가 나왔고, 곤충의 촉수(**ten**tacle)는 사방으로 돌려 접촉하면서 주변상황을 살핀다.

● 음악의 음조(**ton**e)는 〈음을 잡아 늘인 정도〉였고, 문장의 시제(**ten**se)는 〈시간을 늘인 정도〉를 의미했다. ▷말의 억양(in**ton**ation)은 그 사람의 출신 지역에 따른 사투리를 만들고, 성악의 테너(**ten**or)는 〈전체의 음조를 잡고 이끄는 대표음역〉이라는 말이었다. ▷〈물을 잡아서 모으는 탱크(**tank**)〉에서 〈무게 단위 톤(**ton**)〉이 나왔고, 〈잡아서 늘인 것〉을 얇다(**thin**)고 했고, 반대로 눌러서 줄이면 두껍다(**thick**)고 했다. ▷〈손으로 확실히 잡은 것〉을 물건(**thing**)이라고 했으므로, 〈사람들(**folken**)을 다 잡아 모은 것〉은 덴마크의 의회(**Folkenthing**)가 됐고, 시나(**thin**ner)는 점성이 높은 물감을 얇게 잡아 늘이는 화학첨가제였다. ▷〈마음에 잡아 두는 것〉을 〈생각하는(**think**) 것〉이라고 했고, 〈남을 오래 생각해 주는 것〉이 〈감사하는(**thank**) 것〉이었다. ▷원래 〈땅의 경작권만 갖는 소작인(**ten**ant)〉이 일반적 임차인(**ten**ant)이 됐고, 〈땅을 보유할 수 있는 기간(**ten**ure)〉은 일반적으로 〈직책의 재직기간(**ten**ure)〉으로 확장됐다. ▷손님을 잡고 안으로(enter) 들어가서 극진히 대접하는(en**ter**tain) 고대인의 풍습이 현대의 연예인(en**ter**tainer)을 낳았다. ▷길게 늘어진 짐승의 꼬리(**tail**)는 결국 〈잘라서(**tail**=cut) 버리는 부분〉이라는 뜻이 됐으므로, 〈옷감을 자르는 사람〉은 재단사(**tail**or)고, 소매(re**tail**)는 도매로 사온 물건을 한 번 〈더 잘게 잘라 소비자에게 파는 것〉이고, 〈꼬리 끝까지(de) 이르면 세밀하다(de**tail**)〉고 했다.

너와 나, 두 당사자로부터 떨어진(tr) 것을 공정한(tes) 제3자라고 했다

- 두 당사자와 떨어져 있는 3(thr**ee**) ● 평민들의 나라 독일(Ger**many**)
- 제3의 증거 성서(tes**tament**) ● 제3자가 감시하는 시험(**test**)
- 공정을 주장하는 항의(pro**test**) ● 남자를 증명하는 고환(**test**icle)

● 〈나〉와 〈당신〉만 당사자로 보면, 3(thr**ee**)은 2명의 〈당사자와 떨어져(tr) 독립된 제3자〉라는 말이었고, 제3자는 〈공정한 감시자〉로 남았으므로, 로마 공화정(republic)을 구성하는 3부족(**tr**ibe)은 〈왕도 귀족도 아닌 평등하고 공정한 제3의 평민들(**tr**ibe)〉이라는 뚜렷한 공공적 합의가 로마 초기에 생겼다. ▷로마의 호민관(**tr**ibune)은 〈평민을 대표하는 제1 행정관(현재의 수상)〉이었고, 로마의 재판정(**tr**ibunal)은 〈평민의 권리를 보호하는 공정한 법정기관〉이라는 뜻이었다. ▷공물(**tr**ibute)은 〈로마의 평민들이 자발적으로 국가에 헌납하는 현물세〉였고, 〈모든(con) 로마 평민들이 국가를 위해 헌신하는 것〉을 〈기여한다(con**tr**ibute)〉고 했다. ▷게르만족도 〈로마의 평민(**tr**ibe) 개념〉을 받아들여 자신들을 그냥 〈사람들(Teu**t**on=**tr**ibe)〉이라고 불렀고, 튜튼(Teu**t**on)은 도이치(Dutch)로 변했으므로, 독일의 정식 국가 이름은 도이칠란드(Deutsch**land**)가 됐다. ▷로마인들은 게르만의 〈사람들(Dutch)〉을 〈사람들(go**t**ar)〉이라

고 불렀으므로, 〈사람들(gotar)이 만든 나라〉는 독일(Germany)이 됐고, 〈게르만(german) 양식〉을 〈고딕(gothic)〉이라고 했고, 영국인도 로마 방식을 따라 독일(Dutch)를 독일(Germany)이라고 불렀다.

● 〈하느님과 그의 아들 예수〉는 〈혈육으로 이어진 당사자〉이므로, 제3자인 성령(holy spirit=ghost)이 등장함으로써, 기독교의 〈3위1체(trinity)〉가 완성됐다. ▷신이 인간에게 약속한 〈제3의 증거(testament)〉를 성서(Testament)라고 부르는 이유도 신의 약속을 직접 들은 사람은 아브라함이나 모세, 예수뿐이고, 그들도 오래 전에 죽었으므로, 기독교 신자들은 제3의 증거인 성서를 믿을 수밖에 없었기 때문이다. ▷세 번째(third)는 〈2개의 짝(even)을 채우고 하나가 남는 우수리 홀수(odd/third의 축약)〉가 됐다.

● 〈공정한 제3자가 감시하는 것〉을 시험(test)이라고 했으므로, 시험은 오직 본인의 실력만을 보여줄 수밖에 없고, 시합(contest)은 〈제3자가 완전한(con) 공정성을 보장한다〉는 뜻이었고, 〈공정한 제3자로서 말(mon)하는 것〉을 증언(testimony)이라고 했으므로, 법정에서는 증언을 매우 중시했다. ▷〈불리하게(de=denounce) 증언하는(test) 것〉은 〈저주한다(detest)〉가 됐고, 〈제3자에게(at) 물어본 말〉을 〈증명된(attest) 말〉이라고 했고, 〈공정하게(pro) 증명해달라는 주장〉은 항의(protest)라고 했다. ▷남자의 고환(testicle)도 〈남성을 보증하는 제3의 증거〉였고, 남성호르몬(testosterone)은 남자의 〈고환(testicle)에서 나온 거친(ster=stand) 물질〉이었고, 〈여성의 성적욕구를 밖으로(e=ex) 일으키는(str=stand) 호르몬〉은 에스트로겐(estrogen)이었다. ▷누구나 다니는 〈삼거리(via=way)에 떠도는 이야기〉는 하찮다(trivial)고 여겨졌다.

중력을 거슬러 위로 들어(tl) 올리는 일이 가장 힘든 일이었다

● 대서양을 들고 있던 아틀라스(**At**l**as**) ● 물속에서 들고 일어난 땅(**ter**ri**tory**)

● 들고 일어난 나무 판에 쓴 타이틀(**tit**l**e**) ● 저울로 들어서 잰 가치 재능(**tal**ent)

● 즐거움을 들어 올리는 바이올린(**vio**l**in**)

● 중력은 인간의 숙명이었으므로, 〈그리스의 2세대 신〉들에게 패한 〈1세대 신〉들 가운데 아틀라스(**At**l**as**)는 〈대서양(**At**lantic Ocean)을 영원히 들고 있으라〉는 벌을 받았다. ▷대서양에 있다가 갑자기 가라앉았다는 〈이상의 섬〉은 아틀란티스(**At**lantis)가 됐고, 네덜란드의 지리학자 메르카도르(Mercator)는 자신이 펴낸 세계지도의 표지에 지구를 들고 있는 아틀라스 신을 그려 넣었으므로 아틀라스(**At**l**as**)는 현재 지도(atlas)라는 보통명사가 됐다. ▷땅(**ter**ri**tory**/ter=tl)도 〈물위로 들어 올린 지형〉이었고, 〈지구에 가로(lat)로 그은 선이 만드는 각도〉를 위도(latitude)라고 하고, 〈지구에 세로(long) 그은 선이 만드는 각도〉를 경도(longitude)라고 불렀다. ▷〈계단식 밭이었던 테라스(**terr**ace)〉는 〈가옥의 계단식 공간〉으로 확장됐고, 메마른 땅(ter)으로부터, 〈바싹 구운 빵(toast)〉이 나왔고, 프랑스인들은 〈마른 빵가루(toast)를 탄 와인〉을 마시면서 건배(toast)라고 불렀다.

T 가로질러 간 거리

● 모든 물체는 땅으로부터 들고 일어난 기울기(tilt)를 가지므로, 제목(title)은 〈기울어진 나무 판에 쓴 글씨〉였고, 이름을 부여해 주면(in) 그에 맞는 자격이 주어졌다(entitle). ▷산스크리트어 〈위로 높이(s=super) 솟은 사리탑(stupa)〉의 전통은 아랍에서 〈신을 만나기 위해 높이 쌓은 바벨탑(tower of Babel)〉이 됐다. ▷고대 중동의 화폐 탈란트(Talentum)는 〈저울로 들어서 무게를 잰다〉는 뜻이었으므로, 재능(talent)은 〈저울로 측정된 가치〉를 의미했고, 현대의 탤런트(talent)는 〈부모에게 받은 특별한 재능을 가진 자〉라는 뜻이 됐다. ▷〈당한 피해를 정확하게 측정하여 그 양 만큼 벌을 주는 법(rex)〉은 동해보복법(rex talionis)이었으므로, 고대의 처벌은 〈당한 만큼 되(re)돌려 주는 보복(retaliation)〉의 개념이었다. ▷중력이 작용하는 땅에서 물건을 들고 있으려면 참을성(tolerance)이 있어야 하므로, 프랑스어 똘레랑스(tolerance)는 〈이념이 다르더라도 관용을 베풀어야 한다는 뜻〉이 됐고, 두 사람이 계속(re) 들고 있다면 둘은 일정한 관계(relation/lat=tal/음운도치)를 유지한다고 봤다.

● 톨게이트(tollgate)는 〈도로의 사용료를 거두어 올리는 문(gate)〉이라는 말이었고, 〈즐거움(vi=vital)을 들어 올린다〉는 뜻의 라틴어 〈vitulare〉가 영어의 바이올린(violin/l=tal/음운생략)이 됐으므로, 유럽의 축제에는 반드시 바이올린이 등장했다. ▷고대 〈올림픽에 출전시키기 위해 선발된(thl=prize) 자〉를 선수(athlete)라고 했고, 〈올림픽에 출전하기 위해 몸을 단련하는 것〉을 운동(athletics)이라고 했으므로, 고대 그리스 올림픽 경기는 격렬한 신체 능력의 경연장이었다.

빛은 공간(t)을 가로질러(thr) 최단거리를 선택했다

- 줄기가 계속 두꺼워지는 나무(tree) ● 나무를 가로질러 자른 토막(trunk)
- 나무통으로 만든 북(drum) ● 긴 관악기 트럼펫(trumpet)
- 전 과정을 심리하는 재판(trial) ● 마음에 난 구멍 트라우마(trauma)

● 최단거리를 확보하는 방법은 〈가로질러(thr) 관통하는(through) 것〉이었고, 나무(tree)는 〈줄기의 직경이 점점 자라나는 식물〉이라는 말이었다. ▷나무를 톱으로 가로질러 자르면(truncate) 나무토막(trunk)이 나오고, 〈코끼리의 코(trunk)〉와 〈큰 가방(trunk)〉, 〈자동차의 트렁크(trunk)〉는 모두 잘라 낸 나무토막에서 나왔고, 〈조각의 몸통(torso)〉도 〈팔과 다리를 제외한 몸통(trunk)〉이라는 말이었다. ▷칼로 위협하고(threat), 창으로 찌르고(thrust), 석궁으로 돌을 던지는(throw=toss) 고대의 싸움은 매우 〈가까운 거리(thr=through)에서 벌이는 접근전〉이었다.

● 송곳(drill)은 물체를 〈관통해(through) 구멍을 뚫는 기구〉이고, 〈송곳으로 찌르는 느낌〉을 짜릿한 흥분(thrill)이라고 했고, 〈코(nose)를 관통하는 구멍〉은 콧구멍(nostril)이라고 했다. ▷알파벳 디(D)는 그리스어 알파벳으로는 〈문(door=through)을 뜻하는 델타(Delta/Δ)〉라고 부르고, 북(drum)은 일정한 폭을 가진 나무통(trum/북유럽어)을 끌로 파내

고, 그 위에 가죽을 덮은 아주 오래된 악기였다. ▷전형적인 관악기인 트럼펫(trumpet)은 〈긴 관(trum=drum)으로 만든 작은(et=little) 악기〉라는 말로, 고대로부터 〈승전보(triumph)를 알리는 악기〉로 쓰였다. ↓승리(triumph)는 원래 전장에서 〈승리한 병사가 손(um=mand=hand)안에 가득 전리품을 챙기고 집으로 돌아온다(tri=return)〉는 뜻이었다.

●라틴어 〈전 과정을 훑어본다(tirere)〉가 영어 〈시도한다(try)〉가 됐으므로, 재판(trial)은 〈사건 전체를 심리하는 것〉이었고, 라틴어 〈완전히(ex) 훑어보는 시도(experiment/per=tr)〉는 영어 실험(experiment)이 됐다. ▷〈단면적이 넓은(tr) 발바닥(trap)〉으로 〈천천히 걷는(tread) 춤〉을 트로트(trot)라고 했고, 〈짐승의 발(tr)에 엉키는 덫(trap)〉에 걸리면 빠져나올 수 없고, 승객이 발을 딛고 올라가는 비행기의 계단은 트랩(trap)이라고 했다. ▷몸에 생긴 상처 구멍은 완쾌돼도 〈마음에 난 구멍(trauma)〉은 병(ma)으로 남아 평생을 괴롭힌다고 한다. ▷신은 결코 하늘을 떠나지 않으므로, 〈하늘을 가로질러(tar=through) 지상으로(ava=down) 아바타(avatar)〉를 내려 보냈고, 〈풀을 잘라(tr) 먹는〉 그리스 염소(trago)는 영어의 염소(goat)가 됐고, 날카로운 〈이빨로 수초를 잘라 먹는 물고기〉를 송어(trout)라고 불렀다.

줄기(tr)가 점점 자란 나무가
단단한 목재를 공급했다

- ●태운 나무에서 나온 그을음 타르(tar) ●타르처럼 검게 태우는 선탠(suntan)
- ●나이테로 기간을 세는 나무연대법(dendrochronology)
- ●나무처럼 견고한 진리(truth) ●나무처럼 견고한 자 단테(Dante)

● 〈빛(t=b)의 에너지가 키운 나무(tree)〉를 인간들이 깎아(trim) 〈음식을 담아 먹을 그릇(tray)〉과 각종 도구를 만들었고, 나무를 〈태우고 난 다음 얻은 그을음(tar)〉을 물에 섞은 잉크로 글씨를 썼고, 나무에서 나오는 〈갈색 나무 진(tan)〉으로는 가죽을 무두질(tanning)했고, 살갗이 하얀 유럽인들은 〈햇볕으로 살갗을 검게 태워서(suntan)〉 멜라닌 색소를 보충했다.

● 나무(dendro/음운 반복)는 1년에 한 개씩의 나이테를 만들므로, 나이테의 숫자로 기간(chron=time)을 측정하는 나무연대측정법(dendrochronology)이 발견됐다. ▷금속을 재련할 수 있기 전까지 나무는 가장 단단한 재료였으므로, 진리(truth)는 〈나무같이 견고하다〉는 뜻이었고, 씨족 간 휴전(truce)도 〈나무처럼 서서 움직이지 않고 있는 기간(ce=chance)〉이라는 의미였다. ▷협박(duress)도 〈단단한 나무로 때리겠다고 위협을 가하는 것〉이었고, 〈견딘다(endure)〉는 말도 〈나무 기

둥으로 받쳐 무너지지 않게 한다〉는 뜻이었으므로, 나무로 지은 사찰이 〈수백년 동안(per) 변하지 않고 견디는(perdurable) 경우〉도 있고, 사람 이름 단테(Dante)는 〈나무처럼 견고한 자〉라는 말이었다.

만물은 간 만큼(tr) 되돌아(tur) 왔으므로 영원히 움직이고 있다

● 해가 왕복하는 열대(**trop**ic) ● 반복하는 질의 붕괴(en**trop**y)

● 승자끼리 벌이는 토너먼트(**tourn**ament) ● 전 국토를 돌며 주둔하는 군대(**troop**)

● 떨리게 하는 폭력(**ter**ror) ● 들고 나는 문턱(**thr**eshold)

● 흐르는 물로 물레방아를 돌려(**turn**) 〈계속 제(re)자리로 돌아오게(re**turn**)〉 하면, 큰 동력을 얻을 수 있다는 사실을 안 고대인은 물레방아를 만들었고, 현대인은 수력을 이용한 전기 터빈(**turb**ine)을 만들었다. ▷ 지구는 공전궤도에서 23.5° 기울어져 있으므로 〈태양 빛이 왕복하며 지각을 직각으로 비출 수 있는 범위〉는 남북회귀선(**trop**ic) 안쪽뿐이고, 남북회귀선 안에서 〈태양이 가장 많이 비추는 지역〉은 열대(**trop**ic)지방이 됐다. ▷ 에너지는 항상 낮은 상태에서 높은 상태로(en=in) 혹은 그 반대로 순환하는 질의 붕괴(en**trop**y) 과정을 반복하므로, 바닷물은 비가 되고 비는 바다로 돌아오는 과정은 기후의 엔트로피(en**trop**y)이고, 미국 남부에서 부는 토네이도(**torn**ado)는 강력한 회오리바람이다. ▷ 고대인의 〈뾰족한 소뿔 잔〉은 바닥에서 이리저리 굴러다녔으므로, 텀블러(**tum**bler/tum=turn)라고 불렀다.

● 중세의 마창경기(**tourn**ament)는 상대 기사가 말에서 떨어질 때

까지(sudden death) 〈계속 반복하는 위험천만한 경기〉였으므로, 현대 경기에서도 승자끼리만 계속 돌아가며 벌이는 경기를 토너먼트(tournament) 경기라고 불렀다. ↓토너먼트 경기에서는 강자가 초반에 탈락하는 불합리가 있으므로, 강자를 의도적으로 경기 후반에 뿌려주는 시드(seed)제도를 쓰기도 하고, 실력이 차이 나는 경기자들이 평등한 조건에서 경기를 벌이기 위해서는 핸디캡(handicap)제도를 쓴다. 핸디캡은 〈모자(cap) 속에 손(hand)을 넣어(in) 자신이 받을 벌점을 미리 추첨하던 놀이〉에서 유래한 것이었다. ↓토너먼트와 대응해, 같은 그룹(league)에 속한 팀이 모두 한 번씩 경기를 벌여, 최다 승자를 우승자로 뽑는 경기는 리그(league)전이라고 했다. ▷고대의 약탈 전쟁에서, 〈전쟁에서 돌아올 때 가지고 오는 전리품〉을 트로피(trophy/trop=turn)라고 불렀고, 〈더 높은 패로 상대를 누르는(trump) 카드게임〉을 〈트럼프(trump/승리) 게임〉이라고 했다. ↓더 높은 패를 가진 것처럼 〈은연중 찔러보는(poke) 행동〉은 포커(poker)라고 했으므로, 포커페이스(poker face)는 〈자신의 패가 높다고 찔러보는 가장된 얼굴 표정〉이었다. ▷〈이 곳 저곳을 돌아다니는 것〉을 여행(tour)이라고 했고, 여행(trip)은 〈길을 따라(through) 멀리 가는 것〉이었고, 군부대(troop)는 〈돌아다니며 주둔하는 집단〉이라는 뜻이었다.

● 〈몸을 비트는 가학 행위〉를 고문(torture)이라고 했고, 〈물이 마구 돌아가는 울돌목〉을 괴로움(trouble)이라고 했으므로, 〈험한 세상의 다리가 되어(bridge over troubled water)〉는 노래의 제목이 됐고, 거북이(turtle/tortoise)는 등껍질 속에 〈다리와 머리를 웅크려 넣는 작은(le=is=little) 동물〉이었다. ▷문장을 잘못(dis) 비틀면 내용이 왜곡되고(distort), 횃불(torch)은 원래 마른 갈대를 비틀어서 만들었고, 섬유

를 비비꽈서 긴 실(thread)을 만들었다. ▷일반인은 법률적 지식이 없으므로 〈몸을 돌려 의지할(a) 사람〉이 법률 대리인(attorney)이 됐고, 문턱(threshold)은 방향을 바꿔 〈반복적으로 밟는 방의 경계턱〉이었다. ▷〈돌아가는 바퀴를 가진 차〉를 트럭(truck)이라고 하고, 〈작은(le=little) 바퀴가 달린 침대〉는 환자용 이동침대(truckle bed)였다. ▷〈상대를 떨게(tremble) 만드는 것〉은 폭력(terror)이고, 〈폭력(terror)으로 떠는 것〉은 공포(horror)가 됐으므로, 폭력과 공포는 같은 어원의 반대입장이었고, 〈몸을 극심하게 떨게(terror) 만드는(fic=make) 것〉을 끔찍하다(terrific)고 했다.

인간은 고기를 찢어서(tig) 먹는 호랑이를 두려워했다

- ●마차 바퀴를 묶은 고무 타이어(tire) ●묶였던 직장에서 풀린 은퇴(retire)
- ●소를 묶었던 고삐 팀(team) ●지붕을 덮은 기와(tile)
- ●고리로 된 실로 짠 타월(towel) ●고기를 찢어 먹는 호랑이(tiger)

●〈동물의 몸을 묶는(tie) 피부〉는 가죽(derm/der=tie)이라고 했고, 〈사람의 피부를 치료하는 의료분과〉는 피부과(dermatology)가 됐다. ▷마차의 바퀴 둘레를 묶었던(tie) 고무 벨트가 타이어(tire)였고, 묶인(tie) 2줄은 하나가 됐으므로, 〈운동경기에서 동점(tie)은 서로 같이 묶였다(tie)〉는 뜻이었다. ▷한데 묶인(en) 것은 하나도 빠져나갈 수 없으므로 〈모두(entire)〉가 됐고, 평생 〈사무실에 묶여(tire) 있던 직장인〉도 언젠가는 풀려서(re) 은퇴(retire)해야 했다. ▷당초 가축을 묶었던 고삐(team)가 〈한 패거리를 묶는 팀(team)〉이 됐고, 〈묶여서 쉽게 풀어지지 않는 상태〉를 견고하다(tight)고 했다. ▷로마의 귀족을 우아하게 덮었던 긴 옷은 토가(toga/두루마기)였고, 기와(tile)는 〈지붕을 덮는(tigele/고어) 작은 조각〉이라는 말이었고, 배의 〈선실을 덮고 있는 마루판〉은 배의 갑판(deck)이 됐다. ▷목욕용 타월(towel/tow=tie/프랑스어)은 물기를 잘 흡수하도록 〈실을 고리모양으로 묶어서 짠 특수천〉이라는 말

이었다. ↓〈천 전체(**dia**=**through**)에 올록볼록한(**per**=**sper**/솟아오르다) 무늬가 있는 천〉은 아기의 기저귀(**diaper**)가 됐다.

● 〈고기를 이빨로 찢어(**tear**) 먹는 짐승〉은 호랑이(**tig**er)였고, 〈호랑이가 짐승을 찢는 기질〉은 거칠기(**tough**) 짝이 없었다. ▷ 눈물(**tear**)은 눈에서 떨어져(**tear**) 나왔고, 〈심하게(**fa**=**break**) 찢어져(**tig**=**tear**) 풀린 상태〉가 피로(fa**tig**ue)가 됐다.

만물은 가능한 작게(t) 잘라야(tom) 본질을 알 수 있다고 생각했다

- 더 이상 잘라지지 않는 원소(**a**tom) ● 흐르는 세월을 자른 시간(**time**)
- 땅을 자르고 세운 사원(tem**ple**) ● 완전하게 고정된 활자 천편일률(stereo**type**)
- 무엇인가 때려서 만드는 스튜디오(stud**io**)

● 고대 그리스로부터 진실을 알려면 잘라 보아야 한다는 관념이 있었으므로, 〈더 이상 잘라지지 않는(a=ant) 가장 작은 원자(atom)〉의 개념을 만들어 냈고, 현대 물리학은 원자보다도 작은 근본 물질을 찾는 양자역학(quantum theory)의 영역에 들어와 있다. ▷〈마음을 위축시켜(tim) 겁을 주는(en) 것〉을 위협한다(intimidate)고 했고, 끝없이 흐르는 〈시간(hour)을 자른 단위〉가 시간(time)이었고, 끝없이 연결된 〈바닷물을 자른 것〉을 파도(tide)라고 했다. ▷아주 작게 잘라낸 조각은 〈조그맣다(tiny)〉고 했고, 〈작다(little/lit=tim)〉는 〈잘려서(l) 크기(t)가 줄은 상태〉였고, 〈원형보다 축소해서 만든 작은 물건〉은 장난감(toy)이 됐다. ↓〈나무를 잘라서(hob=cut) 만든 장난감(hobby=toy)〉이 〈장난 삼아 하는 취미(hobby)〉가 됐다. ▷〈잘라낸 일부 시간〉은 일시적(temporary)이라고 했고, 〈같은(con=syn=same) 시간대〉는 옛날 사람의 입장에서는 〈과거의 당시(contemporary)〉가 됐고, 지금 사람의 입장에서는 〈우리와

함께 있는 〈현재(contemporary)〉 시간이 됐다. ▷〈가장 앞선(prin=pre) 기간〉이 봄(printemps/프랑스어)이었다.

● 숲으로 우거진 〈땅을 잘라내고 지은 거대한 건물〉이 경건한 〈사원(temple)〉이었으므로, 〈사원과 함께(con=syn=same) 앉아 있는 것〉을 사색(contemplation)이라고 불렀고, 승려가 사원에 들어가려면 속세를 뜻하는 머리카락을 삭발(tonsure)해야 했다. ▷묘지(tomb)는 〈땅을 잘랐다〉는 뜻이고, 유대인의 지하묘(catacomb)는 원래 〈지하묘(cata tumba)〉였다. ▷기온(temperature)은 〈대기의 온도가 늘거나 줄어드는 현상〉이었고, 목표를 향해(a) 손을 뻗으면 〈시도하는(attempt) 것〉이었고, 유혹(temptation)은 〈보이지 않게 은근히 뻗는 손길〉이었다. ▷테이프(tape)도 폭이 있는 〈납작한 끈〉이었고, 태피스트리(tapestry)는 넓은 〈천에 색실로 그림을 짜 넣은 걸개그림〉이었다.

● 활자(type)는 납을 망치로 때려서 만들었고, 이미 고정된 활자에 〈단단하다(stereo)〉는 말을 붙임으로써, 〈완전 고정불변의 천편일률(stereotype)〉이 됐다. ▷동서양의 모든 학생(student)들은 스스로를 채찍으로 때리면서 끊임없이 공부하는(study) 자였고, 스튜디오(studio)는 〈무엇인가 때려서 만드는 공작소〉라는 뜻이었고, 〈심하게 맞아서 혼미한 정신〉이 어리석다(stupid)가 됐다. ▷〈막대기(stick)로 얻어맞는 아이〉가 고아(step)가 됐고, 〈고아(step)가 새로 맞이한 엄마〉가 계모(stepmother)가 됐으므로, 계모(stepmother)는 〈주워온 아이를 때리는 엄마〉라는 악의적인 뜻이었다.

인간은 우주의 일부(t)를 자른 좁은 장소(top)에서 살았다

- 무한한 우주를 자른 일부 꼭대기(top) ● 모두가 가는 장소 화제(topic)
- 위치를 계산하는 위상수학(topology) ● 화살에 바른 독약(toxin)
- 독약을 다루는 약국(pharmacy) ● 소를 죽이는 투우사(matador)

● 무한한 우주에서 〈잘라낸 일부(top)〉를 꼭대기(top)라고 했고, 그 〈꼭대기가 아래로 주저앉는(pl) 것〉을 무너진다(topple)고 했고, 호르몬이 가야 할 장소(top)를 찾지 못하고(a=ant) 엉뚱한 곳으로 벗어나면 아토피(atopy)〉가 온다고 말했다. ↓ 알레르기(allergy)는 〈호르몬이 엉뚱한(al=other) 일(erg=work)을 하면서 생기는 신체의 이상반응〉이었다. ▷ 아리스토텔레스는 〈모두(to=total)가 가는 장소(top)〉를 축약해서 공통의 화제(topic/to는 이중의미)라고 규명했고, 인간이 〈가장 살기 좋은(u=eu=sweet) 장소〉는 유토피아(utopia)가 됐다. ▷ 기존의 수학은 수의 양(量)을 구하는 게 목적이었지만, 〈위치를 구하는 새로운 수학〉을 위상수학(topology)라고 했으므로, 지하철의 노선도는 실제 위치와는 다른 위상도로다.

● 고대인들은 〈먼 거리(tox=top)를 날아가는 화살(tox)촉〉에 독약(toxin)을 발랐으므로, 고대인은 〈화살〉과 〈화살이 날아가는 거리〉와

〈독약〉을 한 단어로 묶어서 인식했고, 술도 독성이 있으므로(toxic) 먹으면(in) 취하게(intoxicate) 되어 있다. ▷〈독성(toxikon)을 제조하는(pharmacia/pharm=prepare) 곳〉이 축약되어 〈약국(pharmacy)〉이 됐으므로, 약국은 〈독약으로 약을 준비하는 곳〉이었다.

▷〈드넓은 들판(dor=taur=tor)〉을 달리는 존재〉를 황소(dor=taur=tor)라고 했고, 〈황소를 죽이는(mata=murder) 자〉는 투우사(matador)가 됐다. ▷투우사는 원래 기마 투우사(picador)가 창으로 먼저 찔러(pic=pick) 약이 오른 소를 기만적으로 죽였으므로, 투우사(matador)는 기만선전(matador)이 됐고, 〈미노스(Minos)의 미로(labyrinth)에 산다는 황소머리 괴수〉 미노타우로스(Minotaur/미노스성의 소)는 인육만 먹는 괴물로 알려져 있었다.

만물은 자신의 크기(t)에 맞는
고유의 용량(tot)을 가지고 있었다

● 들소의 젖이 부푼 버터(butter) ● 계속 부풀어 오르는 종양(tumor)

● 두꺼운 엄지손가락(thumb)과 넓적다리(thigh)

● 순간적으로 머리에 들어오는 생각 직관(intuition) ● 부풀어 오른 합계(total)

▶ 버터(butter)는 〈들소(bu=bull=bovine) 젖의 지방질을 효모로 부풀린 것〉이었고, 감자 뿌리는 구근(tuber)이었다. ▷ 악기 튜바(tuba)는 구경이 넓어 낮은음을 내고, 플라스틱 튜브(tube)는 어린이들을 물위로 띄워 올리고, 영국 지하철은 긴 지하공간을 달리므로 그냥 튜브(tube)라고 부르고, 〈폐 안에 작은 결절들이 생기는 증상(sis)〉이 폐결핵(tuberculosis)이었다. ▷ 종양(tumor)은 〈죽지 않고 계속 자라는 암 덩어리〉였고, 엄지손가락(thumb)과 넓적다리(thigh)도 〈부풀어 오른 신체 부위〉라는 말이었고, 부풀어서 폭이 넓어지면 두꺼워(thick)진다. ▷ 1000(thousand)은 〈100(sand=hundred)을 부풀린(thou) 숫자〉였다. ▷ 가정교사(tutor)는 학생의 머릿속에 지식을 가득 채워주는 개인 수업(tuition)을 해주고 수업료(tuition fee)를 받는 중세의 입주교사였다. 초/중/고등학교는 근대 국민국가가 생긴 후에야 제도화됐으므로, 중세 귀족의 자제들은 어린 시절 가정교사에게 배운 뒤, 십대 후반에 곧바로

대학에 들어갔다. ▷직관(intuition)은 논리적 과정이 없이 순간적으로 〈머리를 채워주는(in) 갑작스런 인식〉이고, 〈모두 모아 부풀어 오른 것〉이 합계(total)였다.

V

끝없이 퍼지는 빛의 욕망

우주는 무한하지만 하나의 원리로
돌아간다(ver)고 생각했다

●하나의 원리로 돌아가는 우주(universe) ●마음을 비틀며 걱정하는(worry)

●2개의 양을 비교하는 〈~대~(versus)〉

●널리 알리는 광고(advertisement) ●바늘질로 꿰맨 노래 랩소디(rhapsody)

●복잡한 우주(universe)도 〈하나의(un=one) 원리로 돌아갈(ver) 것〉이라는 개념을 개발한 사람들은 고대 그리스인들이었으므로, 현대의 물리학도 우주를 움직이는 단일 원리를 찾고 있다. ▷세상은 바라던 것과는 반대로(ad=againt) 돌아가는 불리한(adverse) 곳이기도 하므로, 인간은 끊임없이 역경(adversity)을 극복하며 살아왔다. ▷대학(university)은 중세 〈하나로 뭉친 학문 조합(guild)〉이었고, 대학(college)도 〈함께(co) 묶인(leg) 학문조합〉이라는 뜻이었다. ▷〈세상과 잘 어울리면(together)〉 선(good)이었고, 〈세상을 잘못(e=ex) 돌아가게 만들면〉 악(evil)이었고, 악은 인간을 〈병들게 했다(ill=evil)〉고 생각했다. ▷같은 내용이라도 〈형식을 바꿔 낸 책〉을 판본(version)이라고 했고, 몸통을 전후좌우로 자유롭게(versatile) 회전시켜주는 〈척추(vertebra)를 가진 동물군〉을 척추동물문(vertebrate)이라고 했다. ▷기생충(vermin)과 벌레(worm)는 척추가 없어 몸을 비틀면서 기어가고, 걱정하는(worry) 마음

은 〈아픈 마음을 비트는 것〉이었다. ▷아래 위로 돌리면 수직(vertical) 방향이고, 옆으로 돌리면 수평(horizontal/hor=ver) 방향이 됐다. ▷2개의 양을 비교하는 형식은 〈~대~(versus)〉라고 하고, 〈머리가 빙빙 도는 증상〉은 현기증(vertigo)이 됐다. ▷〈같은 형식의 문장이 반복되는 시〉는 운문(verse)이라고 했고, 운율과 상관없이 〈계속 앞으로(pro)만 나가는 산문(prose)〉은 산문(proversus)의 축약이었다. ▷여러 가지로 다양하게(various) 변하는(vary) 다양성(variety)은 민주주의의 핵심 가치가 됐다. ▷버드나무 가지처럼 〈잘 구부러지는 여인〉을 처녀(virgin)라고 했고, 영국의 처녀 왕 엘리자베스(Elizabeth)에게 바친 식민지는 버지니아(Virginia)였고, 작은 힘으로도 잘 구부러지면 〈연약하다(weak)〉고 했다. ▷〈많은 사람들에게(ad=at) 널리 펴서 알리는 것〉은 광고(advertisement)가 됐고, 〈돌려서 반대로(vice) 간다〉가 라틴어 〈역으로 봐도 성립한다(vice versa)〉가 됐고, 1층의 지붕을 2층의 바닥으로 〈용도를 바꾼 구조물〉이 베란다(veranda/포르투갈어)였다. ▷스웨덴 자동차 볼보(Volvo)는 〈나는 잘 굴러간다〉는 말이었고, 마음이 모두 한곳으로(con-syn=same)만 가면 정신이 집중되고(converge), 다른 방향으로 흩어지면(di=diferent) 정신이 분산된다(diverge).

● 〈원하는 쪽으로(to) 얼굴을 돌리는 것〉은 전치사 〈그쪽으로(to) 향하여(towards)〉라는 뜻이 됐고, 〈인간이 눈을 돌릴(wor) 만한 것〉을 〈가치 있는(worth) 것〉으로 봤고, 많은 사람들이 〈눈을 돌려(wor) 바라보고 숭배하는 태도(ship=shape)〉를 종교적 숭배(worship)라고 했다. ▷그리스 올림픽에는 온몸을 비트는 레슬링(wrestling) 경기가 있었고, 팔목(wrist)은 〈잘 비틀어진다는 말〉이었고, 일이 잘못 돌아가면 틀려먹은(wrong/n 음운첨가) 것이었다. ▷운명의 신은 기분이 나쁘면 무시무

시한(weird) 얼굴로 인간을 돌아봤고, 유럽의 변방이었던 보헤미아의 역사를 〈바늘을 한 땀 한 땀 돌리듯(rhap=rp=ver/음운도치) 꿰맨 노래(dy)〉로 표현한 것을 보헤미안 랩소디(Bohemian Rhapsody)라고 했다.

우주공간은 갖가지 모양으로 휘어진(vol) 다차원의 공간이다

- 모두 뒤집어엎는 혁명(revolution) ● 골짜기에 세운 마을(village)
- 두루마리로 된 책의 수 권(volume) ● 다리를 접으며 걷다(walk)
- 버드나무에서 추출한 아스피린(aspirin) ● 승리의 횃불 헬렌(Hellen)

● 우주공간은 갖가지 모양으로 말려 있고(vol), 정치적 혁명(revolution)도 〈기존 정치조직을 완전히(re=real) 뒤엎는 정치적 변혁〉이었고, 연발권총(revolver)은 〈탄알집을 돌려 탄알을 연속적(re=repeat)으로 발사하는 총〉이었다. ▷〈안으로(in) 말려들어가면〉 그 안에 포함되고(involve), 신체기 기계와 함께(con) 말려들어가면(convolve) 큰 부상을 입는다. ▷여성의 음부(vulva)는 〈말려들어간 부위〉라는 뜻이었고, 여성의 질(vagina)은 〈가죽을 접어 만든 칼집의(vaginal) 모양을 닮았다〉는 뜻이었고, 〈꼬투리가 말린 바닐라(vanilla)콩〉은 아이스크림의 향을 내는 대표적인 향료가 됐다. ▷지형이 아래로 말려 있는 〈계곡(vale)의 축소형(ey=little)〉이 골짜기(valley)가 됐고, 〈골짜기(valley) 사이의 평지〉에 인간이 정착한 곳이 마을(village)이 됐고, 스페인 남부의 세비야(Sevilla)는 매우 오래된 마을이었다. ▷〈마을이 살아가는 원리〉는 경제(economy/ec=vic=vil/nom=name/원리)가 됐고, 〈마을 주변의 모습〉은

환경(ecology)이 됐다. ▷〈집(villa)들이 옹기종기 모여 있는 곳〉은 마을(village)이었고, 〈가깝게 붙어 있는 마을〉을 인근(vicinity)이라고 했고, 시골 마을에 살던 농민(villain)은 촌놈(villain)이라는 말로도 썼다. ▷인도의 제3계급 바이샤(Vaisya=villager)는 〈시골에 사는 농민〉이었다. ▷책을 권(volume)으로 세는 이유는 원래 말린 두루마리였기 때문이고, 두루마리의 두께는 책의 두께(volume)가 됐다. ▷〈편지를 접어서 그 안에(en=in) 넣는 것〉은 봉투(envelope)라고 했고, 원래 접이식 문짝(valve)이 〈구멍을 열거나 닫는 벨브(valve)〉가 됐고, 〈사이(inter)가 벌어진 각도 폭〉은 간격(interval)이 됐다. ▷풍자적인 노래의 발상지로 유명한 프랑스 〈비르 계곡(Val de Vire)〉은 미국의 보드빌(Vaudeville)쇼를 낳았고, 보드빌에서는 〈노래와 마술, 곡예 등 모든 통속극(variety show)〉들이 공연된다. ▷1년은 1월부터 12월 사이를 순환하므로(vet=ver), 세월이 흘러(vet) 충분히 〈짐을 나를 수 있는 성체 가축을 치료하는 의사〉를 수의사(veterinarian)라고 불렀고, 줄여서 수의사(vet)라고 했고, 현역에서 제대한 〈노련한 병사〉는 베테랑(veteran)이라고 했다. ▷상인이 손을 둥글게 말아, 〈물건을 건네주고 돈을 받는 것〉을 판매(sale/sal=val)라고 했다.

●둥글게 둘러 친 경계는 울타리(wall)가 됐고, 지갑(wallet)은 〈가죽을 접어 만든 작은(et) 주머니〉라는 뜻이었다. ▷걷는(walk) 모습을 자세히 보면 양발을 교대로 접고, 왈츠(waltz)는 〈운율에 맞추어 걷는다〉는 뜻이었다. ▷잘 휘어지는 〈버드나무(willow)에서 추출한 성분이 통증을 줄여준다〉는 사실은 고대 그리스 때부터 알려졌으므로, 독일의 제약회사는 버드나무 추출액으로부터 아스피린(aspirin/acetyl+spir=sal=wil)을 만들었다. ▷〈영어의 버드나무(willow/)〉는 라틴어로는 〈버드나무

(sal/길게 늘어진)〉, 그리스어로는 〈버드나무(spir/가지가 넓게 자라나는)〉였다.

● 갈대를 묶어서 만든 햇불(Hellen)을 〈승리의 상징〉으로 여긴 그리스인들은, 자신들을 〈승리의 민족 헬레니스트(Hellenist)〉라고 불렀다. ▷그리스 신화는 〈대홍수가 끝난 뒤 처음 태어난 자〉가 헬렌(Hellen)이었고, 헬렌의 후손이 그리스인이 됐다고 믿었고, 그리스 마케토니아(Macedonia)왕 알렉산더(Alexander)가 세운 문명은 헬레니즘(Hellenism)이라는 이름을 얻었다. ▷그리스인들은 자신들이 그리스(Greece)인이라기보다 헬레니스트(Hellenist)라고 불리기를 좋아했으므로, 〈그리스의 정식 국명〉은 헬렌공화국(Hellenic Republic)이다. ↓그리스 신화에서 대홍수가 나기 전 그리스에 살았던 그라코이(grakoi)족은 이탈리아 남부 시칠리아까지 진출했으므로, 로마인들은 그들을 그리스(Greece)인이라고 불렀다.

인간은 황량한(w) 광야를 헤매다가(wan) 여기까지 왔다

- 유럽을 방랑한 반달(Vandal)족
- 황야(wilderness) 속에 숨어 사는 사슴(deer)
- 덩굴(vine)에 열린 포도로 만든 와인(wine)
- 끝없는 황야 라스베이거스(Las Vegas)
- 오르내리는 천칭저울로 무게를 재다(weigh)

● 욕망의 빛은 온 세상을 퍼져 나갔으므로, 유럽을 방랑했던(wander) 반달(Vandal)족은 로마를 거쳐, 스페인에 이르러 안달루시아(Andalusia/an=van/음운단축)를 건설했다. ▷무엇이 있나 궁금해서(wonder) 돌아다니다, 갑자기 신기한 것(wonder)을 만나면, 신나는(wonderful) 일이었다. ▷〈거친(wild) 황야(wilderness)〉에서 길을 잃고 헤매면(wilder) 〈완전히(be=ambi=all) 당황했고(bewilder)〉, 황야(wilderness)에 숨어 있는 〈야생의 존재(der)〉를 사슴(deer)이라고 불렀다. ▷아프리카에서 나온 인류는 〈끝없이 펼쳐진 육지(earth/ear=ver)〉를 따라 유라시아 대륙으로 퍼져 나갔지만, 바다로 막힌 아메리카와 호주에는 맨 나중에 도착했다.

● 사방으로 뻗어가는 〈포도덩굴(vine)의 열매로 담근 술을 와인(wine)〉

이라고 했으므로, 프랑스어 와인(vin), 러시아어 와인(vino), 히브리어 와인(yayin), 에티오피아어 와인(wayin)은 모두 포도술이었다. ▷포도주를 오래 놔두면 〈혀를 톡 쏘는(eg=acute) 맛〉을 가진 식초(vinegar)가 됐다. ▷〈포도주가 묵은 해(age)의 수(vintage)〉는 〈오래되어 가치가 있는 물건〉 빈티지(vintage)가 됐다. ▷쓰레기(waste)는 〈사방에 흩어져 있다〉는 말이고, 나무(wood)는 〈끝없이 퍼져가는 숲〉이었고, 잡초(weed)는 〈뽑아도 뽑아도 퍼져가는 풀〉이었다. ▷만든 대로 굳는 소성(塑性/plastic)이 있는 〈식물성 수지(resin=latex=gum)〉만 사용하던 인류는, 〈포도(vin)에서 나온 알코올〉 모양 같은 인공적인 수지를 만들고 비닐(vinyl=polyvinyl/vin=wine)이라는 이름을 붙였고, 〈비닐(vinyl)로 만든 합성 섬유(on=cotton/이집트어)〉를 나일론(nylon=nyl+on)이라고 불렀다.

● 짜증(vexation)은 〈마음이 신경질적으로 진동하는 상태〉였고, 〈바깥(con) 쪽으로 둥글게 튀어나온 유리〉는 볼록 렌즈(convex lens)가 됐다. ▷〈두 지점을 빠르게 왕복하는 것〉을 진동(vibration)이라고 했고, 이리저리 방향을 바꾸면 모호하다(vague)고 했다. ▷〈아무데나 돌아다니는 것〉은 천박하다(vulgar)고 했고, 〈천박한 군중(vulgar mob)〉은 폭도(mob=move)라고 했다. ▷〈숨골에서 나온 10번째 신경〉은 구불구불 퍼져나가 온몸의 운동기능을 통제하므로 〈미주신경(迷走神經/vagus nerve)〉이라고 했고, 미국의 라스베이거스(Las Vegas/las=these/스페인어)는 〈끝없이 펼쳐진 황야들〉라는 말이었다. ▷눈을 순간적으로 감아서 윙크(wink)하고, 채찍(whip)을 휘둘러 말을 몰고, 와이퍼(wiper)를 돌려 차창을 닦았다. ▷파도(wave)는 바다에 큰 너울을 만들고, 강아지는 꼬리를 흔들고(waggle), 천칭저울은 오르내리며 무게를 재고(weigh), 실은 실패에 감겼다(wind), ▷〈그네(swing)와 스위치(switch)〉

Ⅴ 끝없이 퍼지는 빛의 욕망

는 반대 방향을 향해 재빠르게(swift) 위치를 바꾸어(s=separate) 왕복하는 기능을 가지고 있다. ▷새의 날개(wing)는 바람을 휘져으면서 날아가고, 현대의 거대한 빌딩은 내부 환기(ventilation)를 위해 천장 속에 복잡한 통풍장치(vent)를 가지고 있다.

만물은 자신이 살고 있는 공간(w)을 꾸준히 넓혀왔다(wax)

- 실로 짜서(weave) 만든 망(web) ● 점점 넓어지는 벌집(wax)
- 점점 굵어지는 허리(waist) ● 소젖으로 만든 백신(vaccine)
- 황소로 밭을 갈던 지방 이탈리아(Italy) ● 베일로 얼굴을 가렸던 아내(wife)

● 줄(wire)은 잘 구부러지는 〈소의 고삐〉였고, 거미는 날줄과 씨줄로 번갈아 짜서(weave) 거미줄 망(web)을 만들었다. ▷컴퓨터 망(web)에는 〈정보가 들어가는 자리(site)〉인 웹사이트(website)가 있으므로, 누구나 웹사이트에 〈자신의 정보(log)를 올릴 수 있는〉 블로그(blog=weblog)를 만들 수 있다. ▷벌들은 밀랍(wax)을 넓게 펴서 벌집(honey comb)을 만들고, 〈넓게 펴지는 밀랍(wax)〉은 〈달이 점점 차올라(wax)〉 보름달이 되거나, 〈달이 점점 기울어져(wane)〉 초승달이 된다는 뜻이 됐다. ▷허리(waist)도 〈점점 굵어지는 신체부위〉였고, 와플(waffle)과 와퍼(wafer)도 〈그물무늬를 찍은 과자〉였다.

● 〈넓은 들판(wilderness)〉을 돌아다니는 짐승이 소(vac/라틴어)〉였고, 〈소젖의 고름으로 만든 백신(vaccine)〉이 면역을 만드는 〈일반적인 예방약(vaccine)〉으로 굳었고, 영국인들은 〈라틴어 소(vac)〉를 음운도치시켜 암소(cow)를 만들었다. ↓라틴어 〈힘센 황소(bull)〉에서

는 〈소(bovine)〉가 나왔다. ▷〈황소(it=vit)로 농사를 짓던 이탈리아 남부의 비텔리우(viteliu) 지역 이름〉이 〈나라 이름 이탈리아(Italy)〉로 굳었다. ▷고대 사회에서 〈베일(veil)을 머리에 펼쳐 쓴 여인은 한 남자에게만 속한다는 뜻〉이었고, 〈베일을 쓴 부인(wife)〉은 남편 앞에서만 천을 거두어(un) 벗고(unveil) 완전한(re=real) 얼굴을 노출했으므로(reveal), 중동의 여인들은 아직도 베일을 쓰고 외출한다. ▷로마병사들은 SPQR(Senatus Populusque Romnus/원로원과 로마시민)이라고 세긴 〈군기(vexillum/vex/넓은 천)〉를 쳐들고 있는 기수(vexillary)의 뒤를 따라서 행군했다.

빈(vac) 곳을 채우려는 생각이 욕망(wan)이고 욕망을 채우는 것이 가치(val)였다

- 빈(vacant) 곳을 채우려는 욕망(want) ●힘을 앞세워 제압하다(prevail)
- 욕망을 채우는 가치(value) ●가치가 같아 동등한(equivalent)
- 비워두고 피하다(avoid) ●더 많은 돈을 채워주는 투자(investment)

●당초 아무것도 없이(void) 텅 빈(vacant) 진공상태(vacuum)였던 우주를 빛이 퍼져 가득 채웠으므로, 욕망(want=vain)과 소원(wish=vain)과 희망(hope/hop=poh=vain/음운도치)과 성취(gain=vain)는 모두 〈빈(vain) 곳을 채우려는 인간의 본능〉을 의미했다. ▷〈인간의 본능을 채울 만한 것〉을 가치(value)라고 불렀으므로, 가치는 〈인간의 욕망(want)을 채우는 실질적인 내용물〉이었다. ▷〈쓸모가 있는(avail) 것〉은 〈인간의 욕망을(a) 채울 가치가 있다〉는 뜻이므로, 〈빈방이 있다(available)〉거나 〈주차시설(parking)을 갖췄다(available)〉는 호텔 광고는 〈여행객의 욕망을 채워 줄 수 있다는 유혹〉이었다. ▷당초 〈암컷 새들의 번식능력이 시작되는 날(Valentine's day)〉은 〈여자가 구혼할 수 있는 날(Valentine's day)〉이 됐으므로, 발렌타인 데이에는 여성이 남성에게 선물을 주며 자신이 성적으로 가치가 있음을 알렸다. ▷〈자신의 가치를 앞세우는(pre) 우세한(prevail) 자〉는 언제나 자신의 힘을 과시하고(wield) 싶어 했다.

▷가치가 똑같으면(equ=equal) 동등하다(equivalent)고 했고, 가치가 없으면 효력이 없다(invalid)고 했다.

● 휴가(vacation)는 집을 비우고(evacuate) 떠나므로 여름철 프랑스 파리에는 버려진 개와 관광객만 남는다고 한다. ▷거의 모든 시민들이 식량을 불태우고 사라진(vanish) 한겨울의 모스크바를 점령한 나폴레옹군은 추위와 굶주림에 지쳐 철수하다가, 병력 대부분을 잃고 말았다. ▷위험한 곳에서는(a) 우선 피하고(avoid) 봐야 하고, 〈불가피하다(inevitable/evit=avoid)〉와 〈피할 수 없다(unavoidable)〉는 결코 〈비워(avit=avoid)두고 떠날 수는 없다(in=un)〉는 뜻이었다.

● 아무것도 없는 거대한 황무지에서 〈방대하다(vast)〉는 말이 나왔고, 선박(vessel)은 내부에 큰 공간을 갖고 있고, 저고리(vest)는 알몸을 덮었으므로, 〈돈을 더(in) 채워서 더 많은 수입을 얻는 행동〉을 투자(investment)라고 했다. ▷알(ovum/라틴어)은 〈땅을 비우고(v=leave) 하늘로(o=at) 떠날 새의 집(um=place)〉이라는 뜻이고, 〈땅을 떠나 하늘로 비행하는(aviate) 새〉는 다시 알(ovum)을 낳았으므로, 〈알이 먼저냐 새가 먼저냐〉는 영원한 수수께끼로 남았다. ▷맹수에 쫓기는 타조(ostrich/모래에 머리를 처박는 새)는 우선 머리를 모래 속에 처박으면(strich=strike/그리스어) 숨은 것으로 생각하는 머리 나쁜 새(o=avi)라고 인식됐다. ▷〈수탉(cock)이 낳은 알(cockney)〉은 런던 동부(east end)의 노동자들을 의미했고, 코크니들은 〈햄과 달걀(ham and egg)〉을 〈햄과 달걀(am and hegg)〉로 코크니식 발음을 하는 것으로 유명해졌다.

인간은 끝없이 뻗은(w) 길(wa)을 만들고 우주 끝까지 가려고 작정했다

- 끝없이 뻗어가는 길(way) ● 기울어진 대각선 편견(bias)
- 먼 길에 들어선 사신(envoy) ● 심장으로 돌아가는 피가 흐르는 정맥(vein)
- 사람들 사이로 돌아다니는 유행(vogue) ● 길을 달리는 왜건(wagon)

● 욕망의 빛은 우주의 끝까지 갔으므로, 인간도 갈 길(way)을 계속 연장하고, 가보지 못한 세계로 향했다. ▷발로 걷던 인간은 도로 위를 달리는 자동차 같은 탈것(vehicle)을 만들었다. ▷벡터(vector)는 〈방향과 힘을 갖는 물리량〉이고, 힘만 있는 스칼라(scalar)의 양과는 구별된다. ▷〈라틴어 길(via)〉은 프랑스어에서 〈마주보는 두 각을 잇는 대각선(biasis)〉으로 변했고, 대각선은 언제나 한쪽으로 기울어졌으므로 영어에서 편견(bias=prejudice)으로 정착했다. ▷중요 인사와 〈함께(con) 길을 걸어가며 위험 요소를 감시하는 것〉이 호위(convoy)였고, 〈가기 위해 길에 들어선(en=in) 자〉는 사신(envoy)이나 특사(envoy)가 됐다.

● 정맥(vein)은 몸을 한 바퀴 돈 피가 심장으로 돌아가는 길이고, 물과 영양분이 지나가는 잎의 엽맥(venation)은 여러 방향으로 뻗어 가므로, 일반적인 분포(venation)도가 됐다. ▷여행(voyage)은 〈길을 나서 먼 곳으로 간다(age=go)〉는 뜻이었고, 유행(vogue)도 사람들 사이

로 돌아다니면서 넓게 퍼졌다. ▷〈길(way)을 달린다(go)〉는 뜻 밖에 없는 왜건(wagon)은 〈짐도 실을 수 있도록 뒷문을 단 승용차를 겸한 짐차〉가 됐고, 서부개척 시대 곡마단을 선전하던 〈악단을 실은 왜건(band wagon)〉에 아이들이 모여들었으므로, 밴드왜건(band wagon) 효과는 〈사람들이 모여 분위가 고조되는 현상〉이 됐다. ▷〈이미(pre) 걸어 봤던 길〉이 바로 〈이전(previous)〉이 됐고, 〈이전에 길에서 마주(ob=against)쳤던 사람〉은 분명히(obvious) 알아볼 수 있었다.

세상(v)은 모든 인간의 욕망(vol)이 부딪히는 험악한 곳이었다

● 잘 다스린 힘 미덕(vir**tue**) ●잘못 다스린 힘 폭력(vio**l**ence)

● 로마가 점령한 속주 지방(pro**vince**) ●범죄가 입증된 죄수(con**vict**)

● 활력을 줄 수 있는 채소(veg**i**table) ●에너지를 얻어 달리는 속도(vel**o**city)

● 잘 다스린 빛은 따뜻하지만, 뜨거운 빛은 모든 것을 불태웠으므로, 〈잘 다스려진 남자의 힘〉은 미덕(vir**tue**)이었고, 음악의 거장(vir**tuoso**)은 남자의 〈힘을 잘 다스려 최고봉에 오른 자〉였다. ▷〈남자의 통제할 수 없는 힘〉은 폭력(vio**l**ence)이었고, 법을 위반하는(vio**l**ate) 사람이 많은 사회는 늘 불안했다. ▷보기에만 가치가 있는 것은 〈가상적인(vir**tual**) 것〉이고, 진짜 가치가 있는 것은 〈실질적인(vir**tual**) 것〉이므로, 같은 단어가 정반대의 의미를 가졌고, 세상(**world**)은 〈힘센 남자들이 끝없이 싸우는 험악한 곳〉이었다.

● 〈자발적(vol**untary**)으로 움직이는 자〉는 자원자(vol**unteer**)였고, 원하는 대로 되면 잘(**well**)된 것이었고, 〈스스로의 의지(**will**)를 실현하겠다〉는 말이 미래 의지 조동사 〈하겠다(**will**)〉로 전환됐다. ▷자신의 〈욕망을 실현한 결과〉가 재산(**wealth**)이 됐고, 〈종족의 의지를 실현한 자〉를 윌리엄(**William**)이라고 불렀다. ▷자신의 〈의지를 실현한 승리(vic**tory**)〉

는 남자의 목표였으므로, 승리자(victor)는 모든 것을 가질 권리를 갖는 다고 생각했다. ▷〈상대를 제압한 승자(winner/vin=vic)〉는 사람 이름 빈센트(Vincent)가 됐고, 〈승자에게 목이 잘리는(tim=tom) 것〉을 희생 (victim)이라고 했다. ▷로마의 강력한 군대가 밀고(pro) 들어가 침범한 (invade) 곳은 〈로마의 속주(province)〉가 됐고, 로마의 속주는 현재 지방(province)으로 일반화됐다. ▷〈검사가 범죄를 완전히 입증한(vic) 사람〉을 죄수(convict/기결수)라고 불렀다. ▷빛의 욕망은 〈끝없이 퍼져 (v) 앞으로 나아갔으므로(g)〉 알파벳 브이(v)와 지(g)는 서로 바꿔썼고, 욕망을 채우고 기쁨에 넘쳐 〈모두가 지르는 큰 함성〉은 경축쇼〈(gala show/gal=vol=voc/음운퇴화)〉가 됐고, 〈말이 욕망을 채우면 소리지르는 것〉을 질주한다(gallop)고 했다.

● 〈빛의 에너지로 자란 채소(vegetable)〉는 인간에게도 〈활력을 줄 수 (able) 있는 풀〉이라는 뜻이었고, 에너지를 얻은 〈물체가 움직이는 빠르기〉를 속도(velocity)〉라고 했다. ▷식물인간(vagitative state)은 〈의식은 없고 생명만 유지하는 무의식 환자〉를 말한다. ▷낮에는 죽은 듯이 누워있던 마녀(witch)는 어둠이 내리면 벌떡 일어나(wit=veg) 갖가지 행패를 부렸고, 발칸반도의 민간전설 속 흡혈귀(vampire)는 죽어서 관 속에 누워 있다가 갑자기 일어나서(vamp=veg) 사람의 피를 빨아 먹었다. ▷감독(surveillance)자는 위에서(super) 엄격한 눈빛으로 지켜보고, 웨이터(waiter)는 무엇인가 시중들 것이 없는지 귀족을 〈뚫어지게 지켜보는(watch) 시종〉이었다. ▷야영(bivouac/vouac=watch/스위스어)은 정신을 똑바로(bi=ambe=all) 차리고 경계해야 하는 〈야외숙박〉이었다.

부드러운 사랑 속에는 끝없는(v) 욕망(ven)의 본능이 숨어 있었다

- 사랑과 욕망의 아프로디테(**A**ph**r**odite)와 비너스(**Ven**us)
- 욕망이 부른 치명적인 독액(**ven**om) ● 마신 독약을 토하다(**v**o**m**it)
- 중간색인 자주색을 띤 제비꽃(**v**i**ol**et) ● 사랑하므로 따뜻했다(**w**a**rm**)

● 〈온화한 빛〉은 사랑이었지만, 〈뜨거운 빛〉은 욕망이었으므로, 그리스인들은 〈사랑과 욕망〉의 이율배반적인 여신 아프로디테(**A**ph**r**odite/phr=vr=ven/빛이 퍼지다)를 만들었고, 로마인들은 아프로디테를 비너스(**Ven**us)라고 이름만 바꿨다. ▷아프로디테(**A**ph**r**odite)와 비너스(**Ven**us)는 모두 바다에 던져진 우라노스(**U**ranos)의 정액이 만든 거품(phr=ven=vr/사랑과 욕망이 퍼지다)에서 태어났으므로, 화가들은 바닷가 조개 껍질에서 태어나는 아름다운 아프로디테와 비너스를 그렸다. ▷이탈리아의 베니스(**Ven**ice)는 〈비너스의 도시〉였고, 남미의 베네수엘라(**Ven**ezuela)는 〈작은(**el**=little) 베니스〉였다. ▷뭇 남성들에게 퍼져나간 비너스의 사랑이 치명적인 욕망으로 변하면서 곧 독액(**ven**om)으로 변하기 일쑤였지만, 많은 남자들이 죽는 줄도 모르고 비너스의 사랑을 쫓아갔다. ▷사랑의 독약(**ven**om)을 마신 남자는 독약을 토해내고(**v**o**m**it) 가까스로 목숨을 건졌고, 바이러스(**v**i**r**us)는 인간의 몸에 〈독

성을 퍼트리는 가장 작은 병원체〉였다. ▷사랑과 욕망 사이에는 알수 없는 회색 지대가 존재하므로, 푸른색과 붉은색의 중간색인 자주색(violet)은 가냘프고 불안한 제비꽃(violet)을 낳았고, 요오드(iodine/iod=vid)는 〈강렬한 자주색을 내는 소독 물질〉이 됐다.

●이탈리아의 베스비오스(Vesuvius) 화산은 얼마 전까지 화염을 품어 냈지만, 따뜻한(warm/war=var) 물이 천천히 솟구치는 곳은 온천으로 개발됐다. ▷땅속 어딘가에서 솟아오르는 샘(well)물은 지상으로 올라와 목마른 자의 갈증을 풀어주었고, 열을 가한 2개의 금속이 녹아 부글부글 끓어(well) 오를 때, 〈두 금속을 붙이는 작업을 용접한다(weld)〉고 했고, 난파한(wreck/wr=ver=push) 배의 잔해는 파도에 밀려 어느 해안가에 도착하게 되어 있다.

만물에 부딪친 빛이 공간으로 반사하므로(v) 만물을 볼(vi) 수 있었다

● 마음으로 보는 빛 생각(id**ea**) ●신의 모습을 한 우상(id**ol**)

● 목격한 이야기의 모음 역사(his**tory**) ●들어와도 좋은지 살피는 비자(**vis**a)

● 보자고 부르는 초대(in**vite**) ●미리 나타난 신의 섭리(Prov**id**ence)

● 인간은 〈빛(d)의 산란(v)을 통해서만 사물을 볼(vid=view) 수 있었으므로〉, 플라톤〈Plato(n)〉은 생각(id**ea**)도 〈마음으로 보는(id=vid) 빛(d)〉이라고 규정하고, 〈가장 완벽한 생각을 이상(id**eal**)〉이라고 불렀으므로, 플라톤은 최초의 이상주의 철학자(id**ealist**)가 됐다. ▷플라톤은 모든 생각에는 이상(id**eal**)형이 존재하고, 철학자는 그 〈이상형을 찾아내는 자〉라고 봤으므로, 플라톤이 찾아낸 정치적 이상주의(id**ealism**)는 〈완전한 인격을 갖춘 귀족(arist/ar/앞장서 이끄는 자)〉이 통치하는 귀족정치(aristocracy)였다. ▷플라톤의 이상주의는 〈생각을 탐구하는(log) 관념론(id**eology**)〉을 낳았으므로, 플라톤은 〈철학(philosophy)과 형이상학(metaphysics)을 연구하는 관념론〉의 아버지였다. ▷신은 절대로 나타나지 않았으므로, 인간은 〈신의 모습을 한 우상(id**ol**/id=view)〉을 만들어 숭배했고, 영장류(anthr**opoid**)는 〈인간(anthr)과 같은 모양〉의 유인원이었고, 유인원(ape=after)은 〈모방하는 존재〉라는 뜻이었다. ▷〈땅

속에 숨어 보이지 않는(h=a=ant) 지하의 신〉 하데스(Hades)는 죽은 자를 요단강 건너 명계로 인도했다.

● 역사(history/his=vis)는 〈지금까지 목격한 이야기(story)의 모음〉이라는 말이었으므로, 이야기(story)는 〈역사(history)의 축약〉이었다. ↓〈장난친다(disport)〉가 축약되어 스포츠(sports)가 됐다. ▷자기 나라에 〈들어와도 좋은지를 자세히 따져보는 것〉이 비자(visa)였고, 〈남의 마음 안(en)쪽을 자세히 들여다 보고 비교하는 것〉이 질투(envy)였다. ▷〈밖으로(e=ex) 명백히 보이는 것〉이 증거(evidence)였고, 〈얼굴을 직접 보러 가는 것〉이 방문(visit)이었다. ▷〈보자고 불러들이는 것〉이 〈초대하는(invite) 것〉이었고, 〈두 사람이 서로(inter) 직접 바라보는 것〉은 인터뷰(interview)였다. ▷인간이 나중에 닥칠 미래를 〈신이 먼저(pro) 보여주는 것〉이 신의 섭리(Providence)이므로, 결국 〈신의 섭리는 신이 앞으로 그렇게 하겠다〉는 의지였다. ▷범인은 꽁꽁 숨어 있으므로, 〈범죄 안으로 들어가 자세히 보는 것〉을 조사(investigation/ves=view)라고 했다.

인간은 무한한(w) 우주 공간을 유심히 바라보며(wis) 세상을 궁금해 했다

- 진리를 보여주겠다는 베다(Veda) 철학
- 사법적 명령을 명시한 영장(warrant) ● 빛이 퍼져나가 하얀(white)
- 이것저것 꺼내보는 궁리(devise) ● 국경을 지키다가 터진 전쟁(war)
- 감시하는 경비원(guard)

● 인도의 베다(Veda/ved=view)는 〈진리(ved)를 보여주겠다(ved)〉는 뜻이었으므로, 〈빛(d)과 진리(ved)와 보는(ved=view) 것〉을 같은 말로 쓰고 있다. ▷〈세상을 많이 본 자〉는 지혜로워(wise)지므로, 재치(wit)는 〈세상을 많이 본 자가 갖춘 지혜〉였고, 증인(witness)은 〈현장을 본 사람〉이므로, 수사에 결정적인 단서를 제공했다. ▷법원에서 발부하는 영장(warrant/war=view)은 〈사법적 명령권을 증명하는(view) 문서〉였다. ▷지혜로운(wise) 마법사(wizard/wiz=wise)는 인간이 풀지 못하는 복잡한 문제를 신기하게 단번에 풀어냈다.

● 오스트리아의 수도 비엔나(Vienna)는 〈아름답게(bon) 보인다(vindobona)〉의 축약이었고, 겨울(winter)은 〈하얗게 보이는 계절〉이었고, 〈하얗다(white)〉는 〈빛(t=d)이 휘황찬란하게 퍼져(w=v) 나간다〉는 뜻이었다. ▷빛은 퍼져서(v) 앞으로 계속 나아가므로(g=go), 알파벳 브이(v=w)

는 지(g)와 호환됐고, 펭귄(pen**guin**/**guin**=**vin**=**white**/음운퇴화)은 〈머리(**pen**=**head**)가 하얗게 빛나는 새〉라는 켈트어였다.

● 〈남(**ad**=**at**)의 얼굴을 직접 바라보며 하는 말〉이 충고(**ad**v**ic**e)였고, 〈이것저것 다양하게 꺼내(**de**)보는 것〉이 〈궁리하는(**de**v**ise**) 것〉이었고, 〈궁리한 끝에 눈앞에 나온 결과물〉이 장치(**de**v**ic**e)였다. ▷앞을 보려면(**view**) 우선 눈을 떠야하고(**wak**e/**view**의 변형), 〈눈을 뜨고 빛(을 보는 것)〉을 계몽(**enlightenment**)이라고 했다. ▷〈같은(**like**) 방향을 바라보는 것〉을 〈마찬가지로(**like**w**ise**)〉 봤고, 〈시계(**clock**) 바늘이 도는 방향과 반대(**counter**)로 돌아가는 것〉을 반시계방향(**counterclock**w**ise**)이라고 했다. ▷가이드(**guid**e)는 가야 할 〈길을 보여주고 안내하는 사람〉이었고, 친구(**guy**)도 〈길을 안내하는(**guid**e=**leader**) 길동무〉라는 뜻이었고, 외형(**guis**e)을 변형시켜(**dis**) 위장하는(**dis**g**uise**) 사람은 뭔가 감출 것이 많은 사람이었다. ▷〈유심히 바라보는 자〉는 경비원(**guar**d)이었고, 프랑스어 〈국경선을 지키는 방어(**guer**re)〉는 영어에서 〈전쟁(**war**)〉으로 정착했다. ▷현대 기업들은 자신이 〈판 물건을 일정기간 돌봐주겠다는 보증(**guar**antee=**war**ranty)제도〉를 두고 있고, 〈분명히(**re**) 봤다〉는 말은 〈~라고 여긴다(**re**g**ar**d)〉는 뜻으로 굳었다.

소리(voc)는 공기를 타고
우주공간(v)으로 퍼져(v) 나갔다

- 생각을 담은 목소리(voice)인 말(word)
- 맹세(swear)에 대한 신의 응답(answear)
- 같이 살기로 약속한 결혼(wedding)과 결혼을 깨는 이혼(divorce)
- 말한 만큼 매우(very) ● 산에 부딪힌 메아리(echo)

● 〈생각을 실은 목소리(voice)〉가 말(word)이 됐지만, 인간의 말(word)은 언제나 믿기가 어려웠으므로, 인간은 〈약속을 지키겠다〉고 서약하거나(vow), 큰 소리로(s=severe) 맹세해(swear) 왔다. ▷〈큰 소리(s=severe)로 말한다(wear=word)〉는 〈큰 소리로 맹세한다(swear)〉와 〈고래고래 욕한다(swear)〉로 이분화됐다. ▷신에게 맹세한(swear) 인간은 신의 대답(answer)/an=ant)을 간절하게 기다려 왔고, 〈신이 내려주는 우렁찬(fa=ba=brave) 응답〉을 친절(favor)이라고 했다. ▷〈신의 부름을 받은 성직자의 일〉을 신성한 직업(vocation)이라고 했고, 〈신에게(de=to) 모두 드리겠다(devote)〉는 말은 〈온몸을 바쳐 헌신하겠다(devote)〉는 말로 일반화됐다. ▷결혼(wedding)은 〈같이 살기로 약속한 말〉이었으므로, 결혼으로 맺어진(lock) 혼인상태(wedlock)는 부부를 영원히 묶었지만, 약속을 깨고(de=destroy) 이혼하는(divorce) 경우가 속속

증가하고 있다.

● 정확한 발음에서 벗어난(abs=off) 말은 애매하고(absurd/ur=ver), 그 사람의 어휘(vocabulary)와 목소리의(vocal) 파장을 들으면 그 사람의 고향을 알 수 있었다. ▷〈큰(pro) 소리로 사태를 불러들이는 것〉은 도발하는(provoke) 것이었고, 〈모두(con) 모이라고 소리지르는 것〉을 회의를 소집한다(convoke)고 했다. ▷서사시(epic)는 영웅들의 파란만장한 이야기를 끝없이(e=ex) 이어 놓은 글이었다. ▷모음(vowel)은 자음을 실어 주는 기반소리이고, 자음(consonant)은 모음과 함께(con) 있어야 나는 소리(son=sound)였다. ▷〈속세에 널리(pro) 알려져 누구나 하는 말〉이 속담(proverb)이었고, 방금 전에 한 말과 일치하는 정도는 〈매우(very)〉라는 부사가 됐고, 메아리(echo/ech=vec=voc)는 산에 부딪힌 소리가 반사해 돌아온 것이다.

인간은 공간으로 퍼져나가는(w) 말(wor)로 정보를 주고받았다

- 대중을 설득하는 큰 소리 웅변(rhetoric)
- 일을 마치면 주기로 약속한 돈 임금(wage)
- 못 갚으면 저당물을 죽이겠다는 약속 대출(mortgage)
- 몸에 맞춰 입다(wear) ● 예언자를 모시는 바티칸(Vatican)

● 공화정이었던 로마에서는 대중을 설득하기 위한 웅변(rhetoric/rh=hr=vr/음운도치)이 본격적으로 발달하고 유명한 웅변가(rhetor)들이 속출했으므로, 〈왔노라(Veni), 보았노라(vidi), 이겼노라(vici)〉/〈예술은 기술을 숨기는 기술이다(ars est celare artem)〉/〈주사위는 던져졌다(alea jecta est)〉같이 만고에 회자되는 명언들이 쏟아졌다. ▷수사의문문(rhetorical question)은 자신에게 스스로 묻는 말로, 대답할 필요가 없는 질문이므로, 〈누가 그걸 모르겠습니까?(Who does not know?)〉와 같은 말이었다.

● 〈말(word)은 공중으로 퍼져 나가고(ver)〉, 〈목젖(gar)을 움직여 말하고〉, 〈말은 행동과 일치해야(wag) 했으므로〉, 알파벳 브이(v)와 더블유(w)와 지(g)는 서로 바꿔썼다. ▷〈일을 마치면 주기로 약속한 급료〉는 임금(wage)이었고, 말로 한 약속은 정확히 행동으로 수행해야(wage)

했다. ▷〈남의 일에(en) 자기의 말을 집어 넣으면〉 개입하는(engage/ ga=ver) 것이었고, 〈결혼하기로 약속에(en) 들어가는 것〉은 약혼(engagement)이었다. ▷저당이나 담보대출(mortgage)은 빌린 돈을 갚지 못하면 〈저당물의 소유권을 죽이겠다(mort=murder)는 약속(gage)〉이었고, 치수(gage)는 〈자를 정확하게 대서 잰 크기〉를 말했다. ▷톱니바퀴(gear)는 〈서로 꽉 맞물려 돌아가는 기계〉였고, 〈옷을 입는(wear) 것〉도 〈옷을 몸에 딱 맞춘다〉는 말이었다.

●그리스 연극에서는 〈말이 어눌한(eiron/eir=ver) 바보 배역〉이 맨 마지막에 승자로 반전하는 경우가 허다했으므로, 어눌한 바보는 〈칭찬하는 척하면서 골려주는〉 반어법(irony)이 됐다. ▷명예(honor/hon=ver/ n 첨가)는 〈모든 사람들이 큰 소리로 칭찬하는 소리〉였으므로, 아무도 부르지 않는 사람은 명예를 잃은 사람이었다. ▷오디션(audition/aud=vd)은 원래 〈입으로(aural) 소리내는 능력을 알아보는 가창심사(audition)〉였고, 〈청중(audience)들이 소리로 하는 공연을 듣는 공간〉을 강당(auditorium)이라고 했다. ▷로마의 바티칸(Vatican/vat=word)은 〈예언자(prophet/phet=word)를 모시는 궁전〉으로 결국 신의 대리자를 모시는 궁전이라는 뜻이었다. ▷귀(ear/ear=ver)는 소리(audio/aud=ver)를 들으므로, 귀와 소리는 같은 어원이었고, 전복(ormer/or=vr)은 〈바다(mer=marine)의 귀〉라는 말이었다.

고기를 갈기갈기(w) 찢어(wol) 먹는 늑대를 인간들은 두려워했다

- 고기를 찢어먹는 늑대(wolf) ● 늑대를 존경하는 아돌프(Adolph)
- 피부가 찢긴 곳 상처(wound) ● 잘 찢어져 취약한(vulnerable)
- 모든 조직이 흔들리는 경련(convulsion) ● 손으로 잡아 뽑았던 양털(wool)

● 고기를 갈기갈기(w) 찢어 먹는 늑대(wolf)는 인간에게 강인한 인상을 남겼으므로, 로마는 〈2마리의 늑대(Romulus and Remus)가 건국했다〉는 전설을 만들었다. ▷사람 이름 아돌프(Adolph/olph=wolf/음운탈락)는 〈늑대에게(ad=at) 존경심을 보낸다〉는 뜻이었고, 랄프(Ralph)는 〈늑대들의 모임(ral=rally)〉이라는 사람 이름이었다. ▷〈취약하다(vulnerable)는 말〉은 〈잘 찢겨진다〉는 뜻이었으므로 잘 찢겨지지 않는(in) 성은 〈난공불락(invulnerable)의 요새〉였다. ▷상처(wound)는 〈피부가 찢겨진 곳〉이었고, 〈의학적으로 모든(con) 조직이 흔들리는 것〉은 경련(convulsion)이었고, 사회 곳곳이 흔들리면 대혼란(convulsion)이었다. ▷맹금류(vulture)는 고기를 부리로 찢어서 먹는 독수리고, 벨벳(velvet)은 표면을 잡아 뜯어 부드럽게 만든 우단(羽緞)이었다. ▷양털(wool)은 〈손으로 잡아 뜯어냈다〉는 뜻이었고, 〈양털에서 짜낸 기름(oil)〉 라놀린(lanoline/lan=nal=wol/음운도치)은 피부에 잘 흡수되므로 각종 연고제의 기본재료로 쓰였다.

M

우주의 부스러기들

우주는 무한하고 우주의 부스러기(mas)는 유한했다(m)

- 더 이상 쪼개지지 않는 원자(atom) ● 긴 채로 때려서 멀리 보내는 우편(mail)
- 펠멜 경기장에 생긴 상가 몰(mall) ● 때려서 더 작게 만드는 마이너스(minus)
- 나올 음식을 미리 알리는 쪽지 메뉴(menu)

● 무한한 우주에서 떨어져 나와 〈형태도 없이 무게만 가진 우주의 부스러기〉를 질량체(mass)라고 했고, 질량체가 뭉쳐 원자(atom)가 됐고, 원자가 뭉쳐 분자(molecule)가 됐고, 분자가 뭉쳐 우리가 보는 다양한 물체(matter)를 만들었다. ▷〈곡식을 잘게 빻는(mill) 방앗간 주인〉은 영어로 밀러(Miller)가 됐고, 프랑스어로 밀레(Millet)였으므로, 화가 밀레는 만종을 그려서 유명해졌다. ▷음식(meal)은 〈잘라서 먹어야 하는 덩어리〉라는 뜻이었고, 〈음식을 잘게(de) 갈아서 분쇄하는(demolish) 이빨〉은 어금니(molar)라고 했다. ▷〈프랑스의 구기경기에서 공을 때리는 긴 채(mail)〉는 〈편지를 멀리 보내는 우편(mail)〉으로 진화했고, 영국에서 〈긴 채(mall)로 볼(phall=ball)을 때리는 펠멜(phall-mall)경기장〉에 생긴 큰 상가는 몰(mall)이 됐고, 스코틀랜드에서 〈때리면서 강제로(black) 걷어들이는 징세〉는 〈협박(black mail)〉으로 굳었다.

● 1시간을 60으로 〈처음 나눈 부분(first minute part)〉이 축약되어 분

(minute)이 됐고, 1분을 60으로 〈두 번째로 나눈 부분(second minute part)〉이 축약되어 초(second)가 됐다. ▷모토(motto)는 긴 설명이 필요한 말을 〈짧고 단순하게 만든 좌우명〉이 됐고, 계속 빼면(minus) 결국 아무것도 남지 않고, 〈잃어버린(miss) 것〉은 언제나 그리운(miss) 법이다. ▷〈작다(min)의 라틴어 비교급〉이 소수나 열등집단(minor)이 됐고, 〈크다(maj)의 비교급〉은 다수나 우등집단(major)이 됐고, 그리스의 비밀단체들이 〈은밀하게 전하던 비기(mystery)〉가 불가사의(mystery)로 일반화됐다. ▷로마의 지방 대행정관(magistrate)은 후에 행정지사(governor)가 됐고, 이에 대응하는 궁정의 집사(minister)는 내각제 정부의 장관(minister)이 됐고, 〈모든 장관들을 합해서(ad=add) 행정부(administration)〉라고 했다. ▷미모사(mimosa)는 〈동물의 행동을 작게 흉내 내는 식물〉이고, 끝없이 제공되는 귀족의 연회에서 〈앞으로 나올 음식을 미리 보여주던 작은 종이 쪽지〉가 메뉴(menu)가 됐다.

인간이 사는 땅의 가장자리(m)를
바다(mar)라고 했다

● 물을 좋아하는 해양의(maritime) ● 바다의 용사 머피(Murphy)

● 물속에서 갑자기 튀어나오는 비상(emergency)

● 물 밑에 몰래 은신하다(submerge) ● 물에 가라앉는 납(plumb) 덩어리

▶ 인간이 사는 〈육지의 끝(m)〉을 바다(marine=mark)라고 했고, 인간은 오래전부터 바다로 향했으므로, 〈배를 타는 선원(mariner)〉은 아주 오래된 직업이었고, 옛날부터 바다에는 〈인간 처녀(maid)와 닮은 인어(mermaid)〉가 살고 있다고 믿었다. ▷ 〈바다와 친한(itim=intimate/끝을 마주대하다) 유럽의 해양(maritime) 민족〉들은 차례로 대서양으로 나가 아메리카를 탐험했으므로 좁은 유럽을 완전히 벗어났고, 〈은밀하게 바닷물 밑(sub)을 다니는 잠수함(submarine)〉을 찾아내기는 매우 어려웠다. ▷ 물이 완전히 빠진 늪지대는 〈작은 풀이 자라는 황무지(moor)〉가 됐고, 허브 로즈메리(rosemary)는 〈바다의 이슬(ros/라틴어)〉이라는 말이었다. ▷ 사람 이름 머피(Murphy)는 〈바다(mur=mer)의 용사(phy=fren=break)〉라는 말이었고, 미군 조종사 머피가 발견한 머피의 법칙(Murphy's law)은 〈불길한 예감이 결국 적중하는 심리상태〉를 말했다. ▷ 물에 잠겨 있다가 〈갑자기 물 밖으로(e=ex) 튀어나오는

(gen=go) 상황〉을 비상사태(emergency)라고 했고, 〈물(n)속에 빠져 다급한 상황〉은 〈꼭 필요하다(need)〉가 됐다. ▷불에 달군 다음 〈물속에(in) 서서히 넣어 담금질(immersion)한 쇠〉는 갈수록 강도가 높아지고, 악어는 물 밑에(sub) 몸을 은신하고(submerge) 목표물을 끈질기게 기다렸다.

▷납(plumb/mul=mer/물/음운도치)은 〈물속 공간(p=space)으로 풍덩 가라앉는(plunge/lun=mer) 무거운 금속〉이었고, 몰리브덴(molybdenum/molybd=merb)도 〈납처럼 무거운 금속〉이라는 뜻이었다. ▷물과 같은 유체인 공기 중에서도 물체는 아래로 곤두박질치고(plummet), 현악기의 줄을 뜯으면(plunk) 풍덩하며 물에 빠지는 소리가 났다.

숨 쉬며(an) 생각하는 우주의 작은 부스러기(m)가 인간(man)이었다

●숨 쉬는 부스러기 동물(animal) ●영원히 숨 쉬는 아브라함(Abraham)

●전사 헤르만(Herman) ●인간이 드나드는 구멍 맨홀(manhole)

●정신적 스승 멘토(mentor) ●지능이 떨어지는 병 치매(dementia)

●태초에 물(n)을 얻은 생명이 숨(an) 쉬기 시작했고, 〈숨 쉬는(an) 우주의 부스러기(m=mass)〉가 인간(man)과 동물(animal)이 됐고, 여자(woman)는 〈또 하나의(wo=two) 사람을 낳는 사람〉이라는 뜻이었다. ▷스웨덴의 생물 분류학자 린네(Linnaeus)는 〈동물의 왕국(animal kingdom)〉을 동물계(animal kingdom)라는 학명으로 썼고, 동물계와 대응하는 범주는 식물계(plantae)였다. ▷고대 인도의 브라만(Brahman/영생자)은 〈영원한(bra) 숨을 쉬는 무한한 우주의 존재〉였고, 〈우주를 가로질러(t=through) 세상에(a=at) 내려온 브라만의 일부 조각(m=mass)〉을 아트만(atman/부초 같은)이라고 했으므로, 한자로 브라만은 범(梵), 아트만은 아(我)로 번역되어 〈범아일여(梵我一如)사상〉이 되었고, 브라만은 히브리어에서 아브라함(Abraham/영생한 자)으로 남게 됐다.

●노르만(Norman)은 원래 북부(north) 스칸디나비아 반도에서 살았

지만, 프랑스 서부를 점령해 노르망디(Normandy)를 건설하고, 1066년에 영국으로 건너가 노르만 왕조를 세웠다. ▷스웨덴어 옴부즈맨(ombudsman)은 〈관공서와 민원인을 동시에(amb=all) 지켜보는(bud=vid) 민원 감찰관〉이었고, 사람 이름 헤르만(Herman)은 〈전쟁(her=war)을 벌이는 용사〉라는 뜻이었다. ▷〈숨을 쉬고 움직이게 만든 그림〉이 애니메이션(animation)이고, 〈하나(un=one)로 숨을 쉬는 것〉을 만장일치(unanimous)라고 했고, 〈반대로 숨 쉬는 것〉은 반감(animosity/an=숨/an=ant/이중의미)이라고 했다. ▷마네킹(mannequin)은 〈작은(quin=little) 인간〉이라는 뜻이고, 원숭이(monkey)도 〈작은(key=little) 인간(mon=man)〉이었고, 맨홀(manhole)은 쥐가 아닌 〈인간이 드나드는 구멍(hole)〉이라는 뜻이었다.

▷〈숨 쉬는(an) 인간(man)〉은 곧 〈생각(mean)하는 인간〉이 됐으므로, 중국에 도착한 포르투갈인들은 중국 관리를 〈생각이 깊은 만다린(mandarin)〉이라고 불렀고, 노란 청나라 관복(mandarin)과 노란 중국산 귤(mandarin)과 표준 중국어(mandarin)도 만다린이라고 불렀다. ▷〈손(chir=girdle/쥐다)금을 보고 신이 준 생각을 점치는 것〉을 수상점술(chiromancy)이라고 했고, 멘토(mentor)는 〈정신적으로 기대는 스승〉이었다. ▷신은 자신의 〈발아래로(su=sub) 인간을 불러내(summon)〉 벌을 줬고, 군주는 신하를 소환해(summon) 잘못을 준엄하게 경고했다. ▷비평가(commentator)는 자신의 생각만으로(co) 평가하므로(comment), 언제나 까다로운 존재였다. ▷멘사(mensa)는 지적능력(IQ=intelligent quotient)이 148이상인 사람들의 모임으로, 세계적으로 20만 명의 회원을 가지고 있다. ↓멘사는 미사를 올리는 교회의 탁자를 말했으므로, 미사의 탁자는 신의 생각을 전하는 곳이었다. ▷〈지적 능

력이 현저히 떨어지는(de=down) 증상(tia)〉 치매(dementia)는 그 병을 처음 의학적으로 규명한 의사의 이름을 따서 알츠하이머(Alzheimer)라고도 불렸다.

인간정신의 일부(m)가 기억(memory)이 됐다

- 생각하는 기술 음악(music) ● 뮤즈들을 그린 장식 모자이크(mosaic)
- 생각을 보관하던 박물관(museum)
- 너의 죄를 기억하지 않겠다 사면(amnesty)
- 인간과 다른 생각을 가진 괴물(monster)

● 〈생각의 부스러기(m)〉가 기억(memory)으로 남았고, 〈기억의 여신 므네모시네(Mnemosyne)〉는 자신이 낳은 〈9명의 딸 뮤즈(Muse)〉들을 시켜 〈인간의 기억(muse)〉을 마음대로 조종하도록 했다. ▷9명의 뮤즈들은 특히 〈문학과 시, 연극, 음악(music/생각하는 기술) 등을 창조하는 인간의 기억〉을 통제했으므로, 인간들은 벽에 〈뮤즈의 모양 모자이크(mosaic)〉를 장식하고, 뮤즈로부터 미움을 사지 않으려고 했다. ▷〈인간의 기억을 보관하던 곳(museum/um=place)〉은 현대의 박물관(museum)으로 남았다.

● 〈잃어버린 기억을 다시(re) 찾는 것〉을 기억한다(remember)고 했으므로, 〈과거가 기억나지(remember) 않는 병적 증상(ia)〉은 기억상실증(amnesia)이 됐고, 왕은 〈너의 죄를 더 이상 기억하지 않겠다(a=ant)〉며 죄를 지은 신하를 사면(amnesty)하기도 했다. ▷〈의심하는 생각으로 바라보는 것〉을 〈감시한다(monitor)〉고 했고, 〈인간과 다른 생각이

나 모양을 한 것〉을 괴물(mon**ster**)이라고 했고, 〈자신과 다른(**e**=**ex**) 생각을 가진 자〉를 적(**e**nemy/nem=men/음운도치)이라고 했다.

자신이 떨어져(m) 나왔던
어머니(matr)를 향한 끝없는 그리움

● 새끼를 낳는 모체(matrix) ● 모든 생명을 낳은 대자연(Mother Earth)

● 어머니 마이아(Maia) ● 식민지를 거느린 모국 도시국가(metropolis)

● 프랑스 도시의 지하철(metro) ● 젖을 주는 포유류(mammal)

● 무한한 〈우주에서 떨어져 나온 부스러기 물체(matter)〉들은 자신을 닮고, 자신보다 더 작은 새끼를 낳을 수 있는 능력을 갖고 있으므로, 〈새끼를 낳을 수 있는 모체(matrix)〉를 어머니(mother)라고 했고, 〈땅위의 모든 생명을 낳은 모체〉는 대자연(Mother Earth)라고 불렀다. ▷그리스의 신 마이아(Maia)는 어머니를 뜻하므로, 만물이 탄생하는 5월(May)이 됐다. ▷자신보다 작은 도시국가를 식민지로 거느렸던 고대의 〈모국 도시국가(polis)〉를 메트로폴리스(metropolis)라고 불렀고, 메트로폴리스는 오늘날 거대도시(metropolis)가 됐고, 현대에는 거대도시보다 더 큰 도시들이 생겨났으므로, 초거대도시(megalopolis)라고 불렀다. ↓〈오늘날 레바논이 된 고대의 페니키아(Phoenicia)〉는 〈오늘날 튀니지가 된 카르타고(Carthage)〉를 지배하는 〈메트로폴리스(metropolis)〉였지만, 카르타고는 모국 페니키아보다 더 강력해져, 로마와 지중해의 패권을 놓고 싸웠다. 카르타고의 유명한 한니발(Hannibal)장군은 로마를 위

기에 몰아 넣었지만, 결국 로마에게 패하고, 모국 페니키아로 도망가서 객사했다.

●일반적으로 지하철은 서브웨이(**subway**)지만, 파리의 지하철은 메트로(**metr**o=**metr**opolis)라고 부르고, 런던의 지하철은 튜브(**tube**)라고 부른다. ▷포유류(**mam**mal)는 〈새끼에게 젖을 주는 동물〉이라는 말이고, 어마어마하게 큰 매머드(**mam**moth)는 현재 코끼리의 먼 조상이었다.

우주 만물(m)들은 각각 자신만의 고유한 힘(meg)을 가지고 있었다

- 그리스 알파벳 큰 <오(o)> 오메가(omega) ● 왕만 갖는 힘 폐하(majesty)
- 다 죽이는 대량학살(masscare) ● 힘을 내는 기계(machine)
- 신비한 힘 마술(magic) ● 금속을 끌어 당기는 자석(magnet)

● 그리스 알파벳의 맨 끝 글자는 〈큰(mega) 오(O)〉라는 뜻의 오메가(Omega=Ω)이고, 그리스의 알파벳에는 〈작은 오(o)〉의 오미크론(omicron)도 있다. ▷예수가 〈나는 알파(alpha=A)요, 오메가(Omega=Ω)〉라고 한 말은 내가 〈처음과 끝 모든 것〉이라는 말이었고, 위대한 음악 지휘자를 서장(maestro)이라고 했다. ▷로마 시대에는 〈가장(mus=most) 힘이 세다〉는 뜻의 이름 막시무스(Maximus)가 많았고, 주인(master)은 〈힘을 가진 자〉였고, 시민 혁명 이후에는 모든 사람이 주인이 됐으므로, 이름에 주인이라는 뜻의〈~씨(mister)〉를 붙여 줬다. ▷중세의 조합(guild)에서 기술을 익히는 견습생(apprentice)이 〈장인으로부터 인정받는 최후의 작품(piece)〉을 걸작(masterpiece)이라고 했다. ▷국왕은 누구도 도전할 수 없는 권위(majesty)를 가지므로, 폐하(your/his/her majesty)라고 불렀다.

● 〈양과 크기가 많은(many/much) 것〉은 그만큼 더 큰 힘(might)을 가

졌으므로, 험악한 우주공간에서 살아남을 수 있었고, 남성(male)도 〈힘이 세다(masculine)〉는 뜻이었다. ▷고대의 전쟁은 패전한 〈씨족을 모두(mass) 죽이는(scr=cut) 대량학살(massacre)〉이었고, 아마존 〈정글을 자르는 넓적한 칼〉은 마체테(machete)라고 했다. ▷고대의 무기에는 〈쇠공을 줄에 매단 철퇴(mace)〉가 있었고, 긴 자루에 〈끝이 뾰족한(ha=ak) 돌(mer)〉을 고정시킨 무기를 망치(hammer)라고 했었다. ▷활을 잘 쏘기 위해 〈여성의 힘(maz)을 상징하는 젖가슴을 잘라 냈던 (a=away) 여전사〉를 아마존(Amazon)이라고 했고, 아마존 왕국은 흑해 부근에 있었다고 알려졌다. ▷〈겁(menace)을 줘서 양을 앞으로(pro) 몰고 가는 양떼몰이(promenade/ade/떼거리)〉가 〈길에 모여서 재미있게 노는 놀이마당(promenade)〉이 된 뒤, 〈미국 고등학교 졸업생들의 졸업파티(prom)〉로 축약됐다.

● 단순한 재료들을 모아 〈더 큰 힘을 내게 만든 것〉을 기계(machine)라고 불렀으므로, 〈큰 힘을 내게 만든 구조〉를 기계장치(mechanism)라고 했고, 그 〈기계를 운용하는 기사〉를 기계공(mechanist)라고 불렀다. ▷〈무엇을 만든다(make)〉는 것도 만들어진 물건이 〈힘을 발휘한다〉는 뜻이었고, 〈돌로 집을 짓는 석공(mason=make)들의 조합〉에서 출발한 〈프리메이슨(free mason) 협회〉는 〈자유와 정의를 표방하는 전세계적 비밀조직〉으로 성장해, 워싱턴과 모차르트, 몽테스키외 같은 명사들도 그 회원이었다고 알려졌다. ▷둘로 〈쪼개진 양편(match)〉은 서로 대립하면 힘을 겨뤄(match) 싸움을 벌이고, 서로 화합하면 조화롭게 어울리므로(match), 같은 어원이 반대로 분할됐다. ▷고대의 마술(magic)은 〈알 수 없는 신비한 힘을 내는 기술〉이므로, 마술사(magician)는 존경받는 존재였고, 예수의 탄생을 축하하러 온 동방

의 세 박사(Magi)도 마술사였다. ▷힘(might)은 〈일을 하게 만드는 에너지〉이므로, 〈힘이 있다면 해보라〉는 허락 조동사(may)가 됐고, 힘을 잃으면(dis) 당황하고(dismay), 〈힘을 내는 부분〉은 주요한(main) 부분이었다 ▷〈가장(mum=most) 큰(maximum) 것(um)〉과 〈가장 작은(minimum) 것〉은 같은 어원에서 나온 반대말이었다. ▷자석(magnet)은 금속을 끌어당기는 기묘한 힘이 있고, 프랑스어 작은 마녀(mascot)는 〈행운을 불러오는 부적(mascot)〉으로 굳었다.

때려서(m) 작아진(mur) 존재는 결국
죽어서(mor) 없어지는 운명을 맞았다

- ●회초리로 맞고 정신이 들어 똑똑해지다(smart) ●입으로 잘라 먹는 개미(ant)
- ●알려진 것이 없는 신비(mystery)
- ●말이 전혀 없는 무언극 팬터마임(pantomime) ●없애서 죽이다(murder)

●졸고 있는 수도승의 머리를 회초리로 세게(s=severe) 때려(smite) 〈정신이 번쩍 들게(smart) 했던 것〉이 〈똑똑하다(smart)〉가 됐으므로, 〈스마트폰(smart phone)은 똑똑한 전화기〉가 됐다. ▷중세 초기 프랑스 출신 시칠리아왕에게 반란을 일으켰던 시칠리아 농민들이 내걸었던 〈프랑스에게 죽음을! 이탈리아는 망한다(Morte Alla Francia! Italia Aneia)〉라는 구호의 축약이 마피아(Mafia)가 됐고, 마피아는 현대 폭력집단(Mafia)의 대명사로 굳었다. ▷염소가 〈풀을 잘라(mow) 먹는 곳〉이 목초지(meadow)였으므로, 〈염소가 풀을 다 뜯어 먹은 후(after)〉, 황량한 목초지가 후유증(aftermath)이 됐다. ▷〈천 조각으로 만든 로마군의 군기(mappa)〉에서 〈천 위에 그린 지도(map)〉와 〈천 조각을 붙인 대걸레(mop)〉와 〈천으로 만든 앞치마(apron)〉가 나왔다. ▷앞치마(apron)는 원래 〈하나의 천 조각(a napron/n=m)〉을 〈잘못 붙여 읽어서 (an apron)〉 생긴 단어였다. ▷영어 개미(ant/ampt의 축약)는 옆으로 달

린 〈입으로 먹이를 잘라(mpt=mince) 내는(a=off) 곤충〉이라는 말이었고, 라틴어 개미(formica/vamrh의 변형/산스크리트어)도 〈먹이를 잘라(mrh=mince) 내는(fo=va=off) 곤충〉이라는 말이었고, 〈강력한 방부제 포르말린(formalin)〉은 〈개미의 분비물에서 추출한 액체(in)〉였고, 〈가구의 표면에 발라 광택을 내는 수지〉는 포마이카(formica)라는 이름을 얻었다.

● 〈신뢰(truth)가 작아진 것〉은 불신(mistrust)이고, 〈알려진 것이 없는 것〉을 신비(mystery)하다고 했고, 〈믿기 어려운 이야기〉는 신화(mythology)였고, 〈점점 작아져 죽어가는 것〉을 〈불쌍하다(misery)〉고 했다. ▷마임(mime)과 팬터마임(pantomime)은 〈말을 전혀(pan=all) 쓰지 않는 무언극〉이었고, 벙어리는 아예 〈말을 못하는(mute) 사람〉이었다. ▷라틴어로 〈작아졌다(mal)〉가 〈나쁘다(mal)〉가 됐고, 영어로는 〈깨져서(break) 작아졌다〉가 〈나쁘다(bad=break)〉가 됐고, 〈나쁜(bad) 것〉은 결국 없어져 〈죽었다(die/b-d 음운호환)〉가 됐다. ▷말라리아(malaria)는 〈늪지대의 나쁜 공기(ar=air)가 일으키는 병(ia)〉으로 오해됐으나, 늪의 모기가 원인이었다. ▷음울한(dismal) 기분은 〈구름이 낀 날(dis=day)의 우울한 마음〉이었다.

● 〈때려서 점점 작게 만들고 없애는 것〉을 죽인다(murder)〉고 했고, 〈가축이 못나서 죽게 생겼다〉는 말이 〈작다(small)〉가 됐다. ↓레바논의 무슬림들이 중세 십자군 지도자에게 몰래 먹였던 독약(hashish/아랍어)이 암살(assassination/asess=hashish)로 정착했다. ▷순교자(martyr/mar=mor=mortal/죽음의)는 〈죽음으로써 자신의 믿음을 지키는 자〉였고, 중국의 진시황은 〈죽지 않는(im=in=ant) 불사(immortality)〉의 약초를 구하려고 한반도의 산속까지 뒤졌다. ▷수백만 명이 죽은 종

교전쟁이 끝난 뒤, 유럽에는 〈죽음을 상기하라(memento mori)〉는 비관적 풍조가 넘쳤던 바로크(baroque=break/찌그러진 진주)시대가 왔다.

우주의 부스러기(m)들은 모두
유한한(m) 한계(mark)와 끝을 가졌다

- 해안 경고판 랜드마크(landmark) ● 강둑의 수준표 표준(benchmark)
- 국경을 지키는 군대(military) ● 변두리 산(mountain)
- 투자한 돈에 덧붙는 이익(margin) ● 인간 변두리에 사는 생쥐(mouse)

● 무한한 우주에서 떨어져 나온 모든 만물은 유한하고(m), 〈유한한 만물의 경계를 표시하는 선이나 점〉을 마크(mark)라고 했으므로, 충돌하는 두 나라는 〈서로를 갈라(de=divide) 놓는 분계선(demarcation line)〉을 설정하고, 젊은 병사들의 행군(march=mark)은 언제라도 전선(mark)으로 달려갈 준비가 되어 있다는 증거였다 ▷랜드마크(landmark)는 원래 위험한 연안을 지나는 배들이 〈낮에 볼 수 있도록 해안(land)에 세워 둔 경고문〉이었지만, 지금은 〈어떤 지역의 대표적 지형지물〉을 가리킨다. ↓ 〈밤에 배들이 볼 수 있는 해안 경고등〉은 등대(light house)였다. ▷벤치마크(benchmark)는 원래 강의 수위를 알아보기 위해 〈강둑(bank=bench)에 표시한 수준표(bankmark)〉였다가, 지금은 〈그대로 따라 해야 할 표준(benchmark)〉이 됐다. ▷생각을 정확하게(re) 표현하는 발언(remark)은 끝에 〈군더더기가 없이 잘 다듬어진 말〉이었다.

● 군대(military)는 〈한 나라의 경계선을 지키는 정규 무력〉이고, 의용

군(militia)은 아직 〈정규군의 형태를 못 갖춘 비정규 무력〉이었다. ▷원래 〈왕을 무력으로 모시는 신하였던 마샬(marshal)〉은 〈영국 군대의 원수나 미국의 보안관〉이 됐고, 후작(marquis)은 〈변방을 지키는 귀족〉이었으므로 변방백이라고도 했다. ↓후작보다 한 단계 높은 공작(duke)은 〈백성을 이끄는(duk=duc=lead) 지도자〉라는 뜻이었고, 백작(count)은 〈왕과 함께(co) 가는(t=ite=go) 고위 귀족〉이라는 말이었고, 자작(viscount)은 〈백작의 절반(vis=vice=mid)의 권력을 가진 귀족〉이었고, 남작(Barron)은 〈힘(bar=man)을 가진 자〉라는 의미였다.

▷산(mountain/mount=mark)은 〈인간 주거지를 둘러싸는 변두리〉였고, 인간은 탐험과 사냥을 위해 변두리 산에 올랐고(mount), 산 밑으로 구멍을 뚫어 광산(mine)을 개발했고, 각종 유용한 광석(mineral)을 캐냈다. ▷몰래 〈땅 밑(under)을 파고 들어가는(undermine) 것〉을 〈기반을 약화시킨다(undermine)〉고 했다. ▷영국 서부 웨일즈의 캄브리아(Cambria/cam=mac=mark/음운도치)는 〈변두리 산악지역〉이라는 뜻이었고, 캄브리아기(Cambrian Period)는 가장 많은 생물들이 멸종한 〈지질학적 대혼란기〉였다. ▷〈여러 개의 사진을 쌓아서(mounting) 종합적인 이미지를 만드는 것〉을 영상 편집(montage)라고 불렀고, 중심에서 먼 가장자리(margin)가 〈투자한 돈에 덧붙는 이익(margin)〉이 됐다. ▷생쥐(mouse)는 인간 주거지의 변두리를 맴돌며 기생하고, 근육(muscle)은 〈팔뚝 피부 아래에서 생쥐처럼 움직이는 알통〉이라는 말이었다.

나누어진(m) 둘은 사이좋게(mid) 지낼 수도 있고 서로 싸울 수도 있다

- 반절의 가치를 가진 메달(medal) ● 반절을 버린 과부(widow)
- 물질이 아닌 정신 형이상학(metaphysics)
- 쪼갠 반절과 일치하는 정체성(identity)
- 늘어놓은 수들의 가운데 있는 중앙값(median)

● 인간은 만물의 가운데(middle)를 쪼개서 그 성질을 알아 봤고, 〈스페인 정복자와 인디언 사이에서 태어난 혼혈〉을 메스티소(Mestizo)라고 불렀다. ▷운동 경기에서 우승한 자에게는, 〈값어치가 절반(middle)밖에 안 되는 놋선(coin of half value)〉 모양의 메달(medal)을 주었으므로, 메달(medal)은 〈절반(middle)의 가치〉라는 뜻이었다.

● 〈가운데(middle)를 나눈 둘〉에서 〈둘이 함께(with=mid/음운퇴화)〉가 나왔으므로, 산파(midwife)는 〈산모와 우호적으로 함께(mid=with) 있는 자〉였고, 중개인(middleman)도 〈두 사람의 손을 우호적(mid=with)으로 연결해주는 매개자〉가 됐다. ▷〈가운데(middle)를 나눈 둘〉에서 〈둘이 적대적으로(with=mid)〉도 나왔으므로, 〈벽을 지탱하고(withstand) 서 있는 버팀목〉은 〈절반(mid)인 벽을 적대적(with=aginst)으로 밀면서 서 있다(stand)〉고 했고, 과부(widow)는 같이 살던 남편

과 〈적대적으로(wid) 갈라져 혼자 사는 여자〉였다. ▷〈나누어져(mid) 적대적 관계를 이루는 것〉을 특별히 메타(meta)라고 했으므로, 〈물질(physic=be)과 반대인 정신적 분야〉는 형이상학(metaphysics/반물질학문)〉이라고 했고, 〈다른 말을 가지고(phor=fer=carry) 대신 표현하는 방법〉은 은유법(metaphor)이라고 불렀다.

● 둘로 나누어진 절반(vice=with=mid)은 불완전하므로 아예 악(vice=mid)으로 굳거나, 〈절반(vice)의 대통령〉은 부통령(vice-president)이 됐다. ▷ 쪼개진 절반은 바보(idiot/id=mid/음운탈락)가 되거나, 나누어진 둘 중 〈한쪽(syn=single) 성질이 완전히 주도하면(cras=rule)〉 특이체질(idiosyncrasy)〉이라고 했다. ▷ 둘로 〈쪼개진 것들을 맞추어 완전히 일치하는 것〉은 정체성(identity)이라고 했으므로, 미국에 사는 한국인이 미국인과 맞춰보고 〈같다(identical)〉고 느끼면 정체성이 있고, 〈관공서에 보관된 원기록과 맞춰보는 서류〉를 신분증(identification card)이라고 했다.

● 크기 대로 늘어 놓은 수(1, 3, 3, 3, 5)에서 최소 수 (1)과 최대 수 (5)를 합한 뒤 2로 나눈 3을 평균값(mean/보통의=평범한=치사한)이라고 부르고, 여러 개의 수 중 한가운데 있는 수 3을 중앙값(median/대표적)라고 부르고, 여러 개의 수 중 가장 많은 숫자 3은 최빈수(mode/가장 일반적인)라고 불렀다. ↓ 모든 수를 합한 뒤, 그 수의 개수로 나눈 평균(average/공평분담)은 〈태풍으로 난파된 피해를 화물주와 선주가 공평하게 나누는(avar) 아랍인들의 방법〉이었으므로, 아랍어였다.

무한한 우주는 측정할 수 없고
유한한(m) 우주의 부스러기(m)만
측정할(meas) 수 있었다

● 모든 물체를 측정하는 수학(mathematics)

● 낮은 단계로 측정하는 차원(dimension)

● 중간에서 매개하는 언론매체(media)

● 몸 상태를 측정하는 의학(medicine) ● 마음을 측정하는 기분(mood)

● 태초에 형태도 없었던 엉망진창(mess)의 혼돈 상태에서, 우주의 부스러기(m)들이 뭉쳐 덩어리(mass)가 됐고, 덩어리들이 조합해 현재 우리가 보는 물체(matter)의 모양을 갖췄으므로, 인간은 그 물체들의 모양과 크기, 무게를 측정하면서(measure) 우주에 대한 지식을 아주 조금씩 늘려왔다. ▷처음 물체(matter)들을 〈차례로(ar=arrange) 늘어 놓고 개수만 세던 산수(arithmetic)〉는 〈물체들의 모든 속성을 계산하는 고도의 기술(tics)인 수학(mathematics/math=mass/met=measure)〉으로 발전했다. ▷〈아라비아 숫자를 이용한 대수학(algebra)〉이 들어오기 전에 중동과 유럽에서는 〈땅(ge=earth)을 측량(met)하기 위한 수학인 기하학(geometry)〉이 이미 먼저 발전하고 있었으므로, 현대 수학은 〈대수학(algebra)〉과 〈기하학(geometry)〉으로 크게 나뉘었고, 후에 위

치를 구하는 위상수학(topology)이 추가됐다. ▷〈길이를 측정하는(met) 척도(er)〉가 미터(meter)가 됐고, 〈미터를 천(mili=mini)으로 나눈 길이〉를 밀리미터(millimeter), 〈미터를 천(kil=mil) 배로 곱한 길이〉를 킬로미터(kilometer)라고 정했다. ▷〈서로 마주(dia=through)보는 각을 연결하는 선의 길이〉는 대각선(diameter)이라고 했고, 〈계속 아래로(di=down) 범위를 넓혀서 측정하는 방법〉을 차원(dimension)〉이라고 했으므로, 점과 선과 면과 공간은 점차 넓어진 차원이다. ▷가운데로 측정된 중간(medium/라틴어)의 복수(media)는 〈사람들 가운데서 말을 소통시키는 언론매체(media)〉로 의미가 확장됐고, 〈세어 볼(mpt=med=measure) 만큼의 내용물이 들어 있지 않은(e=ex) 것〉을 〈텅 비어 있다(empty/북유럽어)〉고 했고, 라틴어에서는 〈비어 있다(vacant)〉고 했다.

● 〈인간의 몸 상태를 정교하게 측정하는 것〉을 의학(medicine)이라고 했고, 환자의 상태를 〈정확하게(re) 측정하는 것〉을 의료적 치료(remedy)라고 했다. ▷의사는 병적 증세를 의학적(medical)으로 진단하고(diagnose), 약효가 있는(medicinal) 약을 처방(medication)하거나 처치(medication)해주는 사람이었다. ▷종교인은 깊은 명상(meditation)을 통해 병든 인간의 정신과 생각을 측정해서 마음의 고통을 치료했고, 인간의 〈마음 상태를 측정한 결과〉를 기분(mood)이라고 했다.

인간은 측정된(mod) 물체(m)만 정확히 안다고 봤다

- 30일로 측정하는 달(month)
- 한 달에 한 번 일어나는 가임 현상 월경(menstruation)
- 특별한 모양을 보여주는 모델(model)
- 공간의 크기에 딱 맞추는 수용(accommodation)
- 서로 접촉하는 만남(meet)

● 고대인들은 짧은 시간은 〈하루 동안 해의 위치〉로 측정하고, 긴 시간은 달(moon)의 모양으로 측정(measure)했으므로, 〈달(moon)은 30일의 기간을 측정한다(measure)〉는 말이었고, 달(month)은 〈달(moon)의 모양을 차례대로 놓는다(th=set)〉는 뜻이었다. ▷ 그리스인들은 〈한 달(men)에 한 번 일어나는(str=stand) 여성의 가임 현상〉을 월경(menstruation)이라고 했고, 월경을 멈추면(pause) 갱년기(menopause)가 온다고 봤고, 대부분의 학교는 6(se=six)개월을 한 기간으로 재는 〈6개월 1학기(semester) 제도〉를 선택했다.

● 〈만물이 보여주는 행동이나 모양〉을 방식(mode)이라고 했고, 〈수많은 방식(mode) 가운데 대표적인 하나(el=little)의 방식〉을 모델(model)이라고 불렀으므로, 〈수많은 인간 가운데 뽑힌 인간 모델(model)〉은 〈옷

을 입는 방식(mode)을 다양하게 보여주는 자〉가 됐다. ▷시대를 나타내는 방식(mode) 가운데, 〈로마에 기독교가 들어온 시대 이후〉를 새 시대(modern)라고 했었고, 새 시대(modern)는 일반적인 현대(modern)로 굳었다. ▷〈규격화된 조립부품〉을 조립단위(module)라고 했으므로, 각각의 모듈이 정확하게 조립되면(modulate) 비로소 완성된 기계가 나왔다. ▷〈공간의 크기에(a) 인원을 맞추는(com) 것〉을 수용(accommodation)한다고 했으므로, 로마의 콜로세움은 현대의 대형 수용 시설의 모델이 됐고, 모든 사람에게 같은 값에 팔기 위해, 〈같은(com) 모양으로 만든 물건〉을 상품(commodity)이라고 했다. ▷〈일반적 기준(mode)에 맞추는(meet) 행동〉은 절제되고(moderate) 신중한(modest) 행동이라고 했다.

인간은 자신의 경계선(mun)을 긋고 경계(m)선 밖의 종족들을 미워했다

- 경계 안에서 주고받는 소통(communication)
- 다른 영역으로 들어간 돌연변이(mutation)
- 몸에 들어오지 못하게 막는 면역(immunity)
- 정신이 보통을 넘어 미친(mad) ● 움직이기 시작하는 계기(moment)

● 인간은 경계를 긋고 남과 구별하려는 본능을 키워왔으므로, 〈공동(co) 경계(mun)의 내부〉를 자신만의 영역(community)〉이라고 했다. ▷〈같은 영역(community) 안에 있는 사람〉들은 〈공통된(common)〉 성격을 가지고 있으므로 모두 평등하다(common)고 생각한 영국의 평민(commons)들은 영국 하원(the Commons)을 만들고, 하원의 다수당이 정권을 잡는 평민정치체제를 최초로 실현했다. ▷공통의 〈영역 안에 있는 사람들끼리 의사를 주고받는(commune) 것〉을 소통(communication)이라고 했으므로, 같은 의견에 도달하면 공동선언문(communiqué/코뮈니케)을 발표했다. ▷〈자신의 영역에서 쫓아내는(ex) 추방(excommunication)〉은 교회의 파문(excommunication)으로 자리 잡았다. ▷왕권으로부터 독립한 근대도시는 〈시민(mun)끼리만 권력을 가졌으므로(cip=cap=have)〉 자치도시(municipality)라고 부르고,

〈도시는 자유로운 공기를 마신다〉고 선언했다. ▷〈무산자들끼리만 살겠다〉는 공산주의(communism)는 그 이전에 권력을 가졌던 왕과 귀족, 자본가들을 몽땅 퇴출시켰다.

● 직장인들은 집과 직장이라는 〈2개(co)의 영역을 왕복하는 통근(commute)〉을 하고, 생물이 〈갑자기 다른 종으로 변하는 것〉을 돌연변이(mutation)라고 했다. ▷금속(metal)도 〈원래 평범한 돌이 단단하게 변했다(met=mut)〉는 말이었고, 병원균이 〈몸 안으로 못(im) 들어 오게 막는 것〉을 면역(immunity)이라고 했다. ▷〈정신이 보통의 영역을 넘은 상태〉를 미쳤다(mad)고 했고, 〈인체의 기능 범위가 작아진 것〉을 불구(maim)라고 했고, 〈형태는 있지만 기능이 완전히 없어진 멍청이 몸체〉는 이집트의 미라(mummy)였다. ▷평균(mean)은 〈모두 같은 수준에 맞춘 것〉이고 특별하지 않았으므로, 천박하거나(mean), 인색하다(mean)는 뜻으로 확장됐다.

● 동물과 인간은 끊임없이 움직임으로써(move) 경계를 넘어 영역을 넓히려는 본능을 가지고 있었으므로, 사람을 〈움직이게 하는 원인〉을 동기(motive)라고 했고, 숨겨져 있던 〈마음이 밖으로(e=ex) 나오면 감정(emotion)〉이 됐다. ▷〈움직이기 시작하는 시점〉을 계기(moment)라고 했고, 〈더 빨리 움직이게 하는 것〉은 가속도(momentum)라고 불렀다. ▷어떤 새들은 계절을 따라 아주 먼 곳으로 이동(migration)했고, 인간들도 국가의 경계인 공항이나 항구를 통해 출국(emigration)하고, 입국(immigration)하며 세상을 염탐했다. ▷연기(smoke)는 〈다른 영역으로 잘 퍼져(s=separate) 나가는〉 물질이었고, 밀수(smuggle)는 〈몰래 경계를 넘나들며 물자를 들여오는 범법 행위〉였다.

인간은 몸의 끝(m)에 붙어 있는 손(man)에 잡히는 양을 소유개념으로 삼았다

- 모든 것을 지시하는 사령관(com**man**der)
- 손으로 꽉 잡는 소비(con**sump**tion) • 남을 대신한 속죄 대속(red**emp**tion)
- 하나만 골라낸 샘플(s**amp**le) • 원래의 값에 덧붙인 웃돈(pr**em**ium)

● 〈몸에서 솟아나온 말단(m) 부분〉을 로마인들은 손(**mand**)이라고 했고, 영국인은 손(ha**nd**)이라고 했다. ▷ 인간은 손(**mand**=ha**nd**)을 당초 걷는 목적에서 해방시켰으므로, 〈손을 내미는(**de**) 것〉은 〈무엇을 달라고 요구하는(**de**mand) 것〉이 됐고, 국민은 선거를 통해 한 정파에게 권력을 건네줬으므로(**dat**=dore=give) 정권을 위임했고(**man**date), 권력을 위임받은 정권은 거꾸로 국민에게 〈강제적(**man**datory) 물리력〉을 행사할 권한를 얻어 왔다. ▷ 〈병사들에게 직접 모든(**co**) 명령을 내릴 수 있는 자〉는 군대의 지휘관(com**man**der)이 됐고, 고대에 〈말을 손으로 잘 다루던 신하〉는 고위 관리였으므로, 현대의 경영자(**man**ager)가 됐고, 〈다시(**re**) 한번 분명히(**co**) 잡아서 보여주는 것〉을 추천한다(**re**com**men**d)고 했다. ▷ 프랑스인들은 〈손(**mund**=hand)으로 쌓은 바벨탑 같은 언덕(**mund**=mound)〉에 올라가면 온 세상을 볼 수 있다고 생각했으므로, 〈세상의(**mud**ane)〉나 세상(**mon**de=world)이라는 단어를 만

들었고, 〈잘못된 법률조항에 손을 대는(a=at) 것〉은 수정한다(amend)고 했다. ▷고대 인도인들은 〈손가락(mand)을 구부려서 나오는 둥근 원(manda=circle/산스크리트어) 모양〉을 〈우주의 진리〉라고 봤고, 〈우주의 진리를 잡는(la) 것〉을 불교에서 만다라(mandala/曼陀羅/본질을 알다)라고 했다. ▷인도에서 들어온 〈모양이 둥근 꽃〉을 유럽인들은 맨드라미(mandrami/만달라꽃)라고 불렀고, 영국인들은 〈닭(cock)의 볏(comb)〉을 닮았다면서 맨드라미(cockscomb)로 바꿨다.

● 〈손 크기에 맞춰 완전히(con) 움켜쥐는(s=severe) 것〉을 되돌릴 수 없이 〈소비했다(consume/um=mand=hand)〉고 봤고, 병원균이 서서히 잠식해 〈몸을 완전히 소진시키는 병〉을 폐결핵(consumption)이라고 했다. ▷〈손으로 다시(re=repeat) 잡는 것〉은 일을 재개한다(resume)고 했고, 〈중요한 줄거리만(re=real) 잡으면〉 요약(resume)이라고 했고, 〈중요한 경력만 뽑아낸 것〉을 한 사람의 이력(résumé)이라고 했다. ▷예수는 인간의 죄를 대신(red=replace) 잡아 짊어졌으므로, 인간을 대속(redemption/대신속죄)했고, 적에게 납치된 〈인질을 되(rans=return)찾아오기 위해 주는 돈〉은 몸값(ransom)이 됐다. ▷여러 개 가운데 〈손으로 잡아 골라낸(ex) 것〉을 사례(example)라고 했고, 사례(example)의 축약이 샘플(sample)이 됐다. ▷〈먼저(pre) 갖고 싶은 것(um)〉이 최상품(premium/선점)이었고, 〈장차 보험금을 받기 위해 미리(pre) 내는 돈〉은 보험료(premium/선불금)였고, 〈원래의 가치에 덧붙은(pre) 것〉은 웃돈(premium)이었고, 〈정규 요금에 덧붙이는(pre) 돈〉은 할증료(premium/단계별 요금 증가)였다.

부분(m)은 전체를 만들고 전체는
부분(m)을 낳는다

- 전체에서 떨어진 일부(**m**em**ber**)
- 잃어버린 생각의 일부를 다시 찾는 기억(**rem**em**ber**)
- 전체에서 일부를 벗기는 해체(dis**m**antle)
- 쪼개졌던 남녀의 결합 결혼(**m**a**rr**iage) ● 신체의 말단 입(**m**outh)

● 무한한 우주에서 떨어져 나온 부스러기(**m**) 만물들은 〈우주의 일부(**m**em**ber**)〉였고, 〈인간 생각의 일부〉는 기억(**m**e**m**ory)이었으므로, 인간은 잃어버린 생각의 조각을 되(re)찾기 위해 항상 기억을 더듬어(**rem**em**ber**) 왔다. ▷정식으로 서명하지 않았지만 〈쌍방이 기억하기 위해 남겨 둔 문건(um=matter)〉은 각서(**m**e**m**orandum)라고 했고, 줄여서 메모(**m**e**m**o)가 됐으므로, 외교상으로 비밀 약속일 경우도 있었고, 죽은 자의 〈일생 가운데 일부를 기억하는 것〉을 애도한다(**m**ourn)고 했다. ↓〈죽은 시신을 불태우고(fun=fume) 땅에 묻는 행사〉가 장례식(funeral)이었다. ▷피부(**m**e**m**brane)는 〈몸 전체를 둘러싸는 부분적 막성기관〉이고, 초기의 군의관들이 하는 일은 전장에서 썩어가는 병사들의 다리를 절단하는(dis**m**em**ber**) 것이었다.

● 〈천의 일부를 잘라 만든 헐렁한 겉옷〉을 프랑스어로 망토(**m**an**teaux**)

라고 불렀고, 〈망토를 벗기는(dis) 것〉을 전체 모양을 해체한다(dismantle)고 했고, 지구의 〈핵을 덮고 있는 일부 지층〉을 맨틀(mantle)이라고 불렀다. ▷인간은 허점이 매우 많았으므로, 장점(merit)은 전체 가운데 〈긍정적인 일부〉라는 뜻이었고, 숯과 다이아몬드는 같은 탄소로 구성됐지만, 탄소가 붙는 방향이 정반대(iso=other)이므로, 성질이 완전히 다른 물질(mer) 이성체(isomer)라고 했다. ▷결혼(marriage/mar=match)은 원래부터 서로 나누어져(m) 탄생한 남녀가 다시 한 덩어리로 뭉치는 우주적 과정이었고, 그리스어 결혼(gamy)도 〈당초 떨어져(m) 있는 짝을 만나러 가는(ga=go) 것〉이었으므로, 일부일처제(monogamy)는 한 남자와 한 여자가 결혼하는 것이었다. ▷여자 이름 메리(Mary)는 〈짝을 만나 곧 결혼할 여인〉이라는 뜻이었으므로, 성서 번역자들은 예수를 낳은 성처녀 미리암(Miriyam/히브리어)을 성모 마리아(Maria=Mary)라고 음역했고, 〈작고(lyn=little) 귀여운 마리아〉는 마릴린(Marilyn)이 됐다.

● 고기(meat)는 〈사냥한 짐승의 일부 덩어리〉라는 뜻이었고, 마시는 물과 서로 대응관계이므로, 〈식음료(meat and drink)〉는 붙여서 썼고, 짝(mate=match)은 〈한데 모여 고기를 나눠 먹는 사이〉라는 뜻이었다. ↓ 동무(comrade)는 〈같은 방(com=chamber/둥근 천장의 방)을 쓰는 동료〉였고, 친구(company)는 〈빵(pan/포르투갈어)을 함께(com) 먹는 자들〉이었고, 친구(friend)는 〈원하는 것을 자유롭게(fri=free) 하도록 허락한 사람〉이라는 뜻이었다. ▷입(mouth)은 〈신체의 말단 끝(m)부분〉이라는 뜻이었고, 그리스어 입(stoma/mouth의 음운도치)이 영어의 위장(stomach)이 됐으므로, 영국인은 음식이 모이는 입과 위장을 같다고 봤다. ▷수술용 메스(mes/네덜란드어)는 〈살을 잘라 조각 내는 의료용

기구〉였고, 영어로는 칼(**scalpel**)이라고 불렀다.

우주는 만물을 만들고 자투리(m)
암흑물질을 남겨놨다(main)

- 모두 떠나고 홀로 남다(remain) ● 왕국의 작은 일부 땅 장원(manor)
- 예리한 것 같은 멍청한 말 모순(oxymoron)
- 홀로 살며 신을 찾는 승려(monk) ● 탄소가 하나인 유기물 메탄(metane)

● 모두가 떠났지만 〈그대로(re) 자리를 지키고 남아 있는(remain) 사람들〉이 있게 마련이고, 분모로 나누어도 떨어지지 않으면 나머지(remnant)가 남는다. ▷세상에 〈영원히(per) 남는(permanent) 것〉은 없지만, 〈영원히 남을(permanent) 여자의 머리 모양〉은 파마(perm)로 축약됐다. ▷중세 영주의 장원(manor)도 〈넓은 왕국의 일부 땅〉이라는 뜻이었고, 〈장원 안의 대저택〉을 맨션(mansion)이라고 했고, 장원에서 영주를 모시는 농노는 천한(menial) 계급이었다. ▷〈쓰고 남은 나머지〉는 불완전하므로 바보(moron)가 됐고, 〈똑똑한(sophy) 체 하지만 결국 바보〉가 〈대학 2학년(sophomore)생〉이 됐다. ▷〈예리한(ox=acute) 것 같지만 멍청한 말〉은 모순(oxymoron)이므로, 〈공공연한 비밀(open secret)〉이나 〈정중한 무례(polite discourtesy)〉는 말이 안 되는 모순이었다.

● 전체에서 떨어져 나온 〈하나〉는 극단적으로 고립된 일부이므

로, 승려(monk)들은 〈깊은 산속 외딴곳(ery=place)〉에 있는 수도원(monastery)에 고립되어 살면서 오직 신을 만날 날만을 기다렸고, 군주(monarch)는 〈혼자만 권력(arch)을 갖는 자〉였다. ▷〈생물의 몸을 이루는 유기물〉은 탄소(carbon)로 구성되어 있고, 각종 유기물은 탄소의 숫자에 따라 그 화학명을 결정했으므로, 유기물인 메탄(metane)은 〈탄소가 하나(met=mono)〉라는 말이었고, 에탄(etane)은 〈탄소가 둘(et=two)〉인 유기물이라는 말이었다.

인간은 똑같은 개체(m)를 보여주는(mir) 거울을 신비하게 바라봤다

- 똑같은 개체를 보여주는 거울(mirror)
- 기쁨을 보여주는 얼굴 모양 미소(smile)
- 웃음을 보여주는 칭찬(admiration) ● 모두 똑같은 구슬(marble)
- 진주 같은 색깔의 마가린(margarine)

● 무한한 우주로부터 떨어져 나온 부스러기(m)들은 모두 모양(m)이 달랐지만, 〈똑같은 모양(mir)을 보여주는 신비한 물체〉를 거울(mirror)이라고 했고, 〈거울이 밖으로(i=ex) 비춰주는 똑같은 모양〉을 이미지(image/mag/조각)라고 했고, 〈인간의 마음속에 이미지를 그려 보는 것〉을 상상한다(imagine)고 했다. ▷수학자들은 〈실제 존재하는 실수(real number)의 거울상(mirror image)〉을 허수(imaginary number)라고 불렀다. ↓모든 수는 제곱하면 양수가 나오지만, 제곱해도 음수가 나오는 수를 허수라고 했다.

● 신기루(mirage)는 〈사막의 뜨거운 공기가 비춰주는 허상(image)〉이었고, 기적(miracle)은 〈신이 조화를 부려서 만든 경이로운 행적의 일부(m)〉였고, 미소(smile)는 〈기쁨을 표현하는 얼굴의 작은(s=small) 모습(m)〉이었다. ▷경탄(marvel)도 〈큰 기쁨을 표현하는 얼굴의 모습〉

이었고, 〈상대방에게(ad=at) 웃음을 보여주는 것〉을 칭찬(admiration)이라고 했다. ▷〈신이 그 탄생을 기뻐했다〉는 뜻의 사람 이름 미란다(Miranda)는 미란다 원칙(Miranda Rule)을 낳았다. ↓분명히 살인을 했던 멕시코계 미국 소년 미란다에게 미연방대법원은 변호인의 조력을 받지 않았다는 이유로 무죄를 선고했으므로, 〈누구나 법률적 조력을 받을 권리〉는 미란다 원칙이 됐다. ▷그리스인들은 〈거울처럼 빛을 반사하는 돌〉을 대리석(marble=marmaros/그리스어)이라고 했고, 〈대리석을 갈아서 나온 똑같이 생긴 돌〉들을 구슬(marble)이라고 했고, 현대인들은 소고기에 박힌 지방 모양이 대리석 무늬와 같다고 해서 마블링(marbling)이라는 이름을 붙였다.

● 곤충의 알은 〈모양(morph=form/음운도치)을 여러 번 변화(meta)시키는 변태(metamorphose)〉과정을 거친 뒤 어미와 똑같은(m) 성충이 되므로, 성충(imago)은 마침내 〈어미와 똑같은 모양을 흉내 냈다(imitate)〉는 말이었다. ▷처음 곤충의 알이 깨어 〈거울에 비친 듯 모양이 똑같은 구더기(maggot)〉들이 나오고, 구더기는 번데기(pupa/더러운)가 되고, 번데기에서 〈똑같은 나방(moth)〉들이 나왔다. ▷인간은 〈다른 얼굴 모습을 흉내 내는(ımitate) 버릇〉을 가졌고, 〈다른 얼굴 모습으로 남을 놀려주는(mock) 버릇〉은 자신의 얼굴을 완전히 바꾸는 마스크(mask/탈)를 낳았다. ▷진주(margar)도 〈거울에 비친 듯이 똑같이(m) 생긴 알갱이들〉이라는 뜻이었고, 〈작고(et=little) 예쁜 진주〉는 여자 이름 마거릿(Margaret)이 됐고, 〈진주처럼 귀한 아들〉은 남자 이름 모건(Morgan)이 됐다. ↓속에 있는 〈살점을 덮고 있는 딱딱한 껍데기(perun/per=through)〉가 조개(peruna/라틴어)가 됐고, 조개 속에서 생긴 보석이 진주(pearl)가 됐다. ▷비싼 버터를 대체하기 위해 우유 지방

대신 식물성 지방을 발효하자, 진주처럼 하얀 진주산(margaric acid)이 나왔으므로, 식물성 버터는 마가린(margarine/인조 버터)이라고 불렀다.

인간들은 변두리(m) 경계(mark)를 어슬렁거리며 무슨 이익을 찾았다

- 경계지역에 서는 작은 장터(market) ● 서로 교역하는 상업(commercial)
- 신이 덤으로 준 자비(mercy) ● 원가에 덧붙은 이익(margin)
- 경계를 없애고 섞다(mix) ● 사는 손님과 섞여 있는 장사꾼(monger)

● 무한한 우주에서 떨어져 나온 만물(m)은 모두 한계의 끝(m)을 갖고, 그 〈한계 끝의 표시〉가 마크(mark)였다. ▷인간은 경계지역을 어슬렁거리며 이익이 되는 것을 찾았으므로, 〈작은(et=little) 경계지역〉은 시장(market)이 됐고, 현대인은 〈소형 가게(mart)〉와 〈거대한(super) 가게 슈퍼마켓(supermarket)〉을 만들었다. ▷〈서로(com) 인접하는 경계지역〉에시는 큰 싱입직(commercial) 이익을 얻을 수 있다는 사실을 알게 된 근대 유럽의 국가들은 중상주의(mercantilism) 이론을 개발하고, 쇄국주의를 고수하는 나라들에게 개국하라고 압박을 가했고, 중상주의는 〈자신의 몸을 병사로 파는 용병(mercenary)〉제도로까지 확대됐다.

● 〈공전주기가 가장 짧아 약삭빠른 수성(Mercury)〉과 〈상온에서 유일하게 액체로 남은 수은(mercury)〉의 이름은, 〈장사와 도둑의 그리스 신 헤르메스(Hermes/herm=merk/음운도치)의 로마식 이름 머큐리(Mercury)〉에서 따왔다. ▷성서는 상업적 이윤을 죄악으로 봤으므

로, 이익을 남기려던 상인들은, 원래 〈신의 자비(mercy)〉와 〈물건값(merx/라틴어)〉은 같은 말에서 나왔으므로, 〈신의 관대함(mercy)〉이 〈상업적 이익(margin)〉이라고 합리화했다. ▷프랑스인들은 고맙다는 인사를 〈신이 큰 자비를 베풀 것입니다(gramercy)〉라고 했고, 영국인들은 〈당신을 오래 생각하겠습니다(great thanks)〉라고 표현했다. ▷스페인어 〈은총의 마리아(Maria de la Mercedes)〉에 〈차의 설계자 이름 벤츠(Benz)〉를 붙인 독일의 명차 〈메르세데스 벤츠(Mercedes Benz/은총받은 벤츠)〉를 한국에서는 벤츠(Benz), 미국에서는 메르세데스(Mercedes)라고 각각 다르게 부르고 있다.

● 〈경계선을 허무는 것〉을 섞는다(mix)고 했고, 고대의 각 종족들은 경계를 허물고 서로에게(ad) 뒤섞였으므로(admix), 다양한(miscellaneous) 인종 간 출산이 이루어졌고, 강대국은 작은 나라의 경계를 넘어 간섭하기(meddle) 일쑤였다. ▷수필(miscellaneous)은 〈잡다한 얘기가 섞인 글〉이었고, 〈경계가 없어지고 여러 가지가 뒤섞인 곳(a=at)에서〉가 전치사 〈~가운데(among/n음운첨가/mog=mix)〉로 굳었고, 장사꾼(monger)은 물건을 사러 온 자들과 뒤섞여 물건을 파는 자였으므로, 〈생선을 파는 장수〉는 생선장수(fishmonger)가 됐다. ▷〈여러 노래의 경계를 없앤 것〉이 메들리(medley)가 됐고, 인간이 쳐 놓은 경계선을 무시하고 날뛰는 야생마(mostrenco/스페인어)는 영어에서 무스탕(mustang)으로 굳었다.

인간은 경계선(m)을 넘어(mis) 위험한 곳으로 들어가는 용기를 가졌다

- 경계선을 넘어 신앙을 전하는 사명(mission)
- 끝났어요. 해산하세요! 미사(misa)
- 모든 권한을 주어 보내는 위임하다(commit)
- 모든 권한을 다준 허락(permission) ●하늘로 떠나보낸 미사일(missile)

● 선교사(missionary)는 종교적 사명(mission)감으로 무장하고 〈경계선(m)을 넘어간(mis) 자〉들이지만, 선교사들의 사명은 현지인들의 저항으로 〈실현되지 못하기도 했으므로(mission impossible)〉 영화의 이름으로도 남았다. ▷로마의 법정은 재판이 끝나면, 방청객들에게 〈가세요(ite=go)/해산하세요(misa est-dismissed)〉라고 선언했으므로, 교회의 사제들도 예배가 끝나면 로마법정과 똑같이 〈해산하세요(misa est=dismissed)〉라고 선언하고 예배를 끝냈으므로, 신도들은 예배 자체를 미사(misa=mass/해산하세요)라고 줄여서 불렀다. ▷왕이 〈전권(com)을 주고 파견하는(commit) 사절〉은 왕과 똑같은 권한을 위임받았으므로(commit), 위임받은 일을 스스로 집행했고(commit), 위임받은 일을 잘하면 수고비(commission)를 받았다. ▷모든 것을 위임받았다고 오해한 인간은 자살이나 범행을 저지르는(commit) 우를 범했다. ▷사

제는 신의 권한을 위임받고, 신하는 왕의 권한을 위임받고, 현대의 각종 위원회(committee/commission)는 〈각 집단의 권한을 위임받은 자들의 모임〉이었다. ▷〈주인이 멀리 보낸 자〉는 심부름꾼(messenger)이고, 〈주인의 하라는 지시 내용〉은 임무(massage)였다. ▷허락(permission)은 왕이 〈너에게 권한을 모두(per=through) 내려 주었다〉는 뜻이었고, 약속(promise)은 〈미리(pro) 내려 준 허락〉이었고, 타협(compromise)은 〈쌍방(com)이 허락(promise)했다〉는 말이었다.

● 〈하급자(sub)가 상급자에게 자신의 몸을 던지는 것〉을 복종한다(submit)고 했고, 민원인이 관공서에 서류를 올리는 서류제출(submit)은 신분사회에서 생긴 관공서 우월주의의 흔적이다. ▷필요 없는 것은 떼어(o=off) 보내서 탈락시키고(omit), 〈찌꺼기를 몸 밖으로(e=ex) 떼어 보내서 배출했다(emit). ▷하늘을 향해 힘차게 내던진 미사일(missile)은 인류가 만든 최첨단 무기가 됐고, 마구 던진 진흙 덩어리(mass)는 엉망진창(mess)을 만들고, 〈진흙을 부드럽게 주무르는 것〉이 안마(massage)가 됐다.

액체는 인간이 그어 놓은 경계선(m)을 무시하고 흘러갔다(mil)

- 경계를 무시하고 흐르는 우유(milk) ● 우유가 엎어져 흐르는 은하수(galaxy)
- 물에서 자라는 겨자(mustard) ● 진흙밭 수렁(quagmire)
- 밤과 경계를 이루는 아침(morning) ● 보리가 싹 틔운 엿기름 몰트(malt)

● 우유(milk)는 〈경계(m)를 무시하고 계속 흐르는(l) 액체(lk)〉라는 말이었으므로, 〈우유(lax=lac=lk/라틴어)〉가 흘러가는(ga=go) 하늘 길〉은 은하수(galaxy)가 됐다. ▷〈무수히 많다(myriad)〉와 〈1000(mil=kil)〉은 〈우유가 흐르는 은하수의 별처럼 많다〉는 말이었고, 〈1000(mil)이 계속(ion=ing/라틴어 진행형) 흘러가서〉 〈1000의 1000배인 백만(million)〉이 됐다.

● 땅끝(m)에 있는 늪에는 언제나 습기(moisture)나 이슬(moist)이 있었으므로, 이끼(moss)와 버섯(mushroom/room/부풀다)이 돋아났고, 버섯 같은 〈반(半) 식물을 연구하는 학문〉은 선태류학(muscology)이 됐다. ▷황으로 만든 성냥골을 〈인화판에 긁어 불을 일으키는 것〉이 성냥(match)이 됐고, 뿌리와 줄기를 갈아 매콤한 양념을 만드는 겨자(mustard)는 수변 식물이었다. ▷〈물과 진흙(mud)이 섞여 출렁거리는(quag=quake) 수렁(quagmire)〉에 빠지면 나오려고 몸부림

칠수록 더욱 깊이 빠졌다. ▷안개가 끼는 〈밤과 낮의 경계〉는 아침(morning=morgan/여명/게르만어)이라고 불렀고, 〈다음(to) 날 아침〉은 내일(tomorrow)이라고 했다. ↓영어의 〈to+동사〉도 〈그런 동작에(to) 이르렀다〉는 뜻이었으므로, 〈She manage to escape〉는 〈그녀는 일을 하다 탈출하는 목적에(to) 이르렀다〉는 뜻이었다.

●딱딱한 금속도 높은 온도에서는 녹아(melt) 내리므로, 제련(smelt)소는 〈광석을 녹여 금속을 선별하는(s=separate) 공장〉이었다. ▷초벌구이 한 테라코타 표면에 유약을 바르고 한 번 더 구우면, 〈단단하고 매끄러운(mel) 법랑(enamel)〉이 생긴다(en=enact)는 사실을 맨 먼저 알아낸 사람들은 중국인이었다. ▷〈사탕수숫대(cara=cane)를 고열로 녹인(mel) 갈색 설탕액〉을 캐러멜(caramel)이라고 했고, 어린이들은 설탕에 졸인(caramelize) 달콤한 음식을 좋아했다. ▷영국인들은 〈물체에서 흘러(mel) 나온(s=separate) 미세한 분자〉를 냄새(smell)라고 했고, 그리스인들은 〈분자의 조각(sc=od=cut)이 흐르는(r) 것〉을 냄새(scent=odor)라고 했다. ▷보리가 싹트면 보리 속의 단단한 다당류가 부드러운(mal) 단당류로 녹았으므로, 우리는 〈다디단 엿기름〉이라고 했고, 영어는 〈달콤한 몰트(malt)〉라고 불렀다. ▷엿기름(malt)을 효모(yeast)가 먹고 내놓는 것이 술이었으므로, 효모(yeast)는 〈단당을 술로 연결해주는(yeast=join) 촉매균〉이라는 말이었다. ▷영어의 〈부드럽다(mild)〉는 프랑스어로는 〈부드럽다(mufflet)〉가 됐고, 프랑스의 〈작은 케이크 머핀(muffin)〉을 미국인들은 〈컵 케이크(cup cake)〉라고 불렀다. ▷멜로디(melody)는 〈달콤한 노랫(dy)가락〉이었고, 러시아의 인공위성 미르(Mir)는 평화였다. ▷〈블라디미르(Vladimir)는 평화를 가져오는 영웅〉이었고, 〈밀드레드(Mildred)는 부드러운 여자〉였다.

공간 속의 움직임

인간은 빛이 오는
위쪽(up) 공간(p)을 동경했다

- 열려 있는 위쪽(up) ● 아주 높은 최고(super)
- 최고의 권력 주권(sovereignty) ● 다시 덮어서 원상태로 회복하다(recover)
- 윗사람을 모시던 하인(valet) ● 피의 압력이 높은 고혈압(hypertension)

● 우주는 〈빛이 오는 깨끗한 신의 공간(p)〉과 〈인간이 사는 누추하고 비좁은 공간(p)〉으로 분리되어 있다고 믿었으므로, 인간들은 〈빛이 오는 저 위(up)쪽〉을 영원히 동경했고, 위쪽은 무한대로 열려(open) 있는 공간이었으므로, 산을 넘으면(over) 또 다른 마을이 있었고, 〈산보다 훨씬(ab=off) 더 높은(above)〉 곳에는 흰 구름이 자유롭게 떠다녔다. ▷로마인들은 〈아주(s=severe) 높은 것〉을 최고(super)라고 불렀으므로, 〈가장 높은 지위(mac=mag/힘)를 요구하는 것〉은 패권(supremacy)이 됐고, 누구도 간섭할 수 없는 〈최고의 권력(reign=reg=right)〉은 주권(sovereignty)이 됐고, 〈가장 많은 수(majority)〉는 압도적 다수(supermajority)가 됐다. ▷수억 년이 걸리는 별의 진화 과정에서, 극도로 응축된 별은 갑자기 폭발하여, 〈거대하고 새로운(nov=new) 별〉 초신성(supernova)이 됐고, 성악에서 〈여성의 최고 음역〉은 소프라노(soprano)가 됐다. ▷로마인은 〈열려 있다(overt)〉고 했고, 영국

인은 〈열려 있다(open)〉고 했으므로, 〈음악의 처음을 여는 것〉은 서곡(overture=opening)이 됐다. ▷〈위로 열려 있던(overt=open) 공간〉을 뚜껑(c=cel)으로 덮으면(cover), 그 아래에는 은밀한(covert) 공간이 생겼고, 〈벗겨나간 껍질을 원래대로(re) 덮는(cover) 것〉을 회복한다(recover)고 했고, 〈덮인 뚜껑(cover)을 벗겨내고(dis) 그 안에 들어있는 것을 찾는 것〉을 발견한다(discover)고 했다. ▷악마(evil/ev=up)는 머리 〈위에서 갑자기 인간을 덮쳐 난데없는 해악(evil)을 끼치는 존재〉였고, 위로 〈주인을 깍듯이 모시는 작은(let=little) 하인(valet/v=up)〉이 현대 호텔의 주차요원(valet)이 됐고, 중세의 신하(vassal)도 〈왕과 영주를 목숨을 걸고 위로 모시는 계급적 존재〉였다.

● 〈라틴어 최고(super)〉를 그리스인들은 〈최고(hyper/h=s)〉로 바꿨으므로, 〈피의 압력(tension)이 매우 높으면〉 고혈압(hypertension)이라고 했다. ▷〈아래(hypo)〉는 〈위(hyper)〉와 같은 어원이면서 반대의 뜻이었으므로, 〈갈비뼈 연골(chondr=grain/부드러운 가루) 아래에 있는 주요 장기〉들을 과도하게 의식하는 병적 증세(ia)를 건강염려증(hypochondria)이라고 했다. ▷〈그리스어 높다(hyper)〉를 영어는 〈높다(high)〉라고 했으므로, 〈여성의 구두 하이힐(high hill)〉은 〈뒷굽이 높은(high) 언덕(hill)처럼 올라갔다〉는 말이었다.

빛이 달려오고 있는 전방의 공간(f)을 앞(for)이라고 했다

- 목표를 먼저 잡은 우등생(premier) ●앞으로 튀어 오르는 개구리(frog)

- 처음이라 신선한(fresh) ●인간이 살지 않는 숲(forest)

- 로마인들의 광장 포럼(forum) ●로마 광장 재판의 변론(forensics)

● 로마인은 〈빛이 달려오고 있는 전방〉을 〈시간과 공간의 앞(pre)〉이라고 했으므로, 〈앞(pre)〉의 라틴어 비교급(ior=er)〉은 〈바로 직전(prior)〉이 되었고, 〈먼저 잡았다(prem/em=mand/손)의 비교급(ier)〉 우선(premier)은 〈내각제 수상(premier)〉이나 〈우등생(premier)〉을 뜻하게 됐다. ▷〈먼저(pre) 손으로 잡아야(c=s=seize) 하는 것〉을 〈귀중한(precious) 것〉으로 봤고, 라틴어 〈귀중한(precious) 것〉은 영어에서 〈귀중한(dear=pre/d-p음운치환) 것〉으로 바뀌었으므로, 〈가장 귀중한 사람(ling/피붙이)〉을 여보(darling)라고 부르게 됐다. ▷라틴어 〈앞(pre)〉은 영어로 〈최초(first)〉가 됐으므로, 〈처음 보는 것〉은 〈신선한(fresh) 것〉이었고, 성당의 〈회벽이 마르기 전에(fre=pre) 그린 그림〉은 프레스코화(fresco/회벽화)가 됐다. ▷앞(pro)은 긍정적 〈찬성〉이 됐고, 뒤(con=counter)는 부정적 〈반대〉가 됐으므로, 〈찬반(pros and cons)토론〉은 민주주의 기초가 됐다. ↓시골(country)은 〈도시(urban)의 반대

(counter)쪽에 있는 촌〉이라는 뜻이었고, 교외(suburb)는 〈도시(urban)의 아래(sub)에 있는 변두리〉라는 의미였고, 도시(urban)은 〈고대 성(burg=polis)의 음운도치〉였다. ▷뒷다리에 힘을 주어 〈앞으로(fro=pro) 튀어 나아가는(go) 양서류〉는 개구리(frog=hopper)가 됐다.

● 〈빛이 달려오는 가장(est) 먼 앞(fore)쪽〉은 〈아직 인간이 살지 않는 숲(forest)〉이 됐고, 〈완전하게(be=ambi=all) 먼 곳〉은 전치사 〈~전에(before)〉가 됐다. ▷〈담보물을 주인보다 먼저 차지하는(close) 것〉을 차압한다(foreclose)고 했고, 〈먼 숲속에 살고 있어 직접 다스리지(reig=reg) 못하는 종족〉은 이방인(foreigner/r 이중의미)이라고 불렀다. ▷로마인들이 사는 주거지 앞에는 큰 광장(forum)이 있었고, 광장에서는 정치토론과 재판이 열렸으므로, 〈로마 광장의 정치토론〉은 현대의 포럼(forum/공개토론)이 됐고, 로마 광장의 재판정은 〈원고와 피고가 날카로운 변론(forensics/법정 격론/forum의 변형)〉으로 격렬하게 충돌하는 곳이었다. ▷〈로마 재판의 변론(forensics)〉은 현대 들어 〈법정 변론을 뒷받침할 근거를 마련하는 포렌식(forensics) 수사기법〉으로 의미가 확장됐고, 현대의 범죄는 컴퓨터나 전화기 같은 디지털 기기에 흔적을 남기므로, 포렌식 수사는 주로 〈통화기록을 분석하는 것〉을 뜻하게 됐다. ▷그리스인들이 〈모두 가는(go) 곳(a) 아고라(agora)〉에서도 시장이나 정치토론, 재판이 열렸으므로, 〈로마의 포럼(forum)은 그리스 아고라(agora)의 정확한 후신〉이다. ▷〈아직 가보지 않은 앞〉은 〈아니다(fore=not)〉라는 부정사로도 확대됐으므로, 〈하지 말라는 명령(bid)〉은 금지(forbid)가 됐고, 〈추구하지(sake=seek) 않는다〉는 아예 〈저버린다(forsake)〉가 됐다.

P 공간 속의 움직임

빛이 도착해 머물고 있는 공간(p)을 현재의 위치(pos)라고 했다

- 현재의 위치를 나타내는 말뚝(post) ● 도착해야 할 위치 목적(pur**pos**e)
- 말뚝으로 담을 치고 사는 농민(peasant)
- 나중에 늘어 놓는 말 변명(apology) ● 내장 기관을 보호하는 복부(abdomen)

● 〈빛이 도착해 머물고(st=stand) 있는 현재의 공간(p)〉을 현 위치(post)〉라고 했고, 〈현재의 위치(p)를 나타내기 위해 세운(st) 막대기〉는 말뚝(post)이라고 했다. ▷ 고대에 소식을 전달하던 〈파발마를 묶어 놓던 말뚝(post)〉은 현대의 〈우편(post) 제도〉로 발전했고, 미국의 신문 〈워싱턴 포스트(Washington post)〉는 〈새로운 소식을 빨리 전해주겠다는 언론사〉였고, 포스트잇(post-it)은 〈책 갈피의 위치를 나타내기 위해 붙여 놓는 메모(sticky note) 용지〉가 됐다. ▷ 〈단어나 소리를 가장 알맞은 위치에 모아(com) 놓은 것〉을 작문(composition)이나 작곡(composition)이라고 불렀고, 〈모든 건물을 함께 모아 놓은 곳〉을 복합시설(compound/pound=pos)이라고 했다. ▷ 〈의견을 앞으로(pro) 내놓는 것〉을 제안(proposition)이라고 했고, 〈걸어서 마침내(pur=per) 도착할 곳〉을 목적(purpose)이라고 했고, 나와 〈마주(ap=ab=against)보는 위치에 있는 자〉는 적수(opponent)라고 했다.

● 〈위치(p)를 나타내기 위해 땅에 세운 말뚝(post)〉은 장대(pole)와 기둥(pillar)으로도 분화됐고, 〈한쪽 끝이 날카로운(s=sharp) 긴 장대(pear=pole)〉를 창(spear)이라고 했다. ▷〈막대기(pole)로 밀어(in) 붙이면〉 큰 충격을 줄(impact) 수 있고, 〈막대기로 여러 번(com) 내리친(pack) 흙 조직〉은 조밀해지고(compact), 〈온갖 짐을 다져(pack) 넣는 자루(bag)〉를 배낭(pack-bag)이라고 했다. ▷이교도(pagan)와 농민(peasant)은 〈말뚝으로 울타리를 치고 고립되어 사는 사람들〉이라는 뜻이었고, 국가간 협정(pact)은 〈절대로 흔들릴 수 없는 말뚝을 박았다〉라는 뜻이었다.

● 〈밑(post=back)에서 건물을 받쳐주는 말뚝(post)〉으로부터, 〈과거(post=back/~후에)〉의 개념이 나왔으므로, 〈나중에 태어난 세대〉는 후대(posterity)가 됐고, 〈일을 뒤로 미루는 것〉을 연기한다(postpone)고 했고, 〈앞인지(pre) 뒤인지(post)를 모르는 것〉을 뒤죽박죽(preposterous)이라고 했다. ▷〈라틴어 과거(post)〉를 영어는 〈~후에(after/aft=post)〉와 〈~와 떨어졌다(off)〉라고 바꿨다. ▷〈실수를 저지르고 난 후에 늘어놓는 말(log)〉은 변명(apology/ap=after)이라고 했고, 달은 지구를 타원형으로 회전하므로, 〈달이 지구(ge=giant=earth)에서 가장 멀리 떨어져(off) 있는 지점〉을 원지점(apogee)이라고 했다. ▷복부(abdomen/ab=off)는 배 속의 〈주요 장기를 각종 위험으로부터 멀리 떼어 놓는(do=th=set) 부분(men)〉이라는 뜻이었고, 낙태(abortion)는 〈배 속에서 자라나는(or=rise) 태아를 탯줄에서 잘라내는 수술〉이었고, 정당한 〈용도(use)를 벗어난 것〉에는 〈약의 남용(abuse)〉과 〈어린이 학대(abuse)〉가 있다.

인간은 빛이 출발했던 곳(f)을
만물의 근원(of)으로 봤다

- 소속을 나타내는 ~의(of) ● 작은아버지처럼 친근한(avuncular)
- 빛이 계속(ever) 흘러 이어진 모두(every)
- 빛의 양이 같은 밤과 낮의 경계 이브(eve) ● 모든 물이 밀려 나가는 썰물(ebb)

● 원래 〈빛이 출발했던 근원 공간〉을 〈~에 속한다(of)〉고 표현했고, 일반적으로 유럽인들의 정식 이름은 〈자신의 이름+of(의)+아버지〉라고 써서 〈~조상으로부터 태어난 자〉를 나타냈으므로, 〈of+아버지〉는 곧 〈조상을 나타내는 성씨(avus/~조상으로부터)〉로 굳었다. ▷〈조상(avus)〉에 〈작다(uncle=little)〉라는 어미를 붙여, 〈작은 조상(avuncle/작은아버지)〉이 됐고, 〈작은 조상(avuncle)〉은 축약되어 〈숙부나 아저씨(uncle)〉가 됐고, 아버지의 형제인 〈작은아버지〉는 나에게 가장 친근한(avuncular) 사람이 됐다. ▷유럽인들의 정식 이름인 〈자신의 이름+of+아버지〉에서, 아일랜드인들은 〈of〉를 〈~(O')로 썼으므로, 오코넬(O'Connel)은 〈코넬가〉의 후손이라는 뜻이었다. ▷스코틀랜드에서는 〈of〉를 〈mac〉으로 썼으므로, 맥도날드(macDonald)는 〈도날드가〉의 후손이고, 맥아더(macAthur)는 〈켈트족 최대 영웅 아서(Arthur/흰 곰)왕〉의 후손이라는 말이었다. ▷프랑스인들은 〈of〉를 〈de〉로 썼으므로, 프랑스

대통령 샤를 드골(Charl de Gaul)은 〈골(Gaul)씨 가문의 샤를(charl)〉이었고, 골(Gaul)은 게르만이 오기 전 프랑스지역에 살았던 켈트(Chelt)족을 의미했다. ▷영국인의 정식 이름은 〈자신의 이름〉+〈조상의 이름〉으로 축소됐고, 〈of〉는 완전히 탈락해서 없어졌으므로, 조지 부시(George Bush)는 영국식 이름이다.

● 빛이 〈쉬지 않고 흐르는 것〉을 〈계속(ever)〉이라고 했고, 〈똑같이 계속 이어진 것들〉을 〈모두(every)〉라고 했다. ▷〈빛의 양이 똑같아지는(even) 낮과 밤의 경계〉를 저녁(eve=evening)이라고 불렀고, 유럽인들은 〈축제의 전날 밤(eve/이브)〉을 경건하게 보내는 습관을 지켜왔다. ▷바다를 향해 〈모두 사라지는 물결〉은 썰물(ebb/eb=ev)이라고 불렀다.

태초의 무한한(pl) 우주공간(p)에는
작은 알갱이(plas)들이 흩날리고 있었다

- 거의 바다로 들어갈 뻔했던 반도(peninsula)
- 모든 재앙을 준 판도라(Pandora)
- 잔잔한 평화(peace)와 나를 편하게 해주세요 제발(please)
- 평평한 공간(place)에서 마음껏 놀다(play)

● 무한하게 팽창하는 우주공간(p)으로부터, 〈거의 모두(pen=almost)〉와 〈넓다(pan=plain)〉와 〈모두(pan=all)〉라는 개념이 나왔으므로, 〈거의(pen) 바닷(sul=sea)속으로(in) 들어갈 뻔한 섬(insul)〉은 반도(peninsula)가 됐고, 〈반절은 사람이고 반절은 염소인〉 로마의 요정 판(Pan)은 주체할 수 없는 성욕으로 수많은 요정들을 괴롭혔으므로, 판을 본 요정들을 경악하게(panic) 했다. ▷완전히 〈평면이고 얇은 판유리(pane)〉의 발명으로 우리는 창밖의 물체를 원형 그대로 볼 수 있게 됐고, 〈판도라(Pandora)가 가져온(do=donate) 상자(Pandor's Box)〉에서는 온갖(pan) 재앙들이 튀어 나왔고, 〈모든 인간(dem=people)에게 감염되는 병〉은 〈전염(pandemic)병〉이라고 불렀다. ▷〈널리(pro) 펴서(pag) 알리는 선전(propaganda)〉은 전쟁의 정당성을 알리는 필수활동이었으므로, 전쟁(propaganda)과 선전(propaganda)은 거의 같은 뜻으로 썼

다. ▷〈책의 넓은 면〉은 페이지(page)였고, 평화(peace=plain)는 〈평평해서 조용하다〉는 뜻이었다. ▷〈나에게 잔잔한 평화를 달라〉는 감탄사는 〈제발(please)〉이었고, 〈물건이 주는 기쁨(pleasure)의 대가를 되돌려주는 것〉을 지불한다(pay)고 했으므로, 지불은 만족한다는 표시였다. ▷각 시대의 제국들은 〈자신의 기준에 따르는 것〉을 평화(pax/라틴어/peace/영어)라고 강변했으므로, 〈로마제국에 의한 평화(Pax Romana)〉, 〈대영제국에 의한 평화(Pax Britinica)〉, 〈미국에 의한 평화(Pax Americana)〉라는 표준을 만들어 따라오라고 강요했다.

● 〈고대 문명이 건너간 그리스와 터키 사이의 에게해(Aegean Sea)〉는 〈넓게(pelag=plain) 펼쳐진 위대한(arch) 바다(Archipelago)〉라는 별명이 붙었고, 〈위대한 바다(Archipelago)〉는 군도(archipelago)로 일반화됐다. ▷꼭대기가 〈평평한 이란 고원(plateau)〉에서는 고대 페르시아문명이 일어났고, 폴란드(Poland)는 전 국토가 거의 평지 지형이므로, 독일과 러시아로부터 끊임없이 협공을 받다가, 한때 지구상에서 사라진 적도 있었다. ▷〈넓은 공간(place)에서 맘껏 움직이는 것〉을 논다(play)고 했고, 서유럽의 해안을 따라 펼쳐진 평평한(flat) 평야(field)는 모스크바까지 연결됐으므로, 나폴레옹의 러시아 침공루트가 됐다. ▷〈우주공간(place)을 회전하는(play) 해보다 작은(et=little) 천체〉를 행성(planet)이라고 했고, 〈대기권 공간(place)을 날아다니는(play) 비행체〉를 비행기(plane)라고 했다. ▷그리스의 철학자 플라톤(Plato(n))은 〈어깨가 넓은 사람〉이라는 뜻이었고, 〈끝이 평평한 형태(form) 플랫폼(platform)〉은 〈강연 연단〉이나 〈버스 승강장〉, 〈전자기기의 단말기〉로 다양하게 쓰였다. ▷광장(plaza)은 〈도심 속에 자리한 평평한 공간〉이었고, 스페인의 파에야(paella)는 〈넓은 냄비에 끓이는 해물탕〉이라는 뜻이었

다 ▷계획(plan)은 〈장차 펼쳐서 실행하려는 준비행동〉이었고, 플라타너스(platanus)는 〈잎이 넓은 나무〉라는 말이었다 ▷손바닥(palm)도 쫙 펴면 평평하고, 넓은 나무 판자(plank)를 깔아 마루(floor)를 만들었고, 천 조각에 그림을 그려 깃발(flag)을 만들었다. ▷〈끝을 납작하게 만든 막대기〉가 주걱(pallet)이었고, 〈물감을 담는 넓적한 판〉은 팔레트(pallet)였고, 〈지게차로 운반하는 넓은 화물대〉도 팔레트(pallet)라고 불렀다.

● 태초의 우주는 〈무한하게(l) 팽창하는 평평한(plain) 공간(p)〉이었고, 〈태초의 공간(p)에 떠돌던 극소(s)의 알갱이(ma) 가루〉는 플라스마(plasma)라고 불렀고, 태초의 플라스마(plasma) 가루가 뭉쳐서 온갖 모양을 갖는 만물(matter)이 됐다. ▷〈횟가루(plast)에 물을 섞은 회반죽(plaster)〉은 사람이 〈원하는 모양대로 굳힐 수 있는 소성(塑成=plastic)〉을 가지고 있으므로, 현대의 화학자들은 〈맘대로 모양을 굳힐 수 있는 인공 화합물〉에 합성수지(plastic)라는 이름을 붙였다. ▷인간의 〈몸을 원하는 대로 만들어주는 의과〉는 〈성형외과(plastic surgery)〉라고 불렀고, 〈플라스틱으로 만든 카드〉는 신용카드(plastic money)라고 불렀고, 일단 굳으면 〈풀어지지(phalt/가루) 않는(a=ant) 아스팔트(asphalt)〉는 도로를 포장하는 데 썼다. ↓플라스틱이 개발되기 전까지, 인간은 오래 놔두면 〈단단히(re) 굳는(s=solid) 수지(resin)〉와 〈굳으면(l=lock) 단단한 조직(tex)이 되는 라텍스(latex)〉와 〈굳어서(gu=go) 뭉치는 껌(gum)〉을 소성물질로 사용해왔다.

우주공간(p)은 겹치고(pl) 풀어지면서 끝없이 변했다

- 한 번 접어 단순한(simple) ● 두 번 접은 이중(double)
- 서류에 붙여 응시하다(apply) ● 펼쳐 보여주는 전시(display)
- 목이 구부러진 와인병 플라스크(flask)
- 손에 넣고 주무르면서 조작하다(manuplate)

● 우주공간(p)은 〈접히거나 펴지면서(pl=fl)〉 끝없이 변했으므로, 〈단한(sim=single) 번 접힌 것〉은 단순하다(simple)고 했고, 〈두(dou=two) 번 접힌 것〉을 이중(double)이라고 했고, 〈여러(mult) 번 접히면〉 복수(multiplc)라고 했다. ▷〈얼굴은 모든(com) 감정이 겹치므로〉 안색(complexion)은 수시로 변했고, 열등감(complex)은 〈여러(com) 감정이 종잡을 수 없이 접힌 불안한 심리적 상태〉였다. ▷관공서나 회사의 〈서류에(a) 겹쳐서 붙이는(apply) 것〉을 〈채용시험에 응시한다(apply)〉고 했고, 회사의 〈인사철에(em=in) 접어 넣었다면〉 이미 채용됐다(employ)고 볼 수 있고, 〈다른 곳에(a) 덧붙여 같은 효과를 내는 것〉을 응용한다(apply)고 했다. ▷받은 〈편지에 답을 써서 다시(re) 접어 보내는 것〉이 답장(reply)이었고, 〈법령에(com)과 정확히 겹치면〉 규정을 준수했다(comply)고 했다. ▷접어서 벽장에 두었던 〈상품을 펼쳐

서(dis=down) 여러 사람에게 보여주는 것〉을 전시한다(display)고 했고, 〈여러(com) 번 접히면〉 복잡하다(complicate)고 했다. ▷〈똑같은(doppel=double) 모습으로 가는 사람(ganger=goer)〉을 독일어로 도플갱어(doppelganger/판박이/화신)라고 했다, 〈실험용 플라스크(flask)〉는 원래 〈목이 구부러진 포도주병〉이었다.

● 〈겹쳐서 쌓는 것〉을 더한다(plus)고 했고, 〈여러 개를 더한 것〉은 복수(plural)가 됐고, 〈계속 겹쳐서 채운(fill) 것〉을 풍족하다(plenty)고 했다. ▷여러 주와 여러 인종이 섞여 살아 가야 하는 〈미국의 국가 모토〉는 〈여러 개가 뭉친 하나(plurious unum/라틴어/one out of many)〉다. ▷〈빈 곳만 채워(com) 주면〉 보충하는(complement) 것이고, 〈해당된 곳에(im) 규정을 집어 넣는 것〉은 정책을 시행한다(implement)고 했고, 〈칭찬으로 가득(com) 채워 주면〉 찬사(compliment)라고 했다. ▷〈손(man=hand)안에 가득 넣고 맘대로 주무르면〉, 〈사건을 조작하는(manipulate) 것〉이었다. ▷여러 단어들을 겹쳐서 묶으면(phr=pl) 〈뜻을 갖는 구절(phrase)〉이 되고, 작가의 〈느낌(sent=sense)을 표현하는 글〉을 문장(sentence)이라고 했다.

인간은 길(pas)을 만들고
우주공간(p) 끝까지 가려고 했다

- 길게 뻗은 길(path) ● 길에서 발견하다(find) ● 양발을 벌린 보폭(compass)

- 강 사이의 땅 메소포타미아(Mesopotamia)

- 다리를 만드는 자 교황(pontiff) ● 왕의 공개 서한 특허(patent)

- 넓은 공원(park)

● 인간은 미지의 공간(p)에 계속 길(path)을 내고, 그 길을 지나(pass) 생각지도 못한 먼 곳에 이르렀다. ▷길을 따라 가던 인간은 누가 버리고 간 아이도 발견할(find) 수도 있었으므로, 〈주어 온 아이(foundling/ling/혈육)〉로 입양하기도 했다. ↓〈병원에서 부모가 뒤바뀐 아이(changeling)〉도 있다. ▷〈양(com)발을 힘껏 벌린 보폭(compass)〉은 〈두 개의 다리가 달린 컴퍼스(compass)〉와 〈두 개의 침이 붙은 나침반(compass)〉이 됐다. ▷〈남보다 길을 앞질러(sur) 가면〉 능가한다(surpass)고 봤고, 〈천(mil=kil) 발짝(passus)〉의 준말은 마일(mile/천)이 됐고, 〈무심하게 보내는 시간(time)〉은 취미(pastime)라고 불렀다.

● 강(pot)과 다리(pont), 해협(ponte)도 길게 뻗은 모양이었으므로, 그리스인들은 〈강과 다리, 해협〉을 같은 어원으로 썼고, 〈티그리스(Tigris)와 유프라테스(Euphrates)강(pot) 사이에(mes=middle) 있는 평야〉는

메소포타미아(**Meso**pot**amia**) 평야가 됐고, 교황은 〈천국으로 가는 다리(**pont**)를 만드는(f=fic=make) 자(**pont**iff)〉라고 불렸고, 그리스 신화의 〈헬레(**Helle**)가 황금 양을 타고 건너다 떨어진 해협〉은 헬레스폰테(**Helles**ponte)라고 불렸고, 아시아와 유럽을 갈라놓는 현재의 다아다넬스(**Dardanelles**)해협의 옛 이름이었다.

● 고대 국가들은 땅을 〈밖으로(**ex**) 넓히는(**ex**pand) 데〉 사활을 걸었고, 왕은 〈공개서한(letter of pa**tent**)〉을 통해 권리나 재산을 하사한다고 공포했으므로, 〈왕에게 하사받은 특권〉은 독점적 특허(pa**tent**)권으로 굳었다. ▷아리스토텔레스(**Aristotle**)는 대학 정원 곳곳을(**per**) 걸으며 사색했으므로, 소요학파(**per**ipa**tet**ic school)라고 불렸다. ▷〈인공적으로 넓혀(**p**) 만든(**r**) 자연 공간(**k**)〉 공원(**park**)은 현대 도시의 필수적인 시설이 됐고, 〈빈 곳에 차를 세우는 것〉은 주차(**park**ing)가 됐다. ▷무한한 우주 속의 일부(**part**) 장소에 머물었던 인간은 언제나 그 〈장소로부터(**de**) 떠나(**de**part)〉 새로운 곳으로 향했으므로, 최근에는 달에도 다녀왔다.

공간(p)상의 거리(por)를 옮기는(por) 것을 수송이라고 했다

- 먼 거리로 나르는 수송(**trans**por**tation**)
- 육지로 뚫고 들어온 해협 피오르드(**fjord**)
- 집이 갖추어야 하는 가구(**fur**niture) ● 알에서 깬 새(**bird**)
- 곡식에서 이물질 돌을 골라내다 다른(dif**fer**ent)

● 〈공간(p)상의 거리(r)〉를 라틴어로 간격(por)이라고 했고, 〈물건을 먼(trans) 거리(por)로 이동시키는 것〉은 수송(**trans**por**tation**)이라고 했다. ▷ 〈배가 떠나는 바다(sea)〉는 항구(sea**port**)라고 했고, 〈비행기가 공중(air)으로 떠나는 곳〉은 공항(air**port**)라고 했고, 〈우주선이 우주(space)로 떠나는 기지〉는 우주공항(space**port**)라고 불렀고, 〈꼭 통과해야 하는 출입문(**por**tal)〉이 〈컴퓨터의 포털(**por**tal)〉이 됐다.

● 〈공간(p)상의 거리(r)를 완전히 가로지르는 것〉을 라틴어로 통과한다(par=through)고 했으므로, 〈빛이 양면(trans)을 통과하는(par) 유리〉는 투명한(**trans**par**ent**) 물체였고, 〈공간(p)상의 간격(r)을 변함없이 통과하는 (par=through) 것〉을 〈똑같다(par=equal)〉고 봤으므로, 골프 경기에서 〈각 홀의 규정된 타수와 같은 것〉을 파(par=equal)라고 불렀다. ▷ 〈입에서 배쪽으로 뚫린(bore) 구멍〉은 목구멍(phar**ynx**)이었고, 〈육지

로 뚫고(bore) 들어온 협만(bay=bor=through)〉을 노르웨이인들은 피오르드(fjord=bay)는 라고 불렀다. ▷〈꼭 거쳐가야 하는 과정(per)을 완전하게(ex) 통과해본 것〉을 경험(experience)이라고 했고, 〈과정을 완전하게 시도하는 작업(ment)〉은 실험(experiment)이라고 했고, 〈까다로운 과정을 완전히(ex) 거친 자〉는 전문가(expert)라고 했다.

●〈공간(p)상의 거리(r)〉는 〈그 거리만큼 옮긴다(par=fer)〉는 말이 됐으므로, 〈가지고 온 것이 정확히(pro) 맞으면〉은 제대로(proper) 된 것이고, 〈가지고 온 것이 내게(a=at) 잘 맞으면〉 적합한(appropriate) 것이 됐다. ▷〈중요한 것은 상급자에게 분명히(re=real) 가지고 와서〉 보고해야(report) 했고, 공연단이 〈분명히(re) 가지고 온 공연리스트〉는 레퍼토리(repertory=inventory)라고 불렀다. ▷〈눈앞으로(a) 가지고 온 것〉은 볼 수 있으므로 분명하고(apparent), 〈앞으로 분명히 나타난(appear) 사람의 모습〉은 외모(appearance)가 됐고, 〈얼굴의 특징을 밖으로(trait=trans) 끄집어 낸 것〉을 초상화(portrait)라고 했다.

●〈물건을 옮기는(par=fer=bear) 것〉은 물건을 몸에 짊어지고(bear) 간다〉는 뜻이므로, 인간이 〈몸에(ap=at) 실어 갖추어야 할 기구〉를 장비(apparatus/par=bear)라고 했고, 몸에 〈걸치고 다니는 옷가지〉는 의류(apparel)라고 했고, 〈집이 갖추어야(furnish) 할 기구〉는 가구(furniture)가 됐다. ▷라틴어 〈미리(pre) 갖춘(prepare) 상태〉를 영어는 〈미리 준비된(ready/read=par의 음운도치) 상태〉라고 했다. ▷여인은 아기를 배에 실어 임신하고(bear)/ 낳았으므로(bear), 부모(parent/par=bear)는 나를 〈세상에 데리고 온(bring/br=bear) 고마운 존재〉였고, 스스로 알을 깨고 나오는 〈작은 새의 탄생(birth/bir=bear)〉을 보고 그대로 〈새(bird=birth/태어났다!)〉라고 불렀다. ▷여왕벌이 분비한 페로몬

(pheromone/mone=hormone)은 모든 수벌들을 데리고(pher=fer) 왔고, 〈짐(burden)을 실은(bear) 당나귀〉는 가파른 언덕도 거뜬히 올랐다.

● 〈곡식에서 쓸모없는 돌을 골라내던(di=from) 것〉을 〈다르다(different)〉고 했고, 〈시간을 뒤로(de=back) 가지고 가는 것〉을 〈일을 연기한다(defer)〉고 했고, 〈신에게(o=at) 바치는(offer) 맛있는 제물〉이 신의 분노를 잠재울 수 있다고 믿었다. ▷무거운 〈돌 아래(suf=under) 깔려 있던 시지프스(Sysiphus)〉는 끝없는 고통에 시달려야(suffer) 했고, 〈더(pre=first) 좋아하는(prefer) 것〉을 〈우선 먼저 가지고 가는 것〉이 자연의 이치였다. ▷〈배 속에 새끼를 잘 싣는 것〉을 〈잘 번식한다(fertile)〉고 했고, 부자들은 재산(fortune)을 〈신이 가져다 준다〉고 생각했다. ▷〈아름답고(fair=fer) 공정한(fair) 것〉은 모두 〈실수 없이 제대로 가져온(fer=bear) 것〉이라는 말이었다.

공간상의 위치(p)는 점(poin)이고 점을 이은 선으로 그림(pic)을 그렸다

- 공간상의 위치 점(point) ● 길고 뾰족한 침(pin)
- 바늘곰팡이에서 뽑은 페니실린(penicilline)
- 각자 먹을 것을 가지고 오는 소풍(picnic) ● 돌아가는 회전축(pivot)
- 점을 이은 선으로 그린 그림(picture)

● 무한한 우주〈공간(p)에서 정확한 위치(position)를 정하는 방법〉은 가능한〈가장 작은 점(point)〉으로 표시해야 했으므로, 그 작은 점을 찍을(punctuate)〈끝이 가장 뾰족한 송곳(pick)〉이 필요했고, 근대 어문학자들은 문장이 끝났음을 표시하기 위해서 작고 둥근 점을 찍기(punctuate)로 합의했다. ▷제왕들은 특정한 직책에(a=at) 특정한 신하의 이름을 지정함으로써(appoint) 공직자를 임명(appointment)했고,〈공직에서(a=from) 물러나는(dis) 신하의 마음〉을 절망(disappointment)이라고 했고,〈만나기로 시간을(a=at) 지정하는 것〉을 약속(appointment)이라고 했다. ▷마차의 고무 타이어(tire/둘러서 묶다)가 발명된 후에 펑크(puncture)라는 말이 유행하기 시작했고, 끝이〈뾰족한(acu=acute) 침으로 찔러 병을 치료하는 침술(acupuncture)〉은 동양에서만 발전했다.

● 길고 뾰족한 침(pin)으로는 작은 구멍(point)을 낼 수 있고, 〈잎이 침 같은 나무〉를 소나무(pine tree)라고 했고, 스페인의 아메리카 정복자들은 〈큰 솔(pine tree)방울 같은 과일(apple=fruit)〉을 발견하고 파인애플(pineapple)이라는 이름을 붙였다. ▷과학자 플레밍은 〈포자가 바늘 같은 바늘곰팡이(penicillium/푸른곰팡이)〉에서 나오는 물질(in=ingredient)이 병원균을 죽인다는 사실을 우연히 발견하고, 그 물질에 페니실린(penicin)이라는 이름을 붙였으므로, 페니실린은 최초의 항생제(antibiotic)가 됐다. ▷〈꽃잎이 톱니처럼 뾰족뾰족하게(point) 생긴 패랭이꽃〉의 색깔은 붉은색이었으므로, 붉은색을 핑크(pink/패랭이 꽃잎)라고 불렀고, 동물의 성기(pennis)는 뾰족해서 찌르는 기능이 있다. ▷시간이 지나면 〈굳어서 일정한 높이의 형태가 되는 원래 액체〉는 소나무의 송진(pitch)과 석유의 피치(pitch/찌꺼기)가 있다. ▷〈선박의 앞뒤로 긴 축〉을 피치(pitch)라고 했으므로, 〈선박의 앞뒤 흔들림〉을 피칭(pitching)이라고 했고, 〈선박의 좌우 흔들림〉은 롤링(rolling)이라고 불렀고, 음의 높낮이도 피치(pitch)라고 했다. ▷〈길고 그 안이 비어 있는 대롱〉은 파이프(pipe)이고, 〈길고 비어 있는 대롱으로 액체를 뿜어내는 것〉을 펌프(pump)라고 불렀다. ▷〈총알이 나가는 긴 관을 가진 작은 총〉은 권총(pistol)이 됐고, 〈밸브가 드나드는 긴 관통〉은 피스톤(piston)이 됐다.

● 배반하는 노조원을 지켜보다 〈짧은(et=little) 막대기〉로 콕 〈찍어내던(pick) 노조감시원(picket)〉이 현대의 팻말시위(picket)로 굳었고, 〈단어를 정확하게(s) 골라내는(pick=peak) 것〉을 말한다(speak)고 했다. ▷옛날 프랑스인들이 자기가 먹을 〈음식과 술을 들고(pick) 함께 모이던 것(pique-nique/nique/무의미 첨가어)〉이 영어에서 〈야

외소풍(picnic/pic=pick)〉으로 정착했다. ▷눈길에서는 〈바닥에 단단한(s=solid) 못(spike)이 박힌 신발〉을 신어야 하고, 포크(fork)도 〈음식을 찍어(pick) 먹을 수 있는 뾰족한 못(spike)〉을 가지고 있다. ▷〈진주(magar) 같은 흰색 털이 있고, 극성스럽게 먹이를 쪼는(peck) 새〉를 까치(magpie/진주색 쪼기새)라고 하고, 〈까치가 온갖 잡동사니를 물어다 모아 놓은 까치집〉은 〈갖가지 재료를 올려 놓은 맛있는 파이(pie)〉가 됐다. ▷〈회전체의 한 가운데에 찔러 놓은 축〉은 회전축(pivot)이므로, 회전축은 〈회전체를 돌리는 중추적(pivotal) 역할〉을 했다. ▷하나의 점(point)은 〈추상적으로는 초점(focus)〉이 됐고, 여우(fox)는 〈길고 뾰족한(puk=point/산스크리트어) 꼬리를 가진 개과동물〉이므로, 길고 뾰족한 여우꼬리는 사람을 유혹하는 상징이 됐다.

●점을 이어서 선을 만들었고 선으로 그린 〈그림(pictorial) 형상에 색깔을 입히던(paint) 고대인의 암석화〉가 〈현대의 그림(picture)과 사진(picture)〉이 됐으므로, 〈그은 선과 색깔과 그림과 사진〉은 같은 어원 침(pick)에서 왔다. ▷〈하나의 전자(電子)를 하나의 점(pix=pick)의 요소(element)로 삼는 픽셀(pixel/화소)〉을 이용하면서 현대의 전자화면은 거의 모든 대상을 실물처럼 묘사하게 됐다. ▷〈유화의 물감(pigment)〉은 본래 다양한 천연 재료(ment)에서 뽑아낸 것들이었으므로, 연지벌레(kermes)를 말려서 나온 가루에서는 〈스칼렛(scarlet)〉과 〈크림슨(crimson)〉과 같은 검붉은색을 얻었다. ▷같은 〈줄무늬를 가진 얼룩말(pinto)〉은 없으므로 얼룩말의 줄무늬는 사람의 지문과 같다.

몸의 맨 위(p)에 붙어 있는 둥근(p) 머리(head)가 아버지(father)가 됐다

- 맨 위에 붙은 머리 아버지(pet er/hea d/fath er)
- 나라를 구한 아버지 애국자(pat riot)
- 희극의 주인공이 된 아버지 피에로(pier rot) ●둥근 콩(pea/bean)
- 둥근 열매(pep per) ●머리를 감는 샴푸(sham poo)

● 몸의 〈맨 위에 붙어있는 둥근 머리(pet)〉는 라틴어 〈둥근 주춧돌(pet er)〉과 〈가장 아버지(pet er)〉와 〈예수의 제1제자 베드로(Pet er)〉가 됐고, 영어로는 〈둥근 머리(head)〉와 〈아버지(fath er)〉가 됐다. ▷〈나라를 구한 아버지〉는 애국자(pat riot)가 됐고, 〈영원한 희극의 주인공이 된 아버지〉는 피에로(pier rot)였다. ▷〈모두가 따라가는 모양〉은 패턴(pat tern)이 됐고, 〈반석에서 나오는 기름(ol=oil)〉은 석유(pet roleum)가 됐다. ▷예수가 베드로(Pet er)에게 〈반석(petr) 위에 나의 교회를 지으리라〉고 한 말은, 같은 어원인 라틴어 〈베드로와 반석(pet er)〉을 교묘하게 이용한 문장이었다.

● 〈완두콩(pea=head)〉과 〈콩(bean=head)〉은 모두 〈작은 머리〉였으므로, 땅콩(pea nut)은 〈딱딱한(nut=knut) 작은 콩〉이고, 공작(pea cock)은 〈꼬리에 콩무늬가 박힌 새〉였고, 조약돌(peb ble)은 〈작은 머리통 같은

돌〉이었다. ▷고추(red pepper/pep=head)와 후추 열매(black pepper)와 양귀비 열매(poppy)와 열매(pomme/프랑스어)는 모두 둥들다는 말이었다. ▷스페인 바스크 농민들이 썼던 〈채양이 없는 둥근(ret=round) 베레모(beret/be=bean=head)〉는 특수부대 병사들의 모자가 됐고, 머리에 딱 붙여 쓰는 〈둥근 털실 모자〉는 비니(beanie)라고 불렸고, 턱밑으로 〈묶는 끈을 가진 어린이용 방한 털실모자(bonnet/bon=bean)〉는 자동차의 앞 뚜껑(bonnet)으로 전용됐다. ▷런던에서 개업한 인도식 비누 목욕 마사지는 〈머리를 감는 샴푸(shampoo/shap=cap/m 음운첨가/힌디어)〉로 굳었다.

몸의 맨 아래(p)에 뾰족한(pod) 부분을 발(foot)이라고 했다

●몸의 맨 아래 뾰족한 발(foot) ●배의 노 파일럿(pilot)

●통통 부은 발 오이디푸스(Oedipus) ●다리가 8개 달린 문어(octopus)

●오리의 발(pedal) ●3개로 갈라진 황새의 발 혈통(pedigree)

● 발(foot)은 〈뾰족한 끝(pod=point/산스크리트어)을 가진 모양(p)〉이라는 뜻이었고, 개척자(pioneer)는 〈아무도 가지 않은 길을 걸어간 자〉였다. ▷파일럿(pilot)은 당초 〈배의 발에 해당하는 노〉라는 말이었고, 〈맹수의 발톱(paw)〉에 찍히면 단번에 죽을 수도 있고, 체스의 졸병(pawn)은 〈발로 걸어가는 보병〉이라는 뜻이었다. ↓〈몸을 얇게 덮었던(pan) 옷(pant)〉을 벗어 맡기고, 급하게 돈을 빌리는 곳은 전당포(pawn shop/pawn=pant)〉가 됐다. ▷태어나자마자 〈아버지에 의해 발이 묶인 오이디푸스(Oedipus)〉는 〈통통 부은(oed=swell) 발을 가진 자〉라는 뜻이었고, 예언에 따라 어머니와 동침하는 운명을 맞았으므로, 오이디푸스 콤플렉스(Oedipus complex)는 고대의 〈동물적인 근친교배를 경계하려는 신화〉였고, 〈다리가 8(oct=eight)개 달린 생선〉은 문어(octopus)였다. ↓〈속에 단단한(cal) 뼈가 들어 있는 생선〉을 이탈리아인들은 오징어(calamari)라고 불렀다. ▷자전거는 페달(pedal)을 계속 밟아줘야 넘

어지지 않고, 오리도 발(ped**al**)을 계속 움직이기 때문에 항상 물위에 떠 있다.

● 〈걸어가서 물건을 옮겨 오는 것〉을 직접 가져온다(**fetch=foot**)고 했고, 지휘대(**pod**ium)는 오케스트라의 지휘자가 〈발을 딛고 서는 곳(um=place)〉이고, 〈족쇄에 부패 공무원의 발을 끼워 넣는(im) 것〉을 탄핵(im**peach**ment)이라고 했다. ▷ 〈세 갈래로 갈라진 황새(**gru=crane**)의 발(**pe de gru**)〉을 붙여서 읽은 것이 〈분가해서 갈라진 혈통(**ped**igree)〉이 됐다. ▷ 3개의 다리로 스스로 설 수 있는 구조를 삼각대(tri**pod**)라고 했고, 노래기(mili**ped**)는 과장해서 〈천(**mil=kil**)개의 다리〉를 가졌고, 파자마(**paj**ama)는 〈다리만 끼워 넣는 헐렁한 잠옷〉이라는 말로 아리안계 페르시아어에서 나왔다. ▷ 원래 〈개가 앞발로 땅을 파는 행동〉은 군대의 순찰(**pat**rol)로 굳었다.

인간은 끊임없이 흔들리는 우주공간(p)에 매달려(pen) 신음해 왔다

- 매달아 고통을 주는 벌(penalty) ● 죽을 수도 있는 환자(patient)
- 죽을 것 같아 비관적인(passive) ● 죽을 것 같은 열정(passion)
- 벌 받는 자에 대한 측은함(pity) ● 젖을 먹은 고마움 효도(filial piety)

● 서양의 신은 〈실수하는 인간을 매다는(hang/han=pen) 준엄한 벌(penalty)〉을 내렸고, 신을 대신한 현대국가는 〈법을 어긴 자에게 고통(pain)을 주는 형사적(penal) 처벌(punishment)권〉을 갖게 됐다. ▷〈매달리는(hang) 것〉은 〈상태를 유지한다는 뜻〉이므로, 〈계속 밖에(out) 나가 있다면〉 외출(hang out)이었고, 〈계속 붙잡고(on) 있다면〉 〈잠깐만(hang on)〉이었고, 〈술 먹은 시간을 넘어서(over) 계속 취해 있다면〉 숙취(hang over)가 됐다. ▷〈거의 죽을 수도 있는 사람〉은 환자(patient)였고, 〈거의 죽을 것 같은 고통을 참는 것〉은 인내(patience)였고, 지나간 〈고통을 다시(re=repeat) 꺼내어 아파하면〉 후회(repent)가 됐다. ▷동정(compassion)은 〈같이(com) 아파해 주는 것〉이고, 〈거의 죽을 것 같은 자세〉는 비관적인(passive) 태도였다. ▷예수는 〈죽을 것 같은 열정(passion)〉으로 고통을 겪었으므로, 〈예수의 수난(the Passion of Christ)〉은 인간에게 깊은 감명을 줬다고 본 수많은 미술가들이, 예수가

〈골고다 언덕에 오르고, 십자가에 못 박히는 과정〉을 자세히 그렸다.

● 〈신의 준엄한 징벌(pen**alty**)〉은 〈벌을 받는 자에 대한 애처로움(**pity**)〉으로 정반대 의미가 됐으므로, 〈가차없이(**pit**iless) 벌을 내리던 신〉도 불쌍한 인간들을 측은하게(**pit**iful) 여기고, 〈달래주는(ap**peas**e) 한없는 동정심(**pity**)〉을 갖는 존재였다. ▷신으로부터 자비심(**piety**)을 배운 인간들도 늙은 부모를 측은하게 여기는 〈자식으로서(filial) 효도(filial **piety**)〉를 다했고, 인간들은 위대한 신에게 경건한(**pious**) 자세를 보였다. ▷결국 신은 인간을 〈벌(pen**alty**)과 측은함(**pity**)〉으로 다스렸으므로, 〈처벌(**pen**al)과 측은함(**piet**)〉은 인간 감정의 양면이 됐다.

만물은 공간(p)에 매달리는(pen) 풍전등화 같은 처지에 놓여 있었다

- 다른 나라에 매달리지 않는 독립(inde**pen**dence)
- 꼭대기에 매달린 다락방(**pen**thouse) ● 매달려 뱅글뱅글 돌다(s**pin**)
- 천칭저울에 매달아 무게를 재는 파운드(**pound**)
- 저울에 무게를 다는 명상(**pen**see)

● 매달려(**pen**d) 있으면 안정을 얻을 수 있지만, 그곳에(de=from) 종속되므로(de**pen**d), 〈다른 나라에(de=from) 더 이상 매이지(de**pen**d) 않겠다(in)〉는 작은 나라들의 독립(inde**pen**dence) 열망은 결코 식을 줄 몰랐고, 아직 해결하지 못하고 〈매달아 놓은(**pen**ding) 문제〉는 현안(**pen**ding issue)이 됐다. ▷〈매달아 놓은 모든 진자(**pen**dulum)〉의 좌우 진동 시간은 언제나 같다는 사실을 알았으므로, 〈추를 왕복시키는 진자시계(**pen**dulum clock)〉가 맨 먼저 발명됐다. ▷여성들이 흔들거리는 장식(**pen**dant)을 귀에 매다는 습성은 매우 오래전부터 있어 왔고, 〈집(house)의 맨 꼭대기에 매달아 놓은 방〉은 다락방(**pen**thouse)이었다. ▷〈벽에 붙인 평평한 나무판(**pan**el)〉이 그 방에 모인 작은 모임(**pan**el)이나 그 구성원(**pan**el)으로 의미가 확장됐다. ▷〈아래로(sus) 길게 늘린 줄〉은 언제 끊어질지 긴장(sus**pen**se)되고, 〈강력한 쇠줄에 매달아 놓

은 다리〉는 현수교(sus**pen**sion bridge)라고 불렀다. ▷줄에 매달아 놓은 물건은 뱅글뱅글 돌고(**spin**=s**pan**gle), 〈매달아 놓은 별들이 반짝이는 국기(star s**pan**gled banner)〉는 〈미국 국기의 애칭〉이고, 이 애칭이 〈미국 애국가의 제목〉이 됐다.

● 최초의 저울은 〈물건을 매달아(**hang**) 무게를 다는 천칭저울(Libra/lib=leave/저울의 양쪽이 오르내리다)〉이었으므로, 영국 화폐 파운드(**poun**d=**hang**)는 〈천칭저울에 매단다〉는 말이었고, 〈파운드의 약자(£=lb)〉는 천칭저울(libra)이라는 뜻이었다. ▷〈천칭저울에 매달아 나타난(**ex**) 수치〉는 〈지불해야 할 비용(ex**pen**se)〉이 됐고, 지불해야 할 비용이 과도하면(**ex**=extra) 〈값이 비싸다(ex**pen**sive)〉고 했고, 꽁꽁 〈매어두었던 물건을 떼어내는(**s**=separate) 것〉을 〈소비한다(s**pen**d)〉고 했다. ▷왕이 퇴직 신하에게 베풀어주는 연금(**pen**sion)은 오늘날 은퇴한 모든 국민에게 주는 연금(**pen**sion)으로 확대됐다. ▷현대국가는 국민전체를 향하여(**dis**) 공공 서비스를 제공하고(dis**pen**se), 특별히 손해를 본 자에게는 그 〈액수만큼(**com**) 되돌려주는 보상(com**pen**sation)〉을 실시했다. ▷〈무게를 다는 것〉은 〈생각을 재는 것〉과 같다고 봤으므로, 〈곰곰이 생각한다(**pon**der)〉가 됐고, 프랑스어 명상(**pen**see)은 프랑스 철학자 파스칼의 명상록(**pen**see)으로 유명해졌다.

우주공간(p)에 던져진
작고 불쌍한(poor) 존재들

- 우주공간에 무작정 내던져진 가난(pover**ty**) ●작고 예쁜 아들 바울(**Paul**)
- 어린이를 가르치는 교사(**ped**agogue) ●개의 새끼 강아지(pup**py**)
- 피가 썩어서 흐르는 고름(**py**orrhea) ●응가하다(**poo**)

● 우주공간은 〈신이 사는 깨끗한(p) 공간〉과 〈인간이 사는 더러운(p) 공간〉으로 나뉘어 있다고 봤으므로, 사람(peop**le**)은 태초에 〈우주공간으로 무작정 떨어진 불쌍한(**poor**) 존재〉였고, 풍요로운 시대에도 가난(pover**ty**)은 국가적인 큰 문제였다. ▷인간의 아기(ba**by**)는 너무나 미숙해 20년 이상 부모의 보호를 받아야 하고, 학생(pup**il**)은 성인이 되기 위해 〈배워야 하는 미숙한 존재〉였다. ▷눈동자(pup**il**)는 〈작고 예쁜(pup**il**=girl) 여자를 비춰주는 남자의 유리창〉이라는 뜻이었고, 말레이시아어 〈여명(hari=day)의 눈동자(mata)〉라는 이름을 가졌던 댄서(dancer) 마타하리(Mata Hari)는 독일을 위한 간첩활동을 했다는 이유로 프랑스에서 처형됐다. ▷〈치골(pub**ic**)에 체모가 나는 사춘기(pub**erty**)〉는 성인으로 들어가기 위한 성장과정이었다. ▷사도 바울(**Paul**)은 〈귀엽고 작은 아들〉이라는 뜻이었고, 바울(**Paul**)의 스페인식 표현은 파블로(**Pabl**o)였으므로, 유명한 화가 파블로 피카소(**Pabl**o

Piccasso)의 이름은 바울이었다. ▷고대 그리스의 교사(pedagogue)는 〈어린아이(ped=foot/아장아장 걷다)들을 올바른 길로 인도하는(agog=go) 선생〉이었으므로, 미숙한 〈아이들을 완전하게 만드는 교육법(pedagogy)〉을 배워야 했다. ▷고대의 그리스 귀족들은 미소년 시종(page)을 옆에 두고 잔심부름을 시키며 동성애도 나눴고, 인도의 왕자(Rajput)는 〈장차 왕(raj=royal)이 될 미숙한 어린 왕자〉였다.

●〈덩치가 작은 가축〉은 가금류(poultry/닭)라고 불렀고, 〈말의 새끼〉는 망아지(pony)였다. ▷〈개의 새끼〉는 강아지(puppy)였고, 〈작고 귀여운 동물〉은 애완동물(pet)이고, 〈사람이 조종하는 인형〉은 꼭두각시(puppet)가 됐다. ▷〈더러운 암퇘지(pig)의 음부처럼 작고(lain=little) 매끈한 그릇〉은 도자기(porcelain)라고 했다. ▷〈더러운 돼지(pig/영어)와 암소(cow/영어)를 기르는 계층〉은 현지 영국인이었고, 〈맛있는 돼지고기(pork/라틴어)와 소고기(beef/라틴어)를 먹는 계층〉은 프랑스인이었으므로, 영국인은 〈영어를 쓰는 생산 노동자〉, 프랑스인은 〈라틴어를 쓰는 소비 귀족〉이었다. ▷목동들은 자신의 가축(fel=pecu/더러운)에게 특별한(peculiar) 표시를 해놓았고, 옛날에는 가축을 직접 화폐(fee)로 썼으므로, 화폐로부터 요금(fee)이 나왔다. ▷〈인구가 적어(few) 허약한 국가〉들은 일찌감치 영세중립국을 선포했고, 반칙(foul)은 〈성숙하지 못한 더러운 행동〉이었고, 〈세균과 싸우다 죽은 피〉는 고름(pyorrhea)으로 흘러(rrh=run) 나왔다. ▷〈응가하다(poo)와 쉬하다(pee)〉는 본래 어린이들이 썼던 유아어였지만 이제는 어른들도 일상어로 잘 쓰고 있다.

우주공간(p)에서 살아남기 위한
인간의 몸부림이 일(op)이었다

- 험악한 공간 속 몸부림 일(operation) ●다시 한 번 일한 복사(copy)
- 일하는 곳 사무실(office) ●일하는 공무원(official)
- 일하기 좋은 방법의 선택(option) ●일하려는 나만의 생각 견해(opinion)

● 인간은 우주공간(p)에서 살아남기 위해, 노동(op)을 해야 했으므로, 노동은 생존을 보장할 신성한 작업(operation)이 됐고, 오페라(opera)는 〈음악 작업(opera in music)의 준말〉이었다. ▷시인(poet)은 〈생각을 글로 만드는 작업을 하는 자(et)〉였고, 시(poem)는 〈시인이 작업한 정신석 결과물(m=mass)〉이었다. ▷〈모두(co) 같이 일하는 것〉은 협동(cooperation)이 됐고, 〈한 번 더(co) 일한 것〉이 복사(copy)가 됐고, 〈작가가 쓴 단 하나의 원고를 복사할 권리(right)〉를 판권(copyright)이라고 했다. ▷사무실(office)은 〈일을 하는(fic=make)공간〉이었고, 사무실에서 일하거나(operate) 공무를 집행하는(officiate) 자를 공무원(official)이나 장교(officer)라고 했다. ▷〈할 일이 빈번하게 일어나는 상황〉을 〈자주(often/of=op)〉라고 봤고, 프랑스어 〈손(man=hand)으로 꼼꼼히 일한다(maneuver/euv=op)〉가 〈뒤에서 조종한다(maneuver)〉가 됐다. ▷〈일하기에 좋은 방법을 고르는 것〉을 선택(option)이라고 했고, 〈일하기에 가

장(mum=most) 좋은 환경〉은 최적(optimum) 조건이었고, 〈일이 잘될 것이라는 희망〉은 낙관주의(optimism)를 낳았다. ▷〈남의 자식을 자신에게(ad) 잘 맞추는 일〉은 입양(adoption)이었고, 〈앞으로 일을 어떻게 해 나가겠다는 나의 생각〉은 〈나의 견해(opinion)〉가 됐다.

우주공간(p)에 흩날리는
작은 알갱이(ps)가 모래였다

- 우주공간의 작은 알갱이 모래(sand)
- 우주공간에 떠도는 작은 존재 정신(psyche)
- 정신에 병이 든 정신병(psychopath)
- 우주의 정기를 마셔 영감을 얻다(inspire) ●피부로 숨을 쉬는 땀(sweat)

● 〈우주공간(p)으로 퍼지는 아주 작은(s=seperate) 부스러기〉를 그리스어로 〈작다(ps)/그리스 알파벳 ψ〉고 했으므로, 그리스어 〈작은 알갱이(psand)〉는 영어로 모래(sand)가 됐다. ▷중동에서는 〈작은 모래 조각(m-mini)을 의미하는 아몬(Ammon)〉신전 안에서 주인이 기도를 올리는 동안, 신전 앞에 매어 있던 낙타들은 계속 오줌을 쌌고, 〈낙타 오줌이 굳은 것〉을 암모니아(ammonia)라고 불렀으므로, 그리스인들은 〈작은(ps) 모래(ammon)〉라는 뜻의 신조어 암모니아(psammonia)를 만들었고, 영어는 암모니아(psammonia)를 다시 축약해서 원래 암모니아(ammonia)로 되돌려 놨다. ↓〈오줌의 성분인 암모니아〉는 동물을 구성하는 아미노산(amino-acid)의 일부였고, 아미노산은 활성원자인 질소(nitrogen)로 구성됐다. ▷〈모래가 응축되어 형성된 암석(ite=lite)〉은 사질암(psammite)이라고 부르고, 아테네의 민회에서는 〈사질암이

굳어서 생긴 작은 조약돌(ps**ephos/phos**=pebble/둥근돌)〉을 상자 안에 던져 투표를 했으므로, 현대의 투표(ps**ephology**)가 생겼고, 투표(ps**ephology**)가 축약되어 투표(poll=phol/조약돌)가 됐다.

● 그리스 알파벳에는 〈작은 **E**〉에 해당하는 엡실론(**epsilon**)과 〈작은 **U**〉에 해당하는 입실론(**upsilon**)이 있었고, 그리스인들은 〈진짜를 작게 만든 것〉을 사이비(**pseudo**)라고 했고, 로마인들은 〈그 무엇(**quo**=what)과 닮은(**si**=same) 것〉을 〈사이비(**quasi**)〉라고 했다. ▷그리스인들은 영혼(**psyche**)을 〈우주공간(**p**)을 떠도는 작은(**ps**) 존재(**ch**=be)〉라고 봤고, 〈우주공간의 영혼을 인간이 호흡한 것〉을 정신(**psyche**)이라고 봤다. ▷오스트리아의 의사 프로이드는 근대적 심리학(**psychology**)의 문을 열었고, 정신에 병(**path**)이 들면 정신병(**psychopath**)이 됐다. ▷로마인들도 〈우주공간(**p**)에 흩어져(**s**=separate) 있는 영혼(**spirit**)〉을 인간이 호흡한(**inspire**) 것을 정신(**spirit**)이라고 봤고, 〈우주공간(**p**)에 흩어져 있는 작은(**l**) 조각〉도 영혼(**soul**)이라고 봤다. ↓영국인들도 〈우주공간에 흩어져 있는 작은(**m**=mini) 조각〉을 마음(**mind**)이라고 봤다.

● 그리스인들은 〈우주(**h**)의 정기(**l**)를 인간이 들이(**in**)마시는 것〉을 〈숨을 들이마신다(**inhale**)〉고 했고, 〈우주의 정기를 내(**ex**)뱉는 것〉을 〈숨을 내쉰다(**exhale**)〉고 했고, 〈숨 쉬기가 어려운(**a**=ant) 병(**ma**)〉은 천식(**asthma/sth**=sp)이라고 했다. ▷로마인들은 〈우주(**p**)의 정기(**s**)를 들이(**in**)마시는 것〉을 〈영감을 얻는다(**inspire**)〉고 했고, 다시 〈세상을 향해(**a**=at) 숨을 내쉬는 것〉을 〈세상에 포부를 펼친다(**aspire**)〉고 했고, 〈더 이상 숨을 쉬지 않는(**ex**) 것〉은 〈효력이 다했다(**expire**)〉고 했다. ▷인간은 피부를 통해(**per**)서도 땀(**sweat**=spir)을 배출하고(**perspire**), 〈남 몰래 함께(**con**) 숨을 쉬는 것〉을 음모를 꾸민다(**conspire**)고 했다.

숫자를 작게(p) 잘라내는(put) 최신 기계가 컴퓨터였다

- ●숫자를 자르거나 합하는 컴퓨터(com**put**er)
- ●나의 돈이 들어 있는 계좌(account)
- ●날개를 돌려 나는 헬리콥터(helico**p**ter)
- ●잘게 깬 돌로 도로를 포장하다(pave) ●공기를 치는 깃털(fea**t**her)

●〈순간적으로 공간(p)상의 거리(t)를 좁혀 힘을 가하는 것〉을 때린다(put)고 했고, 〈숫자를 때려서(put) 자르거나 합하는(com) 방법〉을 계산(com**put**e)이라고 했으므로, 컴퓨터(com**put**er)는 수를 가장 작은 단위인 〈2진법(binary digit)으로 잘라서 계산하는(com**put**e) 최신 기계〉였고, 현대는 컴퓨터가 없으면 존재할 수 없는 컴퓨터 지배체제(com**put**ercracy)가 됐다. ▷본래 프랑스어 〈계산하다(com**put**are)〉를 영국인들은 〈계산하다(count)〉고 축약해서 썼으므로, 〈나의 돈이 들어 있는 은행 항목(a)〉을 계좌(account)라고 했고, 〈자기 돈을 정확하게 세는 것〉을 〈자세하게 설명한다(account)〉고 했고, 〈은행 계좌에 있는 돈으로 지불할 수 있다〉는 말은 〈책임질(accountable) 수 있다〉로 일반화됐다. ▷〈날개를 둥글게(hel=sol) 돌려 치면서 추진력과 양력을 얻는 비행기〉는 헬리콥터(helico**p**ter)였고, 알렉산더 휘하의 장군이었다가 알

렉산더 사후 이집트의 통치자가 된 프톨레마이오스(Ptolemy)는 〈땅을 진동하는 자〉라는 뜻이었고, 〈조국(patr=father)의 열쇠(cl=key)〉라는 뜻을 가진 이집트의 왕녀(Cleopatra)들과 결혼하면서 오랫동안 이집트를 통치했다.

● 상관으로부터 〈권한의 일부를 잘라(de=from) 위임받은(depute) 사람〉을 대리인이나 보좌관(deputy/y=ee)이라고 했으므로, 부총리(deputy prime minister)는 총리의 대리인이었고, 〈여러 번(re) 잘라서 평가하는 것〉을 평판(reputation)이라고 했고, 〈상대방을 헐뜯으며(dis) 싸우는 것〉을 논란(dispute)이라고 했다. ▷로마의 도로는 잘게 깬 〈쇄석을 깔아 포장했으므로(pave)〉, 현대의 도로는 로마의 쇄석도로에 석유의 타르(tar/tree의 송진)를 덧씌운 포장도로(pavement)라고 볼 수 있다. ▷프랑스어 나비(papillon)는 〈날개를 펄럭이며 나는 곤충〉이라는 뜻이었고, 천막(pavilion)도 바람에 펄럭이고, 〈몸에 가해지는 힘〉이 느낌(feel)을 만들었다. ▷〈모든 사람이 한가지(com) 목표를 향해 달려가면〉 격렬한 경쟁을 벌일(compete) 수밖에 없었다.

● 새의 깃털(feather/feath=pt)은 〈흐르는(pel) 공기(air/vair=pel/음운퇴화)를 반복적으로 때려〉 새를 공중에 띄우고, 〈새의 깃털(feather)을 뽑아서〉 펜(pen=pet)을 만들었고, 잎이 〈새의 날개처럼 생긴 식물〉을 양치식물(fern=pet)이라고 했다. ▷바람에 휘날리는 우승기(pennant)는 원래 로마군의 작은(ant=little) 군기였고, 비관주의(pessimism)는 〈아래로 곤두박질치는 우울한 마음의 상태〉였다. ▷시편이나 찬송가(psalm)는 원래 〈하프를 뜯어 진동시키면서 부르던 노래〉였다. ▷〈V자 형 가지를 지지대(cata=against) 삼아 장력을 얻는 석궁(catapult)〉은 현재 항공기를 튕겨 날리는 항공모함의 사출장치(catapult)로 발전했고, 다윗

(David)은 작은 새총(catapult)으로 거인 골리앗(Goliath)을 정통으로 맞춰 죽였다고 성서는 전하고 있다.

동물은 고기나 풀을 이빨로
작게(ph) 잘라서(phag) 먹었다

- 먹을 것을 준 신의 집(pagoda) ● 인육을 먹는 식인의(androphagous)
- 버섯을 먹는(mysophagous) ● 음식을 씹어서 먹다(devour)
- 피를 빨아 먹는(sanguinivorous) ● 고기만 먹는 육식성의(carnivorous)

● 모든 생명체는 다른 생명체를 잘게 잘라서(phag) 먹고(phag) 살 운명이었고, 인간은 〈먹을 것을 주는 신의 집(pagoda/산스크리트어)〉을 크게 짓고 신에게 고맙다고 기도했다. ▷얼마전까지도 인도의 도시에는 박쉬쉬(baksheesh/먹을 것 좀 주세요/산스크리트어) 하며 신이 아닌 관광객에게 먹을 것을 달라고 조르는 거지들이 있었다. ↓박쉬쉬는 한자로 보시(報施/먹을 것을 나누어주다)가 됐다. ▷모든 생물은 무엇이든 먹어야 살 수 있으므로, 박테리아(bacteria)를 잡아 먹는 살균 박테리아(bacteriophage)는 줄여서 페이지(phage)라고 불렀다. ▷〈닥치는 대로(poly) 먹는 병적 증상(ia)〉은 다식증(polyphagia)이다. ▷포유류는 〈젖(galact)을 먹고 사는(galactophagous)〉 동물이다. ▷일본인은 〈물고기(ichthy)를 가장 많이 먹는(ichthyophagous)〉 민족이다. ▷얼마 전까지 인간은 〈사람(andr) 고기를 먹는 식인(androphagous)〉 습관을 가지고 있었다. ▷몽구스와 독수리는 〈뱀(ophi)을 먹는(ophiphagous)〉 동

물이다. ▷유럽인은 〈굴(ostr)만 생으로 먹는(ostreophagous)〉 민족이다. ▷〈돌(lith)을 먹고 사는(lithophagous)〉 세균도 있다. ▷산에 사는 사람들은 〈버섯(mys)을 잘 먹는(mysophagous)〉 사람들이다. ▷곤충들은 〈나무(dendr)의 즙을 먹는(dendrophagous)〉 존재다. ▷〈동물(zo)을 잡아 먹는(zoophagous)〉 존재들은 먹이사슬 가운데 가장 위에 있다. ▷프랑스와 제주도 사람들은 〈말(hip)고기를 먹는(hippophagous)〉 사람들이었다. ▷새는 〈곤충(entom)을 잡아먹는(entomophagous)〉 존재다.
● 〈음식을 씹어서(gowr/wr=vor) 먹는 것〉을 〈목구멍 아래로(de=down) 음식을 삼킨다(devour)고 했으므로, 인간과 새는 〈열매(bac=berry)를 따 먹는(baccivorous)〉 존재였다. ▷벌은 꽃가루를 먹고 벌의 유충은 〈꿀(mel)만 먹는다(mellovorous)〉. ▷개는 〈뼈(oss)를 씹어 먹는(ossivorous)〉 늑대의 후손이다. ▷거머리와 모기는 〈피(sanguine)를 빨아 먹는(sanguinivorous)〉 흡혈 생물이다. ▷인간은 ▷〈모든(onm=all) 것을 먹는 잡식성(omnivorous)〉 동물로 다양하고 풍부한 영양을 취해 머리의 용량을 키웠으므로, 만물의 영장이 됐다. ▷유럽인들은 주로 칼로 〈고기를 잘라(car=cut) 먹는 육식성(carnivorous)〉 인종이었고, 동양인은 주로 〈식물(herb)을 요리해 먹는 채식성(herbivorous)〉 인종이었다.

양이 드넓은(p) 들판에서
뜯어 먹는(past) 풀이 음식(food)이 됐다

- 양이 뜯어 먹을 풀이 자라는 넓은 벌판(pasture)
- 벌판에서 자라난 풀 음식(food) ● 빵을 함께 먹는 자 친구(companion)
- 밀가루로 만든 파스타(pasta) ● 밀가루로 만든 스파게티(spaghetti)

● 〈드넓게(p) 펼쳐진 곳〉을 들판(pasture)이라고 했고, 들판(pasture)에서 양이 〈풀을 뜯어 먹었고(past/작게 자르다/산스크리트어)〉, 〈양이 뜯어 먹던(past) 풀〉이 인간이 먹는 〈일반적 음식(food=past)〉으로 굳었다. ↓ 〈풀을 가로로 잘라(tra=trans) 먹는 동물〉을 그리스인들은 염소(trago)라고 했고, 영어는 염소(goat)라고 바꿔 불렀다. ▷음식(food)은 라틴어로는 음식(pan/빵)이 됐으므로, 〈빵을 함께(com) 먹는 자〉를 친구(companion)라고 했고, 회사(company)도 〈함께(com) 일해서 먹고사는 상업적 공동체〉였다. ▷파스타(pasta/가루 음식)는 〈잘게 빻은 이탈리아의 밀가루 음식〉을 총칭했으므로, 〈길다란 국수 스파게티(spaghetti/spagh/가루)〉와 〈짧고 구멍 난 마카로니(macaroni)〉와 〈납작한 국수 라자냐(rasagna)〉는 모두 이탈리아의 가루음식 국수였다. ↓ 미국의 서부와 비슷한 환경인 이탈리아 〈시칠리아에서 촬영한 미국 서부영화〉를 〈마카로니 웨스턴(macaroni western)〉이라고 했다. ↓ 아

랍어 ⟨밀가루(almakarun/al=the)⟩는 ⟨이탈리아의 마카로니(macaroni)⟩ 와 ⟨프랑스의 디저트 마카롱(macaron)⟩을 낳았다. ▷파티세(patissier/ 프랑스어)는 ⟨밀가루(pastry)⟩로 빵을 만드는 요리사(sie=chef)⟩ 제빵사 였다.

인간은 술을 목구멍(p)에 부어(pou) 마시면서(bev) 우정을 쌓았다

- 목구멍에 부어(pour) 마시는 맥주(beer) ● 해로운 음료 독약(poison)
- 술을 함께 마시는 향연(symposium)
- 정보를 주고받는 특파원(correspondent)
- 돈을 계속 따라주는 후원자(sponsor)

● 〈길게 뚫려 있는 목구멍(p)에 부어서(pour) 마시는 것〉을 〈음료수(beverage/bev=pour)라고 했으므로, 맥주(beer)도 〈목구멍에 부어서 마신다〉는 뜻밖에 없었고, 〈깨끗하지 못한 독약(poison)〉을 마신 인간은 목숨을 잃었다. ▷고대 그리스 귀족들이 〈함께(sym) 모여 와인을 마시며 철학을 논했던 향연(symposium/pos=pour)〉은 현대의 심포지엄(symposium/학술대회)이 됐다. ▷남자들은 〈술을 따라(pour) 주며 마음을 주고받는 습성〉을 길러왔으므로, 〈받은 술잔을 되돌려(re)주는 것〉을 응답했다(respond)고 말하고, 술을 받은 사람은 〈술잔을 되돌려줘야 할 책임이 있다(responsible)〉고 생각했다. ▷언론사의 특파원(correspondent)은 〈본사와(co) 끊임없이(re) 기사정보를 주고받는 언론의 기고가〉였고, 중세 돈이 없는 천재작가에게 〈계속 술을 부어주듯 돈을 주는 사람〉을 후원자(sponsor)라고 했다.

우주공간(p)에서 온 빛은 열매를 익혔고 (pecu) 인간은 불로 요리했다(cook)

- 햇빛으로 잘 익은 호박(pumpkin) ●불로 익히는 요리(cook)
- 요리를 하는 부엌(kitchen) ●고급 요리 쿠진(cousine)
- 가장 먼저 익는 살구(apricot) ●골고루 익히다(concoct)
- 음식을 익히는 오븐(oven)

● 〈우주공간(p)에서 온 햇빛(c=cal/산스크리트어)〉이 열매를 익혔으므로(pecu), 호박(pumpkin/m첨가)은 〈햇볕에 잘 익었다〉는 뜻이었고, 〈단백질을 분해하는 효소(in)〉를 펩신(pepsin)이라고 불렀다. ▷〈햇빛에 익은(pecu) 열매를 다시 인간들이 불에 익히는(pecu) 것〉을 요리한다(cook/pe 탈락/c 반복)고 했고, 부엌(kitchen)은 〈음식을 익히는(cook=kitch) 정갈한 장소〉였고, 〈잘 차린 프랑스 음식〉은 특별히 요리(cuisine/cuis=cook)라고 불렀다. ▷살구(apricot)는 〈봄에 가장 먼저(apri=pre) 익는 과일〉이라는 아랍어였고, 음식을 〈이리저리(con) 뒤집어 골고루 익히는(concoct) 것〉이 〈음모를 꾸미는(concoct) 것〉으로 의미가 확장됐다. ▷고대 유럽인들은 〈흙(ter=earth)을 1차로 구운 질그릇 테라코타(tera cota)〉를 그대로 썼으므로, 물이 질그릇 표면으로 배어 나왔다. ▷곡식을 계속 가열해서 수분을 증발시키고(de) 우려내면

(de**coct**) 단당류인 조청이 나오고, 오븐(**oven**)은 〈음식을 굽는 난로(o**ghn**=cook)〉라는 네덜란드어였다.

창자 공간(f)을 졸라매고(fas) 몸을 깨끗이 하는 것이 단식(fas)이었다

- 시간을 졸라매면 더욱 빨라지고(fast) 공간을 졸라매서 단식했다(fast)
- 단식을 멈춘 아침식사(breakfast) ● 빵 한 조각 먹는 점심(lunch)
- 가장 잘 차려먹는 정찬(dinner) ● 수프 정도를 먹는 저녁(supper)

● 〈공간(f=p)을 수축시키는(s) 행동〉을 졸라맨다(fasten)고 했으므로, 〈속도를 졸라맨 것〉을 빠르다(fast)고 했고, 〈세워 놓은(stead) 말뚝에 단단히 매놓으면〉 확고부동하다(steadfast)고 했다. ▷ 인간은 신에게 다가가기 위해서는 몸을 깨끗하게 정화해야 한다고 생각했으므로, 신을 만나기 전에 〈창자를 쥐어짜서(fast) 배 속을 깨끗이 비우는 것〉을 단식(fast)〉이라고 했고, 저녁에 먹은 밥은 밤새 소화가 되어 자연스런 단식이 됐으므로, 아침식사(breakfast)는 〈단식을 끝냈다(break)〉는 말이었다. ↓ 인체를 해부하던 의사들은 〈언제나 비어 있는 창자〉를 발견하고 라틴어로 공장(空腸=jejunum)이라고 불렀으므로, 프랑스인들은 앞 부정사(dis)를 붙여 〈밥을 먹는다(disjejunare)〉는 새로운 단어를 만들었다. ↓ 영국인들은 프랑스어 〈밥을 먹는다(disjejunare)〉를 축약해서 정찬(dinner)이라고 불렀고, 영어의 정찬(dinner)에서 〈잘 차려 먹는다(dine)〉는 말이 나왔고, 유럽사람들은 원래 〈아침식사(breakfast)와

정찬(**dinner**)〉 두 끼만 먹었었다. ↓ 후에 〈빵 한 조각(**lump**)을 먹는 점심(**lunch**)〉이 추가되었고, 디너(**dinner**)가 저녁식사로로 고정되기 전 간단한 저녁식사(**supper**)는 〈수프(**soup=zuppe**/이탈리아어) 한 그릇 정도 먹는다〉는 뜻이었다.

공간(p)에서 살아남을 수 있는 에너지를 힘(pow)이라고 했다

- 우주공간에서 살아남을 힘(power) ● 중동의 지도자(Pasha)
- 페르시아의 사과 복숭아(peach) ● 동물의 껍질 필름(film)
- 힘으로부터 도망가는 피난(refuge)
- 물을 무서워하는 공수병(hydrophobia)

● 우주 만물은 〈자신의 힘(power)〉을 길러 험악한 우주공간에서 생존하려고 몸부림쳤으므로, 〈포세이돈(Poseidon)〉과 중동의 〈지도자(Pasha)〉는 모두 〈강력한 힘을 가진 존재〉라는 뜻이었다. ▷고대 페르시아(Persia)도 〈강력한 왕국〉이라는 뜻이고, 〈페르시아의 사과(percicum malum/라틴어)〉는 영어에서 복숭아(peach)로 축약됐다. ▷앞으로 보여줄 힘은 잠재력(potential)이고, 〈일을 해낼 힘이 있다면〉 긍정적(positive)이고, 일을 〈제대로 하지 못하거나(im) 성적으로 무(im)능력하면〉 임포텐츠(impotent) 상태라고 했다.

● 〈먹을 것을 향해(a=at) 달려가는 욕구〉는 식욕(appetite)이었고, 〈왕의 윤허를 받기 위해 달려가는 것〉은 청원(petition)이었다. ▷그리스 태양신 아폴로(Apollo)는 〈햇빛으로 악귀를(a) 몰아내는 신〉이었고, 오늘날 대부분의 국가에서 영어는 〈꼭(com) 배워야 하는 필수(compulsory)

과목(subject)〉이 됐다. ▷격렬한 운동을 하면, 심장은 피를 맹렬하게 밀어내므로(push) 맥박(purse)수를 높이고, 〈바라는 곳을 향해(a) 급히 달려가는 마음〉이 애원하는(appeal) 심정이었다. ▷과일의 껍질은 〈칼로 벗겨내야(peel)〉 과육을 먹을 수 있었고, 〈동물의 벗겨낸 껍질 조각〉이 필름(film)이고, 껍질처럼 생긴 화학필름에는 영상이 촬영되므로 필름은 영화(film)가 됐다. ▷피고인이 〈자백할 테니 형량을 낮춰 달라고 달려가 호소하는(plea) 법률적 거래(bargain)〉를 형량조정제도(plea bargain/플리바게닝)라고 했고, 미국의 형사소송법에서 비롯됐다. ▷손에 〈압력을 가해 문질러야(polish)〉 구두의 광택을 낼 수 있었고, 〈단단한 매무새를 갖춰야〉 예의 바르다(polite)고 봤다. ▷〈액체를 걸러내는 필터(filter)〉와 〈공(ball)〉은 원래 양털을 두들겨서 만들었다. ▷〈달군 쇠를 위에(an=at) 놓고 망치로 때리는 모루(anvil)〉는 대장간마다 갖추고 있었다.

● 힘(power)의 대응어는 〈두려워 도망간다(fug)〉가 됐으므로, 정치적 난민(refugee)들은 〈안전한(re) 피난처(refuge)〉를 찾아 망명했다. ▷〈원의 중심(center)으로부터 도망가려는 원심(centrifugal)력〉과 〈원을 향하려는(pet=foot) 구심(centripetal)력〉이 균형을 이룬 궤도를 도는 물체는, 다른 힘의 개입이 없다면, 영원히 원운동을 한다. ▷〈미친 개에게 물리면 물(hydr)을 극도로 무서워 도망가는 증세〉를 보이는 공수병(hydrophobia)에 걸릴 수 있다.

도도하게 흘러가다

빛은 1초에 30만 킬로미터로 거침없이(r) 퍼져(rad) 나갔다

- 빛이 사방으로 방사하다(rad**iate**) ● 방사파에 소리를 보내는 무선(rad**io**)
- 하얀 은이 많은 나라 아르헨티나(Ar**gentina**)
- 흰 눈이 덮인 산 알프스(Al**ps**)와 하얀 앨범(al**bum**)
- 빨간색 입술 연지(rou**ge**)

● 빛(ray)은 긴(r) 막대기(rod)들을 〈사방으로 늘어놓은 원 모양〉으로 퍼지면서(rad) 방사하므로(rad**iate**) 그 〈방사원의 반지름(rad**us**)〉은 원래 막대기의 길이였다. ▷사방으로 퍼지는 〈빛의 방사(rad**iation**) 파동〉은 전깃줄도 없이 스스로 날아가므로 무선(rad**io**)이 됐고, 무선의 〈방사 파동에 소리를 실어 보내는 통신체제〉가 무선 라디오(rad**io**)가 됐다. ▷전자의 수가 많은 원자 가운데는 스스로 〈전자를 방사하는 능력(activity)〉을 가졌으므로 〈방사능(rad**ioactivity**) 원소〉라고 불렀고, 방사능 원소에서 나오는 방사선은 몸도 관통하는 성질은 알아냈지만, 처음에는 정확히 무엇인지 그 정체를 알 수 없었으므로, 〈알 수 없는 빛(X-ray)〉이라는 이름을 얻었다.

● 흰 색의 〈강렬한 빛을 흘려보내는(r) 금속〉을 은(ar**gent**)이라고 했으

므로, 남미 원주민들로부터 은이 많다는 소문을 들은 스페인 정복자들은 그곳을 〈은의 나라 아르헨티나(Argentina)〉라고 명명했다. ▷긴급한(urgent) 상황은 〈갑자기 밀고(r) 나오는(g=go) 나쁜 상황〉으로, 〈나쁜 상황이 갑자기 일어나는(stand)〉 즉석(instant/프랑스어)이라는 말과 같은 뜻이었다. ▷북극(Arctic)은 〈하얀 빛이 흐르는(r) 곳〉이라는 뜻이고, 북극의 반대(ant)에는 남극(Antarctic)이 있다. ▷북극에 사는 흰곰의(ursine) 전설은 인도-유럽어에 남아 있었으므로, 사람 이름 올슨(Orson)은 〈곰의 아들(son)〉이고, 〈켈트족의 전설적인 왕 아더(Arthur)〉도 흰 곰이고, 미국의 장군 〈맥아더(ᴹᴬᶜArthur)는 아더왕의(mac=of/스코틀랜어) 후손〉이라는 말이었다. ▷사진을 붙일 수 있도록 〈하얗게 비워 놓은 책〉이 앨범(album/al=ar)이었고, 〈계란 흰자의 성분〉을 알부민(albumin)이라고 부르고, 피부에 〈멜라닌 색소가 탈색하는 증상〉은 백색증(albino)이라고 부르고, 〈흰 눈이 덮인 유럽의 최고봉〉이 알프스(Alps)였다. ▷알프스에서 시작된 〈빙상 속도 운동〉은 〈알파인(alpine) 경기〉였고, 노르웨이(Norway)에서 시작된 〈빙상 지구력 운동〉은 〈노르딕(Nordic)경기〉라고 불렀다.

● 〈격렬한 빛의 흐름(r)인 빨간색(red)〉은 홍옥(ruby)을 낳았고, 〈쇠가 산화되어 붉은색을 띠면〉 녹슬었다(rust=red)고 했고, 〈프랑스어 빨간색(rouge)〉은 빨간 입술 연지(rouge)를 낳았고, 거친(rude) 사람은 〈화를 내서 얼굴이 붉어진 사람〉이다. ▷뿌리(root)도 땅속에서 사방으로 뻗어 가는 성질이 있고, 수학적으로 〈제곱수를 만들었던 원래 뿌리수〉는 근(radix)이라고 하고, 뿌리까지 들어가는 것을 〈과격하다(radical)〉고 봤다.

우주가 생긴 후 시간(hour)은 한 번도 쉬지 않고 흘러갔다(r)

- 우주가 생긴 이후 계속 흐르는 시간(hour)과 시간을 자른 시간(time)
- 이것을 다시 한번 앙코르(encore) ● 정확한 시간 롤렉스(Rolex)
- 몸속에서 흐르는 호르몬(hormone) ● 줄줄 흐르는 설사(diarrhea)

● 우주가 생긴 이후 시간(hour=our=r/흐르다/h 첨가)은 한 번도 쉬지 않고 흘러갔고, 1년(year=ear=r/y=h)은 끝없이 흐르는 시간 가운데, 편의상 365일을 잘라 부른 말이었다. ▷〈끊임없이 흐르는 〈시간(hour)〉을 〈잘라서 나눈(tim=tom) 것〉이 시간(time)이므로, 〈몇 시냐(what time)〉는 〈나누어진 시간 가운데 몇 번째냐〉고 묻는 말이었고, 무한하게 흐르는 시간(hour)은 애초부터 측정 자체가 불가능했으므로, 〈몇 시간이냐(what hour)〉라는 말은 쓰지 않는다. ▷앙코르(encore/프랑스어)는 라틴어 〈이것을 다시 한번(hanc-ad-horum=this-again-hour)〉을 프랑스식으로 붙여 읽은 것이다. ▷유명한 〈스위스 시계 롤렉스(Rolex)〉는 〈정확한 시간(horologerie exquisite)〉의 축약이었다
● 아주 소량이지만 인체 내부에서 흘러(r) 다니며 특별한 기능을 〈조장하거나 억제시키는〉 단백질을 호르몬(hormone/mon=mass덩어리)이라고 했으므로, 호르몬에 이상이 생긴 사람은 특별한 기능에 장애가

생겼다. ▷류마티즘(rheumatism)은 〈인체의 내분비액(rheum)에 이상이 생겨 일어나는 각종 질환〉을 총칭(ism=증상)하지만, 주로 관절통증이 대표적이므로 관절염(rheumatism)이라고 알려져 있다. ▷〈소화 기관을 가로질러(dia=through) 배출되는 묽은 배설물〉은 설사(diarrhea/ea=ia=증상)라고 했고, 〈더러운 고름(py)이 흐르는 증상(ea)〉은 농루(pyorrhea)라고 불렀고, 산스크리트어 윤회(samsara)는 〈왔던 곳과 같은(sams=same) 곳으로 되돌아간다〉는 말이었다.

우주는 둥글게(rod) 돌아가므로(r) 영원하다

- 뱅글뱅글 돌아가는 로터리(rot**ary**) ●둥근 담으로 에워싼 황소 우리(**rod**eo)
- 황소 우리였던 야구장의 불펜(bull pen) ●두루마리에 적은 배역 역할(ro**le**)
- 두루마리를 풀어 배역을 바꾸는 통제(cont**role**)

● 로마인들의 〈둥글다(ci**rc**le)〉를 영국인들은 〈둥글다(**round**)〉고 했고, 차들이 〈뱅글뱅글 돌아가는 로터리(rot**ary**)〉에서 미국의 봉사단체 로터리 클럽(Rot**ary** Club)이 나온 이유는 로터리 클럽의 회원들이 각 지부를 뱅뱅 돌면서 회의를 열었기 때문이고, 로터리 클럽은 계속 돌아가는 톱니바퀴를 단체의 상징으로 쓴다. ▷미국은 대체로 공화당과 민주당이 순환(**rot**ation)하며 집권하고 있고, 〈작은 (et=little) 원판을 돌려 숫자를 맞추는 도박 룰렛(rou**l**ette)〉은 회전식 권총에 단 한 발의 탄알을 넣고, 무작위로 탄약집을 돌려 쏘는 위험천만한 러시안 룰렛(Russian Ru**l**ette)를 낳았다. ▷〈둥근 담으로 둘러싼 황소 우리(**rod**eo=rot**ary**)〉는 거친 〈황소 등에 올라타는 로데오(**rod**eo) 경기〉와 〈큰 울타리로 둘러싼 로데오(**rod**eo/야시장) 거리〉가 됐다. ↓〈황소(bull)를 가두는 울타리(pen=peg/말뚝)〉는 야구장의 불펜(bull pen)이 됐다.

● 고대의 문서는 〈종이를 둥글게 만 두루마리(ro**ll**)〉였으므로, 그리

스 연극의 연출자들도 〈두루마리에 출연자들의 이름을 적어 넣어서(en=in)〉 등록(enrole)해 놨고, 그 가운데에서 구체적인 배역(role)을 결정했다. ↓두루마리 종이 속에 〈배우들의 이름을 우선 던져놓는(cast) 것〉을 현대에는 캐스팅(casting/배우등록)이라고 했다. ▷출연자를 교체할 때는 〈두루마리를 반대로(con=counter) 풀어서〉 배역을 바꿔 썼으므로, 〈두루마리를 푸는(control) 것〉은 일반적인 〈일의 통제(control)〉가 됐다. ▷〈연줄을 감고 푸는 것〉은 얼레(rocket/rock=roll)이고, 얼레는 〈멀리 날아가는 로켓(rocket)〉이 됐다. ▷〈둥글게(orb=circle) 돌아가는(it=go) 길〉을 궤도(orbit)라고 했고, 〈궤도에서 벗어나는(a=off) 것〉을 제멋대로(arbitrary)라고 했고, 〈같은 궤도로(a=at) 들어가도록 유도하는 것〉은 중재(arbitration)가 됐다.

지구중력이 있는 한 강물(riv)은 아래로 흘러간다(r)

- 하늘에서 흐르는 비(rain)와 아래로 흐르는 강(river)
- 흘러 흘러 목적지에 도착하다(arrive) ● 앞서가는 지도자 아리안(Arian)
- 반원의 맨 꼭대기 최고(arch) ● 왕들의 기록물 보관소 아카이브(archive)

● 물은 지구를 순환하므로, 하늘에서 흐르는 비(rain)가 모여서 강(river)을 이루고, 강물은 서로 경쟁(rivalry)하며 앞다투어(race) 달려가서(run) 마침내 큰 바다에(a) 이르렀다(arrive). ▷ 큰 강에서(de=from) 갈라져 나온(derive) 작은 강들을 거슬러 올라가면 처음 강이 시작된 수원지에 이르게(reach) 된다. ▷ 프랑스와 독일을 갈라 놓은 라인강(Rhine)은 그저 〈흐른다〉는 독일말이었고, 미국과 멕시코를 갈라놓은 리오그란데(Rio Grande)는 〈큰(grande=great) 강〉이라는 스페인말이었다. ▷ 〈순식간에 달려가는(run) 사태(dom)〉는 〈아무런 계획도 없는 무작위(random)〉가 됐다.

● 같은 피를 나눈 종족(race)은 끝없이 흘러 번성해야 살아남을 수 있었으므로, 오늘날까지 살아남은 종족은 현대의 민족국가(nation/n=gen=태어나다)로 남았다. ▷ 인도로 들어간 코카시안과 헤어져, 서쪽으로 계속 진출한 코카시안 일파는 자신을 아리안(Arian/앞서가는 고

귀한 지도자)이라고 부르고, 현재 이란(Iran=Arian의 변형)의 조상인 고대 페르시아를 건설했고, 〈그리스 알파벳의 맨 첫 문자〉는 알파(alpha/al=ar/첫 번째)가 됐다.

● 〈선이 둥글게 흘러가는 반원(arch=arc)의 꼭대기〉는 〈가장 앞섰다(arch)〉는 뜻이 됐으므로, 〈가장 앞선 시대를 연구하는(log) 학문〉은 고고학(archeology)이었고, 아주 오래된 건물은 〈고풍스런(archaic) 아름다움〉이 있다. ▷최고 통치자인 〈왕의 기록만 보관하던 아카이브(archive)〉는 현재 공공기록보관소(archive)가 됐고, 아치형으로 만든 〈활을 쏘는 기술〉은 양궁술(archery)이고, 〈활에 걸고 쏘는 촉〉은 화살촉(arrow)이다.

생명은 땅에서 일어나(or) 점점 자라고(r) 마침내 죽는다

- ●처음 일어난 기원(origin) ●해가 일어나는 시간과 같은 일찍(early)
- ●라틴어 사투리로 쓴 사랑과 야망의 소설(romance)
- ●성직자들의 계급 서열(hierarchy) ●청동보다 훨씬 강한 신성한 철(iron)

●아무것도 없던 곳에서 〈일어나기 시작한(gin=generate) 것〉이 기원(origin)이었고, 해가 처음 일어난 동쪽(orient)은 근원적인 방향이 됐으므로, 대학 신입생들은 자신이 갈 〈근본 방향을 찾는 오리엔테이션(orientation) 교육〉부터 받았다. ▷〈해가 동쪽에서 일어나는(ear=rise) 것과 같다(ly=like)〉는 말이 부사 〈일찍(early)〉이 됐다. ▷해가 떨어지면 등산객들은 텐트를 일으켜 세우고(erect), 물가가 오르면(rise) 노동자들은 봉급을 올려(raise) 달라고 아우성쳤다. ▷부모는 자라나는 아이들을 반듯하게 키울(rear) 의무가 있고, 〈키우는 것은 뒤에서 밀어준다〉는 뜻이므로, 자동차의 〈뒤를 보는 거울〉은 백미러(rear mirror)가 됐다. ▷몽골의 기병들은 〈말 등에 올라타고(ride)〉 유럽으로 달려가서 〈갑자기 덮치는 습격(raid)〉을 일삼았으므로, 유럽인들을 공포에 몰아넣었다. ▷〈자신의 말을 끝까지 일으켜(ar) 세우는(gu=go) 것〉을 주장한다(argue)고 봤고, 배 속에서 막 〈일어나는 아기를 떼어내는

(ab=off) 것〉이 낙태(abortion)가 됐다.

● 그리스 연극 〈무대 앞에 솟아(or)오른 합창대석(chest=case=box)〉이 현대의 관현악단(orchestra)이 됐고, 〈관현악단이 함께 내는(orchestrate) 아름다운 소리〉는 조직의 통합(orchestration)으로 일반화됐다. ▷원래 전사들이 분연히 일어나는 것을 〈진지하다(earnest)〉고 봤으므로, 진지하지 않은 병사들은 싸울 생각이 아예 없었다. ▷로마(Roma)는 로마 시내 한가운데에 〈솟아오른(versma/산스크리트어/ursma/라틴어)〉 팔라티나 언덕(Palatine Hill) 위에 세운 나라라는 말이었다. ▷로마제국의 변방이었던 프랑스와 스페인에서는 〈라틴어 사투리인 로망스(Romance)어〉로 〈사랑과 환상, 야망을 주제로 한 통속소설〉이 유행했으므로, 로망스/로맨스(romance)는 후에 그냥 〈사랑과 환상, 야망〉이라는 말로 굳었다.

● 벌떡 일어나 툭하면 〈화를 내는(irate) 신을 성스럽다〉고 봤고, 성직체제(hierarchy/hier=ir/음운첨가)는 거룩한 신을 모시는 교회의 조직(archy)〉이었고, 후에 성직체제는 일반적인 조직의 서열(hierarchy)이 됐다. ▷이집트의 문자(glyph-graph=letter)는 원래 〈신과 왕에 대한 이야기〉만 기록했으므로 신성문자(hierglyphy)라고 불렀으나, 실제로는 그림모양이었으므로 상형문자(hieroglyph)라고도 해석됐다. ▷청동보다 훨씬 강한 철(iron/ir=hier/음운탈락)을 발견한 인간은 철을 〈신이 내려 보낸 신성한 금속〉이라고 불렀고, 등산용 아이젠(eisen)은 〈등산용 신발에 붙이는 쇠(iron)〉라는 독일말이었다.

정치는 언제나 올바른(r) 정의(reg)를 지향한다고 말해 왔다

- 반듯하게 일어서는 올바른(right) ● 올바른 통치(rule)
- 왕의 부유한(rich) 삶 ● 헨리의 라틴어 표현 아메리고(amerigo)
- 모든 것이 제대로 됐다 O.K(Oll Korrect) ● 둥글게 에워싼 산맥(range)
- 반듯한 레일(rail)

● 〈반듯하게(r) 가는(g=go) 것〉을 〈옳다(right)〉고 봤으므로, 〈라틴어 국왕(Rex)과 여왕(Regina)〉, 〈인도의 통치자 라지(Raj)〉는 모두 〈정의로운(righteous) 통치자(ruler)〉라는 뜻이었고, 엘리자베스 여왕(ER)은 〈군주 엘리자베스(Elizabeth Regina)〉의 공식 약칭이었다. ▷예수가 최후의 만찬에서 포도주를 마시고, 예수가 창에 찔려 흘린 피를 받았다는 〈성배(grail)〉는 원래 〈왕의(rail=real=royal) 피(sang=sanguin)〉가 축약된 말이었고, 성배는 행방불명이 됐으므로, 성배를 찾으려는 노력은 아직도 계속되고 있다. ▷〈제왕의(regal) 권력〉은 절대적이었으므로, 본래 주권(sovereignty)은 〈누구도 간섭할 수 없는 최고의(sover=super) 왕권〉이었고, 〈왕의(royal) 삶〉을 〈부유하다(rich)〉고 했고, 〈왕을 무조건 따르는 것〉을 충성스럽다(loyal)고 했다. ▷사람 이름 헨리(Henry)는 〈집(hen=home)을 다스리는 가장 혹은 국가를 다스리는 지도자〉

라는 뜻이었고, 헨리의 이탈리아 이름 아메리고(Amerigo/am=home/rig=rule)는 아메리카(America) 대륙을 낳았다. ▷〈왕이 되지 못한 절반의(vice=with=mid) 왕〉은 총독(viceroy)이 됐고, 섭정(regent)은 〈나이어린 왕을 대신하는 왕의 대리인〉이었다. ▷현대의 통치자(ruler)들은 선거를 통해 거꾸로 국민을 통치할(regulate) 권리를 얻었고, 〈정의를 실현할 권력집단(m)〉인 정권(regime)을 만들었다. ▷미국의 서민 대통령 앤드류 잭슨은 국가문서에 〈모든 것이 옳다(all correct)〉라고 서명했으므로, 발음되는 대로 축약해서 O.K(Oll Korrect)로 굳었다.

● 오른쪽(right)이 〈올바르다(right)〉는 뜻이 된 것은 인간이 오른손 잡이가 다수였기 때문이고, 왼쪽(left)은 오른쪽(right)에 무기를 잡으면, 〈빈손으로 남아 있는(left/leave의 과거) 쪽〉이라는 뜻이었고, 권리(right)는 〈나의 오른쪽 손이 할 수 있는 정당한 권한〉을 뜻했다. ▷영어 〈오른쪽(right)〉은 라틴어로는 〈올바른(dexter/d=r/음운치환) 쪽〉이었고, 영어 〈왼쪽(left)〉은 라틴어로는 〈사악한(sinister/sin/죄) 쪽〉이었고, 〈양손을 똑같이(ambi=all) 오른손처럼 잘 쓰는 사람〉은 양손잡이(ambidextrous)라고 했다. ▷〈실제로(real) 존재하는 것〉만 실체(reality)이고, 로마의 공화제(republic)는 〈국가는 진실로 평민들(publ=people)의 것〉이라는 뜻이었다. ▷〈반듯하지 못한(less) 행동〉은 무모한(reckless) 행동이라고 했다.

● 〈마을을 둥글게 에워싼 땅〉은 산맥(range/rag=rig/n음운첨가)이 됐고, 둥글게 에워싼 산맥은 범위(range)로 추상화됐고, 〈산림에(a) 경계선을 치는 것〉을 〈정리한다(arrange)〉고 했다. ▷〈방목장〉을 지키는 기마 경비대(ranger)는 미국의 〈특전부대(Ranger)〉가 됐다. ▷목장(ranch)도 〈담으로 둘러싼 거대한 목초지〉였고, 바위(rock)는 〈땅 위로 솟은 암

석덩어리〉라는 말이었다. ▷길고 반듯한 철로(rail)와 난간(rail)과 울타리(rail)는 모두 레일(rail)이었다. ▷〈벽에 붙인 길고 반듯한 구조물〉은 선반(rack)이고, 〈긴 나무를 잘라 엮은 것〉이 뗏목(raft)이고, 〈뗏목을 타고 내려가는 급류타기(raf**ting**)〉는 새로운 스포츠가 됐다. ▷〈길고 반듯한 줄을 구부리면〉 원(ring/n 음운첨가)이 됐으므로, 반지(ring)와 원형 경기장(ring), 고리(ring)는 모두 링(ring)이었다. ▷〈단단하게(r) 묶여(s) 움직이지 않는 것〉을 〈쉬다(rest)〉고 했고, 〈꼼짝 못하게 한 장소에(ar=at) 묶어 놓는 것〉을 체포한다(ar**rest**)고 했다.

인간은 언제나 반듯하게(r) 나아갈 방향(rec)을 주시해왔다

- 90도로 곧게 일어선 각도 직각(rectangle)
- 시선이 곧바로 향하는 방향(direction) ● 옷을 반듯하게 입는 드레스(dress)
- 위를 향해 일어나는 근원(source)
- 뻣뻣한 모래가 있는 지역 영역(area)과 경기장(arena)

● 〈어느 각(angle)으로도 기울지 않은 90도(rec)를 유지하는 선〉들이 만든 도형을 사각형(rectangle)이라고 부르고, 〈기울어진 각도를 90도 직각으로 반듯하게 만드는(fy) 것〉을 수정한다(rectify)고 했다. ▷ 〈시선이 직선으로 향하는(di=diverse) 곳〉을 방향(direction)이라고 했고, 〈한 방향으로 가면 도착하는 최종 지점(ad=at)〉을 주소(address)라고 불렀고, 〈청중을(ad) 향해(addressed) 직접 호소하는 말〉은 연설(address)이었다. ▷ 〈옷을 몸 위에 반듯하게 펴는(de=down) 것〉을 〈옷을 입는다(dress)〉고 했으므로, 드레스(dress)는 원래 정장(dress)을 의미했다. ▷ 〈완전한(co) 직선만〉 정확하다(correct)고 봤고, 나라 〈안(in)의 불만세력이 위(sur)를 향해 분연히 들고 일어나는 것〉은 반란(insurrection)이었고, 죽었던 예수가 무덤에서 〈다시(re) 위로(sur) 벌떡 일어난 사건〉을 부활(resurrection)이라고 했다. ▷ 〈물가가 위로(sur) 치솟으면(surge)〉

생활비도 덩달아 오르고, 〈남에게(a) 직선적으로 보이는 태도〉는 건방진(arrogant) 자세였다. ▷〈신분이나 역할을 대신(sur) 서주는 대리(surrogate) 제도〉는 〈아기를 대신 낳아주는 대리모(surrogate)〉까지 만들어 냈다. ▷근원(source/rc=rg)은 〈위를 향해(sour=sur) 들고 일어나는(surge) 최초 지점〉을 말했다. ▷극도로 화가 난 짐승은 〈뒷다리로만 딛고 일어서서(ramp) 미쳐 날뛰고(rampant)〉, 〈높낮이가 다른 도로를 연결하는 길〉을 램프(ramp/경사도로)〉라고 불렀다.

● 〈물 분자들을 단단하게(fra=break) 세워 얼리는(freeze) 냉장고(refrigerator)〉가 등장한 것은 아주 최근의 일이었고, 〈피(sanguine=blood)가 얼음처럼 차가운 자〉를 냉혈한(sang-froid)이라고 했다. ▷삐뚤빼뚤한 〈개울을 반듯하게 만드는(ir=in) 것〉이 관개(irrigation) 시설이고, 물기가 점점 말라 뻣뻣한 〈모래만 남은 넓은 지역〉이 영역(area/rea=rg)으로 변했고, 메마른 〈모래(arena)를 깔아 만든 로마 원형경기장(arena)〉에서는 사활을 건 검투사들의 경기가 열렸다.

인간은 신이 만든 세상을
자기 맘대로(r) 정리했다(ar)

- ●인간이 멋대로 정리한 예술(art) ●몸에 알맞게 배열된 팔(arm)
- ●생각을 정리한 논리(reason) ●논리적으로 해결할 수 없는 수수께끼(riddle)
- ●점괘를 읽다(read) ●논리가 없어 터져 나오는 헛웃음(ridicule)

●신은 우주를 창조했고, 신이 창조한 우주를 〈인간이 자신의 생각으로 정리한(ar) 것〉을 예술(art)이라고 했다. ▷예술인(artist)은 〈추상적인 아름다움을 추구하고〉, 장인(artisan)은 〈구체적인 기술을 익히고〉, 기술을 충분히(ful) 익힌 〈숙련된(artful) 전문가〉와 〈평범한(artless) 일반인〉을 엄격히 구별하는 사회가 현대사회다. ▷대수학(logarithm)은 곱셈을 덧셈으로 〈손쉽게 처리하는 수학적 논리(log)〉라는 뜻이었다.

●〈몸통에 알맞게 배열되었다〉는 뜻이 팔(arm/m=mass)이 됐고, 인간은 팔을 휘둘러 싸웠으므로, 〈군대(army)〉와 〈무기(arms)〉와 〈병사의 갑옷(armor)〉은 모두 〈싸우는 인간의 팔〉에서 나왔다. ▷휴전(armistice)은 〈싸우던 무기를 잠시 세워(st) 놓고 쉬는 기간(ce=chance)〉이었고, 〈정밀하게(artful) 조립한 기계무기〉를 대포(artillery)라고 한 이유는, 단순한 칼이나 활 같은 무기와 비교해 구조가 정밀하고, 목표를 정확하게 타격했기 때문이다. ▷고대 왕의 군복(coat of arms)에는 〈자신의 용맹

을 알리는 상징 문양〉을 새겨 넣었으므로 군복 자체가 문장(紋章=coat of arms)이 됐다. ↓기본적으로 전사였던 유럽의 왕들은 자신의 지위와 무력을 과시하는 문장으로 위세를 과시했으므로, 〈바빌론과 영국 왕실은 사자(lion/용맹)〉, 〈로마와 프러시아와 오스트리아와 러시아왕실은 독수리(eagle/용기와 지혜)〉, 〈프랑스왕실은 하얀 백합(lily/순수한 신앙)〉을 문장으로 삼았다. ▷〈일의 순서(order)를 결정하는 것〉이 명령(order)이고, 식당의 주문(order)은 〈음식을 받을 차례를 정리하는 절차〉였다.

●〈생각을 잘 정리한 논리(reason)〉를 개발한 존재는 인간뿐이었으므로, 인간들은 〈논리가 정리된 합리적인(reasonable) 것〉과 〈논리가 없는(ir=in) 불합리한(irrational) 것〉을 구별하는 본능을 진화시켜 왔다. ▷교통 요금(rate)은 가는 거리에 비례(ratio)하므로, 비례값(ratio)은 〈요금을 계산하는 비율(io)〉이었다. ▷전쟁에 참가하는 〈병사들에게 똑같이 주어지는 급식(ration)〉은 〈음식 재료를 현장에서 조달하는 현지 조달식(A-ration)〉에서, 〈음식 재료만 제공하는 재료 공급식(B-ration)〉으로 발전했고, 현대의 병사들은 〈포장만 뜯으면 먹을 수 있는 전투식량(C-ration/c=combat)〉을 공급받는다. ▷원래 무당은 복잡한 〈점괘를 일반인들이 알아듣기 쉽게 정리하는 것〉을 읽는다(read)고 했다. ▷수수께끼(riddle)는 너무나 미묘해 〈논리적으로 해결할 수 없는 문제〉였고, 헛웃음(ridicule)은 〈앞뒤가 맞지 않아 웃음이 터져 나온다는 말〉이었다. ▷〈세상의 이치와 가장 잘 맞는 자〉를 귀족(arist)이라고 본 고대사회에서, 아리스토텔레스(Aristotle=Aristotle)는 〈먼(tel) 옛날부터 귀족이었다〉는 뜻이었다.

위험천만한 우주의 일부를 인간이
밀고(r) 만든 안전한 공간(room)

● 돌을 치우고 만든 공간(room) ●거주 공간을 세우는 지붕(roof)

●이빨로 갉아대는 설치류(rodent) ●옷이 갈기갈기 찢겨 나간 알몸(strip)

●공공재산을 벗겨가는 부패(corruption) ●무너진 잔해(ruin)

●인간은 숲과 바위를 밀어내고, 〈작은 공간(room)〉과 〈좁은 오솔길(route)〉, 도로(road)를 만들었고, 〈오솔길(route)을 무심하게 오가는 일〉은 〈일상적인(routine) 일〉이 됐다. ▷유럽인들은 춤을 사교로 발전시켰으므로, 모든 궁정은 화려한 무도장(ballroom/ball=ballet=base=dance/춤)을 갖추었고, 쿠바의 룸바(Roomba)는 〈큰 방에서 추는 춤〉이었다. ▷〈출항하는 배에 각종 필수품을 쟁여 넣던 것〉이 〈방을 샅샅이 뒤지는(rummage) 수색〉이 됐고, 〈넉넉한 공간이 있는 곳〉은 시골(rural)〉이 됐고, 넓게 퍼져서 찾기가 어려워지면 〈수요가 적다(rare)〉고 했다. ▷화가 난 군중의 〈함성이 온 도시공간에 울려 퍼지는 것〉을 폭동(riot)이라고 했고, 포효하는(roar) 사자의 소리는 산중을 울렸다. ▷〈가슴에 공간을 세우는(r) 골격〉은 갈비뼈(rib)였고, 〈거주 공간을 세우는 골격〉은 지붕(roof)이었고, 〈일주 공간을 세우는 원형골격〉이 궤도(orbit)였다.

● 면도칼(razor)은 거친 수염을 말끔하게 밀어내고, 〈고무액을 굳힌 고

무(rub ber)〉는 연필로 쓴 〈글씨를 지워 없애는(e=ex) 지우개(eraser)〉로 썼었다. ▷부패는 사회를 〈완전히(co) 좀먹고(corrode)〉, 토끼(rabbit)나 쥐(rat)의 이빨은 계속 자라므로 무엇이든지 〈갉아대는 설치류(rodent)〉가 됐다. ▷피부를 긁어 자극을 주면 땀띠(rash)가 생기고, 〈성급하게 (rash) 서두르는(rush) 행동〉은 두서없는 행동이었고, 〈긁혀서 피부가 얇게 쓸려 나가면(ab=off)〉 찰과상(abrasion)을 입었다. ▷강간(rape)은 〈성적 욕망을 강제로 밀어붙이는 것〉이었고, 〈순간적으로 위력을 가하는 것〉을 빠르다(rapid)라고 보았다. ▷〈지층이 찢어진(rip) 곳〉에 단층(rift)이 생기고, 단층 사이에 물이 흐르면 강(river)이 생겼다. ▷입은 〈옷을 갈기갈기(st) 찢어 버리면〉 알몸(strip)이 나오고, 갈기를 따라 〈길게 찢어진 무늬〉는 줄무늬(stripe)라고 불렀고, 유럽인들은 아랍인들이 입었던 긴 줄무늬 망토를 죄수들에게 입히고 〈악마의 옷〉이라고 불렀다. ▷남의 물건을 〈갑자기(abrupt) 강제로 빼앗아(ab=off) 가는 자〉는 강도(robber)라고 했다. ▷〈공공의 재산을 모두(co) 벗겨가는 것〉을 부패(corruption)라고 했고, 모든 것을 떼어내고 무너뜨리면(ruin=rup) 잔해(ruin)만 남았다. ▷농부는 잘 익은(ripe) 곡식과 과일을 거두어(reap)들이는 자였으므로, 곡식과 과일이 익기만을 학수고대했다.

서로 연결하다

만물은 서로(j) 결합해서(join) 더 큰 힘을 얻는 방법을 알았다

- 짧은 것들을 길게 잇다(join) ● 도로를 잇는 나들목(junction)
- 법률적 개입 가처분(injunction) ● 끝없이 이어진 정글(jungle)
- 손잡이가 달린 머그잔(mug) ● 죄수를 세워 놓고 찍은 머그 샷(mug shot)

● 짧은 것들을 이으면(join/jo=yo) 더 길어지므로, 〈도로의 나들목(junction)〉은 두 도로를 연결하고, 접속사(conjunction)는 2(con)개의 문장을 잇는다. ▷〈이웃과(ad) 인접한(adjoin) 수많은 공국〉들이 1800년대 후반에야 재결합해(rejoin) 한 나라가 된 독일은 유럽의 패권을 노렸으므로, 2번의 세계대전을 감행했다. ▷하나의 나라였던 체코슬로바키아는 〈묶였던 매듭(joint) 풀고(dis) 분리되어(disjoin)〉 체코와 슬로바키아 두 나라가 됐다. ▷〈중간에(in) 끼어드는 법률적 개입〉을 가처분(injunction)이라고 번역했으므로, 가처분 신청(application of injunction)은 최종적인 법률적 결론이 나오기 전에, 법이 〈개입해 우선 사태의 악화를 막아달라〉는 요청이었다. ▷〈소수의 장교들이 결탁한 군사평의회(junta)〉가 정권을 잡는 것이 남미의 전형적인 정권교체 방식이었고, 옆으로 동등하게 늘어 놓으면(posit) 병렬(juxtaposition)연결이다. ↓병렬연결의 반대는 꼬리를 잇는 직렬연결(series connection=inline)이다.

▷머리와 몸을 연결하는 목은 치명적이므로, 〈경부(頸部=juglar/잇는) 급소〉라고 부르고, 〈아래로(sub) 매여 있는 민족〉은 예속된(subjugate) 피지배 민족이었다. ▷열대우림(rain forest)은 수많은 〈나무들이 끝없이 이어진 정글(jungle)〉을 만들었다. ▷발을 〈땅에 대면서 뛰는 운동〉은 조깅(jogging)이고, 〈요리조리 피해가는(dodge=jog) 민첩성〉은 미국 야구팀 LA 다저스(Dodgers)를 낳았다.

● 효소(enzyme)는 〈몸속의 화학반응을 연결해 주는(en=enact) 신기한 역할〉을 하는 액체이고, 뜨거운 음료수를 담기 위해 〈손잡이를 달아 놓은 컵(jug)〉으로부터, 머그잔(mug/m=j)이 나왔고, 〈머그잔처럼 덩그러니 세워 놓고 촬영한 죄수의 사진〉은 머그 샷(mug shot)이 됐고, 포도주통(barrel)보다는 작고, 컵보다는 큰 물그릇을 자(jar)라고 불렀다.

인간은 작은 발자국을 계속(I) 내딛고 걸어서(lo) 여기(loc)까지 왔다

- 공직 출마자가 한 표를 호소하던 야망(ambition) ● 밖으로 나가는 출구(exit)
- 계속 움직이는 이온(ion) ● 첫발을 내딛는 최초의(initial)
- 턱밑까지 와서 갑작스런(sudden) ● 가서 도착한 장소(location)

● 〈발자국을 내딛고 계속(y=i=u=e) 이어가면 아주 먼(t=l=r) 곳에 이를 수 있었으므로〉, 그리스어와 라틴어는 간다(ite)와 간다(ul)와 간다(er)라고 했고, 영어는 간다(go)고 했다. ▷〈곳곳(amb=all)을 돌아 다니며 한표를 호소하던 로마 공직출마자〉들의 야망(ambition/ite=go)은 현대의 정치인들에게도 그대로 전해졌다. ▷〈밖으로(ex) 걸어 나갈 수 있는 곳〉이 출구(exit)였고, 여행에서 미리 일정(itirnerary)을 짜지 않으면 잠자리와 먹을 것을 찾기 어렵다. ▷〈화학적 이온(ion)〉은 전기적 성격을 띠고 있어, 계속 움직이므로 〈간다(ite)의 라틴어 진행형(ion=going)〉이었고, 자신의 진영으로 〈따로 떼어(se=separate) 데리고 가는 것〉이 선동(sedition)이었고, 〈저세상으로(ob=off) 간 사망자를 위한 신문의 난(ary=place)〉은 부고란(obituary)이 됐다. ▷〈계속 돌아가면서(circ) 공연하는 제도〉를 순회공연(circuit)이라고 했다. ▷〈첫발을 내딛는(in) 것〉이 최초의(initial) 출발이었고, 〈책이나 법령을 세상 밖으로(is=ex) 내보

내는(is=ite) 것〉을 공표(issue/is 이중의미)라고 했고, 알지 못하는 사이에 〈턱밑(sud=sub)까지 다가온(en=it) 것〉을 〈갑작스럽다(sudden)〉고 봤다.

● 〈끝까지(pur=per) 걸어서 도착할 곳〉은 변방(purlieu)이었고, 왕이 파견한 신하가 〈가서 주둔하던(st=station) 현지(stalocus)〉가 영어화되어 일반적 장소(location)로 굳었으므로 장소는 〈멀리 걸어서 도착한 곳〉이었다 ▷〈현지에 가서 관할권을 장악하는(ten=hold) 신하〉는 대리인(lieutenant)이 됐고, 대리인은 부관(lieutenant)이 됐으므로, 장군(general)의 대리인은 준장(lieutenant general)이었다. ▷심부름(errand)을 가는 사람은 뛰어서 급히 가야 하므로 달려가다 실수(error)를 저지를 수 있었다.

젊은(young)이들은 서로 손잡고(y) 어울리며 독립해가는 세대였다

- 자기들끼리 어울리는 젊은(young)이 ● 독일의 젊은 귀족 융커(Junker)
- 신과 연결하는 수련법 요가(yoga) ● 우유가 발효된 요구르트(yogurt)
- 신과 연결된 정의(justice) ● 진리를 찾았다 유레카(eureka)

● 부모로부터 〈떨어져 나와 독립하려는 젊은이(young/n 음운첨가)〉들은 〈자기들끼리만 같이 어울리는 존재〉였으므로, 독일의 젊은(juvenile) 귀족 융커(Junker)들은 분열된 독일의 통합에 앞장서고, 통일된 독일제국에서는 고위관리나 장교가 됐고, 영국의 젊은 귀족 요맨(Yeoman)들은 후에 대지주가 됐다. ▷알프스의 융프라우(Jungfrau)는 〈제1(frau=first)의 젊은 처녀봉〉이라는 뜻이고, 〈쥬피터의 젊은 아내 유노(Juno)〉는 6월(June)과 사람 이름 이반(Ivan)을 낳았다. ▷프로이드(Freud)의 심리학 이론을 이어받은 칼 융(Carl Jung)의 성은 〈젊다(young)〉는 말이었다. ▷〈젊다(jun)의 라틴어 비교급(junior)〉은 〈후배(junior)〉가 됐고, 〈늙었다(sen)의 라틴어 비교급(senior)〉은 선배(senior)가 됐다.

● 멍에(yoke)는 〈말과 마차를 연결하는 도구〉이었고, 요가(yoga)는 〈인간이 신과 연결하는 수련법〉이었고, 효모균(yeast)은 〈끈끈한 실을 내

는 곰팡이균〉이었고, 요구르트(yogurt)는 〈우유가 발효되어 끈끈해진 것〉이었고, 〈과일을 갈아 성분을 연결한 것〉을 주스(juice/ju=yu)라고 했다.

● 정의(justice)는 〈신의 말씀과 연결됐다〉는 뜻이므로, 미국 대통령은 성경에 손을 얹고 정의를 실현한다는 선서를 하고, 그리스 아고라 재판의 배심원(juror)들은 원고와 피고의 주장을 다 듣고 난 뒤 〈최후로 판단하는(jur) 자들〉이었다. ▷그리스 실천주의 과학자 아르키메데스는 〈비중의 원리〉를 발견하고, 너무 기쁜 나머지 〈유레카(eureka/eur=heur=jur/알았다=판단했다)〉라고 소리쳐서 더욱 유명해졌다. ▷〈올바르지 않은(in=not) 남의 행동으로 몸에 입은 부상〉을 상처(injury)라고 했으므로, 부당한 상처를 입은 자는 강력하게 항의했다.

인간은 물체를 던져서(jec)
공간을 잇는(j) 방법도 터득했다

- 아래에 던져 놓은 공통의 주제(sub**jec**t) ● 주체가 바라보는 객체(ob**jec**t)
- 던진 물건이 그리는 탄도(tra**jec**tory)
- 다 던지고 남은 것이 없어 고갈되다(ex**haus**t)
- 몸의 움직임을 던져 보여주는 몸짓(**ges**ture)

● 인간은 물체를 던져서 공간을 잇는 지혜를 배웠으므로, 그리스인들이 〈누구나 볼 수 있도록 아래에(sub) 던져 놓은 것〉을 주제(sub**jec**t)라고 했고, 아리스토텔레스는 〈자신의 인식을 밖으로 던져주는 기반(sub)〉을 주체(sub**jec**t)라고 철학화했고, 〈주체가 인식을 던져주는 대상(ob)〉은 바로 객체(ob**jec**t)가 됐다. ▷프랑스어 오브제(ob**jec**t)는 특별히 〈예술의 대상이 되는 객체〉를 말했다. ▷신하(sub**jec**t)는 〈왕의 발밑으로(sub) 자신의 몸을 던져 복종(sub**jec**tion)하는 자〉였고, 〈모두가 함께 실현하기 위해 공개적으로(pro) 던져 놓은 계획〉이 프로젝트(pro**jec**t)이고, 공중으로 발사(pro**jec**tion)된 투사체는 〈두 지점을 잇는(tra=trans) 포물선의 탄도(tra**jec**tory)〉를 그리면 날아간다. ↓〈걸어가는(bal=ballet=base=dance=walk) 궤도를 정확히 계산하고 쏘는 미사일(mssile)〉은 탄도 미사일(ballistic missile/궤적비행체)이다. ▷정자

를 밖으로(e=ex) 강력하게 사출(ejaculation)하는 이유는 난자에 착상할 가능성을 높이기 위해서이고, 꼬리에서 〈고압의 공기를 사출시켜 날아가는 비행기〉는 제트(jet/)기이고, 〈다(ex) 내던지고 없으면〉 고갈된(exhaust/haust=jest) 상태다.

● 라틴어 〈가벼운 보릿대(aisier/sier=jec)를 흩어뿌려 만든 보금자리의 상태〉를 〈편안(ease)하다〉고 봤고, 〈편안하지(ease) 않은(di) 상태〉를 질병(disease)이라고 했다. ▷음악의 아다지오(adagio/gi=ji)는 〈부드럽게 던져야 할 곳(ad)〉이라는 지시어였다. ▷〈몸의 움직임을 던지는 것〉은 몸짓(gesture)이고, 원래 연극의 배역을 결정하기 전에 〈배우 이름들을 나란히 던져 놓고 곰곰히 생각해보는 것〉을 캐스팅(casting)이라고 했고, 같은 모양을 만들기 위한 금속의 거푸집에 흐르는 〈금속액을 쏘아 넣는 것〉도 캐스팅(casting)이라고 했다. ▷고대로부터 관청은 중요한 〈정보를 서류에 정확하게(re) 던져 등록하고(register)〉 오랫동안 보관해 왔다. ▷〈정통과는 다른(here=hetero/homo의 반대말) 방향으로 던져진 파벌〉은 이단(heresy)이고, 신체의 기능이 옆으로(para=side) 비켜 잘못 던져져서 찾아오는 증세(sis)는 부전증(不全症=paresis)이라고 했다. ▷얼음(ice/ic=jec/음운퇴화)도 〈물위에 던져진 차가운 물질〉이었다.

제 발로 걸어가다

하늘에 앉아 빛만 지상에 내려 보내는(go) 절대자를 신(god)이라고 했다

- 걸어간(go) 길이만큼 되돌아오다(come) ● 잘 왔다고 환영하다(welcome)
- 먼 길을 출발하는 문(gate) ● 빛을 보낸 신(god)
- 신으로 맺어진 아버지 대부(godfather) ● 대녀가 추락한 가십(gossip)

● 인간은 험악한 우주 공간을 끝없이 걸어갔고(go), 〈걸어간 거리만큼(m) 되돌아〉왔으므로(come), 오고(come) 가는(go) 것은 반대의 뜻을 가진 같은 어원이었다. ▷ 인간은 완전히(be=amb=all) 내게로 온 것을 〈내 것이 됐다(become)〉고 봤고, 찾아온 손님에게는 〈잘(well) 왔다고 환영하는(welcome) 습관〉을 길러왔다. ▷ 〈먼 길을 걸어가기(gat=gad=go/북 유럽어) 위해 출발하는 곳〉을 문(gate)이라고 했고, 〈가기 어려운 좁은 길이나 골짜기(gale=valley)〉가 구기경기의 골문(goal)으로 굳었고, 〈지나간(gone by) 시간에(a=at)〉는 부사 〈~전에(ago)〉가 됐다.

● 신(god)은 하늘을 떠나지 않고 지상에 빛(d)만 내려 보냈으므로, 신(god)은 〈빛(d)이 간다(go)〉는 뜻이었고, 고대에 머리(head)의 모양은 신분(hood)을 상징했으므로, 〈신의 머리를 가진 존재〉는 신격(godhead)이 되었다. ▷ 생부보다 사회적으로 우월한 사람을 가톨릭에서 대부(godfather)로 삼았으므로, 절대적 권위를 갖는 대부는 조직의 보스

(godfather)로 확장되어, 범죄 영화 대부(godfather)가 탄생했다. ▷⟨신(god)으로 맺어진 피붙이(sibling)⟩가 축약해서 가톨릭의 대녀⟨(gossip/신 딸)가 됐고, 대녀는 대모(godmother/신 어머니)와 시시콜콜한 세상 이야기까지 주고받았으므로, 대녀(gossip)는 추문(gossip)으로 전락했다. ▷점차 신을 믿지 않는 세상이 됐으므로, 고어 ⟨신이 당신과 함께 하기를(God be by ye)⟩은 비슷한 발음의 ⟨안녕(good-by)⟩이 됐고, ⟨아이코(oh my God)⟩는 아이코⟨(oh my Goodness)⟩가 됐다.

만물은 중력(grav)을 향해서 걸어갈(gr) 운명을 타고났다

- 무거운 지구 위를 걷다(go) ●지구가 끌어당기는 중력(gravity)
- 땅을 측량하던 기하학(geometry) ●농사짓던 조지(George)
- 해가 지구를 돈다는 천동(geocentric)설
- 공기 무게를 재는 기압계(barometer)

● 인간은 무거운(gr=go), 지구(ge)에 붙어 걸어야(go) 할 운명을 타고 났으므로, 〈무겁다(grave)〉와 〈지구(ge)〉와 〈간다(go)〉는 모두 같은 어원이었고, 과학적으로는 〈무거운(grave) 물체가 땅(ground)으로 떨어지는(go) 것〉은 〈중력(gravity)〉이 작용하기 때문이었다. ▷마음이 〈무겁게(grave) 가라앉는 것〉을 슬픔(grief)이라고 했고, 〈심각한(serious/ser=gr) 것〉은 무게가 〈무거워서(heavy/heav=gr) 속도가 느려졌다(slow/sl=gl=gr)〉는 말이었다.

● 지구(ge)의 중력에 영원히 잡힌 인간은 지구에 지대한 관심을 가졌으므로, 오래전부터 〈지구 모양을 그린(graph) 지도(geography)〉를 만들었고, 〈땅의 성질을 연구하는(log) 지학(geology)〉을 만들었다. ▷당초 이집트에서 〈땅을 측량하던(metr=measure) 기술〉은 기하학(geometry)이 됐고, 〈땅(geo)에서 농사짓던(org=work) 농부〉는 사

람 이름 조지(**Ge**orge)가 됐고, 울퉁불퉁한 지구를 〈이상적인 원 모양(**oid**=**vid**)으로 계산한 것〉을 지오이드(**ge**oid)라고 불렀다. ▷태양계가 〈지구를 중심으로(**center**) 돌아간다〉는 천동(**ge**ocentric)설은 오류였고, 지구가 〈태양(**hel**=**sol**=sun/둥글다)을 중심으로 도는 지동(**hel**iocentric)설〉이 옳다고 판명됐다.

● 〈공기의 무게(**br**=**gr**)를 재는(**meter**) 기계〉는 기압계(**bar**ometer)였고, 〈무거운 긴장(**tone**)감을 주는 성악의 음역〉은 바리톤(**bari**tone)이었고, 같은(**iso**=**equel**) 기압지대를 선으로 연결하면 등압선(**iso**bar)이 됐다. ▷태아(**em**br**yo**)는 배 속(**em**=in)에서 점점 무겁게 자라나고, 무서운 힘을 가진 들짐승(**br**ute)은 포식자(**predator**)이므로 잔인하고(**br**utal) 거칠었다.

액체가 흘러(bo) 마지막으로 닿는 부분을 바닥(bot)이라고 했다

- 우유가 흐르는 길 은하수(ga**l**axy) ●액체를 부어 합해진 융합(fusion)
- 모두 부어버려 쓸모가 없는(futile) ●액체가 맨 먼저 닿는 바닥(bottom)
- 음식을 붓는 창자(gut) ●하나의 주괴 너겟(nugget)

● 모든 액체는 중력 방향으로 흘러가므로, 은하수(ga**l**axy)는 〈우유가(lax=lac/라틴어)가 흘러가는(ga=go) 길〉이라는 뜻이었다. ↓라틴어 〈우유(lk=lac=lax/흐르다)〉로부터, 〈우유의 당분 성분(se)〉 젖당(lactose)이 나왔고, 잎에서 〈우윳빛 액체가 나오는 채소〉는 상추(lettuce)가 됐다. ↓〈우유를 탄 커피〉는 라테(latte/이탈리아어)가 됐고, 라틴어 〈우유(lk=lac)〉는 영어로 〈우유(milk)〉가 됐다.

● 두 가지의 액체를 부어(pour/pr=gr) 섞으면 〈융합(fusion)〉이었고, 도화선(fuse)은 〈전선에 전기를 흘려 보내거나 끊는 안전장치〉였다. ▷〈모든(con) 액체를 다 부으면〉 혼탁해지고(confuse), 담겨 있던 〈물을 퍼내면(re)〉 거절한다(refuse)고 봤다. ▷〈계속(pro) 부으면〉 풍부(profusion)해지고, 물이 엎어지면 쓸어 담을 수 없으므로, 아무 〈쓸모가 없다(futile)〉고 했다. ▷〈액체를 흘리지 않고 붓는 기구〉는 깔때기(funnel)였고, 〈쇳물을 형틀에 부어 모형을 만드는 곳〉은 주물공장(foundry)이

고, 〈모든(con) 생각을 다 부어 놓은 것〉을 뒤죽박죽(confound)이라고 했다. ▷〈액체를 부어 맨 먼저 닿는 부분(tom)〉을 밑바닥(bottom/bot=pour)이라고 했고, 〈밑바닥을 추상화한 것〉을 기초(foundation)라고 했다.

● 〈음식물을 쏟아붓는 기관〉이 창자(gut)이었으므로, 〈창자가 튼튼한 사람〉은 배짱(gut)이 있는 사람이 됐고, 액체는 갑자기 울컥 나올(gush) 수도 있다. ▷〈주형에(in) 부은 쇳물〉은 주괴(ingot)를 만들었고, 〈하나의 주괴(an ingot)〉를 〈a niggot〉으로 잘못 읽어서, 〈너겟(nugget)〉이 나왔다. ▷〈액체를 붓는(pour) 기술(chymistry)〉은 화학(chemistry)으로 굳었다.

만물은 껍질을 긁히는(gr) 고통을 겪으면서 살아왔다

- 얼굴에 향유를 바른 그리스도(Christ) • 나무판을 긁다(scratch)
- 자기 인생을 기록한 자서전(autobiograph)
- 글 쓰는 법칙 문법(grammar) • 고대의 벽화 낙서(graffito)
- 연필심이 된 흑연(graphite)

● 인간도 쉽게 긁히는(gr) 피부를 보호하려는 본능을 길러 왔으므로, 유대인들은 〈얼굴과 머리에 향유를 바른 고귀한 자〉를 〈메시아(Messiah=massage)〉라고 불렀다. ▷오랫동안 메시아를 기다려 온 유대인 가운데 몇 명의 어부들이 예수(Jesus)를 메시아라고 굳게 믿었으므로, 그리스인들은 〈메시아 예수〉를 〈향유를 바른 그리스도(Christ)〉라고 번역했다. ▷예수(Jesus)는 이름이었고, 그리스도(Christ)는 〈예수의 시호(諡號)〉였고, 그리스도를 믿는 자는 기독교 신자(Christian)였다.
● 〈나무판을 긁거나(scratch) 도려내던(carve) 것〉이 글씨가 됐고, 〈휘갈겨(scribble) 쓴 글씨체〉는 초서체(scrawl)가 됐고, 〈텔레비전 하단에 흘려 내보내는 자막〉은 스크롤(scroll)이 됐다. ▷〈큰 돌에 파 넣은(in) 글씨〉는 묘비명(inscription)이 되었으므로, 이집트에서 발견된 〈로제타 돌(Rosetta stone)〉에는 기원전 200여 년의 납세기록이 자세히 새겨져

있었다. ▷의사가 환자에게 줄 〈약을 글로 써서 약사에게 사전에(**pre**) 지시하는 것〉은 처방(**pre**s**c**r**iption**/미리 써 놓은 지시글)이라고 했다.

● 자기가 〈직접(**auto**) 자신의 인생(**bio**)을 기록한 것〉은 자서전(**auto**bio**gr**aphy)이라고 했고, 〈자기 이름을 직접(**auto**) 쓰는 것〉은 서명(**auto**gr**aph**)라고 불렀다. ▷〈앞으로(**pro**) 해야 할 일을 차례로 써 놓은 글〉이 프로그램(**pro**gr**am**)이었고, 〈무게를 나타내는 표시〉는 그냥 표시(gr**amme**)라고 했다. ▷벽에 그린 고대의 벽화(**gr**affito)는 현대의 낙서(**gr**affito)가 됐고, 〈후손(**api**=**after**)에게 남기는 경고〉의 글은 경구(**epi**gr**am**)라고 했다. ▷〈글을 쓰는 법칙〉은 문법(**gr**ammar)이라고 했고, 스코틀랜드에는 문법에 맞게 쓴 글이 신을 불러내는 신비한 매력(**gl**amour)이 있다는 속설이 있었으므로, 남자를 불러내는 여자의 매력(**gl**amour)으로 확장됐다. ▷〈종이를 가로질러(**dia**=**through**) 그린 그림〉은 도형(**dia**gr**am**)이고, 더 단순화된 도형은 그래프(**gr**aph)가 됐다. ▷흑연(**gr**aphite)은 종이에 문지르면 검정색이 나오는 돌(**ite**=**lith**=**stone**)이었으므로, 연필심이 됐고, 〈완전한(**hol**=**whole**) 입체모양을 보여주는 전자기술〉을 홀로그램(**holo**gr**am**)이라고 했다.

태초의 알갱이(gr)들은 공간을 헤매고(gr) 다니면서(gr) 정착할 곳을 찾았다

- 표면을 문질러 나온 알갱이(grain) ● 곡식을 가는 화강암 맷돌(granite)
- 예쁜 알갱이 소녀(girl) ● 작은 알갱이 미토콘드리아(mitochondria)
- 죄를 씻어내는 캘커타(Calcutta) ● 씨앗으로 염색하다(ingrain)

● 내려 눌러서 문지르면(gr) 〈가루 알갱이(grain)〉들이 나오고, 문질러진 표면에는 〈고유의 결(grain)〉을 남기므로, 〈문지른다(gr)〉와 〈알갱이(grain)〉, 〈표면(grain)〉은 같은 말을 쓰고 있다. ▷ 알갱이 〈곡식(grain)이 열리는 식물〉을 농작물(crops=grain)이라고 했고, 곡식의 〈알갱이가 굵은 것〉을 〈크다(great)〉고 했다. ▷ 〈곡식(grain)을 가는(grind) 맷돌(granite)〉은 단단한 화강암(granite)으로 만들었고, 곡식(grain)을 갈아서 끓인 음식이 죽(gruel)이었다. ▷ 소녀(girl)는 〈알곡처럼 작고 귀여운 어린 여자아이〉라는 북유럽어였고, 〈속에 알갱이가 가득 찬 과일(pomme/프랑스어)〉을 석류(pomegranate)라고 불렀고, 〈석류 같은 폭탄〉은 수류탄(grenade)이라고 불렀다. ▷ 〈각종 곡물(grain)을 파는 가게〉를 식료품점(grocery)이라고 했고, 〈가지고 있는 알곡식 모두〉를 총량(gross)이라고 했으므로, 경제적으로 〈국내(domestic)에서 생산(product)된 총량(gross)〉은 축약해 국내총생산(GDP)이 됐다.

● 모든 〈죄악의 먼지(cut=grain)를 털어 불에 태워(cal=carbon) 흘려보내는 곳〉이 인도의 캘커타(Calcutta)가 됐고, 세포 안에서 〈에너지를 제공하는 작은(mito=micro) 알갱이(chondr=grain)〉를 미토콘드리아(mitochondria)라고 불렀다. ▷미토콘드리아는 모계로만 유전되므로 전 세계 여성의 미토콘드리아를 샘플링해서 조사한 결과, 인류의 조상은 아프리카 출신 6명의 여인으로부터 시작됐다고 밝혀졌으므로, 이들 여인들을 〈미토콘드리아 이브(Mitochondria Eve)〉라고 명명했다. ▷부드러운 연골로 구성된 가슴뼈는 생명을 유지하는 핵심 장기들을 보호하고 있으므로, 〈가슴 연골(chondr) 아래(hypo=under)를 너무 의식하는 것〉을 건강염려증(hypochondria)라고 했다. ▷당초 씨앗(grain)에서 얻은 염료를 천에 입혀(in) 염색했고(ingrain), 〈한 번 염색된 천 색깔이 잘 빠지지 않는 것〉을 뿌리 깊이 박혔다(ingrained)고 했다.

성질이 같은 것은 서로 다가가려는(gr) 본능이 있었다

- 달라붙는 풀(**gl**ue) ●진흙이 달라붙어서 생긴 지구(**gl**obe)
- 물의 알갱이들이 뭉친 구름(c**l**oud) ●흩어지지 않는 군중(c**r**owd)
- 거대한 장소 콜로세움(co**l**osseum) ●목적에 잘 달라붙어 총명한(c**l**ever)

● 같은 것끼리는 서로 다가가 붙는 성질이 있으므로, 진흙이 계속 붙어서(**gl**ue) 거대하고 둥근 지구(**gl**obe)를 만들었고, 거대한 〈지구를 하나로 묶어 보겠다〉는 개념이 세계화(**gl**obalization)였다. ▷밀가루는 〈밀착하는 글루텐(**gl**uten) 성분〉을 가지고 있으므로 밀가루 반죽으로 빵을 만들 수 있었고, 〈모든(co) 업종을 거느리는 한국의 재벌(con**gl**omerate)〉은 너무나도 특이해 세계적인 경영학 사전에도 올라와 있다. ▷집단(**gr**oup)은 〈좀처럼 흩어지지 않는 모임〉을 말하고, 장갑(**gl**ove)은 〈손가락에 꼭 달라붙도록〉 만들었다. ▷죄수에게 채우는 수갑(hand**c**uffs/cuf=**gl**ove)은 원래 〈손에 꽉 끼는 장갑(**gl**ove)에서 나온 말〉이었다. ▷잘 〈붙어서 덩어리를 만드는 성분〉을 젤(**gel**)이라고 부르고, 〈물렁물렁한 과자〉는 젤리(**gel**ly)가 됐다. ▷구름(c**l**oud)도 작은 〈물 알갱이들이 모여 있는 것〉이고, 군중(c**r**owd)도 한 번 모이면 잘 흩어지지 않는다. ▷콜라겐(co**l**lagen)은 신체를 하나로 묶는 〈피부를 형성하

는(gen=generate) 기름성분〉이었다.

● 〈조약의 맨 앞(proto)에 붙인(col=glue) 페이지〉를 프로토콜(protocol)이라고 했고, 프로토콜에는 〈양국 정상의 예우에 관한 내용〉을 규정했으므로, 〈의정서(protocol)〉라고 불렀다. ▷고대 로마에서 〈실물보다 훨씬 거대한(colossal/col=giant) 동상을 거대상(colossus)〉이라고 했고, 〈거대상(colossus)에 장소(um)〉가 붙어 거대한 원형경기장(colosseum)이 됐다. ▷〈산 끝에 붙어 있는 절벽(cliff)〉에 기어오르는(climb) 암벽 등반은 대중 스포츠화 됐고, 〈단단하게 뭉친 모임〉은 클럽(club)이었고, 〈서류를 집는 문방구〉는 클립(clip)이었다. ▷스스로 〈원하는 것에 빨리 달라붙는 사람〉을 총명한(clever) 사람이라고 했고, 클로버(clover) 잎에서는 끈끈한 흰 액이 나온다. ▷제동장치(clutch)는 자동차의 바퀴를 꽉 잡아주고, 공격해 오는 권투 선수를 껴안으면(clinch) 공격을 제지할 수 있고, 뗏목에 끝까지 달라붙어(cling) 있었던 난민들은 결국은 지나가는 배에 구출됐다.

인간은 자기가 밟고(hu) 다니던 바로 그 흙(hum)에서 태어났다

- 축축한 흙으로 만든 인간(**hum**an) ● 흙에서 나와 겸손한(**hum**ble)
- 축축한 호르몬이 균형을 이뤄 건강한(**hum**orous)
- 배가 땅에 닿는 사자 카멜레온(cam**el**eon)
- 흙을 연구했던 화학(**chem**istry)

● 신이 〈축축한(**hum**id/hu=ge) 진흙(**hum**)으로 만든 인간(**hum**an)〉은 자신이 나왔던 그 땅(ge=hu)에 붙어서 살아갈 운명이었다. ↓히브리어 〈아담(Adam)〉은 〈흙〉이라는 뜻이었고, 〈아담의 아내 이브(Eve)〉는 히브리어 하와(Hawah=living being/존재)를 음역한 것이었다. ▷흙으로 만든 인간은 죽어서 고향인 〈흙 속에(in) 다시 묻힐(in**hum**e) 운명〉이었고, 이미 땅에 묻힌 조상들이 어떻게 살았는지 알고 싶은 호기심으로, 오래된 묘를 파헤쳐(ex) 발굴하기도(ex**hum**e) 했고, 〈아버지가 땅에 묻히고 난 후(post)에 태어난 자〉를 유복자(post**hum**ous)라고 했다. ▷흙에서 나온 인간은 겸손하지만(**hum**ble), 남을 얕보는(**hum**iliate) 못된 성격도 얻었으므로, 같은 어원의 반대분화다. ▷고대 그리스의 의학자 히포크라테스(Hippocrates)는 인체에서 나오는 축축한(**hum**id) 네 가지 분비물(호르몬) 가운데 특히 〈검은(mel) 담즙(chol)이 많으면 우울증

〈melancholy/흑담증〉〉이 온다고 설명하고, 네 가지 분비물이 균형을 이루면 〈건강하고 쾌활해진다(humorous)〉고 말했으므로, 유머(humor)는 남을 〈건강하게 웃도록 만드는 유쾌한 말〉이 됐다.

● 환경에 따라 〈색깔을 바꾸는 카멜레온(cameleon)〉은 키가 작아, 〈배가 땅(cam)에 닿는 사자(leon=lion)〉였고, 키가 작아 〈땅에 붙어 있는 들국화(chamomile)〉에서는 사과(mil=mel=sweet) 냄새가 났으므로 차로 끓여 마셨다. ▷비옥한 나일강의 흙 성분을 연구하는 것으로부터 시작된 고대의 연금술(alchemy/al=the/흙 연구)은 결국 현대의 화학(chemistry)으로 귀결됐다. ▷〈우크라이나(Ucraine)의 체르노빌(Chernobyl)〉과 〈러시아 남부 체르노젬(Chernozem)〉은 모두 〈비옥한 흑토 지대(byl=zem=village)〉라는 뜻이었다.

인간은 수억 년을 걸어서(bas) 여기까지 왔다

- 발을 아름답게 딛는(base) 춤(dance)
- 아랫사람을 밟고 위에 서는 보스(boss)
- 너무 많은 당분이 콩팥을 지나가는 당뇨병(diabetes)
- 물속으로 걸어가는 세례(baptism) ●마차의 발판이 변한 장화(boot)

● 영어의 〈간다(go)〉는 라틴어로는 〈발을 딛는다(base)〉였고, 〈발을 딛는다(base)〉가 음운호환되어, 〈발을 디뎌 춤을 춘다(dance/d=b)〉가 됐다. ▷춤(ball=ballet=dance/b-d 음운호환)은 〈발짝을 아름답게 딛는(base) 동작〉이었고, 춤을 추는 방은 무도회장(ballroom)이 됐다 ▷〈발바닥이 직접 닿는 곳〉은 토대(base)라고 했으므로, 지하실(basement)은 〈발이 닿는 바닥층〉이라는 말이었고, 토대(base)가 추상화해서 기초(basis)가 됐다. ▷〈4개의 루(base)를 다 밟고(base) 돌아야 득점을 하는 경기〉가 야구(baseball)였고, 네덜란드 사람들은 주인(master)을 〈아랫사람을 밟고(base) 서 있는 상관(boss/보스)이라고 불렀다. ▷당뇨병(diabetes)은 너무 많은 〈당분이 콩팥을 거쳐(dia=through) 지나가는 질병〉이었고, 비행기가 〈공중(aer=air)을 걷는 것〉은 곡예비행(aerobatic)이라고 했다. ▷〈뾰족한(acr=acute) 곳을 걷는 것〉은 공중

곡예(**acro**bat)라고 했고, 〈물속으로 걸어 들어가 죄를 씻는 종교예식〉은 세례(**bap**tism)였다. ▷원래 〈마차에 올라타는 발판(**boot**=base)〉이 〈목이 긴 장화(**boot**)〉가 됐고, 〈장화의 끈(**boot**strap)을 매고 출발한다〉가 축약되어 〈컴퓨터의 시동을 거는(**boot**) 동작〉이 됐다.

인간은 한발 한발(ven) 걸어서(ven) 영역을 넓혀 왔다

- 모든 사람들이 모인 집회(convention) ● 세상 밖으로 나온 사건(event)
- 국가로 되돌아온 세입(revenue) ● 허리춤에 숨겨 온 기념품(souvenir)
- 미리 가져온 재고품(inventory) ● 위험한 벤처(venture)

● 영어의 〈간다(go)〉를 프랑스어는 〈간다(venir=go)〉고 했으므로, 집회(convention/프랑스어)는 〈모든(con) 사람들이 가서 모이는 것〉이었다. ▷사람들이 모이면 〈무슨 일이 있나〉 궁금해서 더 모이는 효과를 〈컨벤션 효과(convention effect)〉라고 불렀고, 관습(convention)은 〈모든 사람들이 따라가는 공통된 행동양식〉이었다. ▷영국 런던의 코벤트 가든(Covent Garden)은 〈누구나(co) 갈 수 있는 정원(garden)〉이라는 뜻이었고, 〈누구나(con) 쉽게 갈 수 있는 것〉이 〈편하다(convenient)〉가 됐으므로, 〈편의점(convenience store)〉은 편리하게 물건을 살 수 있는 가게였다. ▷갑자기 〈세상 밖으로(e=ex) 걸어 나온 일〉이 이벤트(event)였으므로, 이벤트에는 호기심 많은 사람들이 꼬여 들었다. ▷〈국가로 되(re)돌아온 돈〉은 세입(revenue)이라고 했고, 원래 여행 갔다가 〈허리춤 아래에(sou=sub) 몰래 감추어 가지고 온 것〉이 기념품(souvenir)이었다. ▷해결하지 못해 끙끙 앓다가 〈기발한 생각이 머리에(in) 갑자기

들어온 것〉이 발명(invention)이 됐다. ▷〈처음부터 들여 놓은 가구〉를 붙박이가구(inventory)라고 했고, 〈미리 가져다 놓은 물건〉을 재고품(inventory)이라고 했다. ▷〈역경에도 불구하고(ad=against) 밀고 나가는 것〉이 모험(adventure)이었고, 〈위험한데도 밀고 가는 사업〉은 벤처(venture)사업이었다.

발을 내딛고 가는(ac) 것이
행동(ac)의 시작이었다

- 걸어나가 행동하다(act) ● 직접 행동에 나서 실행하다(practice)
- 행동을 밖으로 끌어내는 실행(exaction) ● 현장에서 행동하는 첩자(agent)
- 간첩의 행동거점 아지트(agit) ● 문을 완전히 열고 시작하다(begin)

● 〈발을 내딛고 가는(go) 것〉을 로마인들은 〈행동한다(act/ac=go)〉고 했고, 〈적극적으로(pre) 행동하는(act) 것〉을 〈실천한다(practice)〉고 했다. ▷ 모든 행동(action)은 언제나 〈되받아치는(re) 반작용(reaction)〉을 불러오게 마련이고, 〈딱(ex) 부러진 행동〉은 확실하다(exact)고 봤고, 〈밖으로(ex) 행동을 이끌어내는 것〉을 실행(exaction)이라고 했다.
● 〈일선에서 고객을 직접 대하는 곳〉은 〈회사의 대리점(agent)〉이었고, 〈정보기관의 지령을 실행하는 자〉는 첩자(agent)였고, 〈병을 치료하는 약의 내용물〉은 성분(agent)〉이라고 불렀다. ▷ 〈공산주의자들의 선동거점(agitation point)〉을 줄여서 아지트(agit)라고 했고, 〈환경에 얼마나 잘 적응하는지〉를 알아보는 민첩성(agility)은 개 품평회(dog show)의 중요한 기준이 됐다. ▷ 〈위를 덮고 있는 모든(be=ambi=all) 뚜껑이 사라지고(gi=go) 완전히 열리는 것〉을 시작한다(begin)고 봤고, 〈이야기(en=ainos=story/그리스어)를 계속 이어가는(ig=go) 방식

(ma)〉이 〈수수께끼(enigma)〉가 된 이유는 〈길게 설명해줬는데도 그 답을 알 수 없는 것〉이 수수께끼였기 때문이다. ↓영어의 수수께끼(puzzle)는 라틴어 〈당황한다(perplex)〉에서 추론된 말이었다.

모든 사람이 모였던(gor) 아고라(agor)에서 그리스 민주주의가 나왔다

- 혐의자를 광장으로 끌고가는 고발(category)
- 귀중품을 모아 놓았던 실내 발코니 갤러리(gallery)
- 모두 모여사는 군거성의(gregarious) ● 쟁기로 가는 밭 에이커(acre)
- 걸어간 정도 척도(degree)

● 모든 시민들이 모두 갈(gor=go) 수 있었던 고대 그리스 아고라(agora) 광장에서는 정치집회와 재판과 시장이 열렸으므로, 범죄인을 〈아고라 광장으로(cata=down) 끌고 가는 것〉을 고발(category)〉이라고 불렀고, 아리스토텔레스는 고발(category)을 〈아래로(cata) 범위를 넓혀가는 분류법〉으로 범주(category)라고 철학화했다. ▷〈모두가 한 곳으로(to) 가서 모이는(gather) 것〉을 부사 〈함께(together)〉라고 했고, 〈모두 함께 잘 어울리는(together) 것〉이 축약해서 〈좋다(good)〉가 됐다. ▷〈귀중품을 모두 모아(gal=gather) 놓았던 옛날 귀족의 실내 발코니〉를 갤러리(gallery)라고 했으므로, 갤러리는 현재의 미술관(gallery)이 됐고, 〈미술관이나 골프경기를 구경 온 사람들〉도 갤러리(gallery)라고 불렀다. ▷〈모여(gang) 다니는 건달들〉은 〈불량배집단(gangster)〉이 됐고, 〈모여있는 여러 마리의 짐승들〉은 떼거리(herd/

her=ger)라고 불렀고, 추하다(ugly/ug=eg/북유럽어)는 말은 〈다가가서 화내고 싶은(ly=like) 심정〉이었다. ▷연극을 이끌고 가는 주연은 〈행사의 주동자(protagonist)〉가 됐고, 〈주연에 맞서는(ant) 적대자〉는 적수(antagonist)가 됐고, 고뇌(agony)는 〈지도자가 안고 가는 번뇌〉였다.

●개미는 각자 맡은 역할을 하면서 전체 집단의 기능을 유지하는 군거성(gregarious) 곤충의 대표가 됐다. ↓유기체의 각 기관이 하는 기능을 각각의 개미 개체들이 나누어 수행하며 전체집단을 유지하는 체제를 〈초유기체(superorganic)〉라고 불렀다. ▷〈한계치를 넘어(ex) 가는 것〉을 과장했다(exaggerate)고 했고, 다른 사람을 향해(a) 거침없이 다가서면 〈공세를 취하는(aggress)〉 사람이다. ▷농업(agriculture)은 소가 쟁기를 끌고 땅을 둥글게(cul) 갈아, 곡식을 재배하는 직업이었고, 〈소가 쟁기로 가는 경작지〉가 〈경작지의 면적(acre)〉이 됐다. ▷〈회사를 끝까지(ex) 이끌고 가는 자〉는 이사(executive)였고, 풀이 많은 곳으로 양을 〈끝까지(per) 끌고 간다(peregrine)〉는 말이 순례(pilgrim)로 잘못 읽혔다. ▷〈얼마나 멀리(de) 걸어갔나〉는 척도(degree)가 됐고, 〈답을 밖으로(ex) 이끌어 내는 것〉이 시험(examination/ex=eg/의미중첩)이 됐다. ▷〈앞으로(pro) 다가가면〉 가까이 접근하고(approach/och=og=ag), 〈앞으로(pro) 가장(mus=most) 가깝게 접근하면(oximus/ox=eg)〉 근사치의 (approximate) 값이 나온다.

인간은 목젖(gr)을 굴려서(gr) 말하는 법을 배웠다

- 신이 칭찬하는 목소리 은총(grace)
- 모두 큰 목소리로 즐거워 하는 축하(congratulation)
- 목구멍 같은 바다 만(gulf) ● 큰 목소리로 이끄는 카리스마(charisma)
- 큰 목소리로 슬피 우는 자선(charity)

● 인간은 목젖을 움직여 말을 하는 유일한 동물이었고, 은총(grace)은 〈착한 인간을 칭찬하는 신의 자애로운(gracious) 목소리〉였다. ▷카인(Cain)은 〈신의 칭찬을 받지 못해(dis)〉 큰 망신을 당했다(disgrace)고 생각하고, 자신을 볼품없는(graceless) 인간이라고 자책했기 때문에, 은총을 받은 동생 아벨(Abel)을 죽였다. ▷간절히 바라던 것이 충족되면(gratify) 큰 목소리를 내며(fy=make) 즐거워했고, 〈모두(con+s) 모여 큰 목소리로 즐거워해주는 것〉이 축하(congratulations)였다. ▷남의 말에(a) 목소리를 맞추면 찬성하는(agree) 태도였고, 〈듣기 싫은(dis) 목소리를 들으면〉 불쾌하고 역겨웠다(disagreeable). ▷자신의 소망만 들어주기를 큰 소리로 간절히 원하는(yearn/year=gar) 사람은 욕심꾸러기(greedy)였고, 반가운 사람을 만나면 큰 소리로 환영하고(greet) 어서 오라고 말했다.

●목구멍처럼 〈길게 육지로 들어온 바다〉는 만(gulf)이라고 했고, 〈입안을 헹구는 것〉은 가글(gargle)이라고 했다. ▷미식가(gourmet)는 프랑스어이고, 〈특수집단에서 쓰는 말〉은 전문용어(jargon)였고, 〈견종 비글(beagle)〉은 그 개가 〈킁킁대는 소리를 본뜬 의성어〉였다. ▷〈기뻐서 지르는 소리〉는 즐거움(joy)이 됐고, 〈남을 비꼬는 소리〉는 농담(joke)이 됐다. ▷보석(jewel)은 〈그 아름다움을 보고 크게 감탄했다〉는 뜻이었고, 〈즐거움으로 환호하는(jubilate) 날〉은 기념일(jubilee)이 됐다. ▷도박에서 얻을 수 있는 〈행운(jeo=joy)의 기회(pard=part)〉는 절반뿐이고, 나머지 절반은 잃는 기회로 남았으므로, 〈행운의 기회(jeopardy)〉는 거꾸로 위험(jeopardy)이라는 뜻으로 반전됐다. ▷프랑스어 〈목(gorge=neck)에 두르는 아름다운 스카프〉가 〈매우 멋있다(gorgeous)〉로 둔갑했고, 거위(goose)는 〈그 새가 우는 소리를 모방한 단어〉였다.

●이집트로부터 탈출(Exodus)을 기념하는 유월절(逾越節=Passover)의 마지막 날에 〈큰 목소리로 즐거워하는(eu=good) 만찬(Eucharist)〉을 나누던 예수는, 제자들에게 〈포도주와 빵〉을 나누어 주며 〈이를 영원히 기억하라〉고 말했으므로, 〈예수의 최후의 만찬〉은 〈미사의 성찬식(Eucharist)〉으로 굳었다. ▷〈큰 목소리로 사람들을 이끌어 가는 지도력〉은 카리스마(charisma)가 됐고, 불쌍한 사람을 보고 〈애통해하는 큰 목소리〉는 자선(charity)이 됐다. ▷〈더러워 목으로 넘어가지 않는(dis) 것〉을 〈역겹다(disgust)〉고 했고, 게걸스럽게 먹는(devour/vour=gour) 것은 〈식도 아래로(de) 음식을 밀어넣는 것〉이었다. ▷우는 목소리를 모방한 〈목이 긴 황새(crane)〉는 기중기(crane)가 됐으므로, 〈탑 위에 올려 놓은 기중기〉는 타워 크레인(tower crane)이 됐다.

인간은 손가락을 둥글게(gar)을 구부릴(gar) 수 있었으므로 문명을 만들었다

- 담으로 둘러싼 정원(gar den) ● 높은 담으로 에워싼 궁궐(court)
- 모여 앉은 합창단(choir) ● 시간을 묶은 시대(chronicle)
- 한데 묶은 영역(zone) ● 가슴을 죄는 거들(girdle)
- 긁어 모은 쓰레기(garbage)

● 〈구부려 움켜쥐는(gar) 인간의 손가락〉으로 모든 것을 만들었으므로, 정원(gar den)은 높은 〈담으로 둘러 싼 튼튼한 구조물〉이었고, 〈런던 경찰국〉을 〈스코틀랜드 야드(Scotland Yard)〉라고 부르는 이유는, 그곳에 옛날 스코틀랜드 국왕의 궁터(yard/yar=gr)가 있었기 때문이다. ▷궁궐(court)은 절대 침입할 수 없게 〈높은 담으로 둘러싼 곳〉이었고, 왕이 살고 있는 곳이므로 누구나 공손한(courteous) 예절(courtesy)을 갖춰야 했다.

● 고대 그리스 〈연극무대 앞 특별구역에 앉은 사람들〉을 합창단(choir)이라고 했고, 그들이 부르는 노래를 합창(chorus)라고 했고, 과수원(orchard)도 〈울타리로 촘촘하게(or=order) 둘러친 곳〉이라는 뜻이었다. ▷인간은 끝없이 흐르는 시간을 일정한 길이로 묶어서 시대(chronicle)별로 기억했으므로, 〈오랫동안 낫지 않는 병〉은 만성

(chronic)병이라고 했고, 시대를 거슬러(ana=against) 올라가면 〈시대착오(anachronism)〉라고 했다. ▷〈일정한 영역을 갖는 구역(zone)〉은 원래 〈여성의 몸을 죄는 거들(girdle)〉이었다.

●〈손을 구부려(grab) 따는 것〉을 과일(grape)이라고 했고, 〈손으로 긁어 모으는 잡동사니〉는 쓰레기(garbage)라고 했고, 차고(garage)는 원래 집안의 온갖 〈잡동사니를 모아 두는 창고〉였다. ▷허들(hurdle)은 〈집을 둘러싼 담〉이었으므로, 허들경기는 남의 담을 뛰어 넘는 기술이었다.

잇거나 끊다

만물은 서로 만나고(l) 헤어지는(l) 운명을 타고났다

- 활발하게 움직이는 인생(life) ● 너를 기쁘게 해주겠다는 사랑(love)
- 오르내리는 천칭저울의 접시 창(lance) ● 수액에서 나온 로션(lotion)
- 완전히 풀어져 문제가 해결되다(solve) ● 희망이 없는 절망(hopeless)

● 떠난(leave) 곳에는 언제나 빈터가 남았으므로(leave), 떠나고 남는 것은 똑같은 말이었다. ▷〈머물던 곳을 떠나(leave) 항상 움직이는 것〉을 〈인생(life/lif=leav)을 살아간다(live)〉고 했으므로, 나의 의지대로 떠날(leave) 수 있는 〈삶(life)의 자유〉를 유럽인들은 진정한 기쁨이라고 생각했다. ▷〈너를 기쁘게 살아가도록(live) 만들어 주겠다〉는 말이 〈사랑한다(love)〉가 됐으므로, 유럽인들의 사랑은 결국 〈네가 기쁘도록 내가 애를 쓰겠다〉는 뜻이었다. ▷〈자신에게만 기쁨을 주는 사랑〉은 욕망(libido)이라고 했고, 〈성적 기쁨만 찾는 것〉을 음난하다(libidinous)고 했다. ▷본래 그리스에서 사랑(love)은 〈남자 사이의 우정(love)〉을 의미했고, 〈남녀 사이의 사랑〉은 에로스(eros=ask)라고 했고, 그리스의 에로스(eros)는 로마에서 〈손(mand)으로 꽉 잡는다(a)〉는 뜻의 사랑(amor)으로 이름을 바꿔었다. ↓〈착한 인간을 본 신이 입을 크게 벌리고 (gap=gor) 만족한다〉는 뜻으로부터 〈아가페(agape)〉는 〈인간에 대한

신의 무조건적인 사랑(agape)〉이 됐다. ▷고대 그리스인들은 남자들 사이의 〈우정적 사랑(love)〉과 남녀간의 〈육체적인 사랑(eros=amor)〉과 순수한 〈정신적인 사랑(agape)〉을 구별해서 썼지만, 현대에는 사랑(love)이 모든 형태의 사랑을 대변하게 됐다.

● 〈새가 땅을 떠나서(leave) 하늘로(a=at) 날아오르는 것〉을 비행(aviation/av=leave)이라고 했고, 앞으로 〈하늘로 날아갈(aviate) 새가 숨어있는 곳(um)〉은 알(avum/라틴어)이라고 불렀다. ▷달걀(oeuf=avum)은 동그랗게 생겼으므로, 테니스 경기에서 프랑스인들이 〈0점〉을 뢰브〈l'oeuf=egg)〉라고 불렀고, 영국인들은 프랑스어 뢰브(l'oeuf)를 러브(love)라고 맘대로 바꿨다. ▷무거운 물건을 〈작은 힘으로 들어(lift=leave) 올리는〉 지렛대(lever)의 원리는 고대로부터 알려져 있었으므로, 지렛대로 〈남을 맘대로 움직이는 힘〉을 영향력(leverage)이라고 했다. ▷천칭저울(libra) 양쪽 〈2(ba=two)개의 저울접시(lance=leave/오르내리다)가 평형을 이루면〉 균형(balance)이라고 했고, 〈저울의 접시가 올라가는 높이〉를 수준(level)이라고 했다. ▷〈무게에 따라 오르내리는 천칭저울의 접시(lance)〉로부터, 적에게 던지는 가벼운 〈투창(lance=leave)〉과 〈투창을 던진다(launch=leave)〉가 파생됐다. ▷던진 투창은 사람의 손을 떠나므로, 〈물건을 최초로 시장에 내놓는 것〉을 론칭(launching)〉이라고 했고, 중세 어떤 영주에게도 〈소속되지 않고(free=not) 계약에 따라 전투에 참가했던 투창기사〉를 프리랜서(freelancer)라고 했다. ▷유럽에서 바라볼 때, 동쪽 지중해는 〈해가 땅을 떠나(leave) 떠오르는 지역〉이므로 레반트(Levant)라고 불렀다.

● 신은 타락한 인간들을 대홍수(Deluge)로 싹(de=down) 쓸어 버리고, 노아(Noah)에게만 큰 배(Ark)를 만들라고 귀띔해 주었다고 성서는 기

록하고 있다. ▷〈모든 식물에서는 수액(lot)이 나오고, 수액은 〈때를 벗기는 세정기능〉을 가지고 있으므로, 모든 식물은 당초 그냥 〈수액이 나오는 풀(lotus)〉이라고 불렀고, 〈수액으로 만든 화장품〉을 로션(lotion)이라고 불렀다. ▷고대로부터 〈진흙에서 자라고 신비한 수액을 내는 수생식물(lotus)〉을 연꽃(lotus/수액식물)이라고 불렀고, 연꽃의 수액은 〈인간의 마음을 정화한다(lotion)〉는 민간적 믿음이 있었으므로, 연꽃(lotus)은 〈불교의 꽃〉이 되었다. ▷허브 라벤더(lavender)는 향기와 살균력이 있어 오래전부터 목욕제나 마시는 차로 애용됐다. ▷옷에서 〈때를 떼어내는 세탁(launder)〉은 주로 여성이 맡아 왔지만, 지금은 세탁소(laundry)가 대신하게 됐다.

● 단단한 조직이 풀어져 묽어지면(loose) 원래의 견고성을 잃었다(lose) ▷〈단단하게 붙어있던 것을 떼어내는(s=separate) 것〉을 〈문제를 해결했다(solve)〉고 했고, 분해된 것을 〈다시(re) 단단히(s=solid) 이어 붙이는 것〉을 〈결심한다(resolve)〉고 봤으므로, 〈해결한다(solve)〉와 〈결심한다(resolve)〉는 같은 현상의 다른 결과였고, 〈속박된 곳으로부터(ab=from) 남김없이 풀려난 것〉을 완전하다(absolute)고 했다. ▷열등비교어미 〈더 적은(less)〉은 물에 씻겨나가 크기가 작아졌다는 뜻이므로, 희망이 없는(hopeless) 상태는 〈희망이 물에 씻겨나갔다〉는 뜻이었다.

세상에서 가장 빠른(l) 에너지를
빛(lig)이라고 했다

- 빛과 어둠이 동시에 있는 여명(twilight)
- 빛처럼 빠른 노르만 해적선 요트(yacht) ● 빵을 부풀리는 효모(leaven)
- 가벼운 공기를 흡입하는 가벼운 허파(lung)
- 10을 세고 하나가 남은 11(eleven)

● 언제나 있던 자리를 〈재빨리 떠나(l=leave)가는(gh=go) 것〉을 빛(light)이라고 했고, 빛은 〈가장 가벼운(light) 에너지〉라고 인식됐으므로, 근대의 과학자들은 빛이 〈30만km/sec〉 속도로 달린다는 것을 증명했다. ▷하루 중 〈어둠과 빛이 동시에(twi=two) 존재하는 시간(twilight/박명)〉은 〈저녁 해가 진 직후(황혼)〉와 〈아침 해가 뜨기 직전(여명)〉이었으므로, 영화 〈트와이라이트(twilight)〉에 나오는 인물들은 황혼과 여명시간을 중심으로 서로 다른 인격으로 살아가고 있다. ▷크기가 작아 〈날렵했던 노르만 해적선〉은 요트(yacht=light)로 정착했다.

● 허파(lung/n 음운첨가)는 가벼운 공기를 흡입하는 신체기관이라는 뜻이었고, 엘리베이터(elevator)는 물체를 〈있던 자리에서 떼어내 위로(e=ex) 들어올리는 기계〉였고, 효모(leaven)는 빵의 〈조직을 들고 일어나 부풀게 하는 미생물〉이었다. ▷둘이 계속(re=repeat) 들고 있

L 있거나 끊다

다면 둘은 서로 연관되어(relevant) 있고, 가벼운 것은 위로 부양하고(levitate), 무거운 것은 아래로 가라앉았다(gravitate/gra=go). ▷〈열을 세고도 하나(e=one)가 남는 수〉를 11(eleven)이라고 봤고, 〈열을 세고도 2(tw=two)가 남는 수〉를 12(twelve)라고 봤다.

해보다 덜 밝은 빛(lig)을 내는 달은
음흉한 빛(lun)으로 인간을 홀렸다

- 달빛이 때려서 생긴 정신착란(lunatic) ●밤에 눈이 빛나는 스라소니(lynx)
- 식견을 가진 권위자(luminary) ●빛을 본다(look)
- 피가 하얀 백혈병(leukemia) ●헛것이 보이는 망상(delusion)

●로마인들은 〈해보다 덜 빛나는 달〉을 〈달의 여신(Luna/lun=light)〉이라고 불렀다. ▷로마인들은 달이 〈음흉한 빛을 내려보낸다〉고 불신했으므로, 달(lunar)빛이 인간의 머리를 때려(moonstruck) 정신착란(lunatic)을 일으킨다고 생각했고, 〈새벽에 작은 빛을 가져오는 (fer=transfer) 샛별(Lucifer)〉은 타락한 천사라고 했다. ▷반딧불(firefly)은 〈빛을 가져오는 성분(se) 발광효소(luciferase)〉를 분비하므로, 밤에도 꼬리에서 빛을 내고, 밤에 〈눈이 빛나는 동물〉을 스라소니(lynx)라고 했다. ▷밤에 불을 밝히는 랜턴(lantern)은 〈작은 손전등〉이고, 램프(lamp)는 〈좀 더 큰 등불〉이었다.

●〈특수 분야의 권위자(luminary)〉는 〈어둠을 밝히는(illustrate) 식견을 가진 자〉였고, 책 속의 삽화(illustration)는 단조로운 글에 밝은 빛을 줬다. ▷빛(lux=light)으로부터 〈본다(look)〉는 동사가 나왔고, 〈화려한(luxurious) 것〉은 〈밝은 빛을 낸다〉는 말이었고, 〈현대의 조명

(illumination)기술〉은 캄캄한 밤에도 지구를 환하게 밝히고 있음이 인공위성으로 증명됐다. ▷하얀색(luke)은 낮은 온도(warm)를 나타내므로 〈미온적인(lukewarm) 태도〉를 낳았고, 혈액암에 걸린 환자를 부검했을 때 피가 백색이었으므로 백혈병(leukemia)이라는 이름을 얻었다.
● 환영(illusion)은 〈마음속에서 나타나는(il=ex) 빛 같은 허깨비〉이고, 마술사(illusionist)는 남의 마음속에 실존하지 않는 환영을 만들어 주고, 〈마음속에서 제멋대로(de) 노는 망상(delusion)〉은 전형적인 정신병의 증상이었다. ▷네덜란드 문화 사회학자 하위징아는 인간은 빛처럼 〈유희하는 동물(homo ludens)〉라고 규정했다.

묶인(l) 곳에서 풀려나려는(l) 자유(lib)를 쟁취하기 위한 투쟁이 인간의 역사였다

- 물건을 날라다 주는 배달(de**liv**ery) ● 맘대로 풀어놓은 거짓말(**li**e)
- 미국에서 도망 온 흑인들이 세운 나라 라이베리아(**Lib**eria)
- 물에서 새 나간 물 호수(la**k**e) ● 맘대로 하라는 면허(**lic**ense)

● 패전국 출신 노예들이 묶였던 줄로부터 해방(**lib**eration/lib=leav**e**)과 자유(**lib**erty)를 갈망한 이후, 인류는 현대에 이르러서야 일반적인 해방과 자유를 쟁취했으므로, 현대의 정치체제는 자유-민주주의(**lib**er**al** democracy)를 택했다. ▷회사가 보관한 〈물건을 풀어(de) 소비자에게 배달(de**liv**ery)하는 택배 신업〉은 세계적 규모가 거대 산업이 됐고, 묶여 있는 〈인질을 풀어내는(de) 구출(de**liv**erance)작전〉은 인질범들이 알아채지 못하게 전격적으로 실행됐다. ▷북유럽의 소국 〈라트비아(Lat**v**ia)〉와 미국 노예출신 흑인들이 세운 아프리카의 〈라이베리아(**Lib**eria)〉는 모두 자유라는 이름을 가졌다.

● 스스로의 의지대로 행동하도록 놔두면(**let**) 맘대로 해도 되고, 〈쉬는(re**lax**) 것〉은 〈완전히(re=real) 풀어줬다〉는 말이었다. ▷〈게으른(**laz**y) 자〉는 언제나 몸을 느슨하게 풀어놓고, 시간을 뒤로(de=from) 풀어 놔두면 〈연기하는(de**lay**) 것〉이고, 〈사냥개를 계속(re=repeat) 풀어 짐승

을 추격시키는 것〉은 역참(relay)이나 계주경기(relay), 중계방송(relay)으로 확장됐다. ▷〈제멋대로 입 밖으로 풀어놓는 말〉은 거짓말(lie)이었고, 〈채찍(lash)이나 강아지의 목줄(lash)〉은 모두 길게 늘어져 있다는 말이었다. ▷계속 시간을 늘리면 결국 늦어지고(late), 느슨해진 구멍으로는 액체가 새 나갔고(leak), 다 새 나간 그릇에는 더 이상 액체는 없었다(lack). ▷땅의 〈물들이 새 나가(leak) 한데 모인 큰 웅덩이〉를 호수(lake)라고 했고, 〈수변 식물들이 무성하게 자란 호수〉는 늪(lagoon)이라고 했다. ▷제작진이 오랫동안 공들여 만든 영화는 〈완전히(re=real) 풀어져 대중에게 개봉됐고(release)〉, 〈자신의 몸을 푸는 것〉을 휴식(leisure)이라고 했다. ▷〈운전을 맘대로 하라고 주는 권리〉는 운전 면허(license/lic=lease/풀어주다)가 됐다.

우주를 구성하는 작은(l) 알갱이 원소(el)는 108개였다

- 긴 송곳니를 가진 코끼리(**el**ephant) ●물을 낳는 수소(hydrogen)
- 두통을 낫게 하는 소다(soda) ●불에 타고 남은 뼈 칼슘(calcium)
- 하얗게 흐르는 금속 은(silver) ●희귀한 원소 제논(zenon)

▶알파벳 엘(L)은 당초 〈코끼리(**el**ephant)의 상아〉를 상징했고, 상아는 각종 장신구의 재료였으므로, 〈우주를 구성하는 가장 작은(**el**=**li**ttle) 기본 요소〉를 원소(**el**ement/ment=mass/덩어리=명사형 어미)라고 불렀다. ▷역사적으로 원소(**el**ement)는 오랜 기간 동안 하나씩 발견되다가, 결국 현대 화학(chemistry)은 기본적으로 108개의 기본 원소(**el**ement)를 확인했다. 각각의 원소 이름 속에는 그 원소의 유래가 들어있다.

↓가장 단순한 수소(hydrogen)는 〈물(hydr)을 낳는(gen) 원소〉였다. ↓태양(hel=sol=sun=col/둥글다)이 수소를 태우고 내놓는 원소는 〈태양(hel)의 원소〉 헬륨(helium)이라고 했다. ↓탄소(carbon)는 〈생물체가 불에 타고(car=burn) 남은 재〉라는 뜻이었고, ↓〈혀를 찌르는(ox=acid=acute) 맛을 낳는(gen) 원소〉는 산소(oxygen)다. ↓유황(sulfur)은 화산에서 불(fur=fire) 타는(sul=car) 돌이었다. ↓네온(neon)은 그냥 〈새로(neo=new) 발견된 원소〉라는 게으른 이름을 가졌다. ↓원래 아

랍어로 〈두통(soda)을 낮게 하는 물질〉이라는 뜻을 가진 소다(soda)는, 〈이집트에서는 나트론(natron)〉이라고 불렸으므로, 이집트 이름을 따라 나트륨(natrium)이 됐고, 〈소다(soda)수〉는 칼칼한 입안을 행구는 세정제로 쓰였으므로, 후에 〈사과를 발효해서 만든 낮은 알코올 술〉 사이다(cider=soda)가 됐다. ↓〈탄산소다(sodium carbonate)〉를 그리스어로는 니트론(nitron)이라고 했고, 〈니트론(nitron)에서 나온(gen) 가스〉는 질소(nitrogen)라고 했다. ↓ 다른 원소와 만나도 〈전혀 반응하지 않는 불활성 원소〉는 〈일(rg=work)을 하지 않는다(a=ant)〉는 뜻의 아르곤(argon)이 됐다. ↓〈동물의 뼈가 타고(cal=burn) 남은 원소〉는 칼슘(calcium)이었다 ↓ 속명 철(iron)은 청동보다 강했으므로, 〈신성한(ir=hier=high) 금속〉이라는 이름을 얻었다. ↓ 속명 구리(copper)는 그리스 앞바다 〈사이프러스(Cyprus)섬에서 채굴된 원소〉라는 뜻이었다. ↓ 녹으면 〈하얗게 흐르는(sil) 금속〉의 속명은 은(silver)이다. ↓ 속명 금(gold)은 〈빛나는(gol=glow) 보석〉이라는 뜻이다. ↓ 유일한 액체 금속 수은(mercury)은 〈약싹빠른 도둑과 장사꾼의 신 머큐리(Mercury)〉에서 따왔다. ↓ 제논(zenon)은 〈자연상태에서 찾아보기 어려운 희귀(zen=xen=extra=out)원소〉라는 뜻이었다.

인생은 무한 개의 만물 가운데 하나를
떼어내는(l) 선택(lec)의 연속이었다

- 선발된 장정들이 만든 로마 군단(**leg**ion) ● 우수하다고 뽑힌 엘리트(e**lit**e)
- 전자가 튀어나오는 전기(e**lec**tric) ● 미각을 끌어내 맛있다(de**lic**ious)
- 즐거움을 끌어낸 기쁨(de**l**ight) ● 공자 선집 논어(ana**lec**ts)

● 여러 사람 가운데(e=ex) 〈한 사람을 선택하는(**lec**=leave) 선거(e**lec**tion)〉는 고대 그리스 민주주의와 로마 공화정의 전통이었고, 3000명에서 6000명의 젊은이들을 뽑아서 만든 로마군단(**leg**ion)은 거의 무적이었고, 초기 기독교는 로마군단과 같은 평신도단체(eg**i**o=**leg**ion)를 만들어 교세를 급격히 확장시켰다. ▷ 원래 교회(**sacr**=saint)에서 값 나가는 은제 〈제기들을 골라서 훔쳐가던 교회도둑(**sacr**i**leg**e)〉이 신성모독(**sacr**i**leg**e)으로 추상화됐고, 〈다른 사람의 생각을 선택하지 않는(neg=not) 것〉을 무시한다(neg**lec**t)고 했다. ▷ 〈선택된 모든(co) 것을 모으는(co**llec**t)는 것〉으로부터, 둘둘 만 코일(co**i**l)이 파생됐고, 필요한 것만 골라(s=separate) 선택하면 〈선별하는(se**lec**t) 것〉이었다. ▷ 〈특별하게 선택된 인재〉는 〈엘리트(e**lit**e/**lit**=**leg**)〉라고 불렀고, 거머리(**leec**h=leave)는 피를 빨아(l) 먹는 흡혈곤충이었다. ▷ 〈송진이 굳어 생긴 보석 호박(amber/아랍어)〉을 문지르면 탁탁 소리와 함께 전기

(electric)가 밖으로(e=ex) 튀어나왔으므로(lec=leave) 그리스인들은 아랍어 호박(amber)를 호박(electrum/전기 돌)이라고 불렀다.

● 〈음식으로부터(de=away) 맛이 나오는(lic=leave) 것〉을 〈맛있다(delicious)〉고 했고, 〈작은 감각까지 끌어낸 것〉을 〈섬세(delicacy)하다〉고 했다. ▷〈알 수 없는 맛이 나타나는 것〉은 〈미묘하다(delicate)〉고 했고, 〈마음속의 즐거움을 밖으로(de) 꺼낸 것〉은 기쁨(delight)이라고 했다. ▷〈공자의 말씀 가운데 중요한 부분만 골라 낸(ana=down) 선집(analects)〉을 논어(analects)라고 불렀다. ▷개인(private)은 〈자신의 가치(vat=value)를 최우선(pri)으로 하는 이기적 존재〉이므로, 〈한 개인을 특별히 선택하는 것〉을 특혜(privilege)라고 봤고, 〈이것저것 무엇인가 찾아서(di=away) 모으는 자〉를 〈부지런한(diligent) 사람〉이라고 했다. ▷똘똘(co) 뭉친 〈회사나 단체의 조직원〉들은 서로를 동료(colleague)라고 불렀고, 사망자가 〈특별한 사람을 골라 재산을 물려주는 유증(遺贈=legacy)〉은 일반적인 유산(legacy)이 됐다.

단어를 골라내는(lec) 것이 말이었고
정확한 말은 지식(lec)이 됐다

- 정확한 말을 선택하는 지식(intellect) ● 지식을 얻는 수업(lesson)
- 대대로 내려오는 이야기 전설(legend)
- 단계를 높여가며 말하는 방법 변증법(dialectic)
- 법과 일치하는 합법적인(legitimate)

● 〈단어를 정확하게(s) 골라낸다(pick=peak)〉가 영어 〈말한다(speak)〉가 됐고, 〈여러 가지 단어 가운데(intel=inter) 정확한 말을 선택할 수 있는 능력〉이 라틴어 지식(intellect)이 됐으므로, 〈정확한 말(lec)〉이 곧 지식이었다. ▷교수가 자신이 아는 〈지식을 학생에게 전하는 것〉이 강의(lecture/지식 전달)였고, 학생들이 〈교수의 지식을 얻는 것〉을 수업(lesson/지식 흡수)이라고 했다. ▷고대의 문자들은 아직도 판독이 불가능한(illegible) 경우가 많고, 〈대대로 이어지는 조상의 이야기〉는 전설(legend)이 됐다. ▷〈지방 곳곳(dia)에서 쓰이는 발음이 약간 다른 말〉들은 사투리(dialect)라고 했고, 〈단계를 높여가며 말하는 방법〉을 변증법(dialectic)이라고 했다. ▷읽을 수는 있지만 〈문장을 이해하지 못하는(a=ant) 병적 증상(ia)〉은 실독증(alexia/문장 이해부족)이라고 했고, 말은 잘하지만 음소(phonem)를 잘 구별하지 못해(dys) 〈단어를 쓰거나

읽는데 어려움을 느끼는 증세〉는 난독증(dyslexia/문자해독불능)이라고 불렀다. ▷법은 곧 말이므로, 〈법을 일으켜 세우는(lat=tal=tl) 것〉을 입법(legislature)이라고 했고, 〈법과 일치하면(itim=intermost)〉 합법적(legitimate)이라고 했고, 〈법적(legal) 규정에 맞는 것〉을 정식(legal)이라고 봤다.

인간은 통나무로 집을 짓기도 했고
통나무에 글(log)도 새겼다

- 길다란 통나무(log) ● 통나무에 새긴 글씨와 말(log)

- 물리적으로 이어지는 말 아날로그(analog) ● 둘 사이의 말 대화(dialog)

- 군대 막사의 군수품 조달 병참(logistics) ● 통나무로 지은 현관 로비(lobby)

● 종이가 발명되기 전에는 긴 통나무(log)를 쪼갠 나무판에 글씨(log)를 썼으므로, 〈나무판에 쓴 글〉은 〈학문(log)〉이나 〈말(log)〉이나 암호(log)나 〈종교적 진리(logos)〉가 됐다 ▷ 컴퓨터를 열기 위해 〈암호(log) 문자를 쳐 넣는 것〉은 로그인(login)이었고, 〈컴퓨터를 빠져나오는(out) 암호〉는 로그아웃(logout)이 됐다. ▷ 〈논리가 있는 말〉은 로직(logic)이라고 했고, 〈소식을 전하는 말(letter/let=log)〉은 편지(letter)가 됐고, 〈말을 표현하는 글씨〉를 문자(letter)라고 했다. ▷ 〈직접(ana=down) 연결되는 말〉을 아날로그(analog)라고 했으므로, 태엽시계는 〈모든 과정이 기계적으로 연결되는〉 아날로그(analog) 시계지만, 배터리만 넣어두면 〈스스로 알아서 정확한 시간의 숫자를 표시하는〉 시계는 디지털(digital) 시계였다. ▷ 〈범주에 따라(cata=down) 말을 차례로 정리한 목록(catalog)〉를 보면 그 내용을 일목요연하게 알 수 있고, 〈두 사람 사이의(dia=through) 주고받는 말〉은 대화(dialog)였고, 〈죽은 자를 칭찬

하는(eu=good) 말〉은 송덕문(eulogy)이 됐다. ▷인쇄에서 〈(ing)처럼 아예 묶인 활자(type)〉를 단어 활자(logotype)라고 했고, 단어 활자는 축약해서 로고(logo)가 됐고, 로고는 회사나 조직을 나타내는 상징이 됐다. ▷연극은 〈처음(pro=first) 이야기를 여는〉 서막(prologue)과 〈이야기를 마무리하는(ep=after)〉 끝말(epilogue)로 구성됐다.

● 〈통나무로 대충 지은 집이 오두막(lodge)〉이 됐고, 군대의 오두막 〈막사에 군용품을 공급하던 것〉이 병참(logigtics)이 됐고, 군수품 조달은 〈기업의 유통(logistics)〉으로 의미가 확장됐다. ▷휴게실(lounge/n 첨가)과 현관홀(lobby)은 모두 〈통나무를 이어 덧대어 만든 큰 방〉이었다.

오래(l) 살기를 염원해 온 인간은
백 년을 살기도 어렵다

- 오래 사는 장수(**long**evity) ●렌틸콩에서 나온 렌즈(**len**s)
- 길이가 완전하게 일치하면 그곳에 속했었다(be**long**)
- 다 자란 어른(ad**ul**t)
- 로마에서 잡역부로 육성했던 프롤레타리아(pr**ol**etariat)

● 〈계속 이어(l) 가면(g=go)〉 길어지고(**long**/n 음운첨가), 〈오래(**long**) 사는(vit=vio=live) 것〉을 장수(**long**evity)라고 했으므로, 왕에 대한 최고의 아첨은 〈국왕 만세(**long** **live**)〉가 됐고, 〈지구에 세로로 그은 선이 만드는 각도〉는 경도(**long**itudo)라고 불렀다. ▷꼬투리가 긴(**long**) 렌틸(**lent**il/**len**=**long**)콩을 반으로 쪼갠 것과 똑같은 〈볼록한 유리〉를 렌즈(**len**s)라고 했고, 길고 튼튼한 목재(**lim**ber/**lim**=**long**)는 고대로부터 현재까지 집을 짓는 기본재료로 쓰였다. ▷간(**liv**er)은 〈인간의 수명을 연장해 주는 핵심 장기〉라는 오해가 있었고, 지방(**lip**id)은 〈끈적끈적하게 생겼다〉는 뜻이었고, 장어(**eel**)는 길고 미끌거리는 물고기였다. ▷〈길을 죽(a=same) 따라가면(a**long**)〉 길을 벗어나지 않고, 〈칠레(**Chile**)는 남미 서부에 남북 한 방향으로만(ob=off) 길쭉하게(ob**long**) 뻗은 나라다. ▷〈시간을 계속(pro) 늘이면〉 기간이 연장되고(pro**long**), 〈옆으로 (ob)

길게 누운 선〉은 삐뚤어졌다(ob**liqu**e)고 했다. ▷원래 〈있었던 곳과 길이가 완전히(be=ambi=all) 일치하면〉 그곳에 속했다(be**long**)고 봤고, 〈시간을 늘리며 게으름 피우는 것〉은 꾸물댄다(**ling**er)고 했다. ▷끈적끈적하게 흐르는 기름(**oil**)은 〈올리브(ol**ive**)나무에서 나오는 액체〉라는 말이었고, 〈양(lan=lame)모에서 추출하는 라놀린(lan**ol**in)〉은 피부에 잘 흡수되므로, 각종 연고의 기제로 쓰였다.

● 〈인간을 성장시키는 음식〉이 양식(ail**ment**)이었고, 어린이가 〈서서히(scent/걸어가다) 자라 청소년(ad**ol**escent/어른으로 가는)〉이 되고, 청소년이 자라 어른(ad**ul**t/다 자란)에 이르고(ad=at), 어른은 마침내 늙어서(**old**/더 이상 자라지 않는) 죽음을 맞았다. ▷모교(**al**ma mater)도 〈나를 길러준 어머니(mother) 같은 존재〉라는 뜻이었고, 고대 로마에서 병역과 건설 잡역부로 쓰기 위해 적극적으로(**pro**) 육성했던 계급이 프롤레타리아(**pro**letariat)였다.

물을 떠나 육지(l)로 올라온 인간은 더 넓은 땅(l)을 요구했다

- 흙이 이어진 땅(land) ● 땅 덩어리 육괴(landmass)
- 한눈에 보이는 풍경(landscape) ● 땅 주인 지주(landlord)
- 넓은 황무지 잔디밭(lawn) ● 큰 땅은 넓다(large)
- 영광의 땅 올란도(Orlando)

● 〈흙이 계속 이어져〉 육지(land=long)가 됐고, 〈가장 큰 육지 덩어리(mass)〉는 동서로 뻗은 〈유라시아(Eurasia) 육괴(landmass)〉였다. ▷ 〈단 한번의 시선으로 보이는(scape=scop=see) 땅의 모습〉은 풍경(landscape)이 됐고, 원래 〈땅 주인(lord)이었던 지주(landlord)〉가 일반화해서 주인님(landlord)이 됐다. ▷ 〈프랑스어 황무지(lawn)〉는 〈영어에서 잔디밭(lawn)〉이 됐고, 하늘을 떠다니던 비행기도 육지로 되돌아와서 착륙했다(land). ↓ 〈아랍어로 땅(afer=earth)〉은 그리스어로 아프리카(Africa)가 됐다.

● 〈땅(land)이 넓은(large) 것〉을 〈많다(lot)〉고 했고, 〈땅이 좁은 것〉은 〈작다(little)〉고 했고, 〈영어 넓은(large) 땅〉은 〈라틴어 넓은(wide) 땅〉이라고 했다. ▷ 〈대토지(lanc=land)를 소유한 랜슬럿(Lancelot/elot=little/애칭)〉은 〈아더 왕의 원탁기사〉였고, 〈영광(glory)의 땅/가나안〉을 뜻하는

롤랑(**Ro**l**and**)은 프랑크 왕 〈샤를마뉴의 12용사 가운데 하나〉였고, 미국의 올란도(**Or**l**and**o)는 〈롤랑의 스페인식 표현〉이었다.

긴(l) 줄로만 이어진 선(lin)은 길이만 갖는 1차원 공간이다

- 무성한 나무 같은 사치(luxury) ● 꽉 잠긴 자물쇠(lock)
- 뿌리가 맺힌 마늘(garlic) ● 아마풀로 짠 리넨(linen)
- 선생님을 따라서 배우다(learn) ● 한 줄로 이어진 직렬(inline)
- 줄 그은 한계(limit)

● 〈가지가 얽혀(luxuriate/lux=leg=bend) 무성하게 자란 나무〉에서 사치(luxury)가 나왔고, 극도의 사치는 〈초호화(de luxe=of luxe/프랑스어)〉라고 했고, 〈뒤얽힌(lux) 나뭇가지를 도로(ro) 풀어내는 것〉을 〈머뭇거린다(reluctant)〉고 했다. ▷〈잠긴(lock) 자물쇠(lock)〉는 쉽게 열리지 않고, 곰이 사는 동굴에 들어갔던 〈황금(gold) 머리를 땋은(lock) 소녀 골디락스(goldilocks)〉가 입에 딱 맞는 따뜻한 수프(soup)를 골라 훔쳐 먹었다는 영국의 전래동화로부터 골디락스(goldilocks)는 〈최상의 환경 조건〉을 의미하게 됐다. ▷〈운명(luck)〉은 잘 풀릴 수도 있고 잘 안 풀릴 수도 있고, 〈잎은 칼(gar=gladiate) 같고 뿌리는 단단히 맺힌 구근식물〉을 마늘(garlic)이라고 했고, 〈잎이 여러 겹으로 말려 있는 식물〉은 파(leek)라고 불렀다.

● 〈아마풀에서 얻은 긴 줄(line)〉로 아마포(linen)를 짰고, 아마 씨앗에서 나오는 기름(ol=oil)에 코르크 가루를 섞어 리놀륨(linoleum/장판재)을 만들었고, 옛날에는 재산과 지위의 장자 직계(lineal) 상속이 흔했다. ▷지렁이는 길게만 자라므로, 〈선형(linear) 동물〉이고, 〈긴 줄처럼 이어진(link) 좁은 길〉은 레인(lane)이라고 했다. ▷한 줄로(in) 계속 이어지면 직렬(inline)이므로, 〈바퀴가 직렬로 달려 있는 스케이트〉는 인라인 스케이트(inline skate)라고 했다. ▷군대는 언제나 〈줄에(a) 맞춰 정렬한(align) 대형〉을 유지하고, 자동차의 〈4개 타이어들을 일직선으로 만드는 것〉을 정렬(alignment)이라고 했다. ▷학생들은 선생님의 길을 〈따라서 배우는(learn) 자〉들이었다.

● 〈선이 그어진 곳〉을 한계(limit)라고 하므로, 〈사회에는 선을 넘지 말라〉는 무수한 제한(limitation) 규정을 둠으로써 혼란을 막고, 사지(limb)는 〈몸의 한계 범위〉라는 말이었다. ▷〈의식의 한계 밑에(sub) 있는 잠재(subliminal)의식〉은 인간의 생각에 막대한 영향을 미친다는 사실이 발견됐다. ▷방의 한계인 문은 〈문턱(threshold=through)과 머리 위의 상인방(lintel)〉으로 구성됐고, 〈문턱을 넘기 전(pre)의 행동〉은 예비(preliminary/)행동이고, 〈문턱 밖으로(e=ex) 몰아내면 제거하는(eliminate) 것〉이었다. ▷테두리(rim/r=l/윤곽)는 〈안과 밖을 나누는 윤곽선〉이고. 〈아주 단단한(f=firm) 테두리〉는 뼈대(frame)다.

인간은 긴(l) 허리를 구부리고(lab) 노동(lab)을 하지 않고는 하루도 살 수 없었다

- 긴 허리를 구부리고 일하는 노동(labor) ● 길다란 다리(leg)
- 활처럼 구부러지는 팔꿈치(elbow)
- 무의식으로 미끄러져 들어가는 잠(sleep)
- 미끄러지는 썰매(sleigh) ● 몸매가 잘 흘러내려 가느다란(slim)

● 〈긴(l) 허리를 구부리는 것〉을 노동(labor)〉이라고 했고, 〈여러 사람이 함께(co) 협동하는(collaborate) 것〉은 인간의 본성이었고, 〈수많은 시행착오의 작업이 반복되는 곳〉을 실험실(laboratory)이라고 했다. ▷긴 다리(leg)가 구부러지므로 동물은 걸을 수 있었고, 〈다리가 구부러지는 지점〉을 무릎(lap)이라고 했고, 다리가 제대로 구부러지지 않으면 절룩거린다(limp)고 했다. ▷팔꿈치(elbow)는 〈팔이 활(bow)처럼 굽는 곳〉이고, 긴 줄을 둥글게 구부리면 〈가운데에 빈 고리(loop)〉가 생겼다.

● 인간은 〈긴 혀(lip)를 구부려 말을 하는 존재〉였고, 용암(lava)은 산기슭을 따라 흘러 내리고, 원래 옷에 붙이던 〈가늘고 긴 장식용 천(ribbon)〉이 〈상품에 붙이는 상표(label)〉가 됐다. ▷〈깊은 무의식으로 떨어져(s=separate) 미끄러지는(slide) 것〉을 영국인은 잠(sleep)이라고 했고, 그리스인들은 잠(hyp=sleep)이라고 했으므로, 〈그리

스 잠의 신(Hypnos)〉은 인간을 물(n)속으로 끌고 들어가 무의식으로 만들고, 〈잠의 신의 딸〉인 〈꿈의 신(Morpheus)〉은 인간을 환각상태(morph=phorm=form/환상/음운도치)로 인도한다고 생각했다. ↓〈모양이 둥근(pop=head) 양귀비(poppy)에서 나오는 아편(opium)〉이 〈인간을 잠들게 하는 성분(um)〉이라는 사실은 오래전부터 알려졌으므로, 화학자들은 양귀비로부터 강력한 마취약을 추출하고, 모르핀(morphine/꿈을 꾸게 만드는 약)이라는 이름을 붙였다. ▷〈진흙 속으로 완전히 (pol=per) 미끄러져 더럽혀진 것〉을 공해(pollution)라고 했고, 〈미끄러운(slippery) 눈 위를 잘 달리도록 설계된 기구〉는 썰매(sleigh)가 됐다. ▷한 몸을 미끄러뜨려 넣고 잠이나 자는 곳을 빈민굴(slum)이라고 했고, 〈아래로 잘 흘러내린 몸매〉를 가느다란(slim) 몸매라고 했다. ▷〈경제가 미끄러지면〉 불황(slump)이라고 했고, 〈마음이 처지면〉 의기소침(slump)이라고 했고, 〈모든(co) 것이 아래로 미끄러지면〉 붕괴했다(collapse)고 말했다.

인간은 긴(l) 혀를 움직여 말하는(lk) 방법을 진화시켜 왔다

- 혀를 굴리는 언어(**lang**uage) ● 혀가 보이는 웃음(**laug**hter)
- 어미를 찾아 우는 아기 염소(**lamb**) ● 크게 우는 사자(**lion**)
- 잎이 사자 이빨 같은 민들레(dande**lion**)
- 어릿광대 판탈레온이 입은 바지(pants)

● 라틴어 〈긴(l) 혀를 둥글게(qu=c) 말아서 말한다(**loqu**)〉에서 〈말이 많다(**loqu**acious)〉가 나왔고, 게르만어 〈혀를 펴서(t=de) 말한다 (ta**loqu**e)〉에서 영어 〈말한다(ta**lk**)〉와 〈이야기(ta**le**)〉가 나왔다. ▷ 인간은 길고 잘 미끄러지는 혀(**lang**ue=tong**ue**/n 음운첨가)를 굴려 수많은 언어(**lang**uage)를 만들어 냈고, 십자군 전쟁 당시 유럽 각국에서 중동의 레반트 지역으로 몰려 온 기독교인들은 〈프랑스 동남부 프로방스 (Provance)어〉를 공용어로 썼으므로, 최초로 〈국제어(**ling**ua franca)〉라는 말이 생겼다. ▷ 웃음(**laug**hter)은 〈혀(**lang**ue)가 보이도록 입을 벌렸다〉는 말이었고, 〈노래에 붙인 말〉은 가사(ly**ric**s)가 됐다. ▷ 예수의 죽음을 긴 통곡으로 애통해하는(**lam**ent) 〈그리스도의 죽음에 대한 애도(**lam**entation)〉는 중세 유럽 미술의 핵심적 주제였고, 〈어린 아기 (by=baby)를 달래는(**lull**) 길고 부드러운 소리〉를 자장가(**lull**aby)라고

했다.

● 〈어미를 찾아 우는 아기 염소(lamb)〉는 〈신이 돌봐줘야 하는 어린양(lamb)〉이 됐고, 어린양보다 더 〈큰 소리로 우는 사자(leonem/leon=lam/라틴어)〉는 영어에서 〈사자(lion)〉가 됐으므로, 〈사자의 반열에 올리는 것〉을 〈왕으로 추대한다(lionize)〉고 했다. ▷잎사귀(dendr=tree)가 〈사자의 이빨과 같은 풀〉은 민들레(dandelion)가 됐고, 〈검은 반점(pard=part)을 가진 사자〉는 표범(leopard)이 됐고, 〈배를 땅(cam=hum=humid/축축한 흙)에 끌고 다니는 사자〉는 카멜레온(cameleon)이 됐다. ▷〈완전히(pan) 사자와 같다〉는 뜻을 가진 어릿광대 판탈레온(Pantaleon)은 〈몸에 딱 달라붙는 바지〉를 입어서 유명했으므로, 판탈레온은 바지(pantaloons)가 됐고, 바지(pantaloons)는 축약해 현재의 바지(pants)가 됐다. ▷사람 이름 레오나르드(Leonard)는 〈사자처럼 용감(ard=cracy)하다〉는 뜻이었다.

법(law)은 사회의 밑바탕에 깔아(l) 놓는 기본질서였다

- 길게 펴서 놓다(lie) ● 낮은 곳으로 들어오라는 허락(allow)
- 소비자에게 직접 나가는 공장직매(outlet) ● 사회에 깔아 놓은 법(law)
- 양쪽으로 묶인 진퇴양난(dilemma) ● 뼈와 뼈를 연결하는 인대(ligament)

● 〈놓는다(lie)〉는 말은 〈땅위에 수평으로 길게(l) 펴 놓는다〉는 말이었고, 거짓말(lie)은 〈제멋대로 펴 놓은 헛된 말〉이었다. ▷〈낮다(low=lie)〉는 말도 〈땅위로 평평하게 뉘어 놓았다〉는 뜻이었으므로, 〈낮은 곳으로 (a=at) 들어오라〉는 것은 허락(allow)이 됐다. ▷세월이 흐르면서 〈겹겹이 누운(lie) 땅〉을 지층(layer)이라고 했다 ▷손에 잡은 것을 풀어서 놔두면(let) 풀려난 것은 자유롭게 행동할 수 있으므로, 입구와 출구 (inlet/outlet)는 〈맘대로 들어가거나 나가는 문〉이었고, 중간 도매상을 거치지 않고 〈물건이 직접 소비자에게로 나가게 한 곳〉이 공장직매장 (outlet)이 됐다.

● 법(law)은 〈사회 밑에 깔아놓는 기본질서〉이므로, 〈기본질서에 충분히(ful) 일치하면 합법적(lawful)〉이라고 했고, 〈기본질서에 일치하지 않으면(un) 불법적(unlawful)〉이라고 했고, 〈기본질서가 씻겨나가면(less) 무법적(lawless)〉이라고 했고, 〈기본질서를 벗어난 자〉는 무법자

(outlaw)자였다. ↓미국 남북전쟁 당시 간단한 즉결심판으로 사형 선고를 일삼았던 순회판사 린치(Lynch)는 〈개인적 보복인 린치(lynch)〉로 정착했다. ▷〈담근 뒤 6개월 동안 조용히 묵도록 놔둔 술〉을 라거(lager/묵힌 술) 맥주라고 불렀다. ↓보통 맥주는 모두 〈라거(lager)맥주〉였고, 특별하게 쓴맛을 내는 맥주는 〈쓴(bitter) 맥주〉다. ▷〈필요한 물품을 아래로(su=sub) 풀어 놓는 것〉을 공급한다(supply)고 했다.

● 〈다른 것에 단단히(re=real) 묶인 것〉을 의지한다(rely)고 봤고, 〈양쪽(di=deu=two)으로 묶여 있으면〉 오도가도 못하는 진퇴양난(dilemma/lem=lay)에 빠지고, 〈인간을 신에게 단단히(re=real) 묶는 것〉이 종교(religion)였다. ▷약속에(ob=at) 묶이면 의무(obligation)가 생기고, 근대 유럽 귀족들은 〈고귀한(noble) 신분에 따르는 의무(noblessse oblige)〉가 있다고 스스로 규정했다. ▷외상을 입어 출혈하면 우선 혈관을 단단히 결찰해야(ligate) 하고, 〈뼈와 뼈를 연결하는 조직은 인대(ligament)〉이고, 〈근육을 뼈에 단단하게(s=severe) 연결하는(new) 조직은 힘줄(sinew)〉이었다. ▷〈범죄에(a) 연결됐다〉고 주장하는 연루(allegation)설은 주로 언론이 맨 먼저 제기하고, 〈다른 금속에(a) 묶으면〉 전혀 다른 합금(alloy)이 나오고, 〈다른 나라와 묶는 동맹(ally)〉을 맺으면 훨씬 큰 나라에게도 대항할 수 있다. ▷〈모두(ra=re) 모이는 집회(rally)〉의 전형은 정당의 전당대회(rally)였다.

L 잇거나 끊다

붙거나 분리되다

본래 단단하고(s) 하나(sol)였던 우주는 완벽했으므로 신성(hol)했다

- 딱딱한 하나(solo) ●하나로서 완전한 것만 신성했다(holy)
- 모두가 하나인 보편적 가톨릭(catholic) ●완전한 건강(health)
- 성인을 모시는 전례(sacrament) ●소리를 묶어 놓은 침묵(silence)

● 태초의 우주는 콩알보다도 작은 매우 〈단단한(solid) 하나(solo)〉였지만, 1초보다 짧은 순간에 거대하게 폭발해서(big bang) 현재의 무한한 공간이 됐다고 현대 물리학은 규정했다. ▷인간은 하나(sol)였던 태초 우주의 완벽함을 동경했으므로, 완벽한 태초의 하나를 〈신성하다(holy/hol=sol)〉고 했다. ▷기독교의 각종 축일(Holyday)은 신성하게 살다간 성인들을 기념하는 날이고, 축일에는 일하지 않았으므로, 공휴일(holiday)이 됐다. ▷영국에서는 〈은행들이 휴일로 정한 날(bank holiday)〉에 일반 직장인들도 쉬었으므로, 뱅크홀리데이는 영국의 공휴일이 됐고, 노동력이 부족한 국가는 외국 청소년들에게 〈휴가를 겸한 취업비자(working holiday visa)〉를 주기도 한다. ▷신의 발아래에 (cata=down) 있는 인간들은 모두 평등한 하나(hol=sol)였으므로, 〈가톨릭(Catholic)은 하나로서 보편적이라〉는 뜻이었고, 완전한 신만이 불안전한 인간을 완전하게 만들 수 있다고 믿었으므로, 예수도 불완전한 병

자들을 치료해(heal=sol) 건강(health)을 찾아 주었다고 성서는 기록하고 있다. ▷〈건강하게 사는 것〉이 잘(well)사는 것이고, 이름 올가(Olga)는 〈신성한 사람〉이라는 뜻이었다

● 성인(saint/sain=sol=hol)은 〈완전하고 성스런 사람〉이라는 말이었고, 〈성스런 신을 모시는 장소(ry=place)〉를 성소(sanctuary)라고 했다. ▷〈신에게 다가가려는 각종 행사(ment=mystery)〉는 성전례(sacrament)라고 부르고, 〈성스럽다는 말을 2번 겹쳐 쓰면〉 전지전능(sacrosanct)하다는 뜻이 됐다. ▷〈신성하게 만드는(fic=make) 의식〉을 한자로 희생(犧牲=양을 죽이다/sacrifice)이라고 번역한 이유는 실제로 〈신성한 양을 죽여 구워서 신에게 바쳤기 때문〉이고, 〈신이 당신을 버리기(ex) 바란다〉는 말은 저주(execration)가 됐다. ↓기독교인은 하루에도 여러 번 기도를 올리는 과정(course)을 반복했으므로, 〈반복하는 기도〉는 저주(curse=course)가 됐고, 신에게 악인을 저주해달라는 기도는 구약성서 곳곳에 등장한다.

●여럿이 함께 노래 부르던 가수도 솔로(solo)를 선언하고, 〈견고하게 뭉친 단결(solidarity)〉은 폴란드의 노동조합(Solidarity)의 이름이 되어, 공산정권을 무너뜨리고 민주정부를 세웠다. ▷〈대상 전체를 입체적으로 보여주는 그림(gram=graph)〉이 홀로그램(hologram)이므로, 방송의 홀로그램은 공간에 실제와 같은 입체 이미지를 만들었다. ▷〈자투리 화물을 모아(con) 하나의 꾸러미를 만든다(consolidate)〉는 말은 〈작은 소품들을 모두(con) 모아 넣을 수 있는 칸막이 상자〉 콘솔(console)을 낳았다. ▷침묵(silence)은 〈소리(sound)가 굳어서 완전히 멈췄다(still)〉는 뜻이지만, 가수 사이먼과 가펑클(Simon & Garfunkel)이 부른 〈침묵의 소리(Sound of silence)〉는 〈침묵에도 소리가 있다〉고 주장하고, 〈지

하철 벽에 쓰여 있는 민중들의 낙서〉가 침묵의 소리라고 노래했다.

태초에 존재했던 단단한(s) 하나의
존재(swast)를 진리(swast)라고 했다

- 태초의 단단하고 유일한 존재(swastika)
- 혀를 즐겁게 하는 육체의 진리 단맛(sweet)
- 정신의 즐거움을 얻는 쾌락주의(hedonism)
- 정신을 즐겁게 하는 이상향(utopia) ●허망한 육체로부터 온 죄악(sin)

● 인도-유럽어족은 〈단 하나였던 태초의 단단한(swast=sole) 근원〉을 〈진리(Swastika/산스크리트 어)〉라고 했고, 〈무한한 우주가 퍼져 나온 태초의 단단한 진리(Swastika)〉는 인간의 언어로는 표현할 수 없었으므로, 모양(卍)으로만 나타냈다. ↓진리를 추구하는 불교(Buddhism)를 수입했던 중국인은 〈진리를 뜻하는 만(卍)자〉를 새로 만들었고, 기독교는 〈진리를 의미하는 십자가(✝=cross)〉를 만들었고, 히틀러도 불교 만자의 갈고리 방향을 오른쪽으로 돌려 〈갈고리 십자가〉를 만들고, 나치당은 〈우주의 진리를 구현한다〉는 암시를 주었다. ▷산스크리트어에서 불교(Buddhism)는 〈진리를 보여주는(buddh=view) 종교〉였고, 보살(Bodhisatva)은 〈진리(sat)를 찾는(bodh) 수행자〉라는 뜻이었다.
● 진리(Swastika)는 육체적으로 혹은 정신적으로 이분화했으므로, 육체적으로 〈인간의 입을 즐겁게 하는 존재〉는 단맛(sweet=swast/

eet=eat)이 됐고, 다디단 〈사탕을 주며 끝까지(per) 구슬리는 것〉을 설득한다(persuade)고 했고, 〈사탕을 빼앗으며 하지 말라고(dis) 제지하면〉 만류하는(dissuade) 것이 됐다. ↓4가지 입맛은 〈혀를 즐겁게 하는 단(sweet)맛〉과 〈혀를 물어(bite) 뜯는 쓴(bitter)맛〉, 혀를 찌르는 (acid=acut/뾰족한) 신(sour=acid)맛〉, 〈붉은색(spic=spec/보이다) 양념을 뜻〉하는 매운맛(spicy)이었다. 여기에 일본인들이 다시마에서 발견한 감칠맛(savory/sav=soup/즙액)이 최근에 추가되어 5가지 맛이 생겼다. ↓감칠맛은 일본말로 우마미(眞味/umami)라고 한다.

● 진리(swastika)는 정신적으로는 〈마음을 달게 만드는 행복(swat=es=eu)〉이 됐으므로, 고대의 쾌락주의(hedonism/he=se)는 〈육체적 즐거움〉을 〈정신적 행복〉으로 승화시키라는 것이었고, 〈좋은 후손을 낳는(gen=generate) 것〉은 우생학(eugenics)이 됐다. ▷〈가장 살기 좋은 곳(top=tom/작은 땅)〉은 낙원(utopia)이 됐고, 〈극도의 정신적 즐거움을 가져오는(phor=fer) 것〉은 희열(euphoria)이 됐다. ▷결국 육체적으로 〈입에 단(sweet)것〉은 정신적으로 〈죄악(sin/불의)〉이 됐으므로, 〈정신을 달게 하는 진리(swastika=es=eu/좋은 존재)를 추구하라〉는 것이 인도유럽인들의 전통적인 생각이었다.

딱딱하게(st) 굳은 것만 확실하게
존재(ist)한다고 생각했다

- 단단하고 밖으로 드러난 것만 존재했다(exist)
- 5번째 본질 핵심요소(quintessence)
- 가져도 좋다고 내놓은 존재 선물 (present) ● 존재하지 않아 결석한(absent)
- 지나간 시간의 존재 어제(yesterday)

● 고대인은 〈모양을 단단하게(st) 갖추고 밖으로(ex) 드러난 것〉만 존재한다(exist)고 봤고, 존재하는 우주만물은 〈물, 불, 흙, 공기〉 4가지 요소가 적당히 조합해서 생겼다고 봤다. ▷그리스 철학자 아리스토텔레스는 4가지 요소가 아닌 우주만물을 이루는 〈5(quint=five)번째 진짜 본질(essence/존재)인 핵심요소(quintessence)〉가 따로 존재한다는 가설을 주장했으므로, 이후 연금술사(alchemist)들은 아주 오랫동안 제 5원소를 찾아오다, 19세기에 이르러 현대의 화학이 우주만물을 이루는 108개의 기본 원소를 발견하기에 이르렀다. ▷인간은 〈실제로 존재하는 대상과(inter) 연결되는 것〉을 관심(interest)이라고 했으므로, 눈에 보이는 〈대상을 향해 재미있어 하거나(interesting)〉, 눈에 보이는 대상이 주는 〈느낌에 피동적으로 관심을 보이거나(interested)〉, 대상에 대한 〈관심을 아예 없애고(un) 무관심하거나(uninterested)〉, 대상과의

〈이해관계를 모두 끊고(dis) 사심 없는(disinterested)〉 태도를 보였고, 〈돈을 빌려주는 자와 돈을 빌리는 자 사이에 존재하는 차이〉를 상업적 이자(interest)라고 불렀다. ▷상대가 그냥 가져도 좋다고 〈앞으로(pre) 내놓은 존재(se=be)〉가 선물(present)이었고, 자기 자리에 〈존재하지 않은(ab=off) 학생〉은 결석한(absent) 학생이었다. ▷바로 〈눈앞에 존재하는 시간〉은 지금 현재(present)가 됐고, 〈지나간(ye=ge=go) 시간의 존재〉는 어제(yesterday)가 됐다. ▷〈힘(pos=potential)이 있다〉는 것을 〈가능하다(possible)〉고 봤다.

한자리에 고정된(st) 별(star)자리가 인간의 운명을 결정했다

- ●한자리를 지키는 별(star) ●별의 조각 소행성(asteroid)
- ●별을 향해 걸었던 희망(desire) ●별자리를 벗어난 재앙(disaster)
- ●별을 연구하는 천문학(astronomy) ●북극성을 보며 배를 조종했다(steer)

●고대인들이 〈한자리(t)에 고정됐지만(st) 계절에 따라 흘러가는(r) 천체〉를 별(star)이라고 불렀으므로, 현대의 천문학도 〈한 곳에 고정되어 스스로 불타는 별(star/해)〉을 항성(star)이라고 규정했고, 그 항성을 중심으로 맴도는 〈항성보다 작은(et) 천체〉를 행성(planet=play)이라고 했으므로, 지구는 행성이고, 〈행성을 중심으로 도는 더 작은 천체〉는 달(moon=measure/한 달을 측정하는 천체)이라고 불렀다. ▷〈아직 천체가 되지 못해 별을 닮은(oid=vid) 조각〉은 소행성(asteroid)이라고 했고, 소행성은 궤도가 불규칙하므로, 지구와 충돌할 수도 있다. ▷사람 이름 스텔라(Stella)는 별을 뜻하고, 과꽃(aster)도 〈별을 닮았다〉는 말이었다. ●고대인들은 서로 가까이 있는 별들을 선으로 이어서 나오는 〈별자리(constellation/stel=star)〉가 인간의 운명을 결정한다고 여겼고, 그 〈별자리를 생각하는 것〉을 숙고(consideration/sider=star/별자리 연구)한다고 했다. ▷고대인은 별을 향해(de) 자신의 희망(desire/sir=star)을 걸

었으므로, 점성술(astrology)을 만들었고, 점성술은 현대의 과학적 천문학(astronomy/nom=norm/법칙)으로 발전했다. ▷고대인들은 별이 제자리를 벗어나면(dis) 재앙(disaster)을 가져온다고 봤고, 〈별이 제자리를 떠나 멀리(cata=away) 사라지는 것〉을 대참사(catastrophe)라고 했다. ▷고대의 항해가들은 북극성(polar star)을 바라보면서 항로를 잡았으므로, 〈차나 배를 조종한다(steer=star)〉는 말은 〈북극성을 바라보고 길을 찾는다〉는 말이었다.

자연은 딱딱한(s) 씨앗(seed) 속에 다음 세대를 잇는 정보를 숨겨놨다

- 딱딱한 씨앗(seed) ● 씨앗을 익히는 계절(season)
- 기름을 내는 씨앗 참깨(sesame) ● 성질이 같은 종류(sort)
- 같이 동화되어 쉬는 휴양지(resort) ● 연속된 시리즈(series)
- 단단하게 뭉치는 자매(sister)

● 식물은 〈딱딱한 씨앗(seed)〉으로 세대를 잇고, 동물은 정자(semen)로 세대를 이었다. ▷계절(season)은 씨앗을 익히고(season), 양념(season)은 음식을 익혀 맛을 냈다. ▷신학교(seminary)는 장차 〈사제가 될 어린이를 키우는 곳자리(ary=place)라는 뜻이었고, 〈씨를 땅속에(in) 심는 것〉은 삽입한다(insert)고 했다. ▷〈정자를 자궁 안으로(in) 밀어 넣는 것〉을 임신시켰다(inseminate)고 했고, 〈정자를 널리 (di) 퍼트리는 것〉을 〈확산시킨다(disseminate)〉고 일반화했고, 남자들이 〈정자를 퍼트리기 위해 동분서주하는 세상〉을 〈세속적인(secular) 곳〉이라고 했다. ▷아시리아인들은 〈기름(shawash=oil)이 나오는 씨앗(shammu=seed)〉을 참깨(shawashshammu)라고 했고, 영국인들은 줄여서 참깨(sesame)라고 했다.

● 〈성질이 같아 같이 붙어 있는 것〉을 종류(sort)라고 했으므로, 같은

종류로(a) 분류된(assort) 것들끼리는 잘 어울릴(assort) 수 있었고, 〈성서 이야기를 알아듣기 쉽게 정리하는 사제의 말(mon)〉을 설교(sermon)라고 했다. ▷〈완전히(re) 같이 동화되어 쉬는 장소〉를 휴양지(resort)라고 했고, 시리즈(series)는 〈같은 종류로만 연결된 배열〉이다. ▷자매(sister)는 〈특별히 가깝게 묶인 사이〉라는 뜻이었고, 유럽인들의 사촌(cousin)은 〈같은(cou=con) 자매(sobor=sister)에게서 태어난 형제(consoborinus/라틴어)〉의 축약이었다. ↓형제가 낳은 사촌들은 핏줄이 다를 수 있지만, 자매가 낳은 사촌들은 의심할 바 없는 핏줄이었다.

바닷물이 굳어서(s) 소금(sal)이 됐고 인간은 소금 없이 살 수 없었다

- 바닷물이 굳은 소금(salt) ● 바닷속에 떠있는 섬(island)
- 소금을 월급(salary)으로 받던 로마 병사(soldier)
- 건강을 기원하는 경례(salute)
- 생명을 주는 나무즙으로 만든 자일리톨(xylitole)

● 염기가 있어 〈길게 붙어서 흐르는 바닷(sea)물〉이 굳어서(s) 〈딱딱한 소금(salt)〉이 됐고, 소금이 암석(peter)처럼 굳어 암염(saltpeter)을 만들었다. ▷영국인은 〈바다(s=sea) 안(i=in)의 땅(land)〉을 섬(island)이라고 했고, 로마인은 〈비다 안에(in) 떠있는 땅〉을 섬(insul)이라고 불렀고, 독일의 의사 랑게르한스는 〈콩팥 속의 작은 섬(insul)에서 나오는 호르몬(in=ingredient)〉을 인슐린(insulin)이라고 명명했다. ▷살라미(salami)와 소시지(sausage), 샐러드(salad), 소스(sauce)들은 모두 〈소금에 절였다〉는 말이었고, 〈소스를 만드는 자루 달린 둥글고 납작한 냄비(pan)〉를 소스 팬(saucepan)이라고 불렀으므로, 납작한 접시는 소스 팬(saucepan)이 됐다. ▷냉장시설이 없던 시절 음식은 곧 상했으므로, 음식을 저장하기 위한 소금(salt)을 월급(salary)으로 받던 로마 군인들을 병사(soldier)라고 했고, 침(saliva)은 각종 소화분비물이 섞여 있으므

s 붙거나 분리되다   477

로 점액 성분이었다.

● 〈소금은 건강에 필수적인(salutary/소금 같은) 물질〉이었으므로, 〈국왕(royal)의 건강을 기원하는 것〉은 〈국왕에 대한 경례(royal salute)〉가 됐다. ▷기독교는 〈인간의 생명을 구원(salvation/생명을 구하는 소금)하는 존재(savior/소금 같은 자)〉를 예수라고 보았고, 영국의 기독교 일파인 구세군(salvation army)은 〈인간을 구하는 군대〉라는 말이었고, 실제로 군대와 같은 조직을 가졌다. ▷〈건강에 좋다〉는 뜻의 허브는 세이지(sage)였고, 〈바다에 빠진 조난자를 구하는(save) 해난 구조(salvage)〉 신호는 SOS(save our soul/신이여 불쌍한 영혼을 구하소서)로 일원화됐다. ↓프랑스어 〈어서 와서 나를 도와달라(venez m'aider=come and aid me)〉는 말이 영어로 〈조난신고(mayday=m'aider)〉로 정착됐다. ▷히브리어 호산나(hosanna/hos=save)는 〈신이여 나를 구해주소서〉였고, 〈인간을 구할 존재〉는 예수(Jesus)였고, 모세를 이어 지도자가 된 여호수아(Joshua)도 〈세상을 구하는 자〉라는 뜻이었다. ▷소금은 실제로 부패를 막으므로, 위생(sanitation)은 소금으로부터 나왔다.

● 고대 유럽은 산림이 우거졌으므로, 게르만은 숲을 〈생명을 주는(sylvan) 육지의 소금〉이라고 생각하고, 여자의 이름을 실비아(Sylvia/생명을 구하는 자)라고 지었지만, 숲속에는 〈힘만 센 미개인(savage)〉도 살고 있었다. ▷〈나무로 만든 악기〉는 실로폰(xylophone)이고, 〈나무에서 추출한 향으로 만든 껌〉은 자일리톨(xylitole)이다.

무엇인가 단단하게(s) 잡으려는 강력한 시도를 사업(prise)이라고 했다

- 먼저 잡는 것이 귀중했다(precious)
- 위에서 갑자기 덮쳐 놀라게 하다(surprise)
- 들어가 무엇인가 잡으려는 사업(enterprise) ●감옥에 갇힌 죄수(prisoner)
- 잡아서 먹는 포식자(predator)

● 〈손으로 먼저(pre) 잡아야(c=s=seize) 하는 것〉을 〈귀중한(precious) 것〉이라고 했고, 〈귀중한 정도〉가 물건 값(price)이 됐다. ▷일을 잘한 사람을 〈선택해 칭찬했고(praise)〉, 칭찬받은 자에게는 상(prize)을 줬고, 상을 받은 사가 〈상을 준 자에게(ap=at) 인사하는 것〉을 〈감사하다(appreciate/상을 주어 고맙다)〉고 했다. ▷〈머리부터(pre) 꼬리까지 완전히(com) 잡아서(s=seize) 전체 속에 집어 넣는 것〉을 〈전체 속에 포함한다(comprise)〉고 했다. ▷〈위에서(sur) 갑자기 잡는 것〉을 〈깜짝 놀라게 한다(surprise)〉고 했고, 〈미지의 세계로 들어가(enter) 무엇인가 잡으려는 시도〉를 사업(enterprise)이라고 했다. ▷〈완전히(pr) 손에 잡혀(is=seize) 꼼짝 못하는 자〉는 감옥에 갇힌 죄수(prisoner)가 됐다. ▷먹이(prey/ey=es=seized)는 〈잡아 먹히는 자〉였고, 〈잡아 먹는 자〉는 포식자(predator/ed=es=seize)였고, 기도(pray/ay=as=seize)는 〈손을 뻗

어(pre) 신을 잡으려는 인간의 간절한 호소(prex/라틴어)〉였다. ▷〈내용을 완전히(appre) 잡은 것〉을 이해한다(apprehend/hend=sieze/n 음운 첨가)고 봤고, 도제(apprentice)는 장인(master)의 가르침을 받는 자였다.

인간은 꼭 붙잡고(s) 끝까지 쫓아가며 목적을 추구해왔다(seek)

- 목표를 잡고 끝까지 추구하다(seek)
- 붙잡고 끌고가려는 주도권(hegemony)
- 뚫어지게 바라보고 질투하는(jealous) ● 동서남북 상하를 연결하는 6(six)
- 숨은 힘을 발휘하다(exsercise)

● 〈목표를 잡고 놓지 않는 것〉을 추구한다(seek)고 했고, 영리한(sagacious) 사람은 〈추구하는 목적을 잘 이루는 사람〉이었고, 국가 간에도 〈붙잡고 끌고가려는 주도권(hegemony/heg=seek)〉 경쟁이 치열했으므로 국제징세는 항상 불안했다. ▷질투(jealousy/jeal=seek)는 자기보다 〈나은 쪽을 뚫어지게 바라보는(seek) 부러움〉이었고, 〈추구해야 할 목적을 없애버리면(fore=before=not)〉 모든 것을 포기하고 저버리게(forsake) 됐다. ▷값나가는 보석을 찾지 못한 도둑은 온(ran=re=real) 집안을 뒤집어(ransack) 놓고 사라졌다. ▷숫자 6(six)은 〈동서남북과 상하〉로 완전히 연결함으로써 〈모든 방향을 샅샅이 바라본다〉는 뜻이었고, 〈잠을 깨고 난 뒤 6시간만에 자는 스페인 낮잠〉을 시에스타(siesta)라고 했다. ▷단단하게(s) 숨어있는 〈기량(ser)을 밖으로(ex) 완전히 잡아 내는 것〉이 능력의 발휘(exercise)였고, 〈요령을 잡고 흔들면서 신의

s 붙거나 분리되다

481

생각(sor)을 끄집어내오는(ex) 자〉를 무당(exorcist)이라고 불렀다.

늑대로부터 양을 단단하게(s) 지키던 것이
주인을 안전하게 모시는(ser) 서비스가 됐다

- ●주인을 지키는 하인(ser**vant**) ●지켜보며 돌보는 서비스(ser**vice**)
- ●더 이상 돌보지 않겠다는 디저트(de**ssert**)
- ●모든 시선이 집중되는 상(a**ward**)
- ●엉뚱한 곳을 바라보며 어색해 하다(awk**ward**)

●목동이 〈늑대로부터 양을 단단히(ser) 지키던(serve) 것〉이 하인(ser**vant**)이나 농노(ser**f**)가 〈주인을 모시는(serve) 것〉으로 진화했고, 현대의 가게 주인도 손님에게 최상의 서비스(ser**vice**)를 제공하려고 성성을 다한다. ▷〈주인에게(ob=at) 단단히(ser) 붙어 있는 것〉을 복종한다고(ob**serve**) 했고, 패자가 〈승자에게 붙는 것〉을 굴복한다(yield/yiel=ser)고 했고, 단단하게 여문 곡식은 고개를 숙이고(yield) 주인이 추수하기만을 기다렸다. ▷〈더 이상 모시지 않겠다(de)는 것〉이 식사의 후식(de**ssert**)이 됐고, 〈아무도 돌보지 않아(de) 버려진 땅〉은 사막(de**sert**)이 됐고, 사막에 살던 사람들은 모두 살길을 찾아 멀리(de=away) 도망쳐 버렸다(de**sert**).

●〈특별히 따로 떼어(de)놓고 지키는 것〉은 〈그럴 만한 가치가 있기(de**serve**)〉 때문이고, 〈현재 상태 그대로(con) 지키는 것〉은 바꾸지 못

하도록 보존하는(conserve) 것이므로, 보수당(conservative)은 〈현재의 가치를 지키는 정당〉이 됐다. ▷〈자리를 단단히(re) 지켜달라(ser)는 약속〉은 예약(reservation)이 됐고, 〈앞에서(pre) 가로막고 지키는 것〉은 보호(preservation)가 됐고, 〈물이 새 나가지 못하게 단단히(re) 지키는 곳〉은 저수지(reservoir/프랑스어)가 됐다.

● 각국은 국경을 주시하며 지키는(guard/guar=ser) 국경수비대(garrison)를 유지하고, 서로 대립하는 국경을 지키다(guerre=ware) 충돌하면 전쟁(war=ser)이 터지기도 하고, 정통성이 없는 정부하에서는 정규군에 저항하는 게릴라(guerilla)들이 준동했다. ▷안내자(guide)는 따라오는 사람들을 〈자세히 지켜보며 선도하는 자〉이고, 회사들은 자사제품의 품질을 〈끝까지 지켜보며 보증하는(guarantee=warranty) 제도〉를 도입했다. ▷주인 옆에 서서(ste=sty) 지켜보는 〈봉건시대 집사(steward)의 여성형〉이 비행기의 여승무원(stewardess)이 됐다. ▷〈가치 있는 것을 잘 지켜본다(ware)〉는 말이 〈가치 있는 상품(ware/지킬만한 물건)〉 자체로 굳었고, 〈경고한다(warn)〉는 〈잘 지켜보고 조심하라〉는 뜻이다. ▷〈훌륭한 일을 한 사람에게(a=at) 시선을 집중하는 것〉이 포상(award)이 됐고, 〈손해를 본 사람을 다시(re) 한 번 돌보는 것〉은 손해 배상(reward)이 됐고, 차마 직접 대하지 못하고 〈엉뚱한(awk=back) 곳을 바라보는 것〉을 어색하다(awkward/한눈팔다)고 했다.

인간은 단단하게(s) 굳어 숨어있는
효용가치(se)를 밖으로 꺼내서 이용했다(use)

- 숨은 가치를 꺼내 이용하다(use) ● 권력을 빼앗는 찬탈(usurp)
- 밖으로 나타나는 힘 권위(authority) ● 곡식이 다 여문 가을(autumn)
- 경쟁매매 경매(auxtion) ● 자신을 완전히 폐쇄하는 자폐증(autism)

● 물건 속에 들어있는 〈단단한(s=solid) 효용가치(se)를 밖으로(u=ex=out) 꺼내서 실제로 쓰는 것〉을 사용한다(use)고 했고, 인간이 〈무엇을 사용하는 것〉이 곧 〈인간의 오랜 습관〉이었으므로, 〈I used to smoke〉는 〈나는 과거에 담배를 피는 습관을 가졌다〉는 말이 됐고, 〈I am used to smoking〉은 〈나의 몸이 담배를 피우는데 쓰였다〉는 뜻이므로, 〈나는 흡연에 익숙하다〉는 말이 됐다. ▷〈물체의 내부에 있어 언젠가는 꺼내서(u=out) 쓰일 가치(ut=us)〉를 효용성(utility)이라고 했으므로, 모든 정부는 〈누구나 쓸 수 있는 공공시설(utilities)〉을 갖추는데 노력한다고 주장했다. ▷〈스포츠(sports)에 이용(utility)되는 차량(vehicle)〉을 축약해서 〈SUV(다목적) 차량〉이라고 불렀고, 오직 지프(jeep)라는 외마디 말만 하고, 힘이 장사였던 〈미국의 만화 주인공 유진 더 지프(Eugean the Jeep)〉에서 미군의 군용차량 지프(Jeep)가 나왔고, 지프는 현대 〈SUV 차량〉의 효시가 됐다. ▷각 가정이 〈일상생활에

서 손쉽게 쓰기(use) 위해 갖추고 있는 공구〉를 가재도구(utensil)이라고 불렀고, 왕이 가지고 있는 〈힘(us)을 강제로 탈취하는(rup) 것〉을 찬탈(usurp)이라고 했다.

● 〈필요하면 언제나 꺼내서(au=out) 쓸 수 있는 위력(th=s)〉을 권위(authority)라고 했고, 〈가장 큰 힘을 가진 자(augustus/g=s)〉는 〈로마의 초대 황제 아우구스투수(Augustus)〉가 됐고, 〈실제로 힘을 가진 것〉을 진짜(authentic)라고 했다. ▷〈힘을 보태주는 지위〉를 보조적인(auxiliary) 역할이라고 했고, 사려는 〈사람들을 경쟁시켜 값(aux=use)을 올리는 판매방식〉을 경매(auxtion/경쟁매매)라고 불렀다. ▷〈중요한(aug=use) 직위에 들어가는(in) 것〉을 〈공직 취임(inauguration)〉이라고 했고, 작가(author)는 완전히 〈새로운 가치(auth)를 만들어 내는 사람〉이었다. ▷가을(autumn/aut=use)은 〈봄에 심은 곡식들이 다 자란 계절〉이었고, 〈스스로(auto)〉는 〈자생적으로 가치를 만드는 자〉라는 말이었고, 자기 〈자신을 완전히 폐쇄하는 정신질환〉은 자폐증(autism)이라고 했다.

인간은 단단하게(s) 서 있는(st) 것을 만들려고 온갖 궁리를 해왔다

- 움직임을 멈추게 하는 정지(stop) ● 논리를 세우는 말(state)
- 원기를 다시 세워주는 식당(restaurant) ● 스스로 서는 기하공간(stereo)
- 육지와 함께 선 해안(coast) ● 무엇인가 세우려고 부지런한(industrious)

● 〈한자리(t)에 붙어(s)〉 오랫동안 〈멈추고(stop) 서(stand)〉 있으면 완전정지(standstill) 상태가 된다. ▷물체(stuff=stop)는 〈빈 곳을 메꾸는(stop) 내용물〉이라는 말이었고, 정거장(station)은 모든 〈차가 잠시 붙어 서는 곳〉이고, 중세의 시장은 잠시 섰다가 흩어졌지만, 〈대학 앞의 문방구(stationary)〉는 계속 자리를 지켰다. ▷나를 〈밀어붙이는 강력한 힘을 완전히(re) 멈추게(sist=stop) 하는 것〉을 저항한다(resist)고 했으므로, 독일의 힘을 멈추게 하려는 프랑스인들의 저항은 레지스탕스(resistance)로 남았다. ▷사람은 조리를 세워서 말하는(state) 습관을 가지고 있으므로, 〈조리를 갖춘 말〉은 정치적 선언(statement)이 됐다. ▷〈모든 제도를 반듯하게 세운 것〉이 국가(state)가 됐고, 먼저 작은 나라들(states/주)을 세우고, 그 주들이 〈믿음(federal)으로 가입한 나라〉가 미국이 됐으므로, 미국은 연방국가(federal states)다. ▷〈공개적으로(pro) 몸을 내놓고 파는 여성〉은 매춘부(prostitute)가 됐다.

s 붙거나 분리되다

● 프랑스 파리에서 문을 연 최초의 현대적 음식점(restaurant)은 〈당신의 원기를 다시(re) 회복해드립니다(restore)〉라는 간판을 문밖에 새워 뒀었고, 상점(store)는 〈팔 물건을 미리 쌓아(store) 놓는 곳〉이었다. ▷고기와 각종 채소를 넣고 〈뻣뻣하고(stiff) 걸죽하게 끓인 헝가리식 육개장〉은 스튜(stew)였고, 설탕액에서 수분을 날려(dis=disperse) 계속 증류하면(distill) 뻣뻣해진(stiff) 설탕 덩어리가 되고, 설탕 덩어리를 곱게 간 뒤, 표백제를 넣으면 백설탕이 된다. ▷가로와 세로, 높이를 갖춰야 스스로 설 수 있는 완전한 기하공간(stereo)이 되므로, 입체음향(stereo sound)은 〈완전한 공간으로 퍼지는 음악〉이었다. ▷가격(cost)은 〈어떤 값어치로 완전히(co) 고정시킨다(to stand firm)〉는 뜻이었으므로, 결국 〈정확한 값을 매긴다〉는 말이었고, 해안(coast)은 〈육지와 함께(co) 서 있는 경계지형〉이었다.

● 〈세워서 일으켜 놓은 모양〉을 구조(structure)라고 했고, 〈모든(con) 것을 일으켜 세우는 작업〉을 건설(construction)이라고 했다. ▷접두사 〈(in=en)〉은 〈행동에 들어간다(enact=make)는 뜻〉이므로, 〈지식을 세워(struc=building) 주는(in=enact) 것〉을 교육(instruction)이라고 했고, 〈교육은 가르치는 것〉이므로 지시(instruction)가 됐다. ▷〈일정한 모양으로 일으켜(str) 세운(in) 것〉을 기구(instrument)〉라고 했으므로, 악기(instrument)는 〈제작한 기구〉라는 뜻 밖에 없다. ▷〈무엇인가 세우려는(indu=into=en) 자〉는 부지런한(industrious) 사람이었으므로, 산업(industry)은 〈부지런한 사람들이 일으켜 세운 공업구조물〉이었다. ▷〈일하기 위해 세운(in) 추상적 조직〉은 〈제도(institution)〉라고 했으므로, 〈국가를 세우는 근본(con) 제도〉는 헌법(constitution)이라고 했다. ▷〈몸을 세워주는 본질적인 힘〉은 체력(stamina)이 됐고, 걸어서

〈맨 마지막에(de) 설 곳〉은 목적지(destination)이고, 〈인생의 마지막에 도착할 곳〉은 운명(destiny)이었다.

단단하고(s) 길다란(st) 막대기(st)로부터
막대기에 끼워 구운 스테이크(steak)가 나왔다

- 나뭇가지 같은 가축의 새끼들(stock)
- 가지들이 만든 나무의 전체 모양 체계(system)
- 나무토막 같이 말이 없는 스턴트(stunt)맨
- 나무의 단면에 새긴 도장(stamp) ● 바늘로 고정시킨 본능(instinct)

● 〈단단하고(s) 긴(t) 막대기(stick)〉로부터 〈나무토막(stake)〉이 나왔고, 〈일정한 크기의 나무토막(stake)〉으로부터 도박에서 각자의 〈내기 몫(stake)〉이 나왔다. ▷〈막대기(stick)〉로부터 나뭇가지(stock)가 나왔고, 나무 전체를 이루는 〈각각의 나뭇가지(stock)〉는 무리 전체를 이루는 〈각각의 가축(stock)〉과 자본 전체를 이루는 〈각각의 주식(stock)〉이 됐다. ▷〈나뭇가지(stock)〉로부터 나무의 〈밑둥치(stock)〉와 총의 〈개머리판(stock)〉이 나왔고, 나무의 〈밑둥치(stock)〉로부터 〈쌓아(store)놓은 무더기 더미(stock)〉가 나왔다. ▷〈고깃덩어리(stock)〉로부터 〈고기즙 육수(stock)〉가 나왔고, 〈꼬챙이(stick=steak)에 끼워서 불에 그을려 먹던 고깃덩어리〉가 스테이크(steak)가 됐다. ▷해안가에 〈나무(hol=cal/불에 타는) 말뚝(stock)〉을 박고, 그 위에 건설한 도시(m=um=place)가 스웨덴의 수도 스톡홀름(Stockholm)이 됐다.

● 〈나뭇가지(stock)가 나온 원래의 나무 둥치〉를 줄기(stem)라고 부르고, 〈모든(sy=com=all) 나무 줄기들이 질서정연하게 서 있는 것〉을 체계(system)라고 했고, 장차 신체의 줄기로 자라게 될 원래의 〈작은 아기 세포(cell)〉를 줄기세포(stem cell)라고 했다. ▷〈나무줄기(stock)를 자른 단면(stamp)에 세긴 글씨〉는 도장(stamp)이 됐고, 유럽에서 도장(stamp)은 편지를 봉인하는(seal) 데만 썼고, 서명(signature)은 펜으로 직접 이름을 썼다. ▷사람의 다리도 나무토막(stock)과 같으므로, 〈다리의 끝 평평한 부분〉을 발바닥(step=stock)이라고 했고, 〈나무토막(stock) 같은 다리 몽둥이(stock)〉를 감싸는(stocking) 양말은 스타킹(stocking)이 됐고, 대사를 하는 〈진짜 배우를 대신하는 스턴트(stunt=stock)〉는 〈대사가 없는 막대기(stock) 같은 가짜 배우〉라는 말이었다. ▷〈집을 받쳐주는 기둥(staff)〉은 〈회사를 받쳐주는 직원(staff)〉이 됐다.

● 〈가늘고 긴 막대기(stick)〉로부터 〈벌침(sting/n 첨가)〉이 나왔고, 몸속에(in) 침으로 단단하게 고정시켜 〈움직이지 않는 성질〉을 본능(instinct)이라고 했고, 고정된 것을 〈예리한 침으로 빼내는(ex) 것〉을 제거한다(extinguish)고 했다. ▷로마법정이 벽에 〈꼬챙이(sting)로 찔러서 게시한 작은(et=little) 종이쪽지(ticket/tick=sting) 판결문〉이 현대의 티켓(ticket)으로 굳었고, 프랑스 〈궁정에서 꼭 지켜야 할 예절을 적은 작은(ette) 종잇조각(etiquette=estiquette/estiqu=sting)〉은 현대의 에티켓(etiquette)이 됐다.

인간은 서로 떨어지지(s) 않으려고 사회(soc)를 만들었다

- 첫 번째를 바로 잇는 두 번째(second) ● 끝까지 따져서 묻는 고소(sue)
- 끝까지 따라가는 추구(pursue)
- 평범한 사람끼리 사는 사회주의(socialism) ● 의미를 연결해주는 사인(sign)
- 꾹 눌러서 봉인하다(seal)

● 두 번째(second)는 〈첫 번째(first=pre)를 바로 뒤에서 잇는 숫자〉라는 뜻이었다. ▷영화에서 〈개별적으로 잘라서(sc=cut) 찍었던 장면(scene)〉들을 사건별로 연결한 것이 연속장면(sequence/시퀀스)이었고, 시퀀스들을 다 모으면 한 편의 드라마나 영화가 됐다. ▷회사의 이사(executive)는 〈일을 완전히(ex=extreme) 쫓아가서 실행해야(execute) 하는 직급〉이고, 범죄자를 〈끝까지(ex) 처벌하는 방법〉은 범인을 〈처형하는(execute)〉 것이었다. ▷검사(prosecutor)는 범죄 혐의자를 끈질기게(pro) 추적해서 범죄자를 소추하는(prosecute) 공직자이고, 〈일을 끝까지(pur=per) 쫓아가는 것〉을 추구한다(pursue)고 했고, 나에게 피해를 준 자를 끝까지 밝히겠다면 고소해라(sue)! ▷〈바지와 재킷, 셔츠〉를 이어서 갖춰야 정장 한 벌(suit)이 됐고, 〈모두(co) 갖춰 입는 한 벌의 옷〉을 의상(costume=coseutode/그리스어)이라고 했고,

〈거실과 침실이 이어서 갖춰져 있는 고급 호텔 룸〉이 스위트룸(suite room)이 됐다. ▷사회(society)는 〈인간들이 밀접하게 연결해서 형성한 유기집단〉이고, 다른 사람들과 〈연결하기를 좋아하는 사람〉은 사교적인(sociable) 사람이었다. ▷자본주의의 이기주의로부터 벗어나 〈평범한 사람들끼리 손잡고 살아가자는 정치이념〉이 사회주의(socialism)였다.

● 신호(sign)는 〈뜻을 연결해 주는 상징표시〉였으므로, 서명(signature)을 보면 누가 썼는지 알 수 있었고, 〈모든 지시(sign) 사항을 자세하게(de) 전개한 그림〉을 디자인(design)이라고 했으므로, 의상 디자이너(designer)는 장차 만들 〈옷을 미리 그림으로 설계해서 지시하는 사람〉이었다. ▷상급자가 하급자에게 〈직책 표시를 내려(de)보내는 것〉이 〈임명하는(designate) 것〉이었고, 이미 받은 〈직책을 도로(re) 돌려주는 것〉은 사임(resignation)이 됐고, 〈특별한 표시를 만들어(fic=make) 놓은 것〉을 중요하다(significant)고 했다. ▷유럽에서는 이름을 직접 손으로 써서 서명하고(sign), 나무에 새긴 도장(seal/종이에 대고 찍다)으로는 편지봉투를 봉인(seal)히는 데에만 썼으므로, 서양의 도장(seal)은 봉인(seal)용이고, 〈키스로 봉한 편지(seal with a kiss)〉는 팝송의 가사가 됐다. ▷반대로 동양에서의 서명(signature)은 나무나 금속, 돌에 새긴 도장(seal=stamp)을 문서에 눌러 찍었다.

인간은 엉덩이를 땅에 대고(s) 앉아(sit) 정착하는 방법을 택했다

- 엉덩이를 대고 앉는 자리(site) ● 계속 앉아 있는 영구 거주자(resident)
- 앞에 앉은 대통령(president) ● 아래로 내려주는 보조금(subsidy)
- 마음을 짓누르는 강박관념(obsession) ● 가마 세단(sedan)

● 〈엉덩이를 땅(t)에 대고(s) 앉아(sit)〉, 〈한 자리(site)를 계속 (re=repeat) 지키는 자〉는 영구 거주자(resident)였고, 병원에 상주하며 현장에서 〈임상(clinic) 수련을 받는 의사〉도 레지던트(resident/수련의)였다. ▷ 맨 앞(pre)에 앉아 중요한 〈회의를 주제하는 부족의 족장(president)〉이 현대의 대통령(president)이 됐고, 〈뒤돌아(dis) 앉아 정부와 반대의 주장을 하는 사람〉은 반체제인사(dissident)였다. ▷ 통치자는 기존 인물을 대신해(super) 다른 인물로 대체하면서(supersede) 정책적 변화를 꾀했다. ▷ 들뜬 마음도 시간이 지나면 아래로(sub) 가라앉고(subside), 보조금(subsidy)은 정부가 가난한 사람에게 〈아래로(sub) 내려주는 금전적 도움〉이었다. ▷ 집념(obsession)은 〈마음을 짓(ob=against)누르고 앉아 있는 강박관념〉이었고, 위에서 꼼짝 못하게(pos=power) 누르고 앉아 있으면, 그 물건은 그 사람의 소유(possession)가 됐다. ▷ 영국 궁정은 현지 농민들 옆에(aside) 앉아서

그해 밀 수확량을 평가한(as**ses**s) 다음 적절한 세금을 부과했다. ▷생산직 노동자들은 〈앉아서 일하는(**sed**entary) 사무직 노동자〉들을 부러워했고, 〈의자가 달린 가마(**sed**an-chair)〉가 축약되어 승용차 세단(**sed**an)이 됐다.

만물은 자신이 앉을(s) 자리(sod)로 돌아가려는 회귀본능을 가지고 있다

- 학생을 옆에 앉혀 놓고 가르치던 우파니샤드(Upanishad)
- 발을 문밖으로 내놓는 탈출(exodus) • 환자에게 내놓던 처방 방법(method)
- 전자의 위치 전극(electrode) • 끝없이 걷는 오디세우스(Odisseus)

● 학생들을 〈옆에(upan=upon) 앉혀 놓고 비기를 가르치던 전통〉이 〈인도의 우파니샤드(Upanishad) 철학〉이 됐고, 유대인들은 자신들을 잡아두려는 이집트로부터(ex) 발을 밖으로 내딛고 대탈출(Exodus)을 감행한 뒤, 40여 년 동안 시나이반도를 헤맸다. ▷주로 노래로 구성됐던 그리스 연극에서 〈막간에(epi=upon) 내놓던 짧은 안내 대사〉를 에피소드(episode)라고 했다.

● 의사들이 환자의 〈증상에 따라(meta) 내놓는 처방(method)〉이 일반적인 방법(method)이 됐고, 〈완전히(per=through) 종료된 뒤 다시 처음으로 되돌아가는 것〉을 주기(period)나 주기율표(period)나 여성의 생리(period)라고 했다. ▷〈전기가 올라(ana=up) 앉는 양극(anode)〉과 〈전기가 내려(cat=down) 앉는 음극(cathode)〉을 합해서 전극(electrode)이라고 했다. ▷트로이전쟁의 영웅 오디세우스(Odisseus/od=go/끝없이 걷는자)는 전쟁에 이겼지만 고향을 찾아가기 위해 수

년 동안 걸었고(od=go), 로마인들은 오디세우스를 율리시즈(Ulysses/ul=ite=go)라고 개명했고, 아일랜드의 소설가 제임스 조이스(James Joyce)는 난해한 소설 〈율리시즈(ulysses)〉를 썼으므로, 인간은 알 수 없는 길을 끝없이 걷는 존재였다.

지구 곳곳에 발을 대고(s) 다닌 인간은
달에도 발자국(ceed)을 남겼다

● 발자국을 앞으로 디뎌 일을 진행하다(proceed)

● 목표에 가까이 접근하다(access)

● 목표까지 걸어가 성공하다(succeed) ● 멀리 저승으로 간 고인(decedent)

● 떨어진 물건이 땅에 닿아 부딪치다(hit)

● 〈땅에 발을 대고(ceed) 앞으로(pro) 걷는 것〉을 〈일을 진행한다(proceed)〉고 봤고, 일이 계속 진행되면 목표에(a) 접근(access)하고, 목표를 지나쳐(ex) 한도를 초과하면(exceed), 더 이상 발을 내딛지 않고 멈춰서야(cease) 했다. ▷〈왕자가 왕좌의 턱밑(sub)까지 도달했다〉는 뜻이 〈성공하다(succeed)〉가 됐고, 계속 뒤를 따라 걸어가면 연속적(successive)이었다. ▷소정의 과정(process)을 마쳐야 학교를 졸업할 수 있었고, 〈부대가 당당하게(pro) 걷는 것〉을 행진(procession)이라고 했고, 삶으로부터 멀리(de) 떠나가 죽은(decease) 사람은 고인(decedent)이 됐다. ▷경기가 뒤로(re=retrieve) 후퇴하면(recess) 경기침체(recession)가 왔다. ▷〈발걸음이 늦은 사람과 보조를 맞추는(con) 것〉을 마지못해 양보하는(concede) 것으로 봤고, 〈가도록 그대로 놔둘 수 없는(ne) 것〉은 꼭 필요한(necessary) 것이 됐다. ▷물건이 갑자기

땅에 닿으면 땅바닥에는 분명히 부딪친(hit=sit) 흔적이 남았다.

인간은 딱딱한(s) 주먹으로 때려서라도(saul) 이기려는 충동을 감추지 않았다

- 주먹으로 쳐서 때리는 폭행(as**sult**)
- 남에게 돌진해서 모욕하다(in**sult**) ● 때린 것이 다시 튀어나온 결과(re**sult**)
- 튀어 오르는 연어(**sal**mon) ● 발을 땅에 대고 뛰어오르다(**jum**p)
- 부싯돌 실리콘(**sil**icon)

● 〈주먹에 힘을 주고 순간적으로 접촉하는(saul) 폭행(as**sault**)〉은 〈상대를(a=at) 갑자기 공격하는(as**sail**) 가해 행위〉이므로, 민형사상 엄격한 처벌의 대상이 됐다. ▷〈허락없이 남에게(in) 뛰어드는 행동〉을 모욕한다(in**sult**)고 했고, 〈던진 것이 되돌아(re=repeat) 튀어나온 것〉을 결과(re**sult**)라고 했다. ▷연어(**sal**mon)는 알을 낳기 위해 힘난한 〈물길을 거슬러 튀어 오르는 회귀성 물고기〉이고, 해방의 기쁨을 못이긴 파리 시민들이 모두 길거리로 튀어나와 날(e=ex)뛰었고(e**xult**), 유대인은 거의 3000년 동안 자기 땅으로부터(e=ex) 추방당하는(e**xile**) 비극을 겪었다. ▷라틴어 〈갑자기 튀어 오른다(**sault**)〉는 영어 〈뛰어오른다(**jum**p/jum=sal)〉로 바뀌었으므로, 오버코트(overcoat)를 〈쉽게 입거나 벗을 수 있는 점퍼(**jum**per)〉라고 불렀다. ▷발을 처음 〈땅에 디디면서 뛰어가는(**jum**p) 것〉을 〈땅을 발로 눌러가며 걷기 시작한다(start/

star=jum=sal)〉고 했고, 무서워서 〈몸이 갑자기 튀어 오르는 것〉을 〈놀란다(star**tle**)〉고 했다. ▷반도체의 대표적인 원료 실리콘(sil**icon**/규사)은 〈돌을 순간적으로 부딪쳐 불을 만드는 부싯돌(sil**ex**)〉에서 따온 말이고, 〈실리콘의 반도체성(**semiconduct**)〉이 현대를 전자공학시대로 만들었고, 전자공학은 현대를 〈초고속 정보화사회〉로 만들었다.

배를 땅에 대고(s) 기어가는 뱀(snak)을 인간은 무서워하고 증오했다

- 물뱀(snake) ●도마뱀(lizard) ●도롱뇽(salamander) ●공룡(dinosaur)
- 달팽이(snail) ●물에 순간적으로 부딪치는 소리 찰칵(snap)
- 바삭하고 깨물어 먹는 스낵(snack) ●도요새 사냥꾼 저격수(sniper)

● 〈물(n)에 몸을 대고(s) 기어가는 존재〉를 뱀(snake)이라고 부른 이유는 실제로 뱀은 물과 땅에서 동시에 사는 양서류였기 때문이었고, 그리스 신화의 뱀도 당초 물뱀(hydra)이었다. ▷인간이 제일 싫어하던 큰 뱀(serpent)은 결국 아담이 선악과를 따먹도록 이브를 유혹했고, 아랍 신화에서는 이브 자체를 뱀이라고 했다. ▷〈도마뱀(lizard/liz=sal의 음운도치)〉과 〈도롱뇽(salamander)〉과 〈공룡(dinosaur/di=dire=dare/무서운)〉는 모두 양서류였다. ▷〈피부에 생기는 헤르페스(herpes/her=sal) 포진〉은 마치 〈뱀이 기어간 자리 같다〉는 말이었고, 달팽이(snail)는 끈적이는 액체를 내면서 전혀 소리를 내지 않고 기어간다. ▷운동화(sneakers)는 바닥에 고무창을 달아 소리가 나지 않고, 〈쫀득거리는 초콜릿 과자〉는 스니커즈(sneakers/쫀득이)라는 상표가 붙었고, 가죽(leather/leath/sal의 음운도치)은 살갗에 밀착된 껍데기였다.

● 〈순간적으로 물(n)에 찰싹하고 닿는(s) 소리〉는 〈찰각하는 소리

(snap)〉가 됐고, 〈바삭하고 깨물어 먹는 음식〉은 간식(snack)이 됐다. ▷〈물속에 직접 들어가는 것〉을 수영(swim/m=n/물)이라고 했고, 〈물속에 가라앉는(sink) 것〉은 일반적으로 〈아래로 내려앉는(sink) 것〉으로 확장됐다. ▷고기가 맛있기로 유명한 도요새(snipe)는 〈소리없이 사라지는 교묘한 새〉로 알려졌으므로, 도요새 사냥꾼(sniper)은 〈단 하나의 목표를 단 한 방의 저격으로 죽이는 저격수(sniper)〉가 됐다.

우주공간(p)은 지금도 계속 퍼지면서(s) 팽창하고(sp) 있다

- ●사방으로 퍼진 공간(space) ●하늘을 나는 천사(angel)
- ●사방으로 고르게 퍼진 구형(spere)
- ●둥근 지구를 둘러싼 공기 대기(atmosphere)
- ●끝없이 퍼지는 공간 하늘(sky) ●서쪽 끝 넓은 땅 스페인(spain)

●태초에 〈우주가 퍼져나간(s=separate) 텅 빈 장소(p=place)〉를 공간(space)이라고 했으므로, 우주를 떠돌던 인간은 방대한 우주에 대한 〈공간적(spatial) 인식〉을 넓혀왔고, 활동할 공간을 밖으로(ex) 계속 확장해(expand) 왔다. ▷공간이 사방으로 고르게 펼쳐지면(spread) 둥근 구형(sphere)이 형성됐고, 구형인 〈지구를 둘러 싼 공기(atm=air)〉는 대기(atmosphere)라고 했다. ▷〈사방으로(dia=through) 흩어진 유대인의 이산(diaspora)〉은 일반적인 민족이산(diaspora)이 됐다.

●신은 〈무한한(s) 우주공간(p)〉에 움직이지 않고 앉아 있으므로, 〈하늘(sp=sky)에 앉아 있는 신을 부르는 무당의 말(l)〉이 주문(spell/하늘을 향해 부르다)이 됐고, 주문은 신이 알아듣도록 정확해야 했으므로, 문장의 철자(spell)도 〈정확한 무당의 주문〉에서 나왔다. ▷인간의 기도에

〈신(god)이 하늘(sp) 아래로 응답하는 말씀(l)〉을 복음(gospel/신의 약속)이라고 했고, 복음의 고어 복음(evangel/gel=spel/신의 말씀)도 〈신이 보내준 좋은(evan=eu=good) 말씀〉이었다. ▷고어 복음(evangel)에서 〈신의 언약을 전해주는 자〉 천사(angel)〉가 나왔다.

● 〈계속(pro) 펼쳐지면〉 번성한다(prosper)고 했고, 〈더 이상 번성하지 않으면(de=off)〉 실망했고(despair), 실망한 사람은 자포자기할(desperate) 수도 있었고, 살아남기 위해 필사적인(desperate) 노력을 할 수도 있었다. ▷속도(speed)는 〈빨리 자란다〉는 뜻에서 〈빠르다〉는 뜻만 남았다. ▷말의 박차(spur)는 〈말의 옆구리를 강하게 차서 달리게 한다〉는 뜻이었고, 박차를 가한 말이 〈단거리를 최고 속력으로 달리는 것〉은 단거리 육상경기(sprint)가 됐다.

● 〈쓰지 않고 아끼면(spare)〉 남는(spare) 부분이 많아지고, 삽(spade)과 숟가락(spoon)은 한쪽 끝을 넓게 만들었으므로, 물건을 떠서 올릴 수 있었다. ▷거미(spider)는 〈거미줄을 돌려(spin/넓게 직조하다) 거미줄 망을 짜는 곤충〉이었다. ▷스펀지(sponge)는 바다 위에 퍼져서 떠다니는 〈엽록소가 없는 넓적한 해면(sponge)〉을 의미했다. ▷〈부풀어 올라 불이 잘 붙는 불쏘시개(spunk)〉는 가벼운 펑크(punk/헛된) 문화를 낳았고, 버섯(pungus)은 조직이 느슨하므로 〈밟으면 곧 부스러진다〉는 뜻이었다. ▷로마인들은 이베리아반도를 스페니아(spanya/넓은 곳의 끝)라고 불렀고, 영어에서 스페인(Spain)으로 정착했다. ↓영어는 알파벳 에스〈s〉를 〈스〉라고 발음하지만 스페인어는 〈에스〉라고 발음하므로, 영어의 〈스페인〉을 스페인어로는 〈에스파니아〉라고 불렀다.

인간은 우주공간에 떠다니는(s) 정기(s)를 들이마시면서 우주의 은밀한 느낌(sen)을 알았다

- 우주의 정기를 더 오래 마신 연장자(senior) ● 로마의 원로원 상원(senate)
- 연장자에 대한 존경 예(sir) ● 숨을 쉬며 우주를 느끼다(sense)
- 환경의 영향을 받아 예민한(sensitive) ● 뜻이 없는 헛소리(nonsense)

● 〈우주에 퍼져 있는(s) 정기를 오랫동안 마시는(en) 것〉을 〈늙었다(sen)〉고 했고, 〈늙었다(sen)〉의 라틴어 비교급(ior=er)〉이 연장자(senior)가 됐고, 로마의 원로원(senate)은 원래 〈로마의 3부족 대표 장로〉였다. ▷미국의 상원(senate)은 로마의 원로원같이 〈각 주의 대표〉들로 구성됐고, 하원(representative)은 〈일반 국민〉의 대표고, 상하원을 합해 〈의회(congress)〉라고 불렀다. ▷〈잘 숨 쉬는 것〉은 제정신(sane)이라고 봤고, 〈제대로 숨 쉬지 않으면(in)〉 제정신이 아닌(insane) 것으로 여겼다. ▷영어의 존칭(sir)은 〈라틴어 연장자(senior)〉의 약자였고, 프랑스어의 존칭은 〈나의(mon) 존경하는 어른(monsieur)〉이었고, 스페인어의 존칭은 시뇨르(signor=senior)다.

● 인간은 숨을 쉬며 다양한 느낌(sense)을 받았으므로, 〈주변 환경에 쉽게 영향을 받으면〉 예민하다(sensitive)고 했고, 〈자신의 마음에 크게

와 닿으면〉 큰 감동(**sen**sation)을 받았고, 〈자신이 겪었던 경험과 비슷한 상황을 보면〉 감상(**sen**timent)에 젖었고, 〈전혀 느낌을 받지 못하면〉 터무니없다(non **sen**se)고 생각했다. ▷〈서로 같은 방향으로(a) 느끼면〉 찬성했고(as**sen**t), 〈다른 사람과 똑같이(con) 생각하면〉 그 생각에 동의한다(con**sen**t)고 했다. ▷다른 사람과 〈다르게(dis) 생각하면〉 반대했고(dis**sen**t), 〈거슬리게(re) 느끼면〉 분개했고(re**sen**t), 〈모두(con) 생각이 같은 상태(sus)에 이르면〉 합의(con**sen**sus)를 봤다. ▷〈느낌을 말하는 글〉은 문장(**sen**tence)이었고, 죄인 선고(**sen**tence)는 〈판사의 느낌을 말로 표현한 것〉이었다.

만물에 부딪쳐 공중으로 산란하는(s) 빛이 만물의 색깔(spec)을 만들었다

- 공간에 퍼진 빛을 보다(see) ● 빛의 띠 스펙트럼(spectrum)
- 모양을 기준으로 분류한 종(spices) ● 갖가지 색깔 양념(spice)
- 들어가 보면서 조사하다(inspect) ● 밑에서 바라보며 의심하다(suspect)

● 로마인은 〈무한한 공간(p)으로 퍼진(s) 빛(spec)〉을 〈본다(spec)〉고 했고, 영국인들은 라틴어 〈본다(spec)〉를 간단하게 줄여서 〈본다(see=spec)〉고 했다. ▷큰 구경거리(spectacle)에는 언제나 구경꾼(spectator)들이 구름떼처럼 모여들었다. ▷한 줄기의 빛도 사실은 여러 개의 파장을 지닌 〈색깔들이 합해진 빛의 띠(spectrum/um=some/몸체)〉였고, 생물분류에서 종(spicies)은 눈에 〈보이는 모양을 기준으로 삼는다〉는 뜻이었다. ▷양념(spice)도 〈다양한 색깔〉이라는 뜻이었고, 〈매운(spicy)맛〉은 색깔이 있는 양념을 쳤다는 말이었고, 실제로 인도의 향료시장에는 울긋불긋한 향료들이 산더미처럼 쌓여 있다. ▷〈눈에 잘 띄는 것〉은 특별하다(special)고 생각했고, 여러 면 가운데 〈눈에(a=at) 잘 보이는 면〉을 측면(aspect)이라고 했다.

● 자세히 알려면 안으로(in) 들어가서 조사해(inspect) 봐야 하고, 〈항목

별로 자세히 보이도록 만든(fic=make) 것〉을 명세서(specification)라고 했고, 명세서를 줄이면 〈그동안 해온 일을 기록한 경력(spec)〉이 됐다. ▷개요(synopsis)는 〈한(syn)눈(ops/spec의 음운도치)으로 볼 수 있는 요약 체계(sis=system)〉라는 말이었다. ▷진실한(re=real) 마음으로 바라보면 〈존경하는(respect) 자세〉였고, 밑에서(su=sub) 몰래 바라보면 〈의심하는(suspect) 마음〉이었고, 〈아래로(de=down) 내려다보는 자세〉는 경멸하는(despise) 태도였고, 〈이미 봤던 것을 무시하면(de)〉은 〈~에도 불구하고(despite)〉로 정착했다. ▷〈적을 몰래 지켜보는 자〉는 간첩(spy)이었고, 스파이들이 하는 일은 〈나라 밖(e=ex)을 세밀하게 관찰하는 첩보활동(espionage)〉이었다. ▷세균 같은 〈아주 작은(micr=mini) 미생물을 관찰하는 광학기계〉는 현미경(microscope)이고, 〈무엇이든 의심스럽게 보는 자〉는 회의론자(skeptic)였다.

만물은 무한한 우주에서 떨어져(s) 나온 유한한 부스러기(som)일 뿐이다

- 하나(single)였던 태초의 우주 ●우주에서 떨어져 나온 조각(some)
- 신문 기사 조각 목록(item) ●소련의 의회 소비에트(Soviet)
- 부스러기 인간(homo) ●인체의 일부가 흐르는 출혈(hemorrhage)

●당초 〈무한하게 큰 하나(single)의 우주〉에서 떨어져 나온 〈유한한 우주의 부스러기(some)〉들이 우주만물이 됐으므로, 우주의 부스러기 만물들은 서로 같거나(same) 비슷한(similar) 모습이었다. ▷〈2(two)개의 부스러기가 붙어 하나의 몸체가 된 것〉을 2인조(twosome/한쌍)라고 했고, 〈자신의 손(hand)안에 딱 들어 맞는 부스러기 조각〉을 〈잘생겼다(handsome)〉고 본 이유는 〈손안에 딱 들어가면 맘에 들었기 때문이다. ▷당초 〈여러 개로 나뉜 조각(some) 기사들〉을 목록(item=some)이라고 했고, 신문의 목록은 일반적인 〈물건의 품목(item)〉이 됐다. ▷〈국민의 대표들이 한곳에(a) 모인 집단(ly)〉은 한국의 국회(assembly)가 됐고, 구소련의 소비에트(Soviet/sov=same)는 〈함께 모였다〉라는 뜻이었으므로, 자유국가의 국회에 해당됐다. ▷모습이 서로(re) 같으면 〈닮은(resemble) 꼴〉이었고, 여럿 가운데(en) 보기 좋게 함께 끼어 있으면 〈조화(ensemble/프랑스어)롭다〉고 봤다. ▷〈같다(same)〉는 다른

단어에 접두사로 썼으므로, 〈상대방과 아픔(pathy)을 같이하는 것〉을 〈동정심(sympathy/sym=same)이라고 했고, 〈모두가 같다(same)〉는 접두사 〈모두(con=same=all)〉가 됐으므로, 건설(construction)은 〈모든 것을 일으켜 세우는 것〉이었다. ▷〈모두(con) 좋다〉는 〈긍정(con)〉이 됐고, 〈긍정(con)〉의 대응어는 〈반대(counter)〉가 됐으므로, 〈도시(urban/urb=burg=polis/음운도치)〉의 반대쪽을 촌(country)이라고 했고, 고대의 도시국가는 주변 촌락(country)까지 흡수해 점차 영역국가가 됐으므로, 촌락(country)은 나라(country)가 됐고, 우리말로는 조국산하(country)라고 했다. ▷마치 〈하나의(a=same) 살점처럼 움직이는(moeb=move) 벌레〉를 아메바(amoeba)라고 했다.

● 영어 〈우주의 부스러기(some)〉를 그리스어는 〈우주의 부스러기(homo)〉라고 했다. ▷우주의 부스러기들은 서로 같으므로(homo), 〈같은 남성을 좋아하는 자〉를 동성애자(homo)라고 했고, 왕과 〈언제나 함께하겠다〉는 충성맹세(homage)를 매일 하는 자들이 주로 간신배들이었고, 인류 최초의 극작가 호머(Homer)는 〈인간과 함께 가는 자〉라는 뜻이었다. ▷같은 것(homo)과 다른 것(hetero)은 동전의 양면으로 같은 어원이므로, 같은 〈핏줄로 태어나면(gen=generate)〉동질적이고(homogeneous), 〈다른 핏줄로 태어나면〉 이질적(heterogeneous)이었다. ▷인간(homo)도 우주의 부스러기(homo)였으므로, 〈부스러기 인간(homo)〉이 자라는 곳은 자궁(womb/om=homo)이었고, 〈자궁을 가진 자〉는 여자(woman)였다. ▷분류학상 현생인류(homo sapiens)는 〈지혜(sapien)를 가진 인간(homo)〉이라는 말이었다. ↓당초 나무즙(sapien=soup)은 때를 씻어내는 세정기능이 있었으므로, 〈나무즙으로 깨끗하게 정화한 마음〉을 지혜라고 했다. ▷주류 경제학자들은 〈인간

은 이기적으로 행동하는 경제적 동물(hom**o** economicus)〉이라고 했고, 인간은 갖가지 이유를 들어 같은 종인 〈인간을 죽이는(**cid**=cut) 살인(**hom**icide)〉을 저질러 왔다. ▷〈신체의 일부(**hem**=som**e**)인 피(**hem**o)가 흐르는(**rrh**=run) 것〉을 출혈(**hem**o**rrh**age)이라고 했다.

● 〈부스러기(som**e**)〉를 〈부스러기(**sem**i=**dem**i=hal**f**)〉라고도 했으므로, 〈결승(final)의 절반〉은 준결승(**sem**ifinal/라틴어)이 됐고, 신의 지시를 받고 〈직접 우주를 창조한(**rg**=work) 절반(hal**f**)의 신〉을 반신(**dem**iurge)이라고 했다.

하늘에서 떨어진(cas) 돌은
어디에 부딪칠지(hit) 아무도 모른다

- 갑자기 떨어져 우연한(casual) ● 우연한 사건(case)
- 우연히 떨어질 확률 계기(chance)
- 공기에 저항하며 떨어지는 낙하산(parachute) ● 우연한 사고(accident)
- 의도적인 사건(incident)

● 〈붙는(hit) 것〉과 〈떨어지는(cas) 것〉은 같은 작용의 반대말이었으므로 같은 어원이고, 〈뜻하지 않은(casual) 사건(case)〉은 생각지도 못한 〈돌이 하늘에서 떨어져서(cas) 땅에 부딪친(cas=hit)〉 우연한 사고(accident)를 의미했고, 〈그 사고로 뜻하지 않게 죽은 사람〉을 희생자(casualty)라고 불렀다. ▷ 계기(chance)는 뜻하지 않은 돌이 땅에 부딪치는 〈사고(case)가 벌어질 확률〉을 의미했고, 공기에 〈저항하면서(para=against) 천천히 떨어지는 낙하산(parachute)〉은 추락하는 조종사의 목숨을 구할 수 있었다. ▷ 〈물체가 중력에 이끌려 땅에 닿는 지점(a=at)〉에서는 우발적 사고(accident/cid=hit)가 발생했고, 〈일정한 범위 안에서(in) 생기는 사건(incident)〉은 누군가의 의도가 개입된 복잡한 일이므로, 사건에 따른 부수적인(incidental) 일들이 잇달아 나타났다. ▷ 갑자기 일어난 사고(accident)에서는 우연한 발생원인

을 조사하고, 사건(in**cid**ent)에서는 의도적으로 일을 일으킨 자를 찾는 수사를 한다. ▷2개의 돌이 땅에 같이(**co**) 떨어지면 동시에 발생하는(coin**cid**ental) 사건이었고, 〈해가 떨어지는 곳(o=at)〉은 서쪽(Oc**cid**ent/**cid**=sit)이라고 했다. ▷로마는 침략에 의해 갑자기 멸망하지 않고 〈스스로 서서히 허물어져(de) 쇠퇴(de**cad**ence)해 갔다〉고 보는 학자도 있다. ▷액세서리(ac**ces**sory)는 〈몸에(a=at) 연결해서 붙이는 치장물〉이었다.

전체에서 떨어져(s) 나는 완전히 독립된 자신(se)이 됐다

- 전체에서 떨어져 나온 자신(self) ● 자신을 죽이는 자살(suicide)
- 원래 떨어졌던 짝과 맞춰보는 정체성(identity)
- 같은 민족끼리만 지키는 윤리(ethics)
- 완전히 자신의 것이 된 관습(custom)

● 무한한 우주에서 쪼개져 나온 유한한 나 〈자신(self)〉은 완전히 독립했다고 생각했으므로, 각자 인간은 〈자신만(se=self) 믿는(credit/cr/단단한) 비밀(secret)〉을 간직해 왔고, 왕의 〈기밀사항을 다뤘던 궁정의 집사(secretary/비밀 관리자)〉는 후에 〈내각제 정부의 장관(secretary/비밀 인가자)〉이 됐다. ▷미국 초대 대통령 워싱턴은 국무부(Depatment of State)와 전쟁부, 재무부 등 3개의 정부부처를 두었고, 이 가운데 국무부는 〈국내 문제와 외교 문제〉를 동시에 다루었지만, 국내 문제를 다루는 부처들이 차례로 독립해 나가고, 결국 외교문제만 다루었으므로, 현재의 미국 국무장관(Secretary of State/외무부 장관)은 완전히 외무기능만 수행한다. ▷인간은 모든 것을 자발적(spontaneous/spon=self)으로 할 수 있다고 확신했으므로, 자기 〈자신을 칼로 베어(cid=cut) 죽이는 자살(suicide/sui=self)〉을 감행하는 유일

한 동물이 됐다.

● 원래 〈떨어져(separate) 나왔던 곳에 맞춰서 일치하는 것〉을 정체성(identity/id=is=self/짝이 맞다)이라고 했으므로, 다른 나라로 이민 간 사람들은 정체성 부족에 시달리는 경우가 많고, 신분증(identification card/ID card)은 〈관공서의 기록 원본에서 떼어낸 증명용 종잇조각(card)〉이라는 말이었다. ▷완전한 〈전체에서 떨어져 나온 일부(ot=little)〉는 멍청한 바보(idiot)가 됐고, 떨어져 나온 일부의 성질만 특별히(syn=con) 우세하면(cra=cracy) 의학적으로 특이체질(idiosyncrasy)이라고 했다. ▷인류는 역사적으로 자기 혈족만 따로 떼어서 민족(ethnic/eth=self/순수 혈통)을 만들었으므로, 현대 국가는 원칙적으로는 민족 국가(nation/n=gn=낳다)가 됐고, 윤리(ethics)는 민족 내부에서만 통용되는 도덕이지, 만국 공통은 아니었고, 도덕(moral)도 〈공동체(mo=community)가 지켜야 할 준칙〉이므로, 다른 공동체가 지킬 필요는 없었다. ▷〈같은 피로 묶인 족속(ling=lite)〉은 피붙이(sibling/sib=self)이고, 인도의 간디가 주도했던 국산품 애용 운동(swadeshi/swad=self)은 인도산 면직물을 쓰자는 독립 운동이었다.

● 〈완전히(cu=co) 자신의 것(tom)이 된 태도〉를 관습(custom/s=self)이라고 했고, 〈오직 나하고만(cu=co) 붙어 거래하는 사람〉은 고객(customer)이 됐다. ▷〈모르는 관습에(a=at) 나를 맞춰 익숙해지면(accustom) 점점 편안해지고, 〈주문한 대로 완전히(co) 같게(s=self) 만드는 것〉을 주문제작한다(customize)고 했다. ▷〈다른 나라의 물건을 자기 나라의 기준에 맞추는 곳〉은 세관(customs)이므로, 대부분의 세관은 무거운 통관세(tariff/tar=trans)를 물리는 경향이 있고, 〈자신의 몸에 완전히 맞춘 옷〉을 복장이나 의상(costume)이라고 불렀다.

남녀로 갈라진(sex) 인간은 상대를 몹시 그리워했다

- 남녀로 갈라진 성(sex) ● 반대 성이 마음에 드는 섹시(sexy)
- 살을 베는 듯한 비웃음(sarcasm) ● 자르는 톱(saw)
- 가장자리를 맴도는 위성(satellite)
- 그림자 같은 꼬리를 가진 다람쥐(squirrel)

● 우주는 인간을 남녀의 성(sex)으로 갈라(s=separate) 놓았으므로, 〈갈라진 상대가 맘에 드는 것〉을 〈섹시하다(sexy)〉 했다. ▷같은 종교도 의견이 나뉘면 다른 종파(sect)로 갈리고, 회사는 업무에 따라 각 부서(section)로 나누고, 곤충(insect)은 〈머리, 가슴, 배로(in) 분명히 나뉘어 진 생물〉이라는 말이었다. ▷〈1개의 도로가 다른 도로 사이로(inter) 자르고 들어간 곳〉을 교차로(intersection)라고 했고, 배가 난파하면 〈선주와 화주가 피해액을 정확하게(ri=real) 나누던 것〉을 위험요소(risk)라고 했다. ▷비웃음(sarcasm/sarc=cut)은 너무나 아픈 약점을 찔려 〈살을 베는(cut) 듯하다〉는 말이었다.

● 톱(saw), 낫(sickle), 가위(scissors)는 모두 〈물체를 자르는 연장〉이었고, 〈잘라진 크기〉는 규모(size)였고, 〈잘라진 측면〉은 옆(side)이라고 했다. ▷본래 두 사람이 〈톱(saw)의 양끝을 잡고 밀고 당기는 톱질〉에 유

사음운(see)을 앞에 붙인 놀이기구가 시소(seesaw)가 됐다. ▷〈잘린 가장자리 끝을 돌아가는 천체〉를 〈중심 항성보다 작은(lite) 위성(satellite/sat/끝)〉이라고 불렀고, 〈웃기는 말이 그릇 가장자리까지 가득찼다〉는 말은 풍자(satire)가 됐다. ▷원하는 끝까지 채워지면 만족했지만(satisfy), 〈너무 만족해 지쳤다〉는 말은 슬프다(sad)고 했고, 아프다(sick)도 〈너무 많고 오래되어 신물이 난다〉는 말이었다. ▷〈빚을 끝(set)까지 다 갚을 만큼(a=at) 충분한 것〉을 재산(asset)이라고 했으므로, 재산은 보통 마지막까지 남은 부동산이었다.

● 일단 〈잘라 내어(de) 되돌릴 수 없는 것〉을 결정했다(decide)고 말했고, 〈정확하게(pre) 잘라 내는 것〉을 〈정밀하다(precise)〉고 했고, 〈칼로 베일 것 같은 무서움〉은 두려움(scare)이 됐다. ▷문장이 잘리는 곳에는 쉼표(comma)를 찍었고, 나무 모양(shape)을 형편없이(shabby) 자르는 목수는 아직 견습생이었다. ▷잘라낸 모양(shape)은 추상적으로 자격(ship)이 됐으므로, 우정(friendship)은 〈친구의 자격〉이었다. ▷수염은 금새 자라므로 매일 잘라(shave) 주어야 하고, 양(sheep)은 〈털을 자르기 위해 기르는 동물〉이었다. ▷〈잘라 낸(shad=cut) 천(screen)〉으로 빛을 가리면(shade) 그 천의 모양과 같은 그림자(shadow)가 생기므로, 그림자는 〈빛이 잘려서 어두워진 곳〉이라는 말이었다. ▷털이 부풀어 오른 다람쥐의 꼬리는 마치 다람쥐 자신의 그림자처럼 보였으므로, 다람쥐(squirrel)는 〈그림자(sqir=shadow) 같은 꼬리(rel=tail)를 가진 동물〉이라는 뜻이었다. ▷〈소유자로부터(t) 몰래 물건을 떼어 내는(s) 것〉을 물건을 훔친다고(steal/st=cut) 했고, 〈사실로부터 떼어 놓아(ch=s) 속이는 것〉은 사기(cheat=cut)라고 했으므로, 사기를 당한 사람은 나중에 속은 사실을 알게 됐다. ▷상대방의 〈주의력을 몰래 훔쳐(stalk=steal),

은근히 괴롭히는 행위〉를 스토킹(stalking)이라고 했으므로, 스토커(stalker)는 〈숨어서 괴롭히는 끈질긴 가해자〉였다.

인간은 다른 동물을 찢어(s) 죽이고(sl) 그 고기를 먹고 살 운명이었다

- 찢어서 죽이다(slay) ● 찢어 죽이는 도살(slaughter)
- 버릇을 빼앗아 응석받이를 만들다(spoil)
- 칼로 자르는 극심한(severe) 통증 ● 잘린 수많은(several) 조각
- 건식복사기 제록스(Xerox)

● 사자는 동물을 찢어서 죽이고(slay), 인간이 〈여러 마리의 동물을 찢어서 죽이는 것〉을 도살(slaughter)이라고 한다. ▷〈찢어 죽일 것 같은 공격(on)〉은 맹공(onslaught)이었고, 결국 〈찢어 죽일 짐승에게 쓰는 속임수〉를 교활하다(sly)고 했다. ↓〈황소(but=bovine) 같은 맹수를 죽이던 고대인〉은 현대의 도축업자(butcher)가 됐다.

● 동물의 껍질을 벗겨내는 것이 〈물건을 뺏는 강탈(spoil)〉로 변환됐고, 〈고대 병사가 강탈한 물건〉은 전리품(spoil)이 됐고, 집권 후에 〈한 자리씩 전리품으로 찢어 갖는 체제〉가 엽관제도(spoil system)였다. ▷제대로 된 아이의 〈버릇을 빼앗는(spoil) 것〉을 〈응석을 받아준다(spoil)〉고 했다. ▷건조한 물체는 갈라져 가루가 되므로, 〈습기가 없는 건조한 날 초 저녁에 애인의 창가에서 부르는 노래〉는 세레나데(serenade/청명한 초저녁의 노래)라고 했고, 〈싹뚝 잘라 낼(sever) 때 느끼는 통증〉이

〈극심하다(sev**ere**)〉는 형용사를 낳았고, 잘린 물체는 〈수많은(sev**eral**)
조각들〉을 남겼다.

● 물에 담가 현상하던 복사기술은 〈물을 쓰지 않고 마른〉 건식복사
(**Xer**ox) 기술로 바뀌었고, 지방질이 빠져나가면 〈모발건조증(**xer**asia)〉
이나 〈피부(d**er**m=tear)건조증(**xer**oderma)〉에 걸리기 쉽다. ▷만병통
치약(**el**i**x**ir/el=the/아랍어/돌가루)은 〈철학자의 돌(**p**hilosopher's stone)
을 갈아서 만든 가루〉였다. ↓〈금으로 변하는 돌〉을 찾았던 고대의 연
금술사들은 나중에 자연과학자나 철학자가 됐으므로, 〈금으로 변하는
돌〉은 〈철학자의 돌〉이 됐다. 연금술은 자연과학으로 발전하면서 화
학이 됐고, 인문학으로 발전하면서 철학이 됐다.

순식간에 붙거나 떨어지다

만물은 갑자기 붙거나(h) 떨어질(sh) 때 큰 충격을 받았다

- 단단하게 들러붙은 밀착(adhesion) ● 담장에 붙은 담쟁이덩굴(ivy)
- 소나기 샤워(shower) ● 교대로 오가는 왕복교통(shuttle)
- 갑자기 때리는 충격(shock) ● 입술로 내는 소리 휘파람(whistle)

● 서로에게(ad=at) 강력하게 달라붙으면 밀착(adhesion)하므로, 주저하는(hesitate) 마음은 〈떨어지기를 꺼리는 감정〉이었다. ▷상속받은(inherit) 재산은 〈자신에게(in) 와서 붙은 재산〉이었고, 〈조상으로부터 물려받은 것〉은 유산(heritage)이었므로, 미국 보수주의 정당의 연구기관은 헤리티지 재단(heritage foundation)이 됐다. ▷〈담장에 딱 달라붙어(iv=hed) 올라가는 담쟁이덩굴(ivy)〉이 건물을 뒤덮은 〈미국 동부의 8개 대학(ivy league)〉은 명문대학의 대명사가 됐다.

● 재빠른 행동으로 서두르고(hurry), 서인도 제도에서 세차게 불어 오는 허리케인(hurricane)은 미국 남부 루이지애나(Louisiana)에 거센 폭풍우를 몰고 온다. ▷샤워(shower)는 원래 〈소나기(shower)에서 나온 말〉이었고, 〈특정한 구간을 오가는 교통수단〉은 왕복교통(shuttle)이었고, 입을 오므리고 바람을 세고, 빠르게 내불면 휘파람(whistle) 소리가 나온다. ▷문짝(shutter)을 닫으면(shut) 꽝 소리가 나고, 총을 쏘면

(shoot) 땅(bang) 소리가 났다. ▷큰 힘으로 갑자기 때리면(hit) 맞은 사람은 큰 충격(shock)을 받는다.

● 말을 강력하게 입밖으로(e=ex) 밀어 내는 〈주체적 의지〉가 자아(ego/g=ch=h/강하게 밀고 가는 자)였으며, 자아(ego)는 게르만어에서 〈내(Ich)〉가 됐고, 게르만어의 〈나(Ich)〉는 영어에서 〈내(I)〉가 됐으므로, 인도-유럽어에서 주어인 나(I)는 문장의 주체로 가장 앞에 나오고, 절대로 생략하는 법이 없다.

우주에서 일어난(h) 모든 사태는
우연한(hap) 물리적 결과였다

● 갑자기 일어난(happen) 사고 ● 사고 속에서 다치지 않아 행복한(happy)

● 하늘에서 갑자기 돌이 떨어지는 사태가 벌어졌지만(happen) 아무도 다치지 않았다면, 우리는 모두 행복하므로(happy), 인간의 행복은 순간적 우연의 결과에 따른다.